伦理学术

伦理学中的自然精神与自由德性

邓安庆　主编

2020年秋季号
总第009卷

上海教育出版社

本书获评

"复旦大学哲学学院源恺优秀著作奖"

由上海易顺公益基金会资助出版

《伦理学术》*Acadēmia Ethica*

主编

邓安庆:复旦大学哲学学院教授

Editor-in-chief：Deng Anqing, Professor of Philosophy, Fudan University

学术委员会(按照姓氏汉语拼音字母顺序排列)

Academic Board

陈家琪:同济大学哲学系教授

Chen Jiaqi：Professor of Philosophy, Tongji University

陈卫平:华东师范大学哲学系教授

Chen Weiping：Professor of Philosophy, East China Normal University

菲威格:德国耶拿大学教授

Vieweg Klaus：Professor of Philosophy, Friedrich-Schiller-Universität Jena

佛斯特:德国法兰克福大学政治学、哲学教授

Forst Rainer：Professor of Political Theory and Philosophy, Goethe-Universität Frankfurt am Main

郭齐勇:武汉大学哲学学院教授

Guo Qiyong：Professor of Wuhan University

郝兆宽:复旦大学哲学学院教授

Hao Zaokuan：Professor of Philosophy, Fudan University

何艾克:美国犹他大学哲学系副教授、研究生主任

Eric L. Hutton：Associate Professor of Philosophy, University of Utah

黄勇:香港中文大学哲学系教授

Huang Yong：Professor of Philosophy, The Chinese University of Hong Kong

黄裕生:清华大学哲学系教授

Huang Yusheng：Professor of Philosophy, Tsinghua University

姜新艳:美国雷德兰兹大学哲学系教授

Jiang Xinyan：Professor of Philosophy, University of Redlands

克勒梅：德国哈勒大学教授

Klemme Heiner F.：Professor of Martin-Luther-Universität Halle-Wittenberg

理查德·伯克：剑桥大学历史系与政治系教授，英国国家学术院院士，剑桥大学政治思想史研究中心负责人

Richard Bourke：Professor of the History of Political Thought，Fellow of King's College

李文潮：德国柏林勃兰登堡科学院波茨坦《莱布尼茨全集》编辑部主任

Li Weichao：Chief Editor of *Leibnitz Edition Set* by Berlin-Brandenburgische Akademy by Potsdam

廖申白：北京师范大学哲学系教授

Liao Shenbai：Professor of Philosophy，Beijing Normal University

林远泽：台湾政治大学哲学系教授

Lin Yuanze：Professor of Philosophy，National Chengchi University

刘芳：上海教育出版社副社长

Liu Fang：Vice President of Shanghai Educational Publishing House

罗哲海：德国波鸿大学中国历史与哲学研究部主任、德国汉学协会主席

Heiner Roetz：Dean of Sektion Geschichte & Philosophie Chinas，Ruhr-Universität Bochum，President of The German Association of Chinese Studies

孙向晨：复旦大学哲学学院教授

Sun Xiangchen：Professor of Philosophy，Fudan University

孙小玲：复旦大学哲学学院教授

Sun Xiaoling：Professor of Philosophy，Fudan University

万俊人：清华大学哲学系教授

Wan Junren：Professor of Philosophy，Tsinghua University

王国豫：复旦大学哲学学院教授

Wang Guoyu：Professor of Philosophy，Fudan University

杨国荣：华东师范大学哲学系教授

Yang Guorong：Professor of Philosophy，East China Normal University

约耳·罗宾斯：剑桥大学社会人类学系特聘教授，剑桥马克斯·普朗克伦理、经济与社会变迁研究中心主任，三一学院院士

Joel Robbins：Sigrid Rausing Professor of Social Anthropology；Director of Max Planck Cambridge Centre for Ethics，Economy and Social Change；Fellow of Trinity College

让中国伦理学术话语融入现代世界文明进程

邓安庆

当今世界最严重的危机是世界秩序的日渐瓦解。美国作为西方世界领头羊的地位岌岌可危,而之前把欧盟作为世界平衡力量之崛起的希冀也随着欧盟的自身难保而几近落空。中国作为新兴大国的崛起,却又因其缺乏可以引领世界精神的哲学,非但自身难以被世界接纳,反而世界感受着来自中国的不安和焦虑。因此,今日之世界,说其危机四伏似乎并非危言耸听,文明进步的步履日渐艰难,野蛮化的趋向却显而易见。

所以,当今世界最为迫切的事情莫过于伦理学术,因为伦理学担负的第一使命,是以其爱智的哲思寻求人类的共生之道。哲学曾经许诺其思想即是对存在家园的守护,然而,当它把存在的意义问题当作最高的形而上学问题来把握和理解的时候,却活生生地把存在论与伦理学分离开来了,伦理学作为道德哲学,变成了对道德词语的概念分析和道德行为规范性理由的论证,从而使得伦理学最终遗忘了其"存在之家"。哪怕像海德格尔那样致力于存在之思的哲人,却又因不想或不愿涉及作为人生指南意义上的伦理学,而放任了存在论与伦理学的分离。但是,当代世界的危机,却不仅是在呼唤存在论意义上的哲学,而且更为紧迫的是呼唤"存在如何为自己的正当性辩护",即呼唤着"关于存在之正义的伦理学"。"伦理学"于是真正成为被呼唤的"第一哲学"。

不仅欧美与伊斯兰世界的矛盾正在呼唤着对存在之正当性的辩护,中国在世界上作为新兴大国的崛起,中国民众对于现代政治伦理的合理诉求,都在呼唤着一种为其存在的正当性作出辩护的伦理学！

然而，当今的伦理学却无力回应这一强烈的世界性呼声。西方伦理学之无能，是因为在近一个世纪的反形而上学声浪中，伦理学早已遗忘和远离了存在本身，它或者变成了对道德词语的语义分析和逻辑论证，或者变成了对道德规范的价值奠基以明了该做什么的义务，或者变成了对该成为什么样的人的美德的阐明，总而言之，被分门别类地碎片化为语言、行为和品德的互不相关的分类说明，岂能担负得起为存在的正当性辩护的第一哲学之使命？！

中国伦理学之无力担负这一使命，不仅仅表现在我们的伦理学较为缺乏哲学的学术性，更表现在我们的伦理学背负过于强烈的教化功能，在一定程度上损伤了学术的批判品格和原创性动力。但是，为存在的正当性辩护而重构有意义的生活世界之伦理秩序，发自中国的呼声甚至比世界上任何地方都更为强烈地表达出来了。

如果当今的伦理学不能回应这一呼声，那么哲学就不仅只是甘于自身的"终结"，而且也只能听凭科学家对其"已经死亡"的嘲笑。

我们的《伦理学术》正是为了回应时代的这一呼声而诞生！我们期望通过搭建这一世界性的哲学平台，不仅为中国伦理学术融入世界而作准备，而且也为世上的"仁心仁闻"纳入中国伦理话语之中而不懈努力。

正如为了呼应这一呼声，德国法兰克福大学为来自不同学术领域的科学家联盟成立了国际性的"规范秩序研究中心"一样，我们也期待着《伦理学术》为世界各地的学者探究当今世界的伦理秩序之重建而提供一个自由对话和学术切磋的公共空间。中国古代先哲独立地创立了轴心时代的世界性伦理思想，随着我们一百多年来对西学的引进和吸纳，当今的中国伦理学也应该通过思想上的会通与创新，而为未来的"天下"贡献中国文明应有的智慧。

所以，现在有意义的哲学探讨，绝非要在意气上分出东西之高下，古今之文野，而是在于知己知彼，心意上相互理解，思想上相互激荡，以他山之石，攻乎异端，融通出"执两用中"的人类新型文明的伦理大道。唯如此，我们主张返本开新，通古今之巨变、融中西之道义，把适时性、特殊性的道德扎根于人类文明一以贯之的伦常大德之中，中国伦理学的学术话语才能真正融入世界历史潮流之中，生生不息。中国文化也只有超越其地方性的个殊特色，通过自身的世界化，方能"在一世界一中"实现其本有的"天下关怀"之大任。

【General Preface】

Let the Academic Expressions of Chinese Ethics Be Integrated into the On-Going Process of the World Civilizations

By the Chief-In-Editor Prof. Deng Anqing

To us the most serious crisis in the present world is the gradually collapse of the world order. The position of America as the leading sheep of the western world is in great peril, meanwhile the hope that the rising European Union can act as the balancing power of the world is almost foiled by the fact that EU is busy enough with its own affairs. It is true that China is a rising power, but due to the lack of a philosophy to lead the world spirit, it is not only difficult for the world to embrace her, but also makes the world feel uneasy and anxious instead.

Thus, the most urgent matter of the present world is nothing more than ethical academic (acadēmia ethica), since the prime mission taken on by ethics is to seek the way of coexistence of the human beings through wisdom-loving philosophication. Philosophy once promised that its thought was to guard the home of existence, but when it took the meaning of existence as the highest metaphysical issue to be grasped and comprehended, ontology and ethics were separated abruptly from each other, resulting in such a fact that ethics as moral philosophy has being becoming a conceptual analysis of moral terms and an argument for the normal rationale of moral acts, thus making ethics finally forget its "home of existence". Even in the case of the philosopher Martin Heidegger who devoted himself to the philosophical thinking of existence, because of his indisposition or unwillingness to touch on ethics in the sense as a life guide, he allowed for the separation of ontology from ethics. However, the crisis of the present world is not merely a call for a philosophy in the sense of ontology, but a more urgent call for "a self-justification of existence", that is, call for "an ethics concerning the justification of existence." Consequently "ethics" truly becomes the called-for "prime philosophy".

Not only does the conflict between Europe and America on one part and Islamic World on the other call for the justification of their existence, but also China as a new rising great power, whose people cherishing a rational appeal to a modern political ethic, calls for a kind of ethics which can justify her existence.

Alas! The present ethics is unable to respond to the groundswell of such a call voice of the world. The reason of western ethics' inability in this regard is because ethics has already forgotten and distanced itself from existence itself with the clamor of anti-metaphysics in the past nearly a century, thus having become a kind of semantic analysis and logic argumentation, or a kind of foundation-laying of moral norms in order to clarify the duty of what should be done, even or a kind of enunciation of virtues with which one should become a man; in a word, ethics is fragmented under categories with classification of language, act and character which are not connected with each other; as such, how can it successfully take on the mission of the prime philosophy to justify existence?!

The disability of Chinese ethics to take on this mission not only show in the lack of philosophical academic in a sense, but also in our ethics has on its shoulder comparatively too much stronger functions of cultivation, thus injuring the critical character of academic and the dynamics of originality. However, it is much stronger the call sounded by China than that sound by the world to justify existence in order to reconstruct the ethical order of the meaning world.

If the present ethics fails to respond to such a calling voice, then philosophy not only allows herself to be close to "the end" happily, but also let scientists to laugh at her "already-dead" willingly.

Our *Acadēmia Ethica* is just born in time to respond to such a call of the times. Through building such a worldwide platform, we are wishfully to prepare for the Chinese ethical academic to be integrated into that of the world, and try unremittingly to incorporate the "mercy mind and kind exemplar" in the world into Chinese ethical terminology and expression.

To responded to such a call, just as Frankfurt University of Germany has established an international Center for Studies of Norm and Order for the federation of scientists and scholars from all kinds of academic fields, we hope the brand new *Acadēmia Ethica* to facilitate a common room for those scholars who investigate the issue of reconstructing the ethical order of the present world to dialogue freely and exchange academically.

Ancient Chinese sages originated independently a kind of world ethical system in the Axial Age; with the introduction and absorption of the western academic in the past more than a hundred years, the present Chinese ethics should play a role in contributing the wisdom of Chinese civilization to the future "world under the heaven" by thoughtful accommodation and innovation.

Thus, at present time the meaningful philosophical investigations are definitely not to act on impulse to decide whether the west or the east is the winner, whether the ancient time or the present time is civilized or barbarous, but to know oneself and know each other, understand each other in mind, inspire each other in thought, with each other's advice to overcome heretic ideas, thus making an accommodation of a great ethical way of new human civilization, "impartially listening to both sides and following the middle course". Only out of this, we advocate that the root should be returned to and thus starting anew, the great changes of ancient and modern times should be comprehended, the moral principles of west and east should be integrated into each other, any temporary and particular moral should be based on great permanent ethical virtues of human civilizations, so and so making the academic expressions of Chinese ethics with an everlasting life integrated into historical trends of world history. Only through overcoming the provincial particulars of Chinese culture by her own universalization can she "in the world" undertake her great responsibility ——"concern for the world under heaven".

目　录

Contents

为日益分裂而不知所措的世界守护伦理精神

邓安庆

人类文明一直都呈现出非常脆弱的特征,许多文明在不经意之间灰飞烟灭,从历史记忆中消失,而现存于世的文明形态也不免伴随着野蛮与血腥,有时野蛮与血腥还会被强权者包装成不可怀疑的真理,迷惑住号称追求智慧而具有最深邃思想的绝世大哲。让文明死去的东西有很多,其中一种不是人类之间的战争,而是人类看不见、摸不着却来要人命的病毒。病毒一旦传播流行开来,医学与科学对它无能为力,就演变为瘟疫,让人类顿生渺小之感,文明摧枯拉朽,人类尊严顿失。2019 年年底爆发的"新冠疫情"(COVID-19 Pandemia)虽然不会让文明消亡,但足以令世上几乎所有被人敬仰的"主义"全都暴露出自身的脆弱与尴尬,一切正常的秩序几乎全部停摆,飞机停飞,国门关闭,封城封村,这在历史上前所未见。如果说特朗普在美国的偶然上台还只是给"全球化"带来了不确定性的未来的话,"新冠疫情"却直接让"全球化"了的人类自觉不自觉地、自愿不自愿地最终都意识到了文明的脆弱性。几乎可以说,这一次文明危机绝不仅仅只是"西方"的危机,只是自由主义的危机,而必须说,这是整个人类文明的共同危机,是人类的自由与尊严之脆弱性的危机。

如何理解世界的这场惊天之变,无疑成为哲学的一个重大课题,因为哲学号称就是在思想中把握它的时代。理解和把握了思想自身所处的时代,哲学才能被称之为智慧之学,才能进一步阐发如何建设未来更为美好世界的实践智慧。理解世界无论如何都是"改造"世界的前提,没有理解世界就着手改造世界,是一件极其可怕的事情。

　　而理解世界本来就是一件极其困难的事情,大清的皇上们如果能睁开眼睛看看世界,理解世界在如何变化,了解英国当时在世上的地位,知道世上除了大清"神圣的"礼仪外还有某种叫作科学与技术的东西,也就有可能正视英国使团作为礼物送来的地球仪、天体运行仪、蒸汽机、棉纺机、迫击炮、卡宾枪等代表当时工业文明的最新成果,它们绝非什么蛮夷的"奇淫技巧",而是正在彻底改变世界历史的文明动力,就不会对英国使团不愿在皇上面前行"三跪九叩"之礼而吃惊和生气了。外面的世界早就彻底改变了,而唯有天朝大国视别国为蛮夷小国的傲慢未变,盛世的梦幻未变,后来遭遇"千年未有之变局"的历史厄运也就不会那么难以理解了。所谓以历史为鉴,实际上就是要明鉴历史上因不理解世界而遭受本不应该发生的厄运的惨痛教训。但历史就是历史。理解了世界才能知道如何与世界和谐相处,才能顺应历史的天命。虽然命运以某种铁的必然性主宰世界,但理解和把握这种必然性,按照必然的天道天理行事,走在正道上,才有好运之气的升腾,这对个人如此,对国家亦然。

　　当前,如何理解我们身处的世界突然遭遇的这个"百年未有之变局",是思想之开启的前提。黑格尔之所以成为能超越康德这样一个实现了"哲学上的哥白尼式革命"的现代哲学家,就在于他能洞悉启蒙哲学内在的问题,并以整个"现代性"所遭遇到的危机与问题,而不仅仅是理智启蒙问题,为哲学思考的对象。理智启蒙的确为现代性催生了自由的个体,他们作为独立的主体自由地成长了起来,这无疑代表了现代性历史的根本方向。但是,自由了的个体随之必然要求其主观的权利,这也是非常正当的要求,且具有自然法的合理基础。不过,在黑格尔看来,英法自由主义乃至康德、费希特对于现代性规范秩序的建构,都如同休谟批评现代科学的知识论基础一样,是建立在观念之联想的极其不牢固的沙滩之上。因而,在英国光荣地大力发展科学与工业革命之后,世界历史跨越式地进入工业文明时代、科技文明时代,现代性必须要有新的规范秩序。于是,启蒙了的欧洲在工业革命之后,着手将现代性的观念、思想与价值变成现代性的自由的规范秩序之时,就遇到了旧欧洲一切保守势力的疯狂抵抗,法国大革命就成为现代性的一个新的转折点。黑格尔对现代性的哲学反思也就有了新的维度与前提。

　　在这里,我们无需更多地追述现代性的历史演变,只需要指出这一点就够了:现代性遭遇到的文明危机已经非常多了,但之前的每一次危机,人类都能在反思中寻找到文明发展的方向,哪怕是法国大革命出现了将国王送上断头台,雅各宾派残暴专政,之后又出现了拿破仑横扫欧洲的侵略战争,如此等等,人类都能穿透思想与观念的迷雾而寻找到文明发展的基石与方向,从而守护着文明。但是,这一次"新冠疫情"所暴露出来的文明危机却完全不同,可能是因为文明的敌人既不是来自"敌对"力量的战争,也不是蛮夷的入侵,甚至不是意识形态的冷战,而只是来自大自然的病毒!让人匪夷所思的恰恰就在于,仅仅一个不明不白的病毒就让东西方严重分裂、左中右严重分裂,让曾经看似牢不可破的"共同体"严重分裂,甚至至亲至爱的"家人"也很分裂;它不仅模糊了正义与非正义的方向,而且模糊了善与恶的界限,最终连真相也都一直处在扑朔迷离之中。

但是,我们要问的是,这种彻底分裂的力量难道真是病毒吗?

病毒显然只能是一个引擎,一个导火索。

一个本身强健的生命不可能被病毒击垮,就像一台能及时给漏洞"打补丁"的电脑不会被"病毒"攻破而陷入瘫痪一样,虽然这次"新冠疫情"实实在在地让社会生活陷入了瘫痪。如果不是亲身经历,我们无论如何不能设想,一个上千万人口的超大城市,一夜之间就彻底封城,人们只能把自己封闭在自家"斗室"之内生活几个月。放在之前,我们根本无法想象,尽管不愿意,世界大多数城市最终都走向了不同程度的"封闭"之路。

社交生活的"停摆",意味着许多领域的"停摆"。大家都在经历众多"停摆"的阵痛。但对于哲学而言,最感痛苦的却是思想的"停摆"。

人是思想的动物,思想"停摆",不是说人不再思想。相反,思想是自由的,无论什么力量都阻止不了人能自由地思想。而我说"新冠疫情"令思想"停摆",指的是之前所有的思想,似乎都成了空头支票,无论什么样的思想似乎在凶猛病毒的攻击下全都失灵了。此时,世上所有相关于"价值"或"意义"的考虑,据说全部让位于哲学最基础的问题——生与死的较量,最大的"义"就只剩下赤裸裸的"生"——活下去。当然,这样简单的道理不是人们不懂,分裂的更深的根源,不在于要不要活下去,而在于何种"活法"才是人之为人的"底线",即对于一个人(der Person)而言,何种"活法"才是有意义的,何种"活法"简直不如不活。这种"活下去"的底线从而也适用于"死"的尊严。人都有一死,或迟或早。人世间最大的正义,就在于所有人都有一死,因而死无关乎人的意志或选择,但绝对关乎尊严。有的人活得高高在上,神乎其神,但临死时却失去了尊严,或者毫无尊严地暴死;有的人活得窝窝囊囊,但死时却死得很体面,死的尊严是生命尊严的确证。表面上看,"新冠疫情"大敌当前,谁若让思想纠缠在这些最基础的哲学问题上,是可笑的、迂腐的,但是,如果不涉及这些问题,不以生的意义和死的尊严为依据,而单纯地讨论要不要封城封路,要不要戴口罩,要不要出门社交,或者抽象地在要自由还是要管制之间争吵,哲学思想马上就迷失在无方向感之中而陷入"停摆"。因为在生与死的底线上,思想被逼到了退无可退的本能上,理性无论如何是敌不过情绪的。情绪的反映不仅最为切身,而且最为激烈,从而也最为因时因地、因天因人、因灵因鬼,因各种固有的僵化的观念而变。所以,在此处境下我们看到了,不管任何想法和观点,都会遇到强有力的反对者,而反对者也仅仅只是因为要反对而反对,却提不出什么有真知灼见的思想来。如此这般的都因反对而反对,因否定而否定的争吵进程,就陷入了黑格尔说的"恶的无限性"。

但正是黑格尔关于如何消除"恶的无限性"之思考,开启了当前思想的可能性。因为"恶的无限性"起因于事物的有限本性,并各自封闭于自身的有限却要强装无限的自信。事物就其"存在"而言,具有逻辑上无限的可能性,而逻辑上的无限可能性,如果不能获得其现实的"定在",即在时空世界中的"规定性",就是"纯无",因而,任何事物之有"定在"是就其"实存"而非就其纯粹抽象的"存在"而言,事物"实存着"即具有了存在上的规定性,并因此在"现实中"变成了一个"定在",即被规定了的实存。所以,实存是事物被规定的现实存在之进程,这种"被规定"同时也就是"被否定"的进程,因为任何一个说"事物是什么"的规定,是从否定它不是什么而来。说一个人是人,即用"人性"来规定人,就否定了人不是畜生也不是神。而反过来想把自己说成是神的人,也马上具有一种否定自己是人的危险,因为没有了人的规定性,你可以成为一尊神,同时也意味着你能成为一个畜生,这在逻辑上是同样的道理。人的定在,只在规定人的天命就是成为一个人时,这种"规定"才是有意义的,因为这种规定不是限制,不是专制,而是自由,是由人之本给出人成为其自身的自我规定性。正是这种自我规定性的自由,具有内在自觉的否定性,即否定他既不是畜生,也不是神,从而不会陷入"恶的无限性"。

如此"定在"规定性之有价值,在于它守护着人本。"恶的无限性"因其突破事物之根本与本体,进行"无根""无本"的否定,最终成为分裂世界的根源。理解现代世界分裂的这一根源,是我们当下寻找文明方向的起点。

黑格尔也正是通过否定"恶的无限性"来为现代性开启新航道的。

从思维方式来说,"恶的无限性"是现代知性思维之结果。实际上,"知性"执着于概念思维,这一点黑格尔自己也是坚持的,他说哲学思维就是以"概念"来把握现实。但关键在于,知性思维执着于概念的抽象规定,见山是山,见水为水,这种思维对于科学知识是绝对必要的,因为科学事关已成"事物"的本质规定,必须确定而准确。这与诗人对山水的鉴赏性描述不是一回事,后者无关本质,无关山水真实定性,而仅仅描述山水给人的主观之印象。因此,我们不能因为刘禹锡写下"遥望洞庭山水翠,白银盘里一青螺"而说他没有反映出山水之本质,也不能责怪他把"山水翠"(或"山水色")与"白银盘里"的"青螺"相比拟,此处如果采取知性概念的语义分析,就会导致"诗意全无"的可笑。所以,黑格尔对知性思维也是给予了高度肯定的,以概念及其语义的准确性来把握事物的真理,这对于哲学而言是绝对必要的。但黑格尔高于现代哲学之处,就在于他进一步看到了哲学具有超越科学的思想能力(这里的"科学"指近代以牛顿力学为榜样的现代自然科学)。"科学"从经验到的感性现象中"分析"现象之间的必然的因果关系,是不能进行真正的"思想"的。"思想"的真正对象不是当下呈现的现象,而是现象之"存在"的原因。但知性思维显然不可能把握到"存在"本身的复杂性。"现象"是一个确定对象,即已成的对象当下所呈现出来的现象,而"存在"永远不是一个"已成的"现成的东西,它是未完成的,是要在其"实存"中"存在"并逐步获得其自身的内在规定性去趋向自身的完成。因而,"实存"既有"存在"的时间性、历史性维度,也有"存在"的空间性、社会性,乃至民族性与国家性维度,乃至"世界"维度,如此等等,当我们要给予"存在"或"实存"一个确定的"是什么"的规定时,必须清楚地知道,我们是在何种时间性与何种空间性,乃至何种世界性维度论说其规定。于是,所有这些规定都只能是一个暂时的、不可固定下来的定在之规定,因为在我们做出这些规定的当下,时间已经在流逝着,已经不是前一刻的时间了,时间变了,空间也会跟着处在变动不居之中。但是,知性思维固执于把每一种规定都视为事物在一切时间与空间中固定不变的本质规定,这就出现了问题。同时,知性规定是认知的主体(人)通过其以事物的"表象"和"意识"为中介做出的对于事物的"主观的"规定,它依然不明白黑格尔所坚持的,哲学的"客观思维"乃是这样的:思维所把握的既是思维着的主体之主观的意识,同时也是事物本身的存在。但我们能从固执于自身的主观的意识,回到事物本身是什么的"存在"层面时,也即回到"真理"面前时,"恶的无限性"才可中止。这就是黑格尔呼吁哲学必须以真理为己任的原因。

目前的世界之所以处在这种相互否定、各自对立的分裂状态,原因就在于,哲学长久以来在对现代性的解构批判中回到了知性思维,即回到了主观意识对事物当下现象之分析,从而只是对事物做主观的外部反思,而进入不了事物本身的存在,并因此也就放弃了哲学的真理追求。"后真相时代"提供了当代思想在真理面前退却的冠冕堂皇的"遁词",但"后真相"对于哲学如果有意义,不在于放弃对真相的追寻,而在于意识到如果"真相"一直在延宕中而显而不露时,我们如何有新的方式超越主观性而坚持理性思维,无论如何,"后真相"并不能为任何主观的真理提供有效的辩护。

当我们把现代性分裂与对抗的起因归咎于知性思维,即主观性的外部反思之思维定势时,我们确实在走向黑格尔的哲学之途。但只有真正深入黑格尔哲学的内在精神之中,我们才能真实地理解黑格尔,理解现代性,尤其是黑格尔在法国大革命之后对于现代性的诊断及其为现代性所确立的新的基础。

我们赞同哈贝马斯对他的这一评价:黑格尔是第一个把现代性作为哲学来思考的哲学家。他对现代性的思考意在真正理解现代性并进而推进现代性,就他自身的思想而言,他无疑达到了真实理解现代性的目标,但他对于现代性的诊断及其为新的现代性开辟的规范秩序建构的目标,实际上在他死后立即被中断了。

当我们这样言说现代性时,我们把"现代性"(Modernität)作为现代思维范式,这就是以科学性为基础的知性思维,这种思维一方面在知识论上为科学奠定基础,寻求科学知识的发现与求证的逻辑;另一方面在价值论上为"现代性"确立了"伦理原则",这就是把建立在主观性自由(或主体性自由)基础上的"正义"作为现代的伦理理念;因此,现代性还必须有第三个方面的内涵,即实践哲学的"规范秩序"建构。黑格尔在现代性的所有这三个方面都有其超越前人的独立创新之处:在知识论上,他不满足于英国经验主义,因为经验主义到休谟那里实际上在知识论上就走到头了,从单个的经验知识出发,并不能为具有普遍性和必然性的科学知识确立基础;他也不满足于康德批判主义的先验哲学,因为这种哲学止步于知性思维从而把"知识"划定在现象界,事物之自在自为的本体却成为不可知的领域;在价值论上,他认同并推进了个体的主观性自由为现代的基本价值,并把它视为现代文明的基石,是"这个新的时代"(die neue Zeit)的时代精神。他比其他自由主义者做得更好的论证,就是通过对个体自由意识史的叙事,为现代个体自由价值做了详实的历史梳理:个体自由意识在苏格拉底身上明确地表现了出来,但这种自由无法上升到柏拉图的城邦伦理原则之中,"正义"作为城邦伦理原则因此无法纳入个体自由,因而"柏拉图的理想国本身,被视为某种空洞理想的谚语,本质上无非就是对希腊伦理本性所作出的解释,那么在对渗透到伦理本性里的更深原则的意识中,这个原则在伦理本性上直接地还只能作为一种尚未得到满足的渴望,从而只能作为一个腐败的东西表现出来。柏拉图正是出于这种渴望,不得不寻求援助来对抗这种腐败,但必须要从高处而来的援助,首先只能到希腊伦理的一种外部的特殊形式中去寻找,他心想借助于这种形式就可以克服那种腐败,殊不知经他这么做,恰恰把伦理性更深层的冲动,即自由的无限人格,损害的最深"。① 到了希腊化时代,城邦伦理解体,无限的自由人格这种主观自由再次成为哲学的主导原则,怀疑论、犬儒主义和斯多亚主义都表达出以强烈的主观自由反抗习俗的伦理,但最终主观的自由让位于"自然","遵从自然而生活"成为斯多亚派的道德。只有通过罗马法私人财

---

① [德]黑格尔:《法哲学原理》,邓安庆译,北京:人民出版社,2016 年,第 11 页。

产权的确立,意志自由才第一次获得了某种程度上的"定在",通过基督教一千多年的教化,主观的个体的自由意识才在现代哲学中确立起来,成为现代的伦理原则。但是,黑格尔通过对近代自然法学派的研究,通过对法国大革命的深入反思,更多地发现了"自由主义者"们在确立个人自由原则以实现现代性的规范秩序时的失误,这就是依然是以个体自由的道德意识,即单纯的意志自由作为基石,而没有发现一种真正具有社会历史现实性的自由的规范秩序,是不可能单纯依据道德性的主观形式自由的,它必须通过政治制度化的正义为优先原则以构成一个伦理的共同体才能实现。因为政治制度化了的正义,是伦理性自由而非道德性的自由。因为"政治"是一个公共领域,公共领域的正义是保障共同体内部每一个个体自由成为现实的伦理原则,而不是个体主观意志自由的道德原则。这是黑格尔区别于所有以"原子化的个体意志自由"为基础构建现代规范秩序的关键之处。当然一提到"政治共同体",现在有人立刻就把它与"总体性""专制""极权"联系起来,它需要得到黑格尔式的理解,就得理解黑格尔的"伦理性"与共同体之间的生命原则,它确实需要艰苦的哲学论证,在这里,我只能把他思想的结论与要点表述如下。

一个真正的共同体是由单个的具有主体性人格的自由个人构成的,在这一点上,黑格尔与康德和所谓自由主义者的理解没有差别,黑格尔也是坚持这一点的,但是如果立足于原子化的单个人的意志自由为起点,黑格尔则不同意,因为这是一个纯粹知性的抽象,世界上根本不存在原子化的个人,就像单个人根本不可能存在一样,单纯的个人意志自由也只是我们思考道德基础时,必须要有的一个先验设定,以便确立一个可以承担道德上赞美与谴责的责任主体。真正现实的道德自由,像康德所论证的那样,依然要考虑"意志的伦理性",即你自愿意志的行动准则是否能够得到像你一样的理性存在者的自由任意,如果不能,那么你的主观自由之意志依然是不自由的,无法成为普遍有效的道德原则;只有你在主观反思的"形式上"达到了意志的伦理性,主观意志的行动准则才是有效的,因而一个真正的基于主观自由的道德原则之证成,需要一个形式主义的"意志的伦理性"共同体。这就是康德的道德立法力主形式主义立法原理且有一个"目的王国"之预设的原因。

所以,道德上的单一原子化的个体意志自由离开了"意志的伦理性"不可能真正存在,那么从原子化的个人自由来构建政治伦理共同体的正义就更成问题了。我们依然以康德为例来说明。康德通过法权论来建构其基于个人意志自由的规范秩序,先从权利上区分什么是你的,什么是我的,这没有问题,明确区分了"我的"和"你的"权利边界,使得我们的个人权利获得法律上的保障从而得以实现,这是自从罗马法以来的传统。黑格尔也同意这一点,通过私有财产权的确立获得个人意志自由在法权上的"定在"形式。但法权的实现,不是有一个抽象法的规定就完成了,其真实的实现还需要一个政治共同体的规范秩序,个人自由只是这个规范秩序具有正当性的先验基础,而不是已经实现了自由权利本身。法律规定了的权利仅仅是字面上的,其真正实现必须有一个真正承认法律价值、遵守法治精神、敬天守则的伦理共同体,才能以法律所规定的规范与秩序确立自己的职权边界,法律所保障的权利才能实现。所以,康德在"法权论"上阐明的法权或正当概念,不是单就个人的意志自由来确立,而是就每一个人主观的意志自由与所有其他人的意志自由如何能够共存来确立:"任何行为若能根据一项普遍法则而与每个人的自由共存,或是依据该行为的准则,任何人所意愿的自由能根据一项普遍法则而与每个人的自由相共存,这个行为便是正当的(recht)。"①此"正当"就是"正义"。这里的自由就是个人行动的外部自由,康德强调了行为"正当性"的三个要件:每一个人自己所意愿的自由,根据一项普遍法则,与每一个其他人的同样的外部自由能够共存。因此,自由的边界就是自由之共存的可能性,即任何人自己所意念的自由没有任何理由损害他人意念的自由的权利,相反,必须根据一项普遍原则与每个人其他人所意念的自由相共存。于是,法权论上的自由之实现也就必须是在"伦理关系"中才是现实的,这种伦理关系意味两点:每个人与所有其他人之自由的共存性关系和这种关系是靠每一个人都能自愿遵守的普遍原则来维系的。任何符合这两点的伦理关系都是自由的,而不是强制的或专制的。所以,康德也论证了,哪怕是我们对外在物品的占有权,虽然意志自由是合法占有的基础,但是,"唯有在一个公民组织中,某物才能终极地被取得;反之,在自然状态中,该物固然也能被取得,但只是暂时地被取得"。② 这说明了什么问题呢? 就是任何单个的意愿和个人自由,要真正获得实现,就必须是在某种伦理关系中,这也就是黑格尔反对康德的道德性立场而要进展到伦理性立场的关键原因。

康德等主观性哲学家不是没有意识到这一点,而是在单个人如何构成一个具有伦理性的社会共同体问题上,采取了社会契约论的观点,这是黑格尔所不能同意的。这里要注意的是,黑格尔不是反对一切形式的契约论,在单一法权主体之间的权利义务关系问题上,黑格尔依然是认同契约论的,但是对于家庭、社会和国家等伦理实体,黑格尔则坚决反对近代以来的契约论解释。原因有三:其一,说家庭完全是契约关系,就把家庭真实的伦理意蕴给取消了,家庭之成立首先依据的是男女双方之间的爱情,其次才是法律契约,再次是家庭成员之间基于血亲之爱的相互义务,契约仅仅只是家庭合法性的一种外在法律

---

① 康德:《道德底形上学》,李明辉译,台北:联经出版社,2015 年,第 45 页(引者对文字稍有改动)。
② 同上书,第 95 页。

形式,契约可以缔结也可以废除,但家庭之间的血亲之爱,一旦产生就永久不变;其二,说国家是由契约产生,根本就是不顾历史现实的抽象假定,国家是历史的产物,根本不需要这种假定;其三,任何依据契约产生的共同体都只是原子式个体之间的一种外部联合,因此,只能达到一时的脆弱的外在联合形式,不能形成一个具有内在生命力的活的有机体。因此,真正的现代性自由的规范秩序,在黑格尔看来,就要放弃自由主义者和康德主义者单一自由个体通过契约来外部联合的做法,而要通过伦理精神的"活的善"来构建伦理实体的内在有机体,才能真正实现自由的规范秩序。

通过内在的伦理精神而不是外在的法律契约为什么就能真正构成一个真实的政治—伦理共同体而不重蹈专制城邦的覆辙? 因为精神是一种内在生命的构成性力量,它源自古希腊的"灵魂"概念,在1804—1805年的《耶拿体系草案:逻辑学与形而上学》中,黑格尔就把"灵魂"视为"一种把诸要素独自地、绝对被分离开的综合"力量,"一种交互作用的漠不相干的在完全一致中的综合"①,透过这些看似相互矛盾的术语,黑格尔要说的是,"灵魂"是一个实体之成为一体的根据,或者说是这个根据本身的实存,这个根据本身并不脱离实存物,实存物之所以能成为一个实存物,因为它有灵魂,灵魂成就其实体之为实体。更进一步说,一个实体如果没有灵魂,就是一些漠不相干的"诸要素",独立的、不相干的、绝对被分离开的东西,不成为一物,没有一体之生命,而有了灵魂(气息),这些不相干的"诸要素"就有了"交互作用"并有了生命之气息,从而变成了一体之物。所以,后来黑格尔也在同样的意义上论述了"精神与有机体"。一个有机体是由各种成分或要素构成的,但各种成分或要素不会自动地交互作用,靠什么把各种要素或成分组合成为一个有机体呢? 就是靠"精神"。因此,精神是一个有机体的生命,因为有机体有"精神",才有有机体之生命。精神于是就是内在的生命原则。生命作为有机体,意味着生命能把诸多组成部分构成一个内在的交互作用的整体,在这个整体中,每一个部分都有其不可或缺的地位,每一个组成要素都是一体生命的前提,可以独立存在,可以"自由"发挥各自的个性与功能,但在整体中又没有一个部分或要素是多余的,每一个独立成分的损坏都可导致整体生命的死亡。因此,伦理精神就是这样一种把所有单一的自由个体组成一个伦理共同体或伦理实体的内在生命原理。

有了这样的伦理实体,现代的自由规范秩序才能真正地变成现实,才既不会因知性思维的外部主观反思导致恶的无限性,也不会因临时任意签订的契约之不可履行而随时让

---

① 参见该书的杨祖陶译本,人民出版社2012年版,第229页。

法律政治共同体陷入瓦解的危机。在此意义上,黑格尔寻找到了现代性自由的规范秩序的一个最为根本的方向。以此为基础,善的脆弱性、文明的脆弱性危机,都可以寻到解决的方向与路径。

因此,在当前世界处在极不确定的无常而茫然无措时,黑格尔依然是我们的导师,值得我们深入地学习与领会。这就是我们《伦理学术》第 9 期以黑格尔的《精神哲学》为探讨核心的缘由。

由于黑格尔的《精神哲学》在国内研究成果较少,目前只有张世英先生的《论黑格尔的精神哲学》(上海人民出版社 1986 年出版)和杨祖陶先生生前最后一部著作《黑格尔〈精神哲学〉指要》(人民出版社 2018 年出版),对《精神哲学》中的“人类学”部分的研究国内尤其缺乏,因此我们特别翻译了德国当前相关研究专家的论文,应该说,对推动我们对《精神哲学》深入理解将大有裨益。至于黑格尔法哲学研究,规范秩序的建构是我们一直关心的重点,本期也在深化讨论的内容。

关于美德伦理学的讨论,本期推出了黄勇教授、郑开教授的重头文章,非常值得关注。刘畅和朱锦良博士翻译的瓦登菲斯的《响应伦理学:在回应与责任之间》是一种新的伦理学纲领,推进了我们对于“责任伦理”的理解。尚杰教授的《差异不同于存在——私密的自由》和张念教授翻译德里达的《性差异:存在论的差异》给我们带来了法国哲学的新思想。在“描述伦理学”栏目下,唐瑞和倪胜教授翻译的《马丁•麦克多纳的〈枕头人〉,或为文学辩护》和《友谊与雅斯米娜•雷扎的〈艺术〉》以新的视角阐释了伦理叙事中的文学与艺术的意义。本期还在人类学视野下,继续探讨关于动物伦理、儿童哲学和黑格尔有关“灵魂疾病”“疯狂”等伦理生活中的重要现实问题。

感谢所有作者和译者的大力支持。这也是我们在无常与不知所措的今日世界共同守护伦理精神的一种方式。

《黑格尔法哲学讲演录(1818—1831)》评论版"导论"(二)①

[德]卡尔-海因茨·伊尔廷②(著)

邓安庆(译)

【摘要】 当黑格尔受聘为柏林大学教授抵达柏林几个月之后,作为"精神领袖"之一到场参与的大学生政治活动,因一个学生的"政治谋杀案"而被定性为"煽动性的颠覆活动"(demagogische Umtriebe),这标志着普鲁士的政治发生了遽变:"改革"终止和"复辟"开始。随着"卡尔斯巴德法令"的实施,黑格尔原来预定出版的《法哲学》必须经过认真修改以通过严格的政治审查,因而延缓了出版进程。在此期间,他的许多学生遭到拘捕,被投入大牢,他的同事被大学解雇,且被开除公职,而黑格尔在面临所有这些问题时都干了什么?他的态度如何?他是如何保护他的学生,又如何与官方斡旋,如何与施莱尔马赫等同样著名的教授和学生的"精神领袖"发生激烈的争执?这篇文章以非常翔实的史料,为我们刻画出一个既伟大又卑微,既可爱又卑鄙的立体的黑格尔形象。如何在正式出版的1820年的《法哲学》与各种复杂的政治形势下亲口讲授的《法哲学讲演录》之间的张力中,准确把握黑格尔的法哲学,是留给思想界的巨大课题。

【关键词】 卡尔斯巴德法令,《法哲学》的修订,普鲁士的政治遽变(Umschwung),黑格尔的转变

---

① 该文第一部分参见"伦理学术"第6期《黑格尔的正义论与后习俗伦理》,上海:上海教育出版社,2019年。

② 作者简介:卡尔-海因茨·伊尔廷(Karl-Heinz Ilting,1925—1984),自1966年起,担任萨尔大学哲学系教授,以研究黑格尔哲学、法哲学和自然法为重点。他的主要作品包括《实践哲学的基本问题》(*Grundfragen der praktischen Philosophie*)等,编辑、考订并评论:《G.W.F.黑格尔 1818—1831 法哲学讲演录》(4卷本)(*Georg Wilhelm Friedrich Hegel Vorlesungen über Rechtsphilosophie 1818—1831*,frommann-holzboog, Stuttgart 1973/1974)。由于他的努力,彻底颠覆了从前黑格尔法哲学僵化、保守和反动的形象,开启了对黑格尔实践哲学正面形象的复兴,由此极大地推动了实践哲学在二战之后的发展。除此之外,伊尔廷还主编了:黑格尔《自然法:1819—1820年讲演录》(*Naturphilosophie. Die Vorlesungen von 1819—1820*)和黑格尔《宗教哲学:1821年讲演录》(*Religionsphilosophie. Die Vorlesungen von 1821*)。

卡尔斯巴德法令(1819)延迟了《法哲学》出版

黑格尔于 1819 年 3 月 25 日结束了他在柏林第一个学期的自然法讲座。第二天晚上,他的学生为他演奏了小夜曲,以示格外的尊敬(《黑格尔往来书信集》第 2 卷,第 214页)。黑格尔利用新获得的假期空闲,给他的老朋友尼特哈默尔写了一封早该完成的信。其中有这些话:

> 我们在家过日子共享家庭之满足,而且多年以来我都没有如此安宁、有条不紊地和睦相处。作为教授我只是有了一个开端;但是,于我于事要做的还有许许多多。昨天学期结束,我第一时间就提笔给您写信。有望在莱比锡博览会上,我还要写一本书(我的自然法在§§)。(《黑格尔往来书信集》第 2 卷,第 213 页)

这种满足感之于他应该不会长久。因为几天之前,1819 年 3 月 23 日,神学学生卡尔·路德维希·桑德(Carl Ludwig Sand)在曼海姆出于政治动机谋杀了为俄罗斯服务的作家柯策比①。对于普鲁士的政治气候而言,这一行为的后果在维也纳会议与 1830 年 7月革命之间产生了决定性的转折:改革的结束和复辟时期的开始。但是仅仅在三个月之后,这一进展就开始变得可以辨认了,并且仅仅在持续三个月之后,带有一定的突然性,却作为一个已经完成的事实蝁立在所有人的眼前。黑格尔受这些事件的牵连程度如何,将呈现如次。

一、1819 年春的政治谋杀问题

1819 年 5 月 2 日,柏林大学生联谊会的成员在柏林皮切尔斯贝格(Pichelsberg)举办了一场纪念葛尔申大战(Großgörschen,1813 年 5 月 2 日)的庆祝活动,在此战役中,沙恩霍斯特(Scharnhorst)和来自学生团体中的第一个志愿者阵亡了。学生们从教授圈子里邀请了施莱尔马赫(Schleiermacher)、德·魏特(de Wette)②、黑格尔,甚至雅恩(Ludwig Jahn)和法学家哈赛(Hasse)。后两位却并未出席,雅恩毫无疑问是出于政治上的谨慎,因

---

① 奥古斯特·封·科策比(August von Kotzebue),极端反动的剧作家,著有《同时代人和当代的诸判断》(*Urteile der Zeitgenossen und der Gegenwart*,1881)等。——译注(以下凡未标注"译注"的,都是原注)
② 他在该事件之后就被开除了,参见[法]雅克·董特:《黑格尔传》,李成季,邓刚译,上海:上海人民出版社,2015年,第 288 页,以及下文标题。——译注

为他已经在 3 月份就成了官方谴责的对象以及学生示威活动的主题(Lenz Ⅱ 1, 43 - 49)。

黑格尔在这个圈子中到场——在他抵达柏林几个月后——并非偶然。① 在 2 月 9 日他就已经与施莱尔马赫、雅恩和德·魏特一起接受学生联谊会的邀请,参加了学生们为纪念反对拿破仑的普鲁士起义而组织的庆祝餐会与酒会。② 因此他出席皮切尔斯贝格庆祝会可以被认为是一个确定无疑的标志,即黑格尔同那几个同事一样被看作学生联谊会的精神领袖。他与那些时日的学生运动有多么紧密的联系,也还在另一些情况中表现出来了。

根据宗教—爱国庆祝活动的方式,如其在学生联谊会中流行的那样,庆祝活动(在教授到来之前,人们会先进行体育活动)以合唱普通歌曲和施莱尔马赫祝酒词开场:"激励着葛尔申英雄们的精神不会消亡!"③接着,弗里德里希·佛斯特(Friedrich Förster)博士,他是黑格尔的学生和朋友④,针对自 1818 年夏天以来一个军事法庭对一篇反对派的报纸文章所进行的审判,对柯策比的死做了一个简短的演讲,他朗诵了一首关于这个事件的诗,并用以下致辞结束:"为桑德万岁干杯不是我们的本愿,但恶事已经发生,而且也不是暗算!"然而许多其他人⑤在那几周时间内都是谴责桑德的行为,但是黑格尔的学生们由于桑德谋杀了柯策比这一缘故而团结一致地为其辩护,说桑德的行为之发生是出于一种信念(Gesinnung),这就是一种显而易见的精神分裂症(Schizophrenie);但他说,据我们所

---

① 关于黑格尔在他的海德堡时期对于学生联谊会的立场,他的一个学生 Richard Rothe 在 1819 年 8 月 16 日写道:"在学生联谊会中与'德国人'直接对立的,是所谓的哲学家或者黑格尔信徒,再说这些人在学生联谊会的聚会上是不会抖搂他们的哲学的,而是完全体面地言说与行动,没有任何东西比现场所见的更多了,而眼睛也只为了看见此时此地的现实。对于德国人而言,他们都是最可恨的人,尤其是他们当中的卡洛韦,此人在这方面现在对我来说简直是完美无瑕。"(引自 O. F. Scheuer:《学生联谊会与犹太人问题》,Berlin,1927,19)——关于黑格尔对学生联谊会的立场富有特色的一点,还在于他对他的学生卡洛韦授予博士学位的态度(参见 Fr. Nicolin, in: H-St 2, 1963, 87 - 91);根据黑格尔的建议,卡洛韦以他的论文《学生联谊会规章草案及其建立的尝试》(Eisenach 1818)被授予博士学位。
② 参见 P. 魏策尔:《德国大学生联谊会的历史》,海德堡 1919,Ⅰ 364:"在 1819 年 2 月 9 日,呼吁为自由而斗争的这一天,(大学生联谊会)欢迎他们最爱戴的老师,施莱尔马赫和雅恩,神学家德·魏特和在海德堡任职的黑格尔,作为他们的客人出席庆典酒会和晚宴。"
③ 1819 年 4 月 28 日施莱尔马赫给 E. M. Arndt 写信说:"柯策比把所有大学拖入陷阱里,这种担心确实并没有完全消失。"(出自《施莱尔马赫生平》,在信中,由 W. Dilthey 编辑,Berlin 1860,Ⅱ 357)
④ 关于他,他的兄弟恩斯特·佛斯特在 1878 年报道(ADB Ⅶ 187)说:"同时期他的政治方向也经历了一个并非不可察觉的转变。1818 年黑格尔受聘来到柏林,担任费希特死后空出来的大学教席。短期内他就成功地做到,将这艘由年轻人的自由激情推动着不断颠簸地向着波涛汹涌的、更高浪潮迈进的航船,导向一个平稳的航道,这时他追求的不是将轮船拖上岸,毋宁说是预先描绘出新的、更高的目标。这种认为人类知识不应该有更多限制的学说,提出要实现的最高追求是,眺望最完满的心灵自由,甚至将它与人们将信将疑的这个命题相和解:凡是有理性的都是现实的,凡是现实的都是有理性的,通过它,所有激情四射的理想主义试图快速让世界变好的梦想都被平息下来。佛斯特迅速被新学说所征服,不久就进入了哲学家亲密朋友圈,并成为他最热烈的追随者之一。"
⑤ 例如,葛瑞斯(Görres)在他的文章《柯策比和谁将他谋杀》(《葛瑞斯文集》卷 13, 489 - 495)。——对于这篇文章的提示和各种各样的教学,我要感谢我的令人尊敬的萨尔布吕肯的同事 K. G. Faber。

知,没有任何言论能够为存心犯罪的桑德辩护。正是这一点才可能是佛斯特只是得到了在场学生们有节制的掌声①的原因。

关键是,黑格尔的另一个学生在这方面走得更远,他与弗里德里希·佛斯特相比与黑格尔靠近很多,这人就是古斯塔夫·阿斯韦卢斯(Gustav Asverus),是与黑格尔交好的耶拿大学法官之子,他在 4 月 8 日至 22 日期间给他的大学同学洛霍尔姆(Loholm),一个耶拿学生联谊会的激进派成员写信说道:

> 桑德应该说得到了最高的称赞。因柯策比的忍受证明了祖国的弱小。假使真有许多人像我们正直、忠实的桑德一样,那我们的处境就好了。这里不能用通常的尺度来衡量;理念的权利,即为一个本身坚固的真正国家而斗争的权利,高于其他一切权利。对于后果,只有将信将疑的人才会颤抖。世界存在如此之久,并无大的过错导致我们落后,永恒地被把握在进步中的世界精神伸张它的法权……为了统一我们必须再来一次,因为没有任何东西可以提供帮助。没有哪个民族能够自由,如果不能自由地朝向外部的话……(《黑格尔往来书信集》第 2 卷,第 434 页及下页)

在 1819 年 5 月 9 日的一封信中,阿斯韦卢斯显然——根据霍夫迈斯特(Hoffmeister)的陈述——差不多完全被桑德的行动所激励,该行动却是为了统一祖国的大事作出的"不成熟的牺牲",现在招致了严厉的措施:"所有人都得为此行动共同担责。"在同一封信中他断定自己属于黑格尔哲学,而学生联谊会的其他领袖性的代表人物,罗迪格(Roediger)和荣格(Jung),继续支持弗里斯(Fries)而反对黑格尔(出处同上)。这一判断富于特征的东西也就是他鉴于学生联谊会的目标与利益而对柏林的教授所做的评价:"我对施莱尔马赫的尊敬在日益降低……这里的教授们,至少大部分,都是胆怯的奴仆,除了赫斯、黑格尔和德·魏特"(1819 年 4 月 29 日的信,出处同上)。至于桑德的行动,按照黑格尔的一个周详的赏识,阿斯韦卢斯也于 1819 年 5 月 11 日在给他父母的回信中写道:

> 但我所盼望的,是所有人的自由和我的祖国的统一……因为你们可以确认,除了勤奋学习之外,我将什么都做不了,为此桑德的行动重新激励了我。我善于通晓大义地明白,也只有必须继续唤醒更伟大的精神教养,在为了自由之前,国家才会演历某

---

① "我觉得,他所做的不纯然像告知的那样"(Lenz Ⅳ 357)。

种抓手性的东西（Durchgreifendes）……人民理所应当地值得争取获得一个更好的制度（Verfassung），在我们给予他们制度之前。（《黑格尔往来书信集》第 2 卷，第 436 页）

大约在佛斯特和阿斯韦卢斯之间，也会有一些对桑德及其行动的评价作出来，黑格尔在柏林的第一个助手卡洛韦（F. W. Carové）在他 1819 年春季的文章《论柯策比的谋杀案》中就阐述了他的评价。因为像阿斯韦卢斯所代表的观点那样，卡洛韦也持有这一观点："对柯策比的谋杀对于民族发展的进程应该是必要的，因为只有在这个谋杀事件上才让人认识到，桑德谋杀的行动路线，和处在柯策比自我表现的精神中的那些人，都走在了错误的道路上。"（《黑格尔往来书信集》第 2 卷，第 462 页）卡洛韦在这篇文章中［该文章根据封·康普兹（v. Kamptz）的档案记录，此人是负责普鲁士内务部警察局的部门主管］，将"柯策比遇刺事件"解释为"外在事件和人的主观看法表达所导致的理智与情感之间斗争的必然结果"。（《黑格尔往来书信集》第 2 卷，第 460 页）

这些言论不仅让人想起黑格尔的语言用法。这些表达的方式，人们可以认为，黑格尔在 1819 年春天那几周内还真不是坚决地与这些观点保持距离。然而，与这些判断，如人们在弗里斯和德·魏特中以及他们在大学生联谊会的追随者圈子中所了解到的，对照后有很大的不同。神学家德·魏特在 1819 年 3 月 31 日给桑德母亲的一封信中写道："每个人只根据他的最佳信念行事，这样他做的将是最好的事……就像这一事件的发生，通过纯粹虔敬的青少年去做，带着这种信仰，这种坚信不疑，它是我们时代的一个美好标志。"①在一个学生 1819 年 4 月 20 日的一封信中，人们发现的信息，是德·魏特在一次学生聚会上发表了这一看法：如果桑德感受到了一种不可抗拒的行动冲动，那他做得有理，因为他认为自己是上帝的工具并作为上帝的殉道者为一个善的事业而死（Lenz Ⅱ 1，65）。虽然德·魏特在 1819 年 8 月 10 日的一个审讯中反驳，"此类言论他何曾在一次大学生聚会上说过"，同时承认，"他引用了一些具体的句子，如果从上下文关系中扯出来，一个甚少关注它们或者与他不熟悉的人们，几乎能够理解得与被引证的含义相同"（Lenz Ⅱ 1，66）。人们必须承认，这是一个极其微弱的正式辟谣。

这些言论，如同德·魏特受到责备的那些一样，接近于学生联谊会激进派的观点，正是耶拿大学生联谊会的"无条件者派"的成员以及与他们一起的卡·路·桑德所代表的。

---

① 参见 K. A. v. Müller：《卡尔·路德维希·桑德》，München 1925，176；《黑格尔往来书信集》第 2 卷（德文缩写为：Br Ⅱ），第 449 页。

在这里人们辨认得出这一原理："所有地方,只要是表达通过自由的意志和自己的认识获得信念的地方,都会为了这种信念而允许一切手段,即便它们与习惯的伦理规条相矛盾。罪犯可以为他的信念承担自身的责任,唯有这才是本质的东西。"①出于这种信念伦理(Überzeugensethik),耶拿"无条件者派"的领导者卡尔·弗伦(Karl Follen)导致了革命性的后果,并发展出一种"个人恐怖理论"(Faber 出处同上):政治谋杀是"个人的战争(la guerre des individues),个人与个人之间的战争"。②

针对耶拿"无条件者派"的这个"原则",黑格尔在1820年的《法哲学》中非常明确地说道:

> 我们时代特别陈腐的一个准则之一……在不法行为上对所谓的道德意图感兴趣……但这种学说在它再次炒热时部分形态被夸大了,竟把内心的灵感和心情,即特殊性的形式本身,当作了合法、合理和合德的标准,其结果,犯罪及其指导思想,哪怕是最平凡、最空洞的突发奇想和最愚蠢的意见,都被认为是合法、合理、合德的,因为它们发自内心和灵感。(《法哲学》第126节附释)

毫无疑问,这些言论针对的就是桑德、卡尔·弗伦和他们的老师弗里斯及德·魏特的"信念伦理"。③ 而在柯策比被谋杀前不久,黑格尔自己就已经在这种反对的意义上发表了言论。在1818/1819年法哲学讲课的相关章节中就已经有了这样一句话:"道德的意图不能为非法行为作辩护。"(Hr §66)而黑格尔对这一论题的阐释,正如霍梅耶尔(Homeyer)的笔记所报道,可能清楚地阐明了他自己所提到的内容:出于道德信念的政治谋杀。因为霍梅耶尔记录:"在现代君主制中,没有暴政是可能的,不同于罗马、土耳其和先前的俄罗斯。"(Hr §66 A)

霍梅耶尔的这些报道对黑格尔的政治评价非常重要。因为它们证明,黑格尔不是在桑德行动之后才拒斥政治谋杀,而是先前就已经认识到了为这一行为奠定基础的理论并预先警告过被德·魏特称之为"我们时代的美好标志"的东西。尽管如此,正如已经强调的那样,没有理由怀疑,在1819年的春天,黑格尔本质上与他的学生佛斯特、阿斯韦卢斯和卡洛韦一样,赞同并支持桑德以他的行为服务所想的政治目标,更有甚者:

---

① K. G. Faber:《大学生和第一届德国学生联谊会中的政治》,载于《知识与课程中的历史》,第21卷,1970,77。
② 参见 R. Pregizer:《卡尔·弗伦的政治观念——对德国激进主义历史的贡献》,Tübingen 1912,69 ff。
③ 桑德在监狱中仍然阅读德·魏特的《教义学》;在他被处决前的那个晚上,据说他在德·魏特的《基督教道德教本》的封面内页上写下了关于生、死和不朽的想法(v. Müller,出处同前,172,195)。

黑格尔在那几个月里完全,类似于弗里斯,被算作大学生联谊会运动的精神之父。如所提到的,阿斯韦卢斯为桑德辩护写道:

> 这里不能用通常的尺度来衡量;理念的权利,即为一个本身坚固的真正的国家而斗争的权利,高于其他一切权利。对于后果,只有将信将疑的人才会颤抖。世界存在如此之久,并无大的过错导致我们落后,永恒地被把握在进步中的世界精神伸张它的法权……(出处同上,参见德文第 46-47 页)

但是,黑格尔本人最终在短短数月内在他学生们面前讲述的东西记录在案了:

> 权利和义务的形式主义产生于自由概念发展中的区别。与形式的,即抽象的、受限制的权利相反,精神,它更加宽广地将在自由中所蕴含的诸环节带向意识并带向现实性,作为更加具体、更为普遍的权利,一种更高的权利。(Hr § 15)

因此原则上——并不完全与 Hr § 66 的学说相一致——一种历史性的过错已经免罪于法律的和道德的规范之约束。这种评判,在桑德的行动发生之后,黑格尔的学生中被证明了其力道——已经在这一行动发生之前——可以在黑格尔本人的思想中再次发现。黑格尔在皮切尔斯贝格(Pichelsberger)宴会上的到场绝非偶然。

二、黑格尔的学生在"追捕煽动者"行动中牺牲

考虑到这一局势,人们不会感到惊讶的是,随着普鲁士开始"追捕煽动者"行动,1819 年 7 月初,被捕者或警察追捕的人当中恰恰有黑格尔最亲密的学生。当然,他们并没有为这一打击至少有过一点准备。就在 1819 年 6 月底,黑格尔的学生卡尔·乌尔里希(Karl Ulrich)还在忙于为第三个公共学生节作准备,这个节日活动应该是在 1819 年 10 月 10 日的柏林举行。① 6 月 25 日那天他在邀请函中说明:"我们把柏林看作最合适的地点,因为位居上方的人们极少会怀疑到这里的一场集会,特别是当我们安静一点的时候。"(Lenz Ⅱ 1,55)可是,就在那天之前,普鲁士警察局长维特根斯坦(Wittgenstein)侯爵,就已经将他和黑格尔的助手莱昂波德·封·亨宁(Leopold v. Henning)一起列入名单,该名单被推

---

① 参见 H. Warnecke,《柏林大学生》Lützower,大学生联谊会成员,1817 年瓦尔特堡庆祝会的合伙发起人,载于《耶拿弗里德里希·席勒大学学报》,社会和语言学,系列 15,1966, 219 f.

荐给国王供警察拘捕。(Lenz Ⅱ 1,56)由普鲁士总理哈登堡亲王支持,维特根斯坦执行,国王于 1819 年 7 月 3 日通过一个敕命安排警察调查委员会投入使用。在 7 月 7 日清晨,亨宁遭到逮捕;乌尔里希暂时逃脱拘捕,因为另一个与他名字相同的大学生成了他的替罪羊被逮(这一错误本应给德·魏特带来灾难性的后果①)。真正的乌尔里希在一周后,于 7 月 14 日,和"谋反者首领"路德维希·雅恩一起被拘留。在 7 月 15 日夜里,阿斯韦卢斯也被逮捕。(Lenz Ⅱ 1,60 f.)

处境最好的还是莱昂波德·封·亨宁,此人通过他的兄弟古斯塔夫与大学生联谊会的激进派,这个围绕在卡尔·弗伦周围的耶拿"无条件者派"团体取得了联系。他参与了在一份请愿书上签字,该请愿书提醒法兰克福的德国联邦议会履行"联邦法"第 13 条款中的宪法承诺。七周后他被释放出狱,然而,他关于在 1819/1820 年冬季学期继续留任黑格尔法哲学讲座助手参与教学活动的申请遭到了拒绝。不过这并未阻止他不顾一切禁令,继续参加社交聚会和已被解散的学生联谊会的核心圈子。在一年的试用期之后,他的学术生涯可以继续下去。②

乌尔里希与黑格尔的关系之所以无法更加明晰地确定,是因为两人之间曾约定,信件在收到后立即销毁,③起先他被拘留几近四个月,然后被释放,并于 1820 年 2 月 27 日再次被捕。在看守所服刑了四周后,他开始了逃亡生活,为了逃避警察追捕,他前往西里西亚、波美拉尼亚(Pommern)④、霍斯坦、瑞典,并再次返回到霍斯坦,直到 1823 年初他最终在波茨坦找到一份市陪审法官的职位。⑤

尽管他父亲百般努力,黑格尔全力斡旋⑥,阿斯韦卢斯一直拖到 1820 年 6 月 7 日最终还是被逮捕,在他被释放之前,在他不对其他学生发布关于他的拘捕时间的"不利信息"的情况下,立即被遣返到了他的故乡耶拿。所以在此期间,他的案子并没有了结。1824 年 12 月 8 日,他在布勒斯劳被判处六年徒刑,由于他的申诉,他于 1826 年 1 月 17

---

① 参见 Lenz Ⅱ 1,64 ff;Ⅳ 364。
② 参见 Lenz Ⅱ 1, 56 - 59, Br Ⅱ 482;W. Schröder:《为统一和自由而斗争中的学生联谊会》,Berlin(Ost)1967,250, 295。
③ "非常喜欢您给我回信,这将给我带来很大的乐趣,所以请您把信最好是寄给在 Holstein 的 Plön 附近 Wittmoldt 镇上的 Eckhardt 先生,我仔细阅读后,会像往常一样撕碎,将信撕毁。"(乌尔里希给黑格尔的信,1822 年 8 月 2 日,Br Ⅱ 331 f.)
④ 也即 Pomerania,以前曾是德国的一个州,现大部分位于波兰境内。
⑤ 参见《黑格尔往来书信集》第 2 卷(德文缩写为:Br Ⅱ),第 498 - 501 页——如果从普鲁士秘密国家档案馆(如同霍夫迈斯特 Br Ⅱ 501 所强调的那样)的档案中"乌尔里希和黑格尔之间的关系没有可见的任何明显迹象",这可以通过上述他们的通信协议来解释。
⑥ 黑格尔在 1819 年 7 月 27 日向普鲁士警察局求助,并在 1820 年 5 月 16 日缴纳了 500 古尔登的保释金。

日暂时被释放，而最终，由于国王没有批准这一判决，他是基于一份给国王的赦免请求书于1826年9月17日被赦免。早在1821年10月11日在给他大学同学的一封信中，他就已经写道："（大学生联谊会）不该有政治意图；因为这是蠢事……只有远离政治……"①

针对上文已经提到的弗里德里希·佛斯特的诉讼程序，似乎首先取得了一个好的结果，在他于1819年6月23日因为冒犯其他公务员，特别是封·康普兹先生之后，他被判处14天禁闭，但解除了对他冒犯君王的嫌疑。因冒犯而判刑本身，最高军事法庭于1819年8月5日向国王提交的报告声明此事发生得太不正当，这时封·康普兹已经放弃对佛斯特提起冒犯诉讼。由于一份刊登在《不莱梅日报》上有关7月14日被逮捕的"运动之父"（Turnvater）雅恩的名誉声明，他也参与了在此声明上签名，哈登堡在其中看到②"一份从效力于国家方面而对国家规章的公开谴责"，然而，1819年9月30日，弗里德里希·佛斯特在军事学校和大学中的职务被解聘，并被开除国家公职。③即使到了1823年春，他申请许可作为大学编外讲师从事教师工作的请求也再次被驳回。只有通过黑格尔的斡旋，他才最终成功被任命为柏林艺术珍品收藏室的管理员。④

卡洛韦计划中的学术生涯因1819年夏天的追捕煽动者行动而过早地结束了。就在1819年6月17日，卡洛韦还真诚地、毫无预感地向普鲁士文化部长阿尔滕斯泰因（Altenstein）申请波恩编外教授的职位，并附上他的"论柯策比的谋杀案"论文清样。阿尔

① 《黑格尔往来书信集》第2卷（德文缩写为：Br Ⅱ），第432－442页。
② 参见《黑格尔往来书信集》第2卷（德文缩写为：Br Ⅱ），第468－471页——刊登在《不莱梅日报》中的这份"读者来信版说明"有如下原话："在1819年7月15日《Haude与Spener日报》第84期，有关弗里德里希·路德维希·雅恩博士的报道，说他违背他的最神圣的保证，在运动场上发动了各种形式煽动人心的政治活动，他还试图继续蛊惑青年反对现存政府并诱惑他们从事革命和进行其他危险原则，例如暗杀国家公务员具有有条件的合法性，给每个人配备匕首。参与签名的人，一部分是经常去柏林运动场的，通常与雅恩有接触，一部分却不去运动场，学会了更准确地了解他，因此符合真相地特此声明，他们从未听说过他诸如此类的事，基于他们的信任，也不认为他有此能力。当然，他们不是在所有运动场，而只是在Hasenheide（柏林新科隆区的一个人民公园。——译注）一个当地的大型运动场上；但是据他们所知，雅恩也不曾去过别的运动场，这毕竟是过去了的事情，他们并不理解，用运动场（Turnplätze）这个词究真正地意味着什么。此外还有一个重要的事，如同所显示的那样，上述通告的作者也发现，在雅恩身上发现了两把匕首，这甚至可能被视为他同意有条件地暗杀的证据；所以这至少为无知做了基础。雅恩在1813和1814年在Lützow发起运动风潮，众所周知，几乎所有的Lützow人都携带匕首，雅恩将从Theodor Körner手里得到的一把作为纪念品，他在1815年委派到巴黎时，他自己制作了第二把。在此之后，他用一把作为糖刀，另一把用于制作小手工艺品，这两把匕首是他自己交给警察的。"
③ 从1820年8月26日至9月11日，黑格尔自己一直逗留在德累斯顿陪伴弗里德里希·佛斯特（Nic. 215,218）。借此机会，据说黑格尔——根据后来弗里德里希·佛斯特和恩斯特·佛斯特公开的报告——在纪念攻占巴士底狱周年纪念日上发表祝酒词。这一定是个错误报告，因为这六周的旅行是在7月14日之后才出发的。卡尔·佛斯特（Karl Förster）在他的日记中报道了一个歌德和黑格尔的生日庆典（Nic. 216）。
④ 参见 Br Ⅱ 468－471。

滕斯泰因在 7 月 3 日①建议他,到布勒斯劳大学去谋求教师授课资格(Habilitation)。所以卡洛韦大概是为了试试他的运气,于 1819/1820 年冬季学期现身于布勒斯劳。由于 11 月 26 日封·康普兹在阿尔滕斯泰因面前提出了反对他的异议,不久之后(1819 年 12 月 1 日),维特根斯坦也因为他写过一篇为桑德辩护的文章而怀疑上了他。如今,当卡洛韦已经在 12 月 24 日以巨大的坚定性摆脱了所有的嫌疑时,封·康普兹与他的第一次干涉形成了鲜明的对比,而维特根斯坦还断然坚持他的否定判断。于是阿尔滕斯泰因阻止卡洛韦在布勒斯劳谋求大学执教资格,并指示当地政府的全权代表密切观察他。这个全权代表在 1820 年夏季学期开始时要求"卡洛韦听话并顺从地完全远离大学执教生涯";但特别的是,说他待在布勒斯劳"一方面全无必要,一方面令人可疑"。根据霍夫迈斯特的判断——我们在这里所利用的大部分原始材料作的推断得感谢他的判断——卡洛韦"是被一个阴谋的宫廷奸党的合谋以及他们的卑劣工具而从任何一个学术轨道上排除出去的",并从此以后"诅咒成为一个二流的作家从事活动,由此他不再想出人头地了"。②

三、关于黑格尔在 1819 年夏天所作所为的信息

黑格尔对 1819 年夏这一事件做出了何种反应,很不为人知晓,因为我们除了看到在罗森克兰茨(Rosenkranz)那里讲了一个并不那么意味深长的轶事之外,直接的材料只有一封黑格尔寄给普鲁士警察局的信。在这封信(1819 年 7 月 27 日)中——这是为被捕的阿斯韦卢斯开脱的极其卑躬屈膝的呈词——有两点很突出:黑格尔试图将所谓"煽动人心"的颠覆活动作为青年人不成熟的表现来了结,而不只是官方解释的带有革命目标的谋反这一说法,③以及缺乏任何对于学生社团本身的批评或保留意见。黑格尔不谈青年大学生的政治理念,而只谈"返回于内心的自负与狂热"和"在一部分青年中逐步流行开来的蠢蠢欲动",好像这种行为失常能够解释几周前在柏林已经开始了的逮捕浪潮似的。从

---

① 阿尔滕斯泰因给哈登堡的复文上的时间是 1820 年 2 月 29 日,按照霍夫迈斯特文章的说法是"6 月 3 日"(Br Ⅱ 465)。但因为卡洛韦申请书上注明的日期为 6 月 17 日(Br Ⅱ 458),所以有可能涉及阿尔滕斯泰因的一个错误或者霍夫迈斯特的一个笔误。

② 参见《黑格尔往来书信集》第 2 卷(德文缩写为:Br Ⅱ),第 458-468 页。

③ 1819 年 6 月中旬,威斯巴登的编辑成员魏策尔(J. I. Weitzel)发表了一篇耸人听闻的文章《德国是否害怕革命?》,作为对在同一年 9 月葛瑞斯(J. Görres)和他的书《德国和革命》的回应。对此参见 K. G. Faber 的《葛瑞斯,魏策尔与革命》(1819),发表在《历史杂志》194,1962,37-61。

罗森克兰茨流传开来的"轶事"也适用于对这一事件的淡化①。这诚然可以被视为一个标志来评价,黑格尔和其他许多人一样,从一开始就未曾切近地把握到整个政治局势的严重性:

> 一个他的听众,由于受政治牵连,关在[柏林]市沃伊格特(Voigtei)监狱里,此监狱有一个背面向外伸展到了施普雷河(Spree)。因犯的朋友们同此人心有灵犀,推心置腹,且由于他们有理由认为他是无罪的,就像是学术研究得出结论似的,于是他们试图以下列方式向他证明他们的同情:他们乘着小船在午夜时分来到他的监狱铁窗下,试图和他说话。有一次成功了,这些朋友们,同样也是黑格尔的听众,不得不将这件事告诉了黑格尔,于是他自己也决定,一同划船行驶。只需哨兵的一颗子弹,就很容易让这些蛊惑人心的皈依者免除任何进一步的努力。黑格尔在水面上似乎也感受到了这种怪异的处境。当小船停在窗前时,谈话也就开始了,出于谨慎应该使用拉丁语。但黑格尔将谈话局限于一些无关紧要的空话,例如这样询问囚犯:"你现在看得见我吗?(Num me vides)"由于人们与被囚者几乎能够触手可及,这个问题也就有些滑稽,并没有错过引起哄然大笑,在回程中黑格尔与苏格拉底式的笑话完全合拍。(R 338 f.)

在此报道中的申辩性意图非常明显:罗森克兰茨强调囚犯的无辜,并讽刺地将黑格尔描绘成"蛊惑人心的皈依者",在所描述的境况中当然没有任何迹象表明这一点。可是,黑格尔与被捕者和行动发起者之间显而易见的十分密切的信任关系被置于黑暗之中。令人奇怪的倒是,如果黑格尔,一个年过半百的人,和他讲座的朴实"听众"真如罗森克兰茨所描述的那样,参与了这样一次奇幻之旅的话。出于下面应当弄明白的原因,我们不得不假设,这一轶事与1819年6月有关。当时黑格尔的学生亨宁、乌尔里希和阿斯韦卢斯身陷囹圄。尼考林(Nicolin)猜测,就因犯而言,涉及的是莱昂波德·封·亨宁(Nic 614)。

---

① 作为对比,这里复述一篇《普通普鲁士国家日报》1819年7月11日的文章:"在不同地方,不仅普鲁士,也在其他各州,为了进一步查明所发现的秘密煽动革命的联络与颠覆活动,于昨天已经采取了措施,这都是通过所收到的最为重要与充分的证据,证明它们确实存在革命性、高度反叛性倾向而发动的,有人给德意志祖国准备了完整的、反复商讨过的共和主义的宪法草案。由此可见,这些措施不是针对学生和学生协会以有节制的观点所发出的命令,因为其中只有一些命令或多或少包含在内,因此是触及了那些措施。关于那些煽动性的颠覆活动有广泛而深刻影响力的分支,如果没有损害到最重要和善意的目的本身,更为细致的处置措施,可以理解到现在为何还不能公布。"摘自《魏玛反对报》1819年7月17日,1341。

由于其无罪后来很快就能够被认为是得到证明了的,这个假设当然是正确的。① 这个场景在任何情况下都与黑格尔的有益于当局的书写不相符合。

四、1819年夏天德·魏特被开除的政治遽变

在此期间,普鲁士国务总理哈登堡意识到他在大学政策中不能长久地反抗梅特涅。在 1819 年 7 月 10 日,外长伯恩斯托夫(Bernstoff)就已从根本上接受了奥地利的建议,镇压大学的自由[学生运动]。8 月 1 日,梅特涅和普鲁士国王在特普利兹举行预备会谈之后,哈登堡会见了梅特涅,并在同一天签署了所谓的《特普利兹条约》(Teplitzer Punktation),它服务于这个意图:"利用目前这一时刻,对一个革命党进行的系统活动构成威胁,附带解散德意志联邦的联盟,同时要对所有德意志政府的存在造成威胁。"这一文件中最重要的句子是要保持"永久机密",原文是:"作为一项不可交流(unumgängliche)的惩处措施,两个宫廷(普鲁士和奥地利)联合支持这项必然性定则,即让那些臭名昭著、有歪点子并卷入当今大学生胡作非为的颠覆活动中的教授立即远离其教授职位,从一所德意志大学开除的个人不能在其他德意志的大学取得类似的职位。"②在 1819 年 8 月 6 日至31 日的卡尔斯巴德会议上,普鲁士还是放弃了它的保留,即在 7 月 10 日备忘录中针对奥地利的观念所提出的保留。因此,"卡尔斯巴德法令"结果比预备委员会审议后的预期要严厉得多。它于 1819 年 9 月 16 日被呈交法兰克福联邦大会审议,并已经在 9 月 20日——在胡伯(E. R. Huber)称之为"联邦—国家闹剧"的程序中——得以通过。③ 普鲁士在 1819 年 10 月 18 日将它连同从属于它的执行条例一并生效。

"卡尔斯巴德法令"由一部大学法、一部新闻法、一部调查法和一些执行规则组成。通过大学法,大学被纳入政府——授予全权架构,由于职权范围没有明确的规定,大学有权将科研和教学置于一种实践上不受限制的控制之下。政治上不受欢迎的大学教师将在不用对其行为过失的事实特征予以清晰说明的情况下,通过一种无法争辩的行政决定而受到解雇的威胁。秘密的或未经批准的学生团体的成员要被逐出校园,并且不能被其他大学再次接收;他们要终身被拒绝担任公职。根据"联邦法"第 18 条所告知,赋予他们了的新闻自由完全取消。对普鲁士而言,这首先意味着,从现在起曾许诺给大学的审查自由

---

① 这样说不过是有前提的:黑格尔在 1821 年 6 月 9 日的信中说过头了,他写道,封·亨宁在监狱中被日夜监视(s. u. S. 68)。

② 特赖奇克(Treitschke)的文章,《19 世纪的德意志历史》,Leipzig 1897,Ⅱ 634 – 637。

③ 此处及以下参见胡伯,《1789 年以来的德国宪法史》,Stuttgart1957,Ⅰ 735 ff.。

被消除了。这部学术研究法最终规定,"任命一个中央机关,详细调查在好几个州发现的革命颠覆活动",总部设在美因茨。

由于所有这些决议都是在秘密协商中准备,大多数与之相关的人只能逐步地弄明白因哈登堡步入奥地利的政治而形成的新的状况。他们首先的反应不是畏惧,而是愤怒。只有对于明确的部长命令,柏林大学评议会才准备在公告栏上提请注意,有义务接受警察的传讯。所以德·魏特也在1819年8月8日,以他没有时间为理由,拒绝接受传讯,甚至向维特根斯坦爵士提出抗议。(Lenz Ⅱ 1,65;Ⅳ 361)然而此时他的境况早就自身不保,在他给桑德的母亲所写的信的复件被发现之后,他无法否认曾经写过这封信。在没有等待法兰克福议会通过"卡尔斯巴德法令"的情况下,国王于9月18日就下令解雇了德·魏特,并在9月30日签署了相应的内阁令。评议会谨慎表达的异议由萨维尼(Savigny)撰写,国王立即坚决地予以回绝,评议会仅限于在10月11日,请求为德·魏特继续发放他的薪金。至少有一笔补偿金作为"特别津贴"于11月4日发给他;但德·魏特在他"严格的尊严感"召唤下拒绝了,并于11月18日抵达魏玛。(Lenz Ⅱ 1,82)瓦恩哈根·封·恩泽(Varnhagen v. Ense)了解并报道,德·魏特得到了一部分教授的捐款——这肯定是从柏林动身之前——"通过每年的捐款保障一种年薪,直到他再次安顿下来;凌克(Link)①捐出30塔勒,黑格尔捐了25塔勒,施莱尔马赫捐了50塔勒,其他人以类似的关系按照其意愿和能力来捐。政府从未真正发觉这一点"。(Nic 199)

五、黑格尔在1819年11月的转变

从这一消息中人们会推论说,黑格尔自己直到1819年11月初才感受到与那两个同事有了牵连,他在5月2日同他们一起出席皮切尔斯贝格宴会。不过,黑格尔在给克洛伊泽尔(Creuzer)10月30日的信中透露,政治前景的黑暗如何在前几周和前几月向他施压,以及他如何从政治上开始与德·魏特保持距离:

> 大学生联谊会的政治活动,以及德·魏特的弗里斯主义,大学当然并没有优待它们。但这并不是要把这种根源揽到自己身上,相反其根源主要来自其他地方——哪里呢?——主要来自海德堡——严格来说,被捕者的大部分是那些,在我之前,属于马丁(Martin)和弗里斯时代曾在海德堡的人。德·魏特,据我听说,想去魏玛,太太

---

① 内阁大臣凌克是有权威的人,他任命了沃恩哈根·封·恩瑟。

和孩子想去海德堡。学生们送给了他一个写有圣经话语的银杯：你们不要害怕那些能杀死肉体却不能杀死精神的人，等等。关于这一笔退休金人们丝毫还没听到什么；但是在一封给国王的告别信里他匆匆宣布他动身离开这里，——所有这一切诚然都显得包含一点傲骨，并阻碍了所有有效地为此提供某种善意帮助的可能性。您从报纸上得知我们其他的政治和审查法令，这对我们来说，确实作为整个联邦的一部分都是家常便饭了。——阿斯韦卢斯从现在起被移交给军事法庭。——会令我奇怪的是，如果不在海德堡，还有某个人和其他人，这些人都参与了奔向达姆施塔特的游走并参加了当地的会议，应该会被逮捕——对我而言，至少起初我由于阿斯韦卢斯的事向他求情的封·康普兹先生，有什么［如何］作为牢骚话对此人陈述。——如果你的人民迄今都对这些颠覆活动的追捕不冷不热，那么美因茨的委员会当然就该给他们揣上一脚。——除此之外，所有这一切都对提高情绪的快活感贡献不了什么，对此您也十分明白。——我已年届半百，其中三十年是在这个永远充满不安的时代的恐惧与希望中度过的，并且唯愿有朝一日能了却这种恐惧和希望。（现在）我不得不看到，这种局势还要一直拖延下去，确实在这个暗淡的时刻，人们认为会变得越来越令人气愤。

这种气候，我觉得，并不完全像在海德堡那样好地影响我。可今年秋天去吕根岛的旅行我倒真的玩得好。前天我陪索格（Solger）去墓地，它离费希特（Fichtes）的不远——那里也是属于我的墓地，在我的同事旁边；哲学家们似乎去了那个地方，在这里就将不老。不过，对于社交生活而言，人们在这里可以发现许多闲逛的人——但这也再次将一切都完全瓦解。我到现在都没有找到朋友圈。请您衷心向朋友们致以问候——特别是向道布（Daub）致以最为诚挚的问候——还有蒂堡（Thibaut）、埃申迈耶尔（Eschenmeyer）、海因里希·沃斯（Heinrich Voß）。我最可爱的想法之一，是希望能留在您的记忆中，——而我从您的礼物中看出了这一点。我也迟疑了很长时间来回信，以便答复《法哲学》为何缺少了几页；不是每个人都能像您一样在工作中勤奋而精力充沛。——我只是想在议会法令生效时开始印刷。既然我们现在"知道"，我们在哪些方面是有我们的审查自由的，我立即就将"它"付梓。（《黑格尔往来书信集》第 2 卷，第 218－220 页）

黑格尔对"德·魏特的弗里斯主义"和他的行为举止"诚然可能显得包含一点傲骨"的担忧，泄露出臣民对当局命令和措施的屈从性，这些在他给警察局的信中已经引人注目了。但他与德·魏特和弗里斯保持距离，现在就更加明确地显现出来了。黑格尔甚至试图让这些同事单独为"学生联谊会的政治活动"负责：虽然据黑格尔所说的那样，大部分嫌疑分子来自海德堡，但是，他们都已经是，正如他补充说明的那样（思路紊乱），在他之前的"马丁（Martin）和弗里斯（Frieses）时期的海德堡"。黑格尔没有提到，一部分嫌疑分子却是在他在的时期，在弗里斯免职之后，才在海德堡相遇，并追随他黑格尔，才前往柏林的。他自己实际上多么脱离不了干系，他的评注"这个永远充满不安的恐惧与希望的时代"越来越有威胁地变得令人气愤，泄露了秘密。也许黑格尔得以知晓了，林登贝格（Lindenberg）的大学生关于 5 月 2 日皮切尔斯贝格节的一封信在对德·魏特的审判中被采用了。（Lenz Ⅱ 1,71）①在柏林记者弗里德里希·封·考恩（Friedrich v. Cölln）的一封信中，这是由维特根斯坦侯爵转交给阿尔滕施泰因的，同样于 1819 年 12 月 5 日传到柏林大学政府特派员手中，密告"施莱尔马赫，黑格尔先生及其同伙"为忠于政府力量的敌手。（Lenz Ⅱ 1, 89）②黑格尔有理由相信，追捕煽动者的危险行动已经威胁到他自己了，但是，直到 1821 年 6 月 9 日，他才在给他的老朋友尼特哈默尔（Niethammer）的一封信中给出明白无误的看法。

也许，据我们所知，黑格尔绝不是毫无根据的恐惧，这包含了一个事件的声明，人们简直不得不把这描述为黑格尔在柏林时代的转折点。在他 10 月 30 日的信中，黑格尔未着一字表达他对"卡尔斯巴德法令"和政府警察措施的赞同。在 11 月的第一天，黑格尔已经承诺向他被解雇的同事德·魏特承担已经提到的每年 25 塔勒的互助费。但在 11 月 13日③黑格尔就已经在一个"社会"中声明，国家有权利"解雇一位教师，如果他只是向国家伸手要他的工资的话"。这无法进一步确定，黑格尔意图在何种意义上使这话被理解。但概率最小的解释是，黑格尔只想提请注意到这样一个事实，即自从在普鲁士公布"卡尔斯巴德法令"以来，出于政治原因解雇大学教师是有合法效力的。无论哪种形式，黑格尔也不得不从他自身方面为这一点背过书。当施莱尔马赫将黑格尔的这一观点称作"卑鄙的"时，两人之间出现了激烈的争吵。④ 在宫廷社交中不久就传说，黑格尔和施莱尔马赫

---

① 这封信是在 1820 年 5 月中旬从一个调查委员会得到的，其主席一职不会由比哈登堡更低层级的人来担任，几乎也将施莱尔马赫"纳入罗网"。（Lenz Ⅱ 1, 86；Ⅳ 412）

② 与此相关的，正如已显示出来的那样，Lenz 似乎在另一个地方也提到了这句话："黑格尔也被怀疑是这些圈子的哲学家，因为他敢于思想，他参加皮切尔斯贝格节，他与弗里德里希·佛斯特、卡洛韦和亨宁先生的关系，实际上在这个方向上必定引导了考恩的第六感。"（Lenz Ⅱ 1, 97）

③ 11 月 13 日黑格尔邀请亨宁来参加一场有关"无法律社会"的会议。这或许是黑格尔在他给施莱尔马赫的草稿中所提到的"社会"。参见《黑格尔往来书信集》第 2 卷（德文缩写为：Br Ⅱ），第 221、450 页。

④ 施莱尔马赫给 Gass 的信。（引用自 Br Ⅱ 450）

最终用刀子互相攻击,布勒斯劳、海德堡和施勒斯魏希(Schleswig)都在传说这件事。① 虽然施莱尔马赫在 11 月 16 日为这句"不久前真不应该从我嘴里溜出的不礼貌的话"而道歉,并表达出这一愿望:与黑格尔"就一个在我们目前的局势中有很重大现实性的对象进行沟通"。但是,黑格尔在他的回答中没有逾越冷静礼貌的限度,他解释道,要是他真的不过就是"有兴趣",他们的看法是可以达到"平衡"的。(《黑格尔往来书信集》第 2 卷,第 221 页)他没有相反地改变他的看法。在 1820 年《法哲学》的序言中,黑格尔转向了——尽管是以还属委婉的书写方式——再一次强烈反对教学自由的要求,因为他认同国家具有解雇政治上不合意愿的大学教师的权力:

> 诸如此类的现象对于政府必然产生的严重后果,靠官衔大概是规避不了的,因为官衔依靠的是一个职位所授予的信任和权威,以便要求国家对其所起的腐蚀作用,即它对各种行为的实体性源泉,普遍的基本原理所进行的腐蚀,甚至包括它的顽固(似乎它本该如此),都要予以保障,听之任之。(《法哲学》序言 XVI②)

封·塔登在 1820 年 1 月 22 日还在恳求黑格尔:

> 您不要同施莱尔马赫起争执,这肯定会对于您有利的事情造成损害……毕竟好人和有所顾忌的人在我们今天一定比在路德时代要更加紧密地团结起来,像我们的反对者,从神秘的狂热分子到滑稽可笑的耶稣会士那样,否则很长很长一段时间,不仅最好的东西,而且一切,都要失去了。(《黑格尔往来书信集》第 2 卷,第 223 页及下页)

但是对于黑格尔来说,骰子显然已经在 1819 年 11 月 13 日落下了。

六、1819/1820 冬季《法哲学》的修订

这一事件对《法哲学》的出版有多大影响,黑格尔在他 10 月 30 日的信中有所说明。当手稿最终在 1819 年夏末完成——相当滞后③,因为根据 3 月 26 日的预告,在莱比锡博

---

① 参见 Lenz Ⅱ 1, 97,引自《黑格尔往来书信集》第 2 卷(德文缩写为:Br Ⅱ),第 223、450 页。
② 通用的版本参见 G. W. F. Hegel Werke in zwanzig Bänden, Werke 7. Theorie Werkausgabe, Suhrkamp Verlag 1970, S. 22.中文译本参见邓安庆译《法哲学原理》,北京:人民出版社,2016 年,第 9 页。——译注
③ 10 月 30 日信中写的"我正想开始印刷",应该意味着:在黑格尔决定开始印刷之前,手稿已经完成了一段时间。

览会上就要出版——和要付印之时，"卡尔斯巴德法令"首先使得这样出版不可能了:少于 20 印张的印刷品，根据"卡尔斯巴德法令"要进行预先审查;黑格尔的这部著作在当时提交的版本中也许只是一本篇幅较小的书，以致于出于这个原因立即出版就不可能了。但是，在 10 月底，普鲁士的审查法令消除了现存的不明晰性——它还超过了"卡尔斯巴德法令"——黑格尔却不能决定立即开始印刷。毋宁说，他倒是愿意将手稿"立即付梓"。这却意味着:之前黑格尔还是愿意对这个他曾打算在"卡尔斯巴德法令"公布之前予以出版的手稿着手进行修改的。① 当人们认为，是德·魏特遭解雇，导致黑格尔对准备付印的手稿进行加工，这是难以弄错的。修改实质上应当比黑格尔起初估计的时间延迟得更长。②

就黑格尔与施莱尔马赫的争执明显的是出于自保而有意识发生的立场转变而言，这得到了另外两个信息的证实——这是我们关于这年冬天黑格尔政治态度的仅有信息。1820 年 1 月底，施莱尔马赫与在柏林大学基于"卡尔斯巴德法令"任命的政府全权代表舒尔茨(Fr. Schultz)发生激烈争执，在他履职过程中，施莱尔马赫被迫向这位政府全权代表说明他在大学评议会所做过的工作。施莱尔马赫成功地起草了一份评议会决议，其中强调指出，大学评议员不应被强迫做这样的陈述。只有黑格尔不同意这个决议，甚至还提交一份单独表决的公文，在此公文中他说明，"与这位政府全权代表先生的关系是一项信任的事情，因而在实践上要接受和办理"。③

黑格尔在所谓的"军备节"上的行为完全处在同一路线上，这是纪念 1813 年 2 月 9 日普鲁士反对拿破仑的起义庆祝活动，1819 年他又与施莱尔马赫、雅恩和德·魏特一起参加了这一庆典。一年之后，政府全权代表舒尔茨(Schultz)希望阻止在柏林大学大礼堂举办这个纪念日的庆祝活动，以让被解散的学生联谊会的代表没有机会公开露面。然而，评议会成功地进行了烦琐的谈判，召开了庆祝活动。在这种情况下，只有两位教授缺席了这一庆典:大学校长葛申(Goeschen)教授和黑格尔。尽然黑格尔已经接到了参加庆祝会的邀请，他还是建议学生们顺从政府代表的愿望，他也就干脆回绝了与会邀请。(Lenz Ⅱ 1，114)人们不得不将黑格尔的这种回绝评价为一种企图，使人忘记他在去年 5 月参加皮切

① "当联邦议院的决议到来时"的表述可能并不是指"卡尔斯巴德法令"在普鲁士的生效(1819 年 10 月 18 日)，而是指法令的通过(9 月 20 日)。9 月 1 日至 9 月 23 日，黑格尔在波罗的海度过了他的夏日假期。印刷应在他返回后立刻开始。
② 1819 年 12 月 15 日，黑格尔收到了关于《法哲学》的第一笔稿酬清单;柯诺克斯(M. Knox)猜测(黑格尔的政治哲学，霍夫曼版本，16)那时已经开始印刷了，也许它只是一笔预付款。
③ 参见 Lenz Ⅱ 1，110，令人好奇的是，霍夫迈斯特并没有把这份单独公文纳入他出版的《黑格尔的大学文档》(柏林文集 579-674)中。

尔斯贝格庆祝会和另一次学生联谊会举办的活动。

通过如此彻底地尽力改变其侧影,黑格尔需要比原初计划更多的时间,重新修订他的《法哲学》。在 1819/1820 年冬季学期,他像去年一样,再次阅读了《论自然法和国家法或法哲学》(*Ius naturae et civitatis, i. e. philosophia iuris*)。① 无论如何,这为他提供了一个修订他的手稿的高度便利的机会。尽管如此,也还是一直持续到 1820 年 6 月 25 日,等他在"序言"下签了字才终于能够完成他在手稿上的工作。印刷也比往常持续了更长时间;②但在 1820 年 10 月 10 日,黑格尔才能将他刚刚出版的那本书呈递给普鲁士文化部长阿尔滕斯泰因,并附带做了这样描述性的说明:"以这种方式报道了我就眼下这个对象所讲授的那些原理的周到的信息。"(《黑格尔往来书信集》第 2 卷,第 237 页)③

如果有人记得,黑格尔不得不对他已经在 1819 年初秋准备印刷的手稿做出一些并非无关紧要的修改,以便让它能够在变化了的条件下得以出版,就不会把幻觉投入到这种献词的政治含义上。大致是在同一时间,黑格尔在给国务总理哈登堡的一封信中,以一种佶屈聱牙的言语方式,强调他的科学努力是为了证明,他的哲学与这些东西,即同"普鲁士国家在它的国王陛下的光辉照耀下的政府和在阁下之英明领导下……部分地已经得到,部分地还将有幸得到……的东西"是相一致的。由此黑格尔做出了这一推断:"哲学……将能得到政府善举意图的直接推动。"(《黑格尔往来书信集》第 2 卷,第 242 页)④

七、危险已经过去

尽管如此,阿尔滕斯泰因几乎花了将近一年的时间,直到他能够证实黑格尔他够格:"因此这将最有保障地使您做到,使您的听众免遭令人败坏的狂妄之害,尤其在事关国家的问题上,这种狂妄将会把持存之物在尚未认识之前就扔掉,使自身落入到空无内容的理想所任性提出的东西中。"(《黑格尔往来书信集》第 2 卷,第 287 页)⑤因此黑格尔分享到了官方的证实,他今后可以算是普鲁士支撑国家的力量了。大概在同一时间,黑格尔

---

① 在讲课目录中的公告包含这一提示:"ad compendium proxime in lucem proditurum"(大纲即将出版面世)。该书应在 1819/1820 年冬季学期开始或至少在学期期间出版。

② 也许是因为审查而延迟的;因为在普鲁士,包括 20 多页的文章,也受到审查(参见 E. R. Huber,出处同前,第 748 页)。

③ 关于黑格尔 1820 年 10 月 10 日给阿尔滕斯泰因送书时所写的信的更多内容,请参阅邓安庆译《法哲学原理》"附录",北京:人民出版社,2016 年,第 485 页。——译注

④ 关于黑格尔 1820 年 10 月中旬给国务总理哈登堡的信,请参阅邓安庆译《法哲学原理》"附录",北京:人民出版社,2016 年,第 486 页。——译注

⑤ 阿尔滕斯泰因在 1821 年 8 月 24 日才给黑格尔回信,参见邓安庆译《法哲学原理》"附录",北京:人民出版社,2016 年,第 487 页。——译注

也——在1821年6月9日写给尼特哈默尔的一封信中——首次予以认定,他相信,时代的危险以它自己的方式无损地脱险了:

> 您知道,我来到这里了,为的是在中心而不在一个偏僻地区。而且在这样的一个中心,我感觉到,鉴于我的职位影响力,也鉴于高层对我的认可意向,是非常令人满意,也是令人安慰的。就后者而言,我的职位带有一种巴伐利亚的风格就能说明。在您这里,如果我没有记错的话,有所谓的解释;这种职位在这里也不缺。反正您知道,哲学教授本身就是一个天生的解释者。煽动者的危难处境,我已经脱离了,——虽然不是没有担忧,在嫌疑人、诽谤者等面前,直到我读了德·魏特的信,并学会了更接近地认识了一些人,有一些就是蛊惑人心的,但有一些则是处理他们的人,所以进而言之,一方面是那些人的悲惨和应得的命运,另一方面则是当局的正义,虽然在这种模糊不清的事情上,不是开端的,却是最后的正义,甚至比所认识到的更多(所以一年来一个助手为我上大课;他的工作是去听我的讲课并每周主持四个小时对所讲课程的复习——每年有400塔勒的年薪——此人被拘捕了10周,由于有煽动罪的嫌疑,在监狱中狱警不分日夜地对他进行监视)。我希望,新的危险将同样不要让它涉及我。好几个星期之前,国王通过一道内阁令,因一个无用的笨蛋来实施,给部长造成了要负的责任,即在普鲁士的大学课堂上不许讲授奥肯①的自然哲学或类似的导致无神论并诱导青年的学说。——他们自己知道这唱的是一首如此危难的歌。——今年夏天,我自己读了宗教哲学并对此有了一个良知确信(ein gutes Gewissen)。——您知道,一方面我是一个谨小慎微的人,另一方面我喜欢平静,每年看到几场暴风骤雨,这恰恰不是使人舒服的事情,尽管我立刻可以确信,至多不过是几滴雨珠落在我身上。但您也知道,人们在这里有比较正确了解的,总是外表上的东西,从而更加确信他的事务和境况;而最终——可是最终关于这些我也不反对您,还是没有什么可说的,因为它本身就没有任何开端!(《黑格尔往来书信集》第2卷,第271页及下页)

一种解释就是一个弃儿,那么是被遗弃在孤儿院并需要公众关怀照顾的一个新生儿。类似地,黑格尔看到了一个哲学家在此时代的处境:他要依赖"高层认可的意向"。黑格

---

① 应该指的是 Lorenz Oken(1779—1851年),他被视为当时德国最为重要的谢林风格的自然哲学家,同时是自然科学家和解剖学家。1807年作为编外医学教授聘任于耶拿大学,1812年作为自然哲学的编外教授聘任于耶拿大学哲学系。因主张出版自由、学术自由,在国家的压力下于1819年6月底被大学解雇。——译注

尔不得不在"煽动者的危难"中经历这些,虽然他并不直接亲临险境,却被怀疑和诽谤,因此有担忧的理由。但结束这种不安全状况的是三次经历:德·魏特给卡尔·路德维希·桑德的母亲所写的信被告知的情况,被警察拘捕之人的"悲惨和应得的命运"和追捕行动当局机关的正义甚至仁慈。我们必须这样来理解这些信息,黑格尔想要暗示的是,他从这些经验中引出了学说,其政治立场不是在被警察追捕行动方面,而是在政府方面。

如果我们没有强有力的反对理由,否认黑格尔所相信的解释,将是最不公平的。尽管如此,黑格尔某些模糊不清的表达方式引人注目,他表面上是想避免谈他的政治立场有一种转变。黑格尔并没有强调说,他已经脱离了"煽动者的危难处境",并且他对于自己生存的担忧也已经摆脱了。当然,所有我们已知的信息都可以显明,这就是最令人信服的解释。

黑格尔对他处境的"危险性"有多么敏感,在这封信中也通过他从皇家内阁令关于奥肯的自然哲学及其无神论的后果中,立即引出对他自己宗教哲学评价的推论上显露出来了。尽管他有"良知确信",但还是害怕对自己造成不利的后果。因为否则他如何能写出:"我希望,新的危险同样不要让它涉及我"呢?作为谨小慎微的人,热爱平静的人,黑格尔懂得评估这一优点,能够使他在此"中心"附近更迅速地形成一个切合于他的处境的图景。臆想中的"普鲁士国家哲学家"黑格尔已经满足于,当他能够确信,他每年都看到腾空而起的暴风骤雨,"至多不过有几滴雨珠落在他身上"。

Introduction to the Commentary Edition of
Hegel's Lectures on Philosophy of Law (*1818—1831*) Ⅱ

Karl-Heinz Ilting

【Abstract】 A few months after Hegel was hired as a professor at the University of Berlin to arrive in Berlin, the political activities that he was as a "spiritual leader" and participated in the university's political activities were characterized as "demagogische Umtriebe" by a student's "political murder", which marked "Die Umschwung" of Prussian politics: the beginning of "reform" and the restoration of "reconstruction". With the implementation of "Die Karlsbader Beschlüsse", *the Philosophy of Law* that Hegel originally planned to publish must be revised through rigorous political review, thus delaying the publishing process. During this period, many of his students were arrested and putted into prison, his colleagues were dismissed from the university and expelled from public office. So what did Hegel do in the face of all these problems? What was his attitude? How did he protect his students, how to please the authorities, and how to have a fierce dispute with the same famous professors and students' spiritual leaders, such as Ernst Schleiermacher. This article used a very detailed historical material to portray a three-dimensional Hegel image that was both great and humble, both cute and mean. How to accurately grasp Hegel's philosophy of law in the tension between the officially published "Law of Law" in 1820 and the "Hegel's Philosophy of Right" taught by various complex political situations, which leaves a huge topic to the academia.

【**Keywords**】 "Die Karlsbader Beschlüsse", The Revision of *the Philosophy of Law*, "Die Umschwung" of Prussian Politics, Hegel's Transformation

精神对于自然"绝对地不感恩"

——黑格尔"人类学"中的逻辑规定、肉体性、动物磁力以及疯狂①

[德]汉斯-克里斯蒂安·卢卡斯②（著）

张有民③（译）

【摘要】 黑格尔的"人类学"处理的是精神与自然的关系问题，为此它详细描述了精神与自然相分离的过程，并把这种关系描述为前者对于产生它的自然的"不感恩"。"人类学"在根本上依赖于"逻辑学"且与其中诸范畴的发展进程相一致。"自然灵魂"论述的是在自然方面受到限制的人的生命，按照"普遍性、特殊性、个体性"的模型展开。在"感觉灵魂"中，"病"基于"逻辑学"中的"质"这一范畴被规定为不适宜性，从而守护神、动物磁力、疯狂等诸多现象能够根据该规定被统摄起来。在"习惯"和"现实灵魂"中，黑格尔在三个版本的《哲学全书》对它们进行了不同乃至自相矛盾的规定。这一事实说明他在此遭遇到了一系列他本人最终没有妥善解决的困境。他在这些问题上的失败进而说明：他的"人类学"并未彻底完成从自然过渡到精神、必然性过渡到自由的论证目标。

【关键词】 黑格尔，人类学，精神，灵魂，肉体性，动物磁力，疯狂

"不习惯于思维或思维的长久继续引起头痛。"（Enz §410 A）

---

① 本文译自 Lucas H C. *Die "souveräne Undankbarkeit" des Geistes gegenüber der Natur. Logische Bestimmungen, Leiblichkeit, animalischer Magnetismus und Verrücktheit in Hegels "Anthropologie"*, In: Franz Hespe und Burkhard Tuschling（Hrsg.）: *Psychologie und Anthropologie oder Philosophie des Geistes. Beiträge zu einer Hegel-Tagung in Marburg 1989*. S.269 - 296。文中出现的常见书名缩写如下，下文将不一一说明：Enz §410 A：《哲学全书》第 410 节说明（Anmerkung），即黑格尔本人的文字。另外，与此相关的"Z"表示"Zusaz"（附释），即学生的课堂笔记（为方便读者核查本文所引的《哲学全书》已有的中译文，本文仍然遵从贺麟、梁志学、杨祖陶的译法，将黑格尔本人的文字 Anmerkung 译为说明，将学生的课堂笔记 Zusatz 译为附释，这不同于《法哲学原理》现有的两个中文译本，望读者周知）。下标标识中出现的年份字样（1817、1827 或 1830）是用出版年份表示的《哲学全书》版本（第一、二和三版）。Jub 10.29：格洛克纳百年纪念版《黑格尔全集：第十卷》，即通常所称的《精神哲学》，第 29 页（即下述杨祖陶译本的边码）。本文所引黑格尔的《精神哲学》，原文如不特殊说明，皆出自黑格尔：《哲学全书》第三部分的"精神哲学"，杨祖陶译，北京：人民出版社，2006 年。GW 19, §325.S.312$_{(3-5)}$：历史考证版《黑格尔全集：第 19 卷》，第 325 节，第 312 页（第 3 - 5 行）。

② 作者简介：汉斯-克里斯蒂安·卢卡斯（Hans-Christian Lucas，1942—1997 年），自 1977 年起任职于波鸿大学黑格尔档案馆，为历史考证版（《黑格尔全集：第 19—20 卷》，即第二、三版《哲学全书》）的主编。研究领域主要为斯宾诺莎哲学和黑格尔哲学，代表性论文有《黑格尔体系中的逻辑与历史》《黑格尔逻辑学中的斯宾诺莎》等。

③ 译者简介：张有民，复旦大学 2020 级伦理学专业博士研究生，研究方向为德国古典哲学，尤其是黑格尔哲学。

一、导论：论"人类学"的体系意义

成熟时期的黑格尔把体系划分为三个部分，这就对论证（以及结构）的安排提出了特殊要求，因为他必须要揭示出体系各部分之间过渡的必然性。众所周知，逻辑学向自然哲学的过渡便是体系中的这样一个敏感点，而该敏感点作为体系的薄弱环节已由谢林以批判的方式凸显了出来。但对黑格尔而言，自然哲学向精神哲学的过渡（以及自然向精神的过渡）也表现为体系的这样一个敏感的接缝或者折页。《哲学科学百科全书》（下文简称《哲学全书》）的三个版本（分别出版于 1817 年、1827 年和 1830 年）证明了黑格尔在持续不断地修改相应文本。他本人手写的笺注和手稿以及"主观精神"的课堂笔记（因此也包括"友人版"《著作集》的"附释"）为解释提供了补充信息，我们从而得以全面了解黑格尔为了用概念更为清晰地阐释这一领域而做出的艰辛努力，但也了解到他从同时代的科学发展中所吸收和加工过的大量经验材料。

自然向精神过渡或"精神从自然产生"首见于"主观精神"部分。（Enz §381Z；Jub 10.29）黑格尔在 1817 年版的《哲学全书》中称这部分内容为"灵魂"，而 1827 年和 1830 年的版本则在"人类学"的标题下论述这部分内容（"灵魂"从 1827 年起便成了副标题）。但是，既然灵魂对黑格尔而言应该被理解为"自然精神"（Enz §387），那么精神的东西在"人类学"的范围内就将最终仍然受自然的束缚。如此一来，必然性向自由的过渡在这一领域并未彻底完成，而"人类学"这个阶段在概念或"逻辑学"的层面上则意味着要从必然性过渡到自由。自然的东西在黑格尔所认定（追认）的道路终点上却作为肉体性而经验到了一场根本性的转化（并且，正如将要展示的，一场如此这般的逆因次化①），而此时肉体性在黑格尔看来就是一种"由灵魂所建立起来的第二自然"。（Enz §410Z；Jub 10.241）不过，直到 1830 年版的《哲学全书》，黑格尔才把肉体性描述为"灵魂的艺术品"。（Enz §411）以下事实大概能够说明他在不断修改《哲学全书》这部分的内容：他虽在 1825 年的夏季学期就已表述过"人体的形态同时是灵魂的艺术品和自然的躯体"（GW25.1，S.407），但这样的表达并没有进入 1827 年版的《哲学全书》，不过他在 1827/1828 冬季学期则表达了新的想法："肉体性从而是灵魂的艺术品。"（GW25.2，S.738$_{31}$）

---

① "Depotenzierung"一词的前缀"de-"有"逆反"或"相反"的含义，词根"Potenz"是谢林从数学中引入的一个术语，其本义为"幂次""因次"，而在哲学史上，它也与亚里士多德的"潜能"相关，Potenzierung 就字面意思而言是向潜能、根基的幂次沉潜。因此，本文依据梁志学和薛华的《先验唯心论体系》中的旧译，把 Potenz 译为"因次"，把 Depotenzierung 译为"逆因次化"。——译注

黑格尔的看法是,灵魂只有在经验了肉体性的转化和逆因次化的发展阶段才是现实的,于是他才能够在 1827/1828 年的讲座中将灵魂与自然性(由灵魂所转化)的关联同《法哲学原理》"序言"中那两句毁誉参半的话直接联系起来。(顺便说说,"人类学"的最后一部分在 1817 年版的《哲学全书》中叫作"灵魂的现实性",而在 1827 年版和 1830 年版中则叫作"现实灵魂"。)在 1827—1828 年厄德曼(Erdmann)版的课堂笔记中,黑格尔在把肉体性阐释为"灵魂的形态"之后,便在一个插入语中这样说道:"凡是有理性的,都是现实的,并且反之亦然。说最糟糕的东西肯定有定在,但没有现实性,这并不准确;理念的构造物——它并不能展现在它那里作为实体的内在之物——并不呈现理念,而是某种他者,即非—理念,它是通往真理之途上的现象。"(GW25.2,S.738)

由此便提出了体系之后的各个部分从根本上依赖于"逻辑学"中的概念发展之进程这一问题。一方面,黑格尔将"存在形式"向"本质形式"的进展(Enz §412A;Jub 10.253)看作"人类学"的道路与逻辑学过程的一种最为普遍的一致。一方面,从"存在形式"向"本质形式"的进展中,我们最终可以探寻到这条道路对黑格尔而言必定是一条"解放"(出处同上)之路的根据;但另一方面,这条道路对黑格尔而言又意味着从可能性向现实性的过渡(同上;Jub 10.253 f)。必须要详细说明的是,"人类学"与"逻辑学"的一致关系已经被黑格尔修改得极其复杂,恐怕也极其充满歧义。但我们恰好要从这种一致关系的复杂性和歧义性中追问,从"逻辑学"与"实在哲学"的一致关系阐明"逻辑学"本身是缺席的这一论断是否站得住脚;就此而言,包括主观精神在内的"实在哲学"都被掩盖在了"逻辑学"中,同时主体间的关系又尚未在"逻辑学"中被预先构造出来①。实际上,在"人类学"中出现的这种一致已经延伸到"本质论"的末尾,到了"现实性"中。

即使已经不想在此解释该问题,但我们必须要追问,在体系的这样一个其结构应当通过与"逻辑学"的概念发展相一致而得到规定的部分中,黑格尔对各种多得简直有些过度的事件与现象的关注在何种程度上仍然有效? 而在如今我们看来,它们至少首先显得是稀奇古怪的,更何况它们即使在黑格尔的时代也并未摆脱江湖骗术的臭名。黑格尔难道是在以最为尖锐的方式反对诸如伽尔的头盖骨理论这些伪科学现象吗?② 但在"人类学"

---

① 请比较 V. Hölse: Hegels System. Der Idealismus der Subjektivität und das Problem der Intersubjektivität(《黑格尔的体系——主体性的观念论以及主体间性的问题》),两卷本,汉堡,1987 年。

② 关于黑格尔对弗兰茨·约瑟夫·伽尔(Franz Joseph Gall)的批评,参见《精神现象学》,GW 9:第 181 - 183,185 - 187,190 页(即邓晓芒所译该书的边码,参见黑格尔:《〈精神现象学〉句读本》,邓晓芒译,北京:人民出版社,2017 年)。——译注

但也参见《哲学全书》第 411 节的说明,第 343 页。大多数与此同时进行的对拉瓦特尔(Lavater)的批评,参见 GW 9:第 174 页及以下,177 页及以下,第 186 页,以及《哲学全书》同上页码。

中,黑格尔则抱着极其严肃的态度考察了种种所谓的"不可思议的关系",但也在最为纷繁复杂的形式中考察了千里视、探泉者对水的感觉、催眠术或"动物磁力"理论以及"疯狂"①。诚然,我们现在可以一方面宣称,其中某些领域——"向暗昧地带的下沉"②,正如黑格尔曾经有一次写到的那样——老早就已经唤起了他的个人兴趣;另一方面,在他个人生活中也有过需要克服的困境③。甚至就连"动物磁力"也是个曾引起广泛兴趣的时髦现象,所以我们或许可以由此理解为,正是为了在讲座中描述从这一领域获得的诸多案例,黑格尔才探讨了更为广博的领域。尽管如此,我们仍然认为,恰恰是体系性方面的原因才促使他将这些现象纳入该范围,于是我们现在才会在"人类学"中看到这些现象。

已有所提及,黑格尔从"逻辑"上将"人类学"的运动理解为存在形式向本质形式的过渡,同时将这种运动解释为"解放"的过程。举例说来,"解放"这一表达在此可以使人想起斯宾诺莎的《伦理学》,其第四部分涉及"Servitute Humana,seu de Affectuum Viribus"(旧时的翻译是"论人的奴役,或论情感的力量")④,而第五部分则叫作"Potentia Intellectus,seu de Libertate Humana"("论理智的力量,或论人的自由")。所以,斯宾诺莎《伦理学》的进程至少在这一部分可以被看作一条解放的道路。但如果说这种解放在斯宾诺莎那里似乎是以宁静与平和的方式发生,那精神的这样一条解放之路对黑格尔而言则明显并非更为平和。所以,根据公开的"附释",他在其讲座中就将该道路规定为"斗争"。自然向精神过渡或"精神从自然产生"(Enz §381Z;Jub 10.29),这对黑格尔而言就不是以平静的或没有束缚的方式进行,因为他坚信:"精神并非按自然的方式从自然诞生。"(同上;Jub 10.30)

黑格尔上课的部分笔记是通过侦探般复杂缜密的搜罗追查才被偶然发现的。随着现

---

① 黑格尔对千里视(Hellsehen)、探泉人对水的"直接的知"、催眠术(Mesmerismus)或"动物磁力"的考察,可以参见《哲学全书》第406节及其附释,对"疯狂"的考察则可参见第408节及其附释。——译注
② 参见1810年5月27日黑格尔致温迪希曼(Windischmann)的信(《书信集:第一卷》,第314页;除此,这封书信中也出现了闪电(Blitz)的比喻,见本书第49页注释②。这封信的中译文,参见苗力田编译:《黑格尔通信百封》,上海:上海人民出版社,1981年,第216-218页。——译注
③ 此处主要考虑的是黑格尔的妹妹克里斯蒂亚娜(Christiane)的命运。她罹患上了精神病,且病后黑格尔与之疏远。不过,黑格尔本人似乎也曾经历过精神危机,正像给温迪希曼的那封信中所透露的那样(见上一条注释):"有这么几年,我也染上过这种犹疑症(Hypochondrie),简直弄得我精疲力竭,万念俱灰。也许每个人在一生中都有这么一个转折之点,这也是他的本质凝聚的一个昏暗之点,他要被迫穿过这道窄门,他自身的稳定性才能得到加强和保证,习常,旧日生活的稳定性才能得到加强和保证,如若他已不能参与这种日常生活了,那么就使一种更高尚的内心生活的稳定性得到保证。"参见《书信集:第一卷》,第314页,中译文见苗力田编译:《黑格尔通信百封》,上海:上海人民出版社,1981年,第217页。——译注
④ 斯宾诺莎:《伦理学》,贺麟译,北京:商务印书馆,1997年。新近的翻译主要以"Kneschtechaft"(奴役)来译"servitus",而对此J.Stern用"Unfreiheit"(不自由)来译。

在以新的方式对这些流传下来的课堂笔记进行文献学研究,于是便出现了一个问题(这个问题在当时或许并不令人惊讶,因为这只是源于不同的语境):黑格尔的讲座在所谓"友人版著作集"中的呈现形式经常遭到指责,而部分讲座的呈现形式又有着诸多可以证实的缺陷,而且从根本上说必定会激起对其真实性的怀疑,但我们必须承认,众学生和友人经常都是出于非常熟悉讲座过程或者拥有现今大多已经失散的"优质"课堂笔记(这些笔记成为世人如今可见的黑格尔著作的重要组成部分且现在大多都不能复原)而将其编纂成书。以下思索将以出现于"附释"的"人类学"的结构为导向,尽管它们都能同时从那些众所周知的课堂笔记和黑格尔本人的笺注得到证实。

比如,我们可以证实"斗争"概念来自霍托(Hotho)1822 年夏季学期的课堂笔记:"所以,第一部分是人类学。精神在其肉体性中得到考察。人类学中的精神仍然处在其自然状态,尚未从其实存中走出来。这种实存对精神而言是一种不适宜的实存,进而表明它自身同时是灵魂与肉体的对立,精神的斗争反对它的肉体性,反对它的不自由。"(GW25.1,S.8)在厄德曼的课堂笔记中,斗争的动机听起来就要微弱得多,并被限制在"现实灵魂"上(因为只有斗争成功进行才产生出某种意义),同时出现在"支配"的名义之下:"然后第三部分(为了克服'动物磁力'和'疯狂'这些'疾病状态')是习惯,灵魂自己在习惯中完全支配了肉体性,并在观念上设定它,灵魂反对肉体性的感受,反对漠不相关的灵魂。"(GW25.2,S.596)在精神哲学的著名残篇中出现了精神的特征。此处把精神理解为"位于自然和上帝这两个极端之间的中项",并因此将其"置于起点与终点以及目标之间"。而运动的特征就是解放:"它(即精神)来自何处——来自自然;它去向何处——通往自由。精神之为精神,恰好就是自然解放自己的这一运动本身。"①正如其他文本一样,"人类学"的运动也明显是从实体过渡到主体。(我们在此始终可以看到黑格尔与斯宾诺莎,但也包括与斯宾诺莎主义,尤其是与谢林相争辩的背景。)在一定程度上算是"官方"表达的第二、三版《哲学全书》则删除了少许与上述争辩背景有关并听起来非常可疑的表述。第二版《哲学全书》谈论的是"灵魂在同它是外在的肉体性的区别之内自由地发挥效力"②,而黑格尔在 1830 年讨论的则是"双方的密切联系"(Enz §379)。但对脱离自然的"官方"阐述仍然可以让人隐约记起前文已提及过的斗争:"这个已经生成了的精神……意味着自然自身作为不真实的东西扬弃自己,而精神则预先假定自己不再是这个以肉体的个别性

① 《黑格尔精神哲学残篇》,F.Nicolin 导论和主编。载自《黑格尔研究:1》,1961 年,第 9-48 页,此处引自第 48 页。
② 中译文参见黑格尔:《哲学科学全书纲要》(1827 年版),薛华译,北京:北京大学出版社,2010 年,第 256 页。本文所引 1827 年版《哲学全书》的中译文皆出自该译本,下文将不再一一说明。——译注

在自己外存在着的普遍性,而是在其具体性和总体性中的简单的普遍性,精神在这样的普遍性中是灵魂,还不是精神。"(Enz §388)

尽管如此,我在"友人版著作集"的一则"附释"中发现了"人类学"所经历过程的最清晰的结构(我不敢确定其真实性①):

> 在"人类学"里,第一个东西是质上确定的、束缚在自己种种自然规定上的灵魂(例如,种族的区别就属于此)。灵魂从这种直接与其自然性合二为一的状态中走出来,进入与自然性的对立和斗争之中(属于这方面的有疯狂和梦游症的状态)。随着这种斗争而来的是灵魂对于其肉体性的胜利,是这种肉体性的降级以及降级状态,以此肉体性成了灵魂的某种符号,即成了灵魂的体现。这样一来,灵魂的观念性就在其肉体性中显露出来,而精神的这种实在性就以一种本身却还是肉体的方式在观念上建立起来了。(Enz §387Z;Jub 10.49,中译文有改动。)

以上引用之处出现的斗争与解放的联系使得这变得合情合理,即伊灵·费切尔(Iring Fetscher)在他解释"主观精神"时选择将解放斗争(Befreiungskampf)这一概念作为指南(或许是首次将两者结合起来的解释)②,只不过该概念再次是从"友人版著作集"的"附释"中提取出来的而已。第402节"附释"的内容有,提前考察在此所讨论的追求目标,即自我,也包括呈现出达到该目标的过程:"因此,直到达到这个目标以前,我们所必须考察的就是这样一场解放斗争:灵魂必须把反对其实体性内容的直接性的斗争坚持到底,以便变为完全控制它自己和与它的概念相一致符合。"(Enz §402Z;Jub 10.154)因为自然在精神通达自己的追求过程中显现为精神的仇敌或压迫者,就此而言,生成着的精神的斗争或解放斗争所要反对的便是自然。

以下思索将努力以第387节"附释"所勾画出来的"人类学"的结构为导向,并使体系这部分的结构以及黑格尔对一系列值得注意的时代现象的关注更加易于理解,不过仍要追问,在扬弃这种在此正发挥效果的经世活动(Ökonomie)中,自然中究竟还能剩下些什么?我们如今是否不大会涉及这种剩余物(这种剩余物可能会避开表面上不可抵抗的扬

---

① 作者以下所引文字现已被历史考证版《黑格尔全集》的编辑作为"二手流传"作品编入第25卷《主观精神哲学讲演录:第二分册》,见 GW 25.2:S.944。——译注

② Iring Fetscher:Hegels Lehre von Menschen(《黑格尔关于人的学说》),斯图加特,1970年,第35、37、39页。

弃活动)？——不言而喻,这个问题本文肯定会讨论到,只是不作为重点而已①。从灵魂这一方看,与自然分离的过程,其开端可被描述为依赖性和被动性。而与自然痛苦地划清界限的过程中,将自身显示为与自然制约性相斗争的判断②则构成了整个分离过程的核心(整个分离过程也清晰地表现在对这个过程的每一个阶段加以纷繁复杂的说明中)。精神对于自然的胜利构成结语。

众所周知,自然对黑格尔而言当然最终也是一种精神性的东西,因为它是已外存在着的精神。因此,精神来源于自然的假象——这种假象通过体系的先后顺序形成——对黑格尔而言就从根本上得到消除。在此所涉及的并不是把自然与绝对等量齐观(这很容易让人想到斯宾诺莎的"神或自然"),也不涉及"差异论文"③所指责的费希特的"自然与理性的绝对对立",当然也未涉及谢林对自然本身的复活——而是涉及在逆因次化过程中的自然的降级(Herabsetzen der Natur)④,就像黑格尔从多方面说过的那样。这种降级只能逐步地发生,而该进程作为降级活动也产生出了黑格尔用术语"不感恩"(Undankbarkeit)来加以把握的道德评价:"精神好像由一个他者所中介的这种假相,被精神本身扬弃了,因为精神——这么说吧——是绝对地不感恩,它扬弃那个使得自己被中介的东西,使之沦为附庸⑤,将其降级为一种只有凭借精神才存在起来的东西,且以这种方式使自己成为完全自立的。"(Enz §381Z;Jub 10.29;强调由本文作者所加,译文有改动。)

二、被动性——自然灵魂

实际上,人类学自一开始就没有说明模糊不清的"灵魂"概念。自 1827 年版的《哲学

---

① 德里达在探寻黑格尔的过程中也恰好涉及剩余物(Rest),这种剩余物(大概)避开了"扬弃"活动,且就黑格尔的追随者而言才表现为一个"仍然存在着的问题",也请比较本书第 50 页注释③。——译注

② 德语词"Urteil"(判断)从字面上讲有"原始分割"的意思,比如,黑格尔在《哲学全书》中讲到判断时说:"判断的字源学意义在德文里是比较深刻的,它表示概念的统一性是某种初始的东西,概念的区别是原始的分割;这就是真正的判断。"参见黑格尔:《哲学全书:第一部分:逻辑学》,梁志学译,北京:人民出版社,2017 年,第 292 页。——译注

③ 即耶拿时期黑格尔的著作《费希特谢林哲学体系的差异》,对此学界一般简称"差异论"(Differenzschrift)。——译注

④ 德语动词"herabsetzen"的本义是数量、价格上的"降低",由此衍生出道德、价值方面的"贬低";因此之故,杨祖陶先生直译为"降低"(见杨祖陶译本,第 36 页)或者"贬低",但他没有将其当作一个术语并相应地有固定的译法。鉴于黑格尔在"人类学"领域主要关注的是自然与精神的关系问题,而在他的价值序列中,自然相比于精神又处在一个较为低劣的位置或等级上,因此译者将其统一译为"降级"。另外,华中科技大学的王丁博士主张将这个词按照字面意思(herab-setzen)译为"离置",以此强调精神进入自然,在它意识到自我又离开自然的过程,其结果就是自然就这样被精神放置(setzen)下来或被精神设定(setzen)为一个与自己不同的他者。这也是一种合理的理解。——译注

⑤ 作者的引文为"mediatisiren",这显然是"mediatisieren"一词的讹误。该词原是一个历史学术语,指"使某个邦国臣服",这里依杨祖陶先生意译为"使……沦为附庸"。——译注

全书》起，黑格尔便在"自然灵魂"的第一节中远离了柏拉图传统的世界灵魂。（Enz §391）如果黑格尔没有把"生命"这一术语安置在体系的其他位置，进而对其加以使用，那他在此所论述的或许就是在自然方面受到限制的人的生命。为了能够阐明生命的这种形式，黑格尔从一开始就已预先使用了精神概念，而没有能够在此揭示它——这基于如下事实：他随后（在体系中）引证道，之前的论述早已预先介绍过精神这一概念。一则出现在 1827 年版《哲学全书》第 392 节中的表述道出了精神与生命之间的相互关联："精神1）在其实体，即自然灵魂中，与普遍的行星生命伴生，与气候的差别、季节和一天时段的更替等等伴生——这是一种在精神那里仅仅部分地达到模模糊糊的情绪的自然生命。"（Enz §392；Jub 10.63，译文有改动）顺便提提，后半句话在 1827 年是这样说的："这是一种在精神中部分地达到规定和状态、部分地仅仅达到模模糊糊的情绪的自然生命。"（GW19.S.295$_{24-25}$）如果他完全不能呈现人类生命的这一自然领域，那黑格尔就得从对同时代人的抨击以及对此后体系的预先说明开始他的解释："近代关于人的宇宙的、恒星的、地球的生命谈得很多。"（Enz §392）借此他泛泛地批评了梅斯梅尔及其追随者，不过准确说来是批评谢林。谢林在 1807 年 1 月 11 日的一封致黑格尔的书信中，使其注意到了"能够直接感觉到地下矿石和泉水的人"以及里特的值得期盼的杂志《磁铁学》[①]。黑格尔紧接着抨击的是梅斯梅尔本人，在此他表面上平静地断言："世界历史与太阳系内的各种公转无关，正如个别人的命运与诸行星的各种位置无关一样。"（Enz §392A）梅斯梅尔于 1776 年出版了一部题为《论行星对人体之影响》的著作，其中的观点他后来简明扼要地总结为："宇宙的躯体也刚好对所有有生命的躯体的重要部分产生影响，但通过某种渗透于一切事物的流质而首先对神经系统产生影响。"在《动物磁力》的宣传册子中，梅斯梅尔由行星所导致的潮汐现象出发，随即发表高见："……即使在动物体内也存在着某种潮汐，因为动物的躯体承受着各种特殊的不断发挥作用的力。"[②]虽然黑格尔在"人类学"的这个部分也涉及"普遍的行星生命"（Enz §392，试比较 §393），但他却企图认识到，这种行星生命的局限是依赖于与各种限制（这些限制由大地所提供）相对立的人类生命："……气候的差别、季节和一天时段的更替等等，——这是一种[……]自然生命。"（Enz §392；Jub 10.63.）

---

① 这涉及谢林的一封非常详细的书信，参见《书信集：第一卷》，第 133－136 页，此处见第 134 页及以下。这封信的中文可见苗力田编译：《黑格尔通信百封》，上海：上海人民出版社，1981 年，第 81－85 页。这里所说的内容见第 83－84 页；另外，黑格尔在《哲学全书》第 406 节的"附释"分析了这里提到的"矿和水的探测者"，见杨祖陶译本第 141 页及以下。——译注

② 梅斯梅尔在此解释道，他把"动物躯体的这种使它的身体能够对天体以及我们地球的影响有所反映的特性"叫作"动物磁力"，参见《维也纳医学系药学博士兼成员梅斯梅尔先生论发现动物磁力的论文》一书的第 10 页。

"人类学"的基本范畴是肉体化(Verleiblichung),而"人类学"为了过渡到交互性的关系中,它第一部分(即"自然灵魂")的结构大体上是从静态的关系进展到动态的关系。比较清晰,这部分的论证形式按照黑格尔"普遍性,特殊性,个体性"的模型进行,显得机械又刻板。与此相应,"与自然伴生"(Enz §392A)在"自然的质"这一标题下就被说成是普遍的东西。显然,黑格尔在此思考的是从原始的萨满教和图腾崇拜一直到现代生活和文化范围内的迷信和招魂术(Spiritismus)这些现象。黑格尔并不是以论证的方式抨击这样一些联系,而是提前将其纳入到体系随后的那些发展阶段。尽管他反复强调,但第392节说明的论证并不具有说服力:"在人那里,人越是有文化,人的全部状况因而越是被置于自由的、精神的基础上,诸如此类的联系就越是失去意义。"(Enz §392A)他坚信,精神随后会和自然分离,这使得他没有充分说明分离本身这种情况。厄德曼课堂笔记的表述也没有对此进一步讨论。黑格尔在那里保证:"但这种影响、作用将会被排除出去,因为与自然相对的灵魂之非独立性在那儿已预先被设定了起来。"(GW25.2.S.598$_{24-25}$)在这一点上,黑格尔的论证根据是某种不合理的模型,就好像不应该存在的东西便不可能存在,同时反驳论证通过非法地预先挪用精神概念便得以完成:"但是,随着精神的自由获得更加深入的理解,这些为数不多而且微不足道的并建立在与自然界共同生活基础上的易感性就消失不见了。"(Enz §392A)

在"特殊化"这个步骤中,黑格尔将"特殊的自然精神"与"地球的种种具体的区别"联系起来,并基于各个大陆和新旧世界的划分说明了"种族差异性"(Enz §393)。在我们的世纪将不再基于种族差异继续谋划一场暴行之际,人们可能会直截了当地将黑格尔体系这部分置于一旁,比如,认为它构思不佳,传播不当言论——尽管对地中海的偏爱自然而然地促使黑格尔将某些经久不衰的魅力,以及实际合理的东西作为与文化相联系的自然结果保留了下来。有关种族的判断(尽管这些判断肯定早就以这种形式在德国传播开来),我们首先要做的是,必须要在他那个时代的典型局限性这一背景之下加以考察。尽管如此,我们这里要引用厄德曼的课堂笔记中对白皮肤的论述:"白色自在而自为地看来必须被视为最完美的,这并不是由于习惯,而是由于这种肤色是血液自由活动的结果,并且诸感受——血液的流动与这些感受存在着联系——可以通过血液的流动表现出来,存在着这样的可能性,即各种内在的感受能够通过肤色成为血液流动的一个标志①,而各种内在感受的游戏又在皮肤上表现出来。"(GW25.2,S.607)把脸色变红和发白这类朴素

① 这句话中的"mit ihr"(通过肤色)在历史考证版《黑格尔全集》中是"aus ihr"(由肤色表现出来),照此,这句话应该理解为:"由肤色表现出来的各种内在感受能够成为血液流动的一个标志。"参见 GW25.2,S.607$_{33}$。——译注

的现象——黑格尔在此思考的显然主要是这些现象——限制在白皮肤上面,也表明黑格尔的时代对信息了解还不够充分。他对白色皮肤有保留地加以独特赞扬仍然非常无聊乏味:"欧洲人的皮肤不仅仅是白色的。"(同上)严格说来,黑格尔在阐述不同种族的头发或颧骨(GW25.2,S.609)的过程中也没有提供任何不同于其根本看法的新东西,尤其是,因为在他只描述了自然对于人类生命的种种不同束缚(人类生命肯定能够在其本性中超越自然的种种束缚)之际,他想要在这里论述精神如何从自然中分离出来,但就像所发生的那样,黑格尔并没有说明这些内容,但这对他而言又本该是他必须要在此说明的要点之一。

紧随普遍性而来的是特殊化:黑格尔随即在此论述"地域精神"(Enz §394)。他在这个阶段将特殊化过程与各个民族与国家联系起来,而根据体系,各个民族与国家只有在"客观精神"的阶段上才能得到说明。对各个民族的性格特征的偏见加以一一枚举,这在《哲学全书》中被压缩在了可被接受的范围之内,而相关讲座在此也没有提供(因为这些特征比起种族的差异要复杂得多)更进一步的有益讨论。灵魂个别化"为个别的主体"产生出诸多黑格尔在《哲学全书》中仅仅简要的描述,但在讲座中更为详细地加以呈现的原则有"各种不同气质、天资、性格的样式",等等。正如第395节所说明的那样。

从"自然的变化"这一阶段看,与自然的分离也不是特别清晰,因为年龄的变化正像性别差异一样不能由已经超越于自然之上的主体选择,也不受该主体的影响。这一领域随即被黑格尔放在另一个地方,即"客观精神"的范围:"性关系在家庭里获得其精神上和伦理上的意义和使命。"(Enz §397)黑格尔随后注意到,由男女区别表现出来的差异在正攀升着的精神性中内化为睡眠和觉醒的区别。而睡眠和觉醒作为交互性状态是感受的预备阶段,这在《哲学全书》中被表述为"精神在其无意识的和无理智的个体性中模糊活动的形式。"(Enz §400)尽管,黑格尔没有以某种方式阐明精神和肉体性如何在这个领域相互区别开来,但他在此已经洞见到"……个体精神在其肉体性中的健全的共同生命"(Enz §401A,中译文有改动),即差异的和谐化。对他而言,由此开始才可以谈论"肉体化"(同上)!自然关系的被动性由此获得了"发现"这一主动的方面(Enz §402A)。

既然黑格尔没有说明精神与自然的分离,没能承认精神所受到的自然的束缚(哪怕仅仅是在一定程度上承认),从结构上讲就必须要有一场斗争,这是他的看法。直到此刻,孰为斗争的朋友和敌人还不是特别清晰,毕竟有人在还没有坚决地为此经受种种束缚的考验之际(这些束缚还完全没有在黑格尔体系中的"主观精神"部分显露出来),就已经想要反抗其肤色或发色了。

三、斗争——感觉灵魂

黑格尔如何获得了"感受的主体性"这种单纯的观念性（Enz §403），以及这一阶段是怎样与"自为存在"（同上）相一致的，虽然这一直让我感到疑惑，但仍然清晰的是，他必须以及为何必须要在某个地方找到一个与自然分离的点，或者自然的观念化。不过，这种分离形式并非没有问题，就此而言他的解决方案也仍然是有问题的。

尤其是对黑格尔而言，精神才必须要与自然相分离，这肯定令人非常惊讶，因为只有首先发生分离——或者只是预先有所说明——下列事实才有可能：直到这个阶段，无论是与"逻辑学"的一致还是成问题的扬弃这种经世活动，这些统统都还没有生效。作为"自然灵魂"的终极标准，肉体化既不能完全清除掉肤色或者头发的式样，也不可能完全没有身高或者性别以及与此相关的东西。

尽管如此，从现在开始，黑格尔开始思考欧洲的处境，而把文化优势从起到促进作用的地中海一直延伸至波罗的海也正是这种境况。同时，他便不再考虑非欧洲人。要提醒女性注意体系稍后的几个部分，对此她们肯定不会感到满意。没有任何结论或者几乎没有什么结论是以论证的方式获得，但我们由此就看到了胎儿在母腹中的关系，这（在体系的发展过程中）被黑格尔称为"不可思议的关系"（尽管性别关系只是简单提及且提示读者参阅"客观精神"）。在"震动"的形式中，黑格尔随即论述到"守护神"，这里的情况是：已有身孕的女性或母亲自然而然地被理解为"孩子的守护神"（Enz §405A），而胎儿相反地被理解为孩子"在母腹中"的关系。紧接着，"具体的主体性"从一定程度上讲便在此从无中显露出来（Enz §405A，见杨祖陶译本第126页）。除此，黑格尔还看到，所谓"不可思议的关系"可在"朋友之间，尤其是神经脆弱的女性朋友之间（这是一种可以发展成为磁力现象的关系）、夫妇之间、家庭成员之间"形成（出处同上）。接下来，黑格尔开始讨论起"动物磁力"，不过他围绕着自己所偏爱的内容对之进行了大幅度删减，而他所偏爱的内容又在很大程度上隶属于当时时髦的心理玄学运动。当黑格尔出版其第一版《哲学全书》时，针对他在其中对新近"动物磁力"的删减，这里只需对比艾申迈耶的一篇论文即可："整个神经系统由于性的吸引而进入到一种形象生动的关系。在大脑和性器官之间便出现了一种全新的联系，而只要自然界参与到个体的繁衍过程中，那么这种联系在大多数情况下都必定不会引起人的注意。"①

---

① C.A.v. Eschenmayer：《对动物磁力和有活力的希腊人的普遍反思》。《哲学全书》提到了诸多根据"动物磁力"实施的疗法，其中关于性欲的部分，见 Jub10.198。

但我们的关键任务或许在于,去梳理出这部分内容与"逻辑学"的一致,进而以范畴为基础将种种表面上看完全不相干但相互之间有着内在关联的现象统摄在一起——黑格尔着重将这些来自同时代的科学和伪科学的语境中的现象添补进了"主观精神"这个领域。《哲学全书》第90节的"附释"(在体系中靠前位置)给出了一则参考说明。在这则附释中,黑格尔解释了他关于质的构想,同时也提前解释了体系随后的某些内容。他在此说明的是,"质基本上仅仅是有限事物的一个范畴,因此这个范畴也只是在自然界,而不是在精神世界"拥有"其真正的地位"①。黑格尔将自然界中的所谓"简单质料"视为"现实存在着的质"(同上),在此过程中他想到的是氧、氮,等等。与此相应,质的范畴在精神哲学中则完全没有扮演或者仅仅扮演着非常次要的角色:"在精神领域里质则只占次要的地位,并不是好像通过质就能穷尽精神的任何一个特定形态。"在精神的领域,质在其中扮演着次要角色,其中首先呈现的是"主观精神",黑格尔这样告诉我们:他在某种程度上要根据质来探讨性格。但在论及精神的不自由或有疾病的状态之处,黑格尔注意到,质在这个领域实际上与精神的发展相一致;如此一来,正如我们所看到的那样,黑格尔在此将感觉生命作为病而与镇定区别开来,并在有关自身感觉的部分考察了疯狂。与此相应,在"逻辑学"的附释中他这样说道,质"很明确地也在精神领域里"表现为"这样的规定性,只要精神处于不自由的、有疾病的状态中。在感情激动并达到疯狂的程度时,尤其会有这类情形。发狂的人的意识完全为嫉妒、恐惧等情绪所浸透,我们可以正确地说,他的意识应该被规定为质"(参见中译本第173-174页,这里为照顾原文而对引文语序有所调整)。

"病"这一构想规定了"人类学"第二部分前两个章节的结构(第二部分在1827年的标题是"梦的灵魂",1830年则是"感觉灵魂");它由质这个逻辑学范畴所形成,因为"质"这个范畴作为有限性范畴而被限制在了自然界中,从而就在精神的领域内表现为不适宜性。此外,只有1817年版《哲学全书》这部分的标题才更加清楚,黑格尔在这个部分思考的是某种冲突:在第一版中,"灵魂"第二部分的标题是"主观灵魂同其实体性的对立"。(GW13,S.188)除此,通过"梦的灵魂"这一描述,黑格尔在此传达出对这一发展阶段的理解,对此他将"精神的该阶段"描述表达为"它的黑暗阶段"。(1827/1830 Enz §404A)第404节的说明预先把"感觉灵魂"(这是"人类学"的第二部分)的结构划分为两个部分:"精神的更为真实的形式实存在一种更为低级、更为抽象的形式中,就得到一种不适宜性,那就是病。"病虽然被作为不适宜性而与"真实的形式"区别开来,但它毕竟没有被从中排

---

① 《哲学全书》第90节附释。中译文可见黑格尔:《哲学全书:第一部分:逻辑学》,梁志学译,北京:人民出版社,2017年,第173页。以下作者所引《哲学全书》第一部分的译文均出自此译本。——译注

除出去。"在这个范围内,第一步必须考察灵魂的种种抽象形态,下一步必须把这些形态也作为疾病状态来考察,因为这些状态只有根据灵魂的那些抽象形态才能理解"(同上)。在同一节的说明中,黑格尔提醒要返回去注意第 380 节,他在其中预先指出,要说明精神哲学以下诸章节为何困难重重。

黑格尔认为,对精神的"考察"或阐述面临着"特殊的困难",其理由在于精神"具体的本性",亦即在于,"精神概念发展的特殊阶段和规定并不倒回来作为特殊的实存而与精神的更为发展的形态相对照地同时继续存在,如外部自然界里的情形那样"。(1827/1830 Enz §380)黑格尔将精神的这个被刚刚提及的阶段和规定看作"本质上只是更高级的发展阶段上的环节、状态、规定"。鉴于合乎逻辑的、有差异的先后顺序,这就为阐述带来了问题,因为"在较低级的、较抽象的规定身上已经经验地显露出较高级的东西的存在"(Enz §380)。根据黑格尔的观点,这种混合的形式也导致阐述过程变得混杂,这不可避免,因而"为了考察较低级的阶段,[总是'有必要']预先处理一个在后来发展过程中才呈现出来的内容(例如,在考察自然的觉醒时预先提到意识,在考察疯狂时预先谈到知性,等等)"。(出处同上)

出于此前已提到的原因,"梦的灵魂"或"感觉灵魂"就被划分为两个部分——因为这部分内容实际上并不是通过辩证法的方式建构起来的。第三章的"习惯",虽然在某种程度上提供了作为合题的结论——但更确切地说,这实际上已属于第三部分的"现实灵魂",因为斗争在此已经过渡到胜利之中。

根据 1827 年版《哲学全书》的布局,"感觉灵魂"的第一章考察的是"个体性的被动的总体性"(GW 19,S.304),该特征在厄德曼 1827/1828 冬季学期的课堂笔记中也还保留着(GW 25.2,S.674$_{18-19}$)。但这种总体性在 1830 年版的《哲学全书》中则变得模糊不清,因为总体性在其中被描述成了"感觉灵魂"。现在的标题虽然看起来熟悉,但却更加让人难以理解:"在其直接性中的感觉灵魂。"(Enz §405)与此相对应,1830 年版的第一章论述"感觉的个体性",而这在 1827 年却叫作"作为总体性的个体性"(GW 19,S.304$_{26}$)。其中论述的内容有震动、守护神、孩子在母腹中的"不可思议"的关系。黑格尔在 1827 年和 1830 年间对这两个小章节的修改是否成功,这在我看来是个问题。1827 年版第 406 节(划分标志为 ßß)将"被动的总体作为有自我意识的、受过教育的、深思熟虑的人的形式、状态"理解为"病","在其内个体无中介地同自己本身的具体内容发生关系,在其中可说是作为守护神而意识到自己"(GW 19,S.306$_{3-5}$)①。1830 年版则不仅是主要表述,而且就

① 黑格尔:《哲学科学全书纲要》(1827 年版),薛华译,北京:北京大学出版社,2010 年,第 273 页。以下所引该书的引文皆出自该译本,同时页码随文标出,但译文或稍有改动,恕不一一说明。——译注

连根本的趋向也改变了(其中现在以"2"来划分①):"感觉生命作为有自我意识的、受过教育的、深思熟悉的人的形式、状态是一种病,在这病中个体无中介地同自己本身的具体内容发生关系,而把他对他自己和对理智的世界联系的深思熟虑的意识当作一种与之不同的状态。"(Enz §406)通过这种方式,不但关于总体性的构想变得模糊不清——我们在通常情况下原本可以更加明智地由该概念进入到特殊化和个别性——而且甚至差异化的方向看起来也颠倒了它的极性化过程(Polarisierung):如果这里首先涉及的是与最本己的肉体性相分离,那么黑格尔随后显然就应该将他的兴趣转移到与周遭的客观或自然世界的分离之上。因此,黑格尔对同一段落的结语所作的改动就更加值得注意。1827 年版的结语写道:"动物磁力和与之性质相近的诸状态。"同一段落在 1830 年版中则是:"催眠梦游症和与之性质相近的诸状态。"(请比较:GW 19,S.306;GW 20,S.406。)

这值得注意只是因为,梅斯梅尔从一开始就很自然地认为,磁铁(或者一般的金属)对所谓的"联结"起着决定性的影响。"Animalisch"或"thierisch"这两种表达在当时几乎没有区别②。不过,所谓的"梦游症"仅仅指梦游或者诸多类似的现象。黑格尔修改上述表达的做法表明,看来他本人在 1830 年时已经以新方式将各种有江湖骗术嫌疑的科学或伪科学的领域作为研究重点;因此,我们或许就得更多地在民间传闻的意义上去阅读那些黑格尔在"附释"和新近发现的课堂笔记中精心润色过的个人阐述。尽管如此,我认为,在黑格尔把有关"second sight"(第二视觉)和所谓"白化病患者"③的诸多民间传闻杂糅起来之时,以及在他复述种种被极其夸大地描述的所谓"动物磁力"现象之时,他已经接近了这个领域迄今为止尚未得到科学解释的问题:他的问题一方面是精神东西与肉体性的分离(Ablösung),正如之前已经说到的那样;另一方面,精神性和肉体性的结合问题对他而言当然也还始终在那儿摆着。

显然,黑格尔以此方式所赢获的一个积极之处在于肉体病与灵魂病的相互区别。尽管我们不能将黑格尔通常所称的"疾病"与现今的科学认知相提并论,但有趣的依然是,他在有关心身与"疾病"的关系方面思考了什么。这里的文本再次来源于一则"附释"(存疑)。倘若与精神东西相对的灵魂东西获得独立,而灵魂东西又在这种分裂过程中把肉体

① 这里或是作者的讹误。1830 年版的划分标识实际上仍然与 1827 年相同,为"ßß",见 GW 20.S.406。——译注
② 这两个词在德语中都与"动物"有关。——译注
③ 即"Kakerlak",黑格尔在 1822 年、1825 年和 1827/1828 年关于"主观精神哲学"的讲座中讲到"孩子在母腹中的关系"时曾提到过这种现象,参见 GW 25.1,S.66 ff.,S.311 ff.;GW 25.2,S.676 ff.。"第二视觉"大概是指能够超越时间的限制而预见到未来境况的能力,对此可参见 GW 25.1,S.331;GW 25.2,S.696,S.1024,或参见杨祖陶中译本第149－150 页。——译注

性割裂在了某种关系中,这里显然便出现了疾病:"由于那种分离(Trennung)发生的灵魂病不仅与身体的病相比较,而且或多或少地是与身体病联结在一起的,因为在灵魂方面的东西挣脱精神时,那对于后者和前者成为经验性实存都必要的肉体性就被分配到这两个彼此外在的方面,因而本身就成为某种己内被分离了的东西,因而成为有病的东西。"(Enz §406Z;Jub 10.175.)

黑格尔的主观精神讲座充斥着大量像动物磁力、梦游症、催眠治疗、疯狂的种类以及其他诸如此类的东西;相较于哲学,阐述这些五花八门的现象或许更容易唤起科学尤其是医学史的兴趣。尽管如此,我们必须要指出,黑格尔大多数情况下都是以这样一些在现今医学史上已被公认为对后来的重大发展(比如对催眠的临床运用或对临床精神病学的现代发展)具有筚路蓝缕意义的医学成就为依据。在此,尤其需要指出的是黑格尔对梅斯梅尔、皮塞居和德勒兹(动物磁力)以及皮内尔的关注。其中值得注意的是,黑格尔在1830年版《哲学全书》中指出了皮内尔的意义①。皮内尔曾在法国首次公开呼吁,要对精神病人进行"道德治疗"(traitement moral)[该词取法于英语的"道德管理"(moral management)]并亲自践行。1793年,皮内尔在比赛特医院和妇女救济院中将精神病人从锁链中解放出来,这与法国大革命联系在一起,获得了象征性的意义。另外,黑格尔也在详细解释他关于"作为癫狂的疯狂"②的观点时接受了皮内尔的"Aliénation mentale"③,即精神异化的论述。跟皮内尔一样,黑格尔所谓的"真正的精神治疗",其重要前提也是精神病人仍然存在着理性:"这种人性的,即既仁慈又合乎理性的治疗(皮内尔对于这种治疗的贡献是值得最高的赞赏的)是以病人是有理性者为前提的,并在这前提中有了它能够据以从这方面去掌握病人的牢固支点,正如在身体方面以其本身就包含有健康的活力为依据的牢固支点一样。"(Enz §408Z)

一方面,尽管黑格尔所精心选择的这类现象如此一来便有了某种正中目的的效果,但

---

① 这种情况实际上在1817年就已是如此。尽管没有提及皮内尔,但黑格尔此处已经完全在"道德治疗"的意义中加以论证。这在1827年进一步得到阐释,不过再次没有提到皮内尔。只有1830年版的《哲学全书》——黑格尔在其中再次对文本进行了加工和扩充——才提到并称赞了皮内尔:"真正的精神治疗"。现在以回溯的形式被描述为"人性的,即既仁慈又合乎理性的治疗"并随后以赞赏的口吻补充道:"皮内尔对于这种治疗的贡献是值得最高的赞赏的。"(Enz §408Z)

② 原文为"Verrücktheit als Verrückrung"。在黑格尔看来,疯狂(Verrücktheit)有"痴呆,精神涣散,蠢态""真正的傻""癫狂或精神病"三种主要形式,原文的"作为癫狂的疯狂"或是指这里的第三种类型。参见《精神哲学》的杨祖陶译本,2006年,第175–182页。——译注

③ 皮内尔对形成精神病临床治疗的影响广为人知,以至于我们在此几乎不需要指出参考文献。福柯对皮内尔解放精神病人的传闻及其"道德治疗"持彻底怀疑的态度,参见《疯癫与文明:理性时代的疯癫史》,美因河畔法兰克福,1969年;苏尔坎普袖珍本,1973年。

另一方面,我们必须着重指出,他在此过程中几乎没有阐明自己的论证目标,即精神与自然的分离(Loslösung)。这种分离(Ablösung)实际上只有在黑格尔于习惯这一标题之下所讨论的那些内容这里才得以发生:灵魂只有通过习惯才能够支配它的肉体性(请比较 Enz 1817 §325)。

四、胜利——习惯与现实灵魂

1817 年版的《哲学全书》是这样介绍习惯的,即灵魂作为实体和威力与"另一种现实性"相对立,而这种现实性无非是灵魂"自己的直接性"且必须在其虚假的独立性中被扬弃并成为真正属于自己的独立性。[①] （Enz1817 §322）黑格尔在 1817 年如此认为,精神要与自然划清界限,为此,斗争的模式必须要有所缓和,同时不能"像对待一种外在的客体那样持敌对姿态"来看待这个分离过程,因为"对肉体性的一种敌对的、毁坏性的处置"会使这种受到损害的肉体性成为一种与灵魂和正在生成着的精神相对立的"威力和命运"。（Enz1817 §323）对该发展阶段的大量反复修改和扩充——这可在随后的《哲学全书》版本中看到——清楚表明,黑格尔在此是在与哪些重要的难题作斗争。黑格尔在最开始阐述习惯的起点之际,肯定是把灵魂与肉体性的对立过程看成了肉体性的工具化倾向,但该过程不断表明自己只是那种被称作习惯的活动的结果。肉体性首先包含"限制"的意义,而灵魂为了随即作为这样一种限制"被扬弃"便与其肉体性"决裂"。（Enz §409A）运动的目标在黑格尔那里是"塑造自己的活动",而这种"塑造(自己)活动"的方向在后来的《哲学全书》版本中明显被颠倒了过来。1817 年,他提到,灵魂"进入它从自然获得的躯体内塑造自己"（Enz1817 §325）;1827 年,他论述"各种感受按照它们的这一肉体性进行的塑造自己的活动"（GW 19,§325.S.312）;然后在 1830 年,他则论述"各种感觉规定所具有的特殊性东西或肉体性东西进入灵魂的存在内所进行的塑造自己的活动"[②]（Enz §410,译文有改动）。以上所说可以清楚地表明,当黑格尔强调"习惯属于那些最困难的

---

① 黑格尔:《哲学科学全书纲要》(1817 年版),薛华译,北京:北京大学出版社,2010 年,第 166 页。以下所引该书的引文皆出自该译本,但个别地方有改动,同时页码随文标出。——译注

② 德语的"Einbildung"源于动词"einbilden",前缀"ein"有"进入……内"之意,词根"bilden"有"教化、陶冶、塑造"等意思。bilden 后经伽达默尔的系统解释,目前已成为人文社会领域的重要术语。Einbilden 一词原是谢林的术语,黑格尔沿袭使用,他们旨在用此表示精神在自然中的生成过程,即精神进入自然之内,与自然成为一体,然后在肉体性这一环节、以观念性为契机离开自然,将自然设定为与自己不同的他者,从而扬弃自然。另外,德语中最初频繁使用这个词的是路德,这便使得该词自一开始就有了基督教尤其是新教的神秘主义色彩（参见 *Deutsches Wörterbuch von Jacob und Wilhelm Grimm. 16 Bde. in 32 Teilbänden. Leipzig 1854—1961. Quellenverzeichnis Leipzig 1971*。该词典现在可以在线查阅）。因此之故,本文将其直译为"进入……内塑造",以此把精神或灵魂的运动目标(完成自我塑造)和运动的方向或方式(进入……中)这两层意思同时表达出来。——译注

规定之列"时（Enz §409A;Jub10 239），他不仅仅表达了不同的哲学观点。

在很大程度上，习惯所起到的解放作用对黑格尔而言显现于"重复"的不同形式中（Enz §410;Enz 1827 §409，参见 GW 19,S.312），由此我们会想着将其与教育、劳动、记忆的训练等进行类比，或许也会与"理性的狡计"这个修辞进行类比，但实际上所有这些类比在这个领域都不被允许。不过黑格尔为起到解放作用的习惯所列举的诸例子给了我们如下提示:(1)"与种种外在感受相对的锻炼";(2)通过习惯对"满足的漠不关心"这一结果而对欲望和冲动迟钝麻木;(3)"作为熟巧的习惯"。厄德曼版的课堂笔记尤其充分地揭示出这种朴素的基本模式:"习惯具有把人从他所习惯的东西中解放出来的重要意义。（人类虽然饥则食，渴则饮，但他本人并没有处在其中）。"（GW25.2,S.732）不过这种解放同时被认为是"对我的肉体性的占有"①。下文从多方面对此进行了总结:人的站姿、看以及其他种种官能感受。（Enz §410A）根据黑格尔的看法，虽然这样一些具体习惯"直接地把感受、意识、直观、知性等许多规定"结合"在一个简单的行动里"（同上），但在他眼里显而易见的是，这些官能感受对于进一步的发展不能起到决定性作用，而这些感受则始终麻木地服从于习惯的影响。

即使所有关于"感觉灵魂"的章节都应当理解为通往"现实灵魂"的道路，那么单从"习惯"的最后一节看，朝着这个方向的某种现实进展最终说来较为明显②。肉体性随即被灵魂"完全塑造"，并被灵魂"据为己有"（Enz §411），灵魂在以这种方式被完全塑造的肉体性中可以说是在雕琢自己，它借此成为"自为的个别的主体（主词）"。肉体性从而降级为一个"谓词，主词在这谓词中只与自己联系"，肉体性的外在性保持为灵魂的单纯"符号"。灵魂是"现实的"，因为在灵魂中形成了"内在东西与外在东西的同一性"，因为外在的东西被内在的东西所"支配"。肉体性紧接着具有了灵魂的"自由形态"这种意义，并可以被理解为"灵魂的艺术品"。（Enz §411，译文有改动）

---

① 作者这里的引文出自 Erdmann 笔记第 103 页，但这同样的表达没有出现在考证版中的《主观精神哲学讲演录》部分。类似的意思可见 GW25.2,S.728-732。——译注

② 即使黑格尔重新对"斗争"进行论证并将"疯狂"描述为"感觉灵魂的三个发展阶段的第二个阶段"，"感觉灵魂在与其实体性内容的直接性的斗争中经历这些阶段"（Enz §408Z,Jub10.207），但这并没有使疯狂在论证过程中的作用更有说服力。——这或许可看作一份黑格尔与谢林在耶拿的合作过程中产生并明显经由谢林所促成的间接遗产，比如，我们可以想到谢林 1810 年《斯图加特私人讲授录》中的如下表述:"附带说一句，当人类精神脱离灵魂，随之脱离上帝，从这个角度来看，它的最深沉的本质就是疯狂。因此疯狂不是'产生出来'，而仅仅是'现身出来'，因为它意味着，原本的'非存在者'（亦即缺乏知性的东西）企图成为本质和存在者，随之激活自身。因此，知性本身的基础是疯狂。就此而言，疯狂是一个必然的要素，只不过它不应当走上台面，不应当被激活。真正说来，如果我们所称的'知性'是一个现实的、活生生的、积极的知性，那么它无非是一个已经被控制住的疯狂。"
参见谢林:《论人类自由的本质及相关对象》，先刚译，北京:北京大学出版社，2019 年，第 173-174 页。——译注

直立行走,脸部表情以及手势,甚至就连"作为绝对工具"的手的熟巧,现在都对黑格尔而言成为眼下已散布到肉体性的"精神情调"的证据。(Enz §411A)尽管如此,黑格尔获得了结论:"灵魂"在这一发展阶段,即在其现实化的发展阶段已经"失去了……灵魂的意义"。(Enz §412)在自相矛盾的程度方面,《哲学全书》的前两个版本对这个地方的表述没有第三版那么严重。"人类学"已经历过的运动被简要地归纳为"存在""进入"精神内的"塑造活动",因为"精神由于它使自己与其(即存在,亦即直接性的形式,在此因而也是肉体性)相对立,扬弃了存在,并将其规定成了它自己的存在,也就失去了灵魂的意义,并就是自我"。(Enz1817 §327,译文有改动)1827 年版也与此一致:"通过存在进入自己内部的塑造活动,精神……失去了灵魂的意义,精神的直接性意义"。(Enz 1827 §412,参见 GW 19,S.315-316)黑格尔后来对文本的修改表明,他遭遇到了难题。出现该难题的理由在于,在"灵魂"的范围内,精神真正说来还不是精神,更何况"灵魂"在意识的领域也并未产生。一种比灵魂—精神关系更为深刻,或许也更为重要的难题表现为向自我(Ich)的过渡。因此,本应该在 1817 年版同一句话中就被克服的过渡,现在却以隐喻的方式被修改成了"尚还自在地存在着的精神向自我的更高的觉醒"(Enz 1827 §412,参见 GW 19,S.316)以及"灵魂向自我的更高的觉醒"(Enz §412)。

黑格尔把自我的出场以隐喻的方式描述为"觉醒"。不言而喻,显然,这对他而言意味着某种新东西毫无准备地出现;因此,这里的附释——正如关于"自然"的觉醒那则附释一样(顺便说一句,这则附释没有出现与主体性的暗示)①——使用了事实上已被谢林②使用过的"闪电"比喻:在自我中"实现了一种比局限于对个别东西的单纯感受的自然觉醒更高类型的觉醒;因为自我是穿透自然灵魂并将其自然性耗尽的闪电;因此,在自我中自然性的观念性,因而灵魂的本质成为为灵魂的"。(Enz §412Z;Jub 10.254)在这一阶段上尚且还在生成着的自我从何处获得了它的"穿透性"力量,黑格尔并没有在任何一个

---

① 试比较 Enz §398Z,Jub10.113:"因而我们可以说,觉醒是由于主观性的闪电击穿了精神的直接性所引起的。"

② 黑格尔在"差异论文"中首次使用闪电比喻,见 GW 4,第 74 页:"居中者,即从把自身构成为自然的同一性到构成为理智的同一性的过渡点,是自然之光的内在生成;如谢林所说,是观念性东西之击中实在性东西的闪电,是作为点的居中者的自我构成。这个点作为理性,是两种科学的转折点,是自然这座金字塔的顶端。"(强调由我所加)黑格尔在这当中沿袭了谢林 1801 年在《对我的哲学体系的阐述》中的用法。谢林此时论述的是:"有机体与物质一样源初,但也同样不能将光最初击中重力以经验的方式表述为观念性的原则最初击中一般的实在性原则。"(强调由我所加)参见《谢林全集:第四卷》的第一章,斯图加特,奥古斯堡,1859 年,第 205 页。但也请比较前述黑格尔致温迪希曼的信,其中论述"向暗昧地带的下沉",并补充道:在"灵性的自然"这一暗昧的地带中"找不到一点固定的东西,明确的东西和可靠的东西,到处都散发出闪电般的光芒,但在深渊的侧畔,也许正是由于您的烛照,边沿留下一抹诡谲的暗影,投出一线虚幻的反射,但这并不是光照……"参见《书信集:第一卷》,第 314 页,苗力田译本,第 217 页,不过原文的"Lichtglänze blitzen"被苗力田先生意译为"眼花缭乱",这里是直译。——译注

地方说明；我们的确可以认为，黑格尔通过谢林的闪电遗产也接手了自然向理智以及向精神的过渡问题。虽然自然灵魂在此处应当被自我的闪电所穿透并被消耗，但肉体性同时也应该是自我的"摹本"（Abbild），而且还能够与自我相对立，于是"自我在它的他物中直观自己本身"。此种他在对经验性的自我而言肯定不可能现实地分离；怀特海已令人信服地挪揄过这种二元论思想："没有人会说，我在这里，同时我把我的身体也随着我带了过来。"①

肉体性与精神东西在灵魂这个阶段上具有相互联系。黑格尔在其"人类学"的主要部分探讨了这种联系的重要意义；不言而喻，这总是同阐述精神的东西（仅）与自然相分离结合在一起。对他而言，该发展过程表现为胜利的斗争；但他未曾注意到，这同时并在同样的程度上涉及失落的历史（die Geschichte des Verlustes）。我们在此引用霍克海默和阿多诺的两段简短的文本，它们总体上与黑格尔没有关联，但很容易与"人类学"进程联系起来："由于人的自然被否定了，因此，不仅控制外部自然的目的，而且人类自身生命的目的，也都遭到了歪曲，变得模糊不清……人类对自身的支配，恰恰是以自我本身为依据的，它几乎总是会使得以发挥作用的主体遭到毁灭；因为自我持存所支配、压迫和破坏的实体，不是别的，只是生命（自我持存的诸成就只能被规定为生命的各种各样的功能），真正说来，正是应该得到持存的内容。"②尽管这些说法与黑格尔并无联系，不过我们可以轻而易举地将其与黑格尔的"人类学"联系起来；这毫无困难，因为这些论述并没有掩饰与黑格尔的"辩证方法"之关联。这样一来，或许肉体性就是黑格尔作为未曾得到解决的问题遗留给我们的"剩余物"，就像德里达的《丧钟》在黑格尔那里所探索过的那种剩余物一样："quoi du reste aujourd'hui, pour nous, ici, maintenant, d'un Hegel? /pour nous, ici, maintenant: voilà ce qu'on n'aura pu désormais penser sans lui./Pour nous, ici, maintenant: ces mots sont des citations, déjà, toujours, nous l'aurons appris de lui."③伴随着"主观精神"的问题，"人类学"的问题也在德里达所影射的"感性确定性"中凸显出来。"人类学"的个别要素甚至再度出现在了"世界历史哲学"和"宗教哲学"中。如果说，认为"人类学"乃是一种

---

① A.N.Whitehead: *Modes of Thought*. Cambridge, 1938.156.
② 马克斯·霍克海默，西奥多·安道尔诺：《启蒙辩证法·哲学断片》，渠敬东，曹卫东译，上海：上海人民出版社，2006 年，第 44-45 页（有改动）。——译注
③ J. Derrida: Glas（《丧钟》）。这段话原文为法语，直译为："对我们而言，这里，现在，从黑格尔那里到今天还留下什么？/对我们而言，这里，现在：那就是如果没有他，人们在他之后将无法思考。/对我们而言，这里，现在：这些词已然都是引用，我们都从他那里学会。"——译注

失败①的观点算得上合理正确,那么这部分的结果对体系接下来的所有部分而言,就显得多余了,尽管可能并不明显。

The "Sovereign Ingratitude" of Spirit toward Nature：
Logical Qualities，Bodiliness，Animal Magnetism，
and Madness in Hegel's "Anthropology"

Hans-Christian Lucas

【Abstract】 Hegel's "anthropology" deals with the relationship between spirit and nature. For this reason, it describes in detail the process of separation of spirit and nature, and describes this relationship as the spirit's "ingratitude" to the nature that products it . "Anthropology" is fundamentally dependent on "logic" and is consistent with the development of its various categories. "Natural soul" discusses the life of human beings who are restricted by nature, based on the model of "universality, particularity, and individuality". In the "Feeling Soul", "disease" is defined as discrepancy based on the category of "quality" in "logic", according to which many phenomena such as genius, animal magnetism, madness and so on can be unified. In the "habit" and "actual soul", Hegel made for them different and even contradictory determinations in the three editions of *Encyclopaedia of the Philosophical Sciences* .This fact shows that he encountered here a series of dilemmas that he himself ultimately did not properly resolve. His failure on these issues further shows that his "anthropology" has not completely completed the goal of transition from nature to spirit, and from necessity to freedom.

【Keywords】 Hegel, Antropology, Soul, Spirit, Bodiliness, Animal Magnetism, Madness

---

① 比较 J. Dürck：Die Psychologie Hegels(《黑格尔的心理学》),伯尔尼,1927 年。除此也参见 I.Fetscher：Hegels Lehre von Menschen(《黑格尔关于人的学说》),第 94 页。

康德(与黑格尔)的人类学考察

［德］莱因哈特·布兰特①（著）

徐　超②（译）

庞　昕③（校）

【摘要】人类学是实用的并且服务于人的道德的知识，无此，道德就将成为学术性的，而不适用于世俗，同样也无法被人接受。回顾康德 1772—1773 年讲稿和 1798 年的书籍，都与实用主义观点的人类学有关，提出并补充了人类学的原初概念，他暂时地将人类学讲座作为纯粹实践哲学的假定的对应物。当康德人类学不再用作道德人类学的时候，向我们传达了何种目的？此外，黑格尔将 1816 年以来的人类学本土化，并从其内部对问题和结构进行了解释，同时康德人类学和黑格尔人类学之间也有着一些小的差异和相同之处的对抗。

【关键词】 康德，黑格尔，人类学

中世纪，在《圣经》各种经文训诂的学说中，以下变体被列入圣训并且作为双行体诗律被理解：“Littera gesta docet, quid credas, allegoria / Moralis quid agas, quid speras nagogla.”④——你应当相信什么，你应当做什么以及你希望什么，此处讲授了经书文本中寓言的、道德的以及推导的含义。三重精神的或神秘主义的经文含义与文本意义相对，文本意义代表了 gesta，即事实本身，从而构成了并且经由它建立了其他解释形式的基础。——在下文中，我们将不以三种精神进路中的任何一种来解释康德和（仅仅只在边缘上）黑格尔的作品、笔记和讲座—讲稿，而是遵循文本含义，在客观性的理念下研究这些理

---

① 作者简介：莱因哈特·布兰特（Reinhard Brandt），德国哲学家，1937 年出生，德国康德研究专家，曾长期执教于马堡大学哲学系，与人合作创建了“康德档案馆”，被遴选为哥廷根科学院通讯院士，担任科学院版《康德全集：第 25 卷》的编辑工作。他从事康德研究，擅长于追踪和分析康德哲学的历史语境。

② 译者简介：徐超，复旦大学哲学学院博士生，研究方向为西方伦理学。

③ 校者简介：庞昕，德国弗赖堡大学哲学博士生，研究方向为德国哲学（海德格尔与谢林）、诠释学与美学。

④ 亨利·德·吕巴克（Henri de Lubac）用这种两行诗的变体（“quotenas anagogia”）开始他的专著，研究中世纪《圣经》释经中《圣经》的四种意义，参见吕巴克，1959，I23。《生态》引用但丁在《开放艺术作品》（1977，33）中使用《圣经》的可能性解释的四个方向。康德以下列方式被引用：学院版《全集》（柏林，1900 年及其后），第一版和第二版（A，B）的《纯粹理性批判》。康德人类学讲座的笔记版本经编辑后，以出版者的名称在引文书目中列出，有关康德人类学的许多考察结果均归功于菲利普斯大学人类哲学研究所的工作组，他们准备将讲座笔记在学院版的框架内出版。

论和文本的些许要素,并使得它们在解释学上有所成果(S75)。①

"我能知道什么? 我应当怎么做? 我可以期待什么?"康德以启蒙的形式重新表述了中世纪的诠释学。从信仰中走出来的是知识,你从诸多东方的文本中,被教导应该如何信仰、行为和希望。从未成年中走出来,就是一个成熟的、世俗的自我探索和自我决定的自我。按照康德的说法,这三个问题的回答集中了人类理性的全部旨趣,在1781年的批判中(A 805),所有这些问题不仅是思辨性的而且是实践性的;但众所周知,他在其他地方增添了第四个问题:"人是什么?""形而上学回答第一个问题,道德回答第二个问题,宗教回答第三个问题,人类学回答第四个问题。但在根本上,人们可以把所有问题都归给人类学,因为前三个问题都与最后一个问题相关。"(IX 25)②康德在1772—1773年至1795—1796年的讲座中,以及在1798年被编辑成书的人类学或人学中,对这个无所不包的问题几乎没有一个答复。康德在1793年5月4日给卡尔·弗里德里希·斯托德林(Carl Friedrich Staudlin)的信中列出三个著名的问题,然后说道:"那个(即第三个问题,作者注)最后应该跟在第四个问题上:人是什么?(在过去的20多年里,每年全体教师都要阅读人类学。)"(XI 414)这种形式性的东西并不能强行在人类学上有一个认同,从耶希版的《逻辑学》中可知,讲座或出版书籍的内容基本上算是关于前三个问题的。但是,在后一种情况下,导向人类学的关键性问题,即人的规定性问题:"人是什么?"(S76)就像在耶希版《逻辑学》中所说的那样,不论是起源上和整体上的实行中,都没有关注关于人的天性无所不包的问题。"人是什么"这个问题,就从其涵盖了整个哲学而言,一般来说就应当可以形成单独完整的学科。或仅仅声明,前三个问题仅是关于人的一部伟大论文的三个独立结合的部分,康德从未将其写成单独的著作。他不想将其视为第四门学科吗?

在实践哲学原理的著作中——《实践理性批判》《道德形而上学》《奠基》——根据这些著作的诸原则的研究,就要求一个隶属补充性的人类学的形成 。以此来显示如何运用

---

① 康德和黑格尔都对一种以客观性为目标的对哲学著作的解释不感兴趣。它是从各种各样开端,在现代性的哲学内部产生的。例如,在加森迪(Gassendi)那里,他为伊壁鸠鲁(Epicurus)所做的那些努力,不同的哲学史家,如托马斯·里(Thomas Reid)、施莱尔马赫(Schleiermacher),然后与像爱德华·策勒尔(Eduard Zeller)这样的杰出学者一起,使之成为19世纪一门牢固确立的学科。有代表性的是,黑格尔没有亲自研究笛卡尔,而是指示他的学生霍托去做(见本书中的诺特·瓦泽克的著作)。

② Logik.Jäsche, vgl. auch Metaphysik-Politz, XXVIII 533－534:"可以把所有东西都称之为人类学,因为前三个问题是指人类学。"耶希的文本没有独立于我们在《形而上学——政治学》中找到的记录。Zur Zugehorigkeit des Anfangs der Metaphysik-Politz zur Logik s. W. Stark, 1987, 157(Anm 96). — Zum Versuch Heideggers, auf der Grundlage der Frage "Was ist der Mensch?"die Philosophie Kants zu erfassen, vgl. Cassirer, 1931.

本书康德全集部分参考李秋零的《康德著作全集:第1—9册》,北京:中国人民大学出版社,自10册以后对译文作了改动。——译注

先验理性体系。在《奠基》中,伦理学总的分为道德学和实用人类学:"……伦理学亦复如是,尽管在这里经验性的部分特别叫作实用人类学,而理性的部分则可以叫作道德学。"(IV 388)类似的,在《道德形而上学》中:"与道德形而上学相对的部分,作为一般实践哲学划分的另一个分支,将会是道德的人类学,但是道德人类学将会只是包含人的本性中贯彻道德形而上学法则的主观条件,即道德原理的产生、传播、增强(在教育中,即在学校教育和大众教育中)以及其他这类事物给予经验的学说和规定……"(VI 217)很难根据实际的道德来规定人类学讲座与这种实用的或道德的人类学的关系,一方面,两者显得并不相同,因为康德避免在道德哲学的著作中谈论实用人类学,他在他的讲座中将实用人类学看作一门新学科;后者也不符合《道德形而上学》所确立的主旨之规定。另一方面,在人类学讲座的讲稿和 1798 年的出版书籍中也涉及相关主题,有时在人类学讲座中也明确地将人类学讲座当作与先验道德相对的部分(S77)。相关主题包括个人的诸个性塑造的问题(为何是男性,而不是女性),或者也有人类物种(乃至之后更详细的东西)之规定性的问题。在大多数讲稿中,以及 1798 年的《人类学》中,实用人类学都没有与道德哲学建立任何明确的联系,转而实用人类学研究由一些所谓的经验的和实用的认知兴趣所引导。但是,(八十年代中期)莫格乌斯(Mrongovius)版的《人类学》意外地包含以下文字:"共有三种教学方式:(1)一种已经向儿童提供的技艺教学,通过这种教学,人们可以学到东西;(2)才智的教学,人们可以借此学到更多的判断力和技艺的使用;(3)伦理的教学,是通达人的一切目的,并由此方式成为人。技艺是学院的,才智是实用的,智慧是道德的。人类学是实用的并且服务于人的道德的知识,他们的勇气是出于道德的行动,无此,道德就将成为学术性的,不适用于世俗,同样地无法被接受。人类学:道德=空间几何:大地测量学。"①如果回顾康德的看法,他暂时地将人类学讲座作为纯粹实践哲学假定的对应物。

一、

就康德人类学不再用作道德人类学的时候,向我们传达何种目的? 我们去读一些讲稿的标题,然后再去读 1798 年的书籍书名,这些标题都与实用主义观点的人类学有关;我们将力求澄清这种实用主义的观点意味着什么。可以肯定的是,这一概念直到 1772—1773 年的第一次讲座之后才出现;在第二版中,康德更正并补充了人类学的原初概念(S78)。

---

① Anthropologie-Mrongovis 20 Marg.

在这个原初概念不是人类主题之下时，人的行为的实用主义取向是从形而上学中分离出来的经验心理学领域。在鲍姆加滕（Baumgarten）的《形而上学》中，经验心理学被设定为基础的东西（来源于一个特定的问题：自 S 504 节"灵魂的自我意识始"，至 S 699 节"欲望的能力"止），但是按照康德的理念，经验心理学不再是形而上学，而是"一种出自经验和观察的知识"。① 大概自 1766 年以来计划的一个形而上学奠基的路径上（具有自然形而上学和道德形而上学的全新的双重结构）②，康德将知识的和欲望的整体复合体相分离，之后又将感觉能力的东西从经验层面中剥离（并将这一部分扩展到经验可能性的提纲之外，以包括更多的经验问题，稍后详细说明）。一方面，人们提出了形而上学必须是出于纯粹的理性而产生的想法，诸如经验心理学之类的学科不属于形而上学，后来在《纯粹理性批判》中对此想法有一个反思："如果必须将经验心理学完全从形而上学驱逐出去，那么它就已经完全被其理念所排斥（A 848）。"③然后是补充性思想：康德将经验性心理学学科置于一个现代性的（尽管是由鲍姆加滕创立）④人类学的名称之下，以便可以不干扰计划内对纯粹理性批判中理性部分的看法，又给经验主义者的想法分配了一个地方，在这些地方中，他们被误解的想法可以得到处理和展示（S79）。

这种以"人类学"为标题的经验心理学，作为独立学科并没有被康德［同费德（J. G H. Feder）一样，很少地显示了类似的举动］⑤用于形而上学批判。与人类学相反，在文艺复兴时期，经验心理学是作为好战的、反形而上学的学科加入的⑥，与大卫·休谟的人类自然学说相反，或与菲德希勒·米歇尔·黑斯曼的（Federsschuelers Michael Hissmann）心理学相反、与路德维希·费尔巴哈（Ludwig Feuerbach）的人类学相反，康德的经验心理学或人类学是与形而上学并存的学科，它不减少形而上学关于心理理解过程和动机的定理。而是构成了一项独一无二（sui generis）的研究。共存状态在此而言：人类学不干扰批判的形而上学和超验哲学，但人类学也不赞成其在批判的形而上学和超验哲学的统摄之下。人类学既没有在 1772 年的，也没有在 1772 年以后的先验规定的体系中——没有人注意到康德在此处的错误（尽管有顾虑，但还是认同所要求的道德人类学）——它并不符合按

---

① Anthropologie-Philippi 1r.

② Zur Neukonzeption der Metaphysik in der Mitte der sechziger Jahre vgl.R. Brandt, Kant als Metaphysiker, in : Der Begriff der Politik von V.Gerhardt, 1990, 57 – 94.

③ Zur Ausgliederung der empirischen Psychologie aus der Metaphysik vgl. Hinske, 1966.

④ 鲍姆加滕在上一版的形而上学中没有提到人类学，康德在他的讲座中提到的人类学，仅在 S 747 节的"心理学理性"一节中谈道：人类的哲学知识是"人类学的哲学"。

⑤ Brandt, 1989, 261 ff.Linden, 1976, 43 – 44, 也指迈纳斯（Meiners）。

⑥ Vgl. Dilthey, 1964.

照范畴表的系统性或所构想的分析图示以及教学法。这最后两点是康德人类学与黑格尔人类学的本质区别,稍后将讨论。

二、

菲利皮版的(尚未编辑)讲稿显示(肯定在正文中,大概不在边注中)在 1772—1773 年的冬季学期的讲座中,康德第一次讲到人类学,更准确地讲是"人类的自然知识"。这个讲稿[我们可以得出结论:康德]开始以小册子的形式向我们预告了我们这个有名的讲座公告。这个引言带来了许多问题(S80)。在康德那里,仍是以当时卢梭(Rousseau)问题的那种形式,即在不远处就有问题本身的答案。此类事件在 18 世纪六十年代有着令人瞩目的回应,而在七十年代就再也没有引起人们的兴趣:"由此,将它以如下方式进行:在人那里自然的东西,以及在人那里人为的或习惯的东西。我们的主要客体,即人,就其本性而言是通过教育与受其他影响而被改造的人区别开来,而这将会是最为困难的。"(2V)而后,得到了一个令人惊讶的方式:"考察躯体之外的情绪,并通过观察来判断身体的影响是否必然属于思维。如果经验显示出相反的情况,那么从这些经验中得出的结论将提供灵魂永生的最可靠证据。"

卢梭赤裸的自然人与赤裸的灵魂①被同时提及。为了回应卢梭问题以及所获取的一些本真原始人类(分析式的)问题,这些问题在一定程度上,原本就根植在人的许多形式和变式之下,在这种情况下,诸变形和进步就可以去衡量。关于这一点,康德没有在菲利皮版的讲稿中也没有在其他文本中提及。人们不再对人类的本真的问题,以及所有文明所不理解的人的本性感兴趣,而是对那种按照人的实际表现形式和人的实际命运的纯粹经验以及实用的问题感兴趣。与第二个问题不同,在他文章的第一部分对此作了确认,但后来否认了:基于所有的迹象,康德在人类学讲座的整个过程中都认为,没有身体的思想也是不可想象的,生理过程是构成所有精神活动的基础,过程我们不知道,但是必须要去假设这个过程。我们可以从明显的心理—躯体现象中得到现实的推论:例如脸红。在特定的思想中,笑是一种精神—身体的过程。

进一步的动机出现在引言中,但在之后的论述中并没有找到。从中,康德强调人类科学计划的重要性,并问为什么(S81)到目前为止,还没有这样属人的博物学。"原因很可能是这样,因为当人们进而了解自己的苦痛的地狱旅程过程时,不会想到会有什么令人高

---

① 指《社会契约论》的自然人和《忏悔录》中的卢梭自己的灵魂。——译注

兴的东西(2r)。"哈曼(J.G. Hamann)提出的这一构想与康德人类学无关,相应的苦痛的地狱旅程很快就被取消了①。在1772—1773年的讲座期间,康德揭示的灵魂和行为的现象,并不是像哈曼所偏爱的那样是痛苦的自我意识的地狱旅程,而是在好奇心和探险精神的引导下,在异域国度探险的人类行为。这就是康德集霍加斯(Hogarth)和利希滕贝格(Lichtenberg)的敏锐眼力、卢梭的观察天才、蒙田(Montaigne)的全式图景、家庭和王侯社会的柯尼斯堡(Konigsberg)于一体的内省。就是这些知识激发了学生们去行动,康德并不愿意教导俗世中人类那种病态的异想天开(那是之后魏玛的奥林匹克诗人应该担忧的事)②,但听众们不应就此有所悔恨;相反,他们获知了世界公民的理念。并且最后,如果是真的话,那么康德的人类学也应该会吸引在梳妆打扮中的女士们③。

进一步的原初自我构想的组成部分来自六十年代中期。这部分在文章结尾处:"但是,为什么没有从大量的英国作家的考察中形成一个相互联系的科学呢?"④在这里只是提及了一下,在其他讲稿中则被广泛论述:康德希望将有关欧洲批判性考察的文化及其自身对人类的知识的多种文本证据转化为一门科学。有关不同国家小说、戏剧、游记、道德著作、信件收集,对气质的新分析、对人的面相解密尝试(S82),在手势、模式和男女天性的比较中追寻线索,对人种进行规定性的思辨——在各个地方,所有那种属人的、性别的、国家的、种族的、性格的、年代的特有的、个性的东西都变得可把握的、可经验的、可讨论的。"注意""留心"是本世纪的关键词:把握极简主义中的道德观,致力于次要事物,发现并塑造过去几百年来宗教迷恋的日常。这是艾迪生(Addision)和斯蒂尔(Stelle)的《旁观者》以及随之而来的许多杂志和杂志的符号学功能和注意力培养⑤。

即使是在六十年代,康德本人也是这门艺术和知识的名家,赫德尔(Herder)在《瓦尔申评论》第四节中写道,康德是"全面的社会观察家,全面的哲思的哲学家。人类与人格、性格、性欲和美德,最后是民族特性的伟大与美(我们补充:同样也瘦小和多病,作者注):这是他的世界,在此他细心地注意到了最细微的差别,直到对最隐蔽的动机和一些小固执者精打细算……"⑥所有的一切都以林奈(Linne)为典范,作为地质学为进一步研究收集经验,这是新人类学的中心任务。根据康德的说法,由此人类学就进入了一个新国度;在

---

① Zur Hoellenfahrt s.Brandt,1987,78, Anm.60.

② 相关版本汇编由马尔特(Malter)完成,1980,335 – 338.

③ Anthropologie-Leningrad 4;Starke,1976,I 6.

④ Anthropologie-Philippi 2r.

⑤ vgl.Martens,1971,24 – 27.

⑥ Herder,1878,175.

他之前就已经有人类学的名称,特别是在医学人类学的学科,但作为人类考察文化的系统性代表的学科还尚未存在。

根据上述回顾,我们补充到,在这里没有社会学和行为研究,也没有作为学院学科的民族学,也没有对特定人群的行为进行的统计调查,也没有这种可以用于控制并代替人类知识带有编号标准化的凭证:艾迪生和斯蒂尔、康德和利希滕贝格不是被科学性担保的过时散文家(S83)或冒称的专家,而是将那些没人这样提出过的和写过的东西,报道出来并将其带入书本之中。贵族式的卡斯蒂利奥内①在这里第一次被一种市民性的人类知识和行为学说所取代。

或许不是 1772—1773 年,但是在接下来的几年中被提到的一个困难动机,在最终版本中被采纳了,这就是内省和陌生人的考察问题。观察的主体不再与基于情境的思想和冲动所规定的自我相同一,实际上不能将其本身作为经验的对象去认识的心理学。其补充道,在陌生的视野前面,伪装立马生效:人只要知道如何考察自己,就能够理解自己。可如果既没有一个特定的自我也没有一个其他可供考察的特定客体,那么人的自然知识是如何可能的? 主体和客体的同一问题不在单纯的自我意识领域那里,而在心理学的自我考察那里。真实的意识或动机与外在理解的角色那种区别将会在一开始就被主题化了,并伴随在整个论述中。——此外,尽管有着自我考察和陌生考察作为经验心理学和人类自然史的问题性来源,但这里是没有任何实验的——实验心理学整体而言是陌生的东西②。

出乎意料的是,在菲利皮版的《人类学》中,紧随其后的是一种确定的经验心理学,论文开头有这样的学说:灵魂在他的实体性、主体性、精神性("理性实体"3r)和人格中有一个直接的洞见,在其他讲稿中也有说在他的同一性和自由有一个直接的洞见。"我是(Ich bin),是一种直觉,而不是像笛卡尔所认为的那样是一个推论(4r)。""我们从对自我(Ichs)的分析中也可以看到,许多哲学家得出的深刻推论,不过是我们自身直接的直观(3v)。"(S84)

我设想,我们必须把在人的经验自然知识的开端的这种理性的灵魂学说部分解释如下:康德在 1770 年发表论文后续转向他的新构思的东西,特别是导向洛克自我或自身(Selbst)的主题化。他相信,通过操作一种精神直观的方式使之可能,这就是经验。并且

---

① 巴尔达萨雷·卡斯蒂利奥内(Baldassare Castiglione)所著的《廷臣论》是一篇漫长的哲学对话,主题是:什么是理想的朝臣或宫廷贵妇。——译注

② Vgl. dazu den Hinweis aus der Vorrede der Metaphysischen Anfangsgründe der Naturwissenschaft, IV 471.

在他的直接性中显示了灵魂的本质特性:我本人在自我的意识中是没有这些自我的,或者说,我与我的表象相分离。然而有一个直接的直观,而后就可以获得关于自我的知识。在这种情况下,就有一个事物自身(res ipsa)的直观,否则,显相现象的直观尽管是直接的——我有真实的快乐感受,而不是快乐表象。我真实地看到桌子,而不是桌子的表象——但它们的直接性是经由空间和时间的主观形式介导并使其成为可能。康德在七十年代肯定深入研究过这个想法:自我意识在他的直接性中,不是基于空间—时间形式,因而一种本质知识是可能的①。

这种自我意识和自我知识的等同,长期以来一直受到盎格鲁撒克逊哲学的怀疑②,同时也被德国其他作者拥护。例如,梅里安(Merian)的《关于他自己实存的感知》:"由此,我们可以有理由推出,我们自己就可以直接且直观地感知。"③此外,在菲利皮版的讲稿中:"自我是理性能力的知性基础,此外所有上层认识力量,所有这些可能都基于:我是我自身,我在我自身中行动、注意和观察(3r)。"因此,这不是去联结出自自思的思维活动推导性的理念:表象,是我思构造的最高点,从中推导出任何东西,但表象(S85)在1772—1773年对康德而言和在1781年一样,是陌生的。

这种中心化的、经验理性的自我认知至少广为传播至七十年代中期;只是在之后的版本中,康德否定了这个伟大的灵魂—序曲。并满足于此;我的意识或者自我意识,比如被说成作为一种内在感性的和与社会纠缠的现象——每个人都喜欢听从自己,但是必须了解他虽然是自己的中心,但不是其他人的中心。小孩子一开始都是以第三人称称呼自己,在相对的晚一些的时候才发现自我。在原初的自我—形而上学在大多数时候构建的话语有一个相似之处:"如果自我能在思想中把握了我的马的话,我就能如此同样地驾驭马。"④如此多的规矩使得它从理性心理学的惨败中通过七十年代后期的谬论发现中仍然可以得救。

如我们所见,与鲍姆加滕不同的是,康德将经验心理学的排斥的地方或者说出自形而上学的"人类的自然知识"作为一门理性学科;康德使用现象学来反对普拉特纳(Platner)和他的医学人类学的时候还不是1772—1773年,而是1773—1774年。在1773年年末左右,康德在写给马库斯·赫兹(Marcus Herz)的信中说:"我在考虑这个冬季的第

① Dazu Brandt/Klemme, 1989, 10–11.
② S u, a Pseudo-Mayne, 1983, XXXV–XXXVI.
③ Merian, 119.
④ Anthropologie. Leningrad 7; vgl. Starke, 1976, 9.

二次人类学研讨会,现在我考虑将人类学变成一门正式的学科。单我的计划就非常不同(上文提到的普特特纳版的《人类学》——作者注)。我的想法是,通过所有科学源头去构建、去掌握那种人类的方法、周遭的命运、风尚。因此,要开放一切本真的东西。随后,我就寻找那种,作为一般而言的人类自然本性变化可能性的第一因的更多现象及其规律。因为在我看来,那种对身体器官与思想(S86)的联系的细致研究永远都是徒劳无益的。"(X 145)在菲利皮版讲稿的边注的行间中:"从身体行动到精神的过渡没有被进一步说明,因此,当他们从大脑到灵魂推出可信的结论时,博内特(Bonnet)和其他各类人都错误百出。"①

在写给马库斯·赫兹的信中没有直接告知的是:康德在作为一个经验心理学的理论性学科的人的自然知识理性那里迷失了自己;康德在 1773—1774 年冬季的讲座中指出并提出了人类学的实用取向,坚决反对他本人的原初设想。"因此,人类学不是按照审慎的规则进行思辨性的研究,而是按照实用的规则进行务实的研究,这就是人类学。所有当前的人类学还没有把握这个已经摆在我们面前的理念。所有与人类才智行为无关的事物都不属于人类学。"②这其中就包括了 1772—1773 年冬天的讲座。

这种从经验心理学到实用人类学的转变灵感,几乎没有出现在历史文本中,然而在历史文本中,那个名称则被借用;休谟及他的英格兰历史在此语境下提到过实用人类学③,我认为,由于休谟本人并不讲实用主义史学,因此可能是波利比乌斯(Polybios)的理解和他明确的实用主义历史发挥(S87)的作用④。1766 年,哈壬瑟(Hallenser)历史学家卡尔·雷纳图斯·豪森(Karl Renatus Hausen)出版了《18 世纪实用主义历史的研究》。乔治·弗里德里希·迈耶(Georg Friedrich Meier)在逻辑上区分了历史的编年史研究方法和地理学的研究方法⑤,康德在 1776 年和 1789 年之间记录:"历史教学风格是实用主义的,如果它除了学院式的东西以外还有其他意图的话,那就不仅在学院面前,而且在世俗或伦理面前

① Anthropologie Philippi 2v；Vorlaufer der phanomenologischen Einstellung und der Ausklammerung des psycho-physischen Fragen sind Locke und Hume, vgl. Locke, 1975, 43 – 44.12) Hume,1896,6061,248,275,276.

② Anthropologie-Friedlander（Ms. 400）7；vgl. 14.

③ Anthropologie-Friedlander（Ms. 400）12 – 13. 1755 年和 1764 年的两次德国评论都谈到了休谟的"实用主义书写方式",并将他称为"基础和实用的历史学家"。vgl. Brandt/Klemme, 1989, 53 und 55 So auch Benz, 1932, 63. "我们拥有(请参阅休谟的历史学,作者注),这是对历史学家任务的明确表达的实用主义。"在波利比奥斯的意义的历史看来,在 18 世纪似乎没有一个"实用"或"实用的"的词。vgl. The Oxford Advanced English Dictionary, Oxford 1989, XII s.v. pragmatic, pragmatical.

④ Polybios, historiae I 2,8；2,4 u,oe.

⑤ Meier,1752,S432,in；kant,akademie-ausgabe XVI 804 – 805.

也一样。"①

经验心理学和人的自然知识向实用学说的转变的原因几乎无法想象，康德在 1786 年的《自然科学的形而上学基础》的"序言"中说："但是，与化学相比，经验性的灵魂学说在任何时候都必须与一种可以本真地如此称谓的自然科学的地位保持距离……"（IV 471）至少从材料中没有发现从经验心理学到实用人类学过渡的原因的证据。人的内在自然思辨性的知识，同样地，经验心理学缺少了去判断遮蔽定在的数学方法的可能性。

决定实用人类学的从理论的学科到实践的学科的转变并不是戏剧性的；人类学停留在中场的某个地方，这是一种聪明的学说，当按照后哲学的观点无论如何是技术的——从实践上讲是归之于理论哲学。反之，它也被称为经验心理学和直接实用意义的自我认知。因此，相应的程序性转变更多的标签不是内容。不然的话，康德就是反对医学人类学的先锋；这里有一个值得注意的变化，尽管关于身—心关系问题在 1773—1774 年的说明中并没有结束；我们稍后会转过去处理——从 1773—1774 年开始，讲座的主题就是"实用人类学"，并且康德就从未变更过此主题，直到出版书籍为止（S88）。一般可以确定的是：康德获得了七年的教职，此书在八十年代和九十年代几乎没有被修改，某些部分有几处新增的文字和新的重点强调，有新的见解，比如说懒惰的好处。但是，体系就像其表现的那样保持稳定。因此，康德在这里有一个重要的学科，由于 1781 年的大事件②使得这个学科几乎未被人注意到；人类学在前批判—批判时期没有任何变化；在这种可能性下，人类学就是一个特定领域，无论体系的变化，它总是处于哲学的中心，这与黑格尔的人类学有着根本的区别。

包含至善学说的内容归属于晚期少数丰富而重要的补充和边注。下面将作进一步详细说明。

人类学的实用主义取向有如下进一步的实际后果：经验性概念"先天"被提供给读者，更确切来说，在听众的面前，使他在实际经验中能够认识到与人打交道的本真的对象是什么。在从康德那里得知人是什么之后，将复数"人"用于他的目的并不困难；人们在讲座中学到，必须只接受规则统摄下的感知。在讲座中听过地理课中的"先天"的人，都知道在他之后的环球旅行中做什么：他可以把握自己的感知，并获得一致的、普遍可交流的经验。人类学和自然地理学在康德那里与才智和世俗经历的经验可能性是平行的③。

---

① XVI 804；Refl. 3376.
② 指《纯粹理性批判》的出版。——译注
③ Anthropologie-Friedlander(Ms.400) 6－7.

我们看到：同在文艺复兴时期和在 18 世纪和 19 世纪的坚定作者不同，人类学在康德那里并不是一门用于反对形而上学的战斗学科，而是对形而上学，或更确切来说，是对先验哲学的补充。经验心理学和实用人类学最密集的研究（S89）显然已经进入了《纯粹理性批判》的发展阶段；正如已经指出的那样：一方面是理论—经验或实用精神科学和人学；另一方面是一个新的先验哲学，人们可能会有对两方面并行发展的系统性的兴趣，并以这样的方式来解释它。康德不想利用先验理论来排除那些以心理为导向的作者的知识，而是想引导它，从而剥离在其中危险的东西；他证明了人性研究。例如，休谟的联想法在那里所具有的价值。但它不是反形而上学的，而是与形而上学平行的（或者，根据批评家对知识的主张，以此为基础）。这样，就可以经济地查看和使用整个材料。

如果从整体上看人类学讲座的结构，从最早的讲稿到 1798 年出版的书籍，都具有惊人的一致性。康德最初松散地遵循鲍姆加滕在《形而上学》的"心理学经验"中的陈述；1772—1773 年的第一次演讲中，其原因无法在此处详细说明，康德已经比鲍姆加滕更清楚地按照知识、情愿和不情愿（鲍姆加滕的"voluptas"和"taedium"）以及欲望的顺序安排了材料。从鲍姆加滕的书中链接了几个关键词，康德进入了一个新领域，从七十年代中期开始，明确地将其称为第二部分。最初，鉴于每个人的与其他人不同的自然特质（特别是气质、才能和天性）和性格，然后就是题为"面相学"的一部分，根据性别和民族进行区分；从七十年代后半期开始，本部分的研究以"人性的规定性"为其顶点，因此，第二部分开始是个人，那些在面相学上被识别的个人，然后分配给两个性别之中的一个或多个国家之中的一个。康德（S90）已经在 1764 年《关于美感与崇高感的考察》中使用这种布局来构建了。在第一章中，基本原则是"论崇高感和美感的不同对象"（II 207－210），然后是有关"论人身上崇高和美的品性"的研究（II 211－227）。"论两性相对关系中美与崇高的区别"（II 228－243）和"就其建立在不同的崇高感和美感之上论各民族特性"（II 243－256），也就是：人—两性—民族。在 1764 年的书中，个人气质还涉及四种气质的区分（II218－224）。康德（Kant）通过这段话（或对天性的东西的规定性）开始了人类学讲座的第二部分，并根据《关于美感与崇高感的考察》结果中概述的基础上展开了以下内容。

在最早的讲稿中，第二部分讲座的划分尚未明确标出，但可以从七十年代中期开始发现。在弗里德兰德版的《人类学》第二部分开始处提出："在我们根据人类的心理能力和性格在大体上认识了人类之后，我们现在必须以一种特殊的方式寻求运用人类的知识并加以利用。"①因此,这两个部分应当通过"一般"—"特殊"和"理论"—"应用"加以区分。有时需要从基础辩证逻辑到方法论的区分来寻求帮助(康德试图使这一分类在两次新的综述中有所成果,那就可能不在八十年代末之前)。1798年,《实用人类学》将其划分为"人类学的教学法,以这种方式去认识人的内在和外在"和"人类学特性,以这种方式从外在去认识人的内在",这是完全不同的(S91)观点。如果我没看错的话,康德没有成功地确定新作品的逻辑关系,因此在书中关于如何反对教学法和相互之间对抗的特性摇摆不定,从而缺乏说服力。那副标题与真正的论述有何关系?

有代表性的是,罗斯托克(Rostocker)手稿仍在尝试划分(VII 399),对于第一部分,"人类学特性"添加了"人是什么"(可能是副标题)问题,在第二部分中,"人类学特性"指出:"如何认识每个人的特殊性?"(VI 410)

如果人们看一下1798年版本中的两个部分,基本区别如下:第一部分,被称为人类的能力,关于人的全体如何区分——所有人的认识、感觉和希望(等等);第二部分,列出了某些特定的特性,在大多数情况下,这些特性都可以分为几类,每个人都有一定的天生气质,某一特定的思维方式以及归属于某一民族的男性和女性的面相(等等)。第二部分的标题的安排使得在其中发生了两个运动:我们人的特性从物质到道德的转变,我们从特定的关系到更广泛的关系,并最终从个人通过人类和民族达到人类学的所有,人类整体。如上文所提及的,这是道德人类学的两个联结点:

在介绍性段落之后,人的性格表现就分解为天性、气质和特性——"前两种禀赋表明可以使人成为什么;后一种(道德的)禀赋表明他准备让自己成为什么"。(VII 285)这里有一个批判道德哲学所要求的道德人类学的(S92)对比。后来的版本的二分中,正如它的标题一样,与最高利益观念中的最高善的理念的思想有关。"人类学教学论"的最后两个标题是"论最高的、自然的善"和"论最高的、道德的—自然的善"(VII 276和277),"人类学特性"在其最后一章中确定了人类在持久存在中朝着道德上更好的方向发展的规定性,并实现了一个理念"不断进步地把地球公民组织并且组织作为一个世界主义地结合起来的体系的类"(VII 333)。正是这一思想最终形成1797年《道德形而上学》中的"法律学说",这一思想"通过逐渐的改革,按照确定的原理得到实验和贯彻"以及"不断的接近中把人引向最高的政治上的善,引向永久和平"(VI 355)。这种最高善的学说并没有改变人类学的其他方面,而是创造了新的统一。

---

① Anthropologie-Friedlander(Ms.400) 506 – 507.

我从这些以大纲为导向的考虑转向一些教学片段,这些东西迄今尚未出版的讲稿尤其有用:(a)康德关于无意识的思想;(b)身体与灵魂的关系;(c)自然与文化目的性禀赋。

三、

(a)其发展中没有任何一个阶段同在七十年代初期那样,显示出康德对无意识的澄清感兴趣,其共同点是鲍姆加滕的内心想法的学说。它遵循暗淡(obscurumum)、明晰(clarum)、混淆(confusum)、清楚(distinctum)四个概念的传统。康德的理论或更好的观点是:无意识的灵魂的区域本质上比有意识的区域广泛得多(S93),"我们所有认知能力的内心行为构成了灵魂状态的最大部分"。① 无意识和有意识的部分是同构的,因此,康德谈到了灵魂大地图,其中大部分都在深暗中;意识本身无非是无意识的显明:"如此,在情绪里就和在盒子里一样。"②在无意识的精神区域,不是如地图的图像所示的那样仅存放了表象,而是说在无意识中知性是在活动的,无意识的知性活动和映射就几乎备好了所有意识的知识。"在我们没有意识之中就产生了最细微的考察,在深暗的想法中知性是最有效的,所有明晰的想法大多数是漫长的内心映射的结果。"③康德可能和利希滕贝格(Lichtenberg)都认为:"不是我在思考,而是无意识在思考。"④当然,不是说无意识以一种连续不断的形式在思考,无意识连续不断并一直保持如此,而是说无意识活动无法脱离启蒙和意识:从无意识思维可以在任何时候且应当在某个特定的维度成为我思。

意识的无意识活动可能会成为思考和行动的障碍因素,也可能具有积极的指导作用。正如康德所说,无意识的活动与我们在游戏之中,我们注意到:"人通常是内心想法的游戏。"⑤但反过来也可以:我们与无意识映射进行一种意识游戏,例如,在对自然事实的高明暗喻中,在社会中将其直接看作主题的是禁忌。

无意识的意识导致无意识被削弱,当我们看透我们所进行的内心映射游戏时,这种游戏就大多停止了。在此,苏尔茨(Sulzer)的教父——在 1759 年的《一个心理学悖论句的解释》中写道(S94):"当时我注意到,一个想法使用我们的气力越少,就越清楚地展现给我

---

① Anthropologie-Philippi 6v,"无意识"一词在这里没有出现,这个词确实与所说的内容相对应,在之后的鲍尔版《人类学:6》中被称为"思想的无意识反映"。

② Anthropologie-Friedlander(Ms 399)43.

③ Anthropologie-Philippi 6v.

④ Vgl. Kritik der reinen Vemun/t. A 344.

⑤ Anthropologie-Mrongovius llv.

们自己。"①——意识之光削弱了无意识的力量。"如此我们就知道,激情仅源于混乱的想法,当人可以从事物中激发,清楚地去想象的时候,就没有将其削弱的手段了。"②

康德认为,无意识的全面映射一方面由判断行为和推论行为构成,另一方面可以使自己以一种感觉的形式出现,然后被错误地认为仅仅是感觉。例如,在道德情感的情况下。"但如果一个人的感觉中这么多东西不过是内心映射,那么哲学家面前就有一个广阔的领域可以探讨,以发展这些内心映射。似乎为了快速摧毁世俗智慧而将内心映射称之为感受,以便以一种很好的方式去摆脱他们的困难展开。"③"如果有不应的善举发生,但如果我们跟进,就会发现它源于一系列反思。"④这既适用于道德,也适用于美学:"我们习惯于对感受持有内心的想法。因此,我们相信一首诗的美,会感到一个玩笑的有趣,这里显然反思的,而与感受没有相似之处……在美、和谐和其他理念性的对象中,以及在丑陋、荒谬、不合适等那里同样也几乎不可能是感受的东西。"⑤

这很好地显示出了康德和大卫·休谟的不同方向,休谟说的恰恰相反:理性主义者错误地将特别是道德的感觉和感受视为思虑和思想:"当这些热情中的任何一种平静时,都不会引起灵魂的混乱,他们很容易决定理性,因此应该从同一个体系进行,从中裁决真理与谬误。"⑥寻求司法(Quis judicabit)?(利希滕贝格在1793年10月7日致歌德的信中反对感觉论赞成推论:"……因为在我们所有基于面部感觉的判断中,判断和感觉都以某种方式共同发展,以致在某些年代我们几乎不可能再次将它们分开;我们相信每个人片刻去感觉的东西,本质上是我们单纯推论。"⑦)

在这里,更详细的阐明必须要做不同的事情:先行勾勒出大脑无意识活动的史前史。由此可见,康德的思想绝不是革命性的,而是被诸如雷马鲁斯(Reimarus)和苏尔茨等作者尽可能好地研究过了。他本人已在《将负值概念引入世俗生活的尝试》中说过:"然而,在我们灵魂的深处,隐藏着多少值得惊赞的活动,我们在实施的过程中没有注意到它们,那是因为精神有很多活动,但是每一个个人的活动都是很难表象清楚的。"(II 191, vgl. 199)在莱布尼茨那里,有一个只有意识的无意识灵魂区域,能够进行理性的活动,但是莱

---

① Sulzer, 1800, I 113.

② Sulzer, 1800, I 114; vgl. Anthropologie-Philippi 21r.

③ Anthropologie-Philippi 8r-8y.

④ Anthropologie-Philippi 8v Marginalie.

⑤ Anthropologie-Philippi 8r.

⑥ Hume, 1896, 417; vg., 470.

⑦ Lichtenberg, 1909, 91, Auf diesen Passus macht Gombrich, 1984, 30, aufmerksam.

布尼茨从无意识中消除了任何反思的可能性:"此外,我们之中有无数种感知,但没有知觉,也没有反思……(D'ailleurs il y a a tout moment une infinite deperceptions en nous,mais sans apperception et sans reflexion …)"①——必须探讨在康德理论中无意识的继续实存。我只想指出以下几点:在某种人类知识中带来一场革命(这是唯一可能的)的好想法是思想家的一件大事。但这不是狄纳·兰佩(Diener Lampe)可以承担的,而是基于漫长的无意识的知性活动研究,突然一下子就在康德本人那里显露了出来。但是总体而言,康德对无意识理论的更详细说明不感兴趣,因此没有单独的研究专门针对它(S96)。在《未来形而上学的开端》中,如此称谓的心理学就没有机会成为科学,与之相对应的无意识也没有被考虑在内。

(b)心理过程的基础大多是以不甚清楚方式的生理过程形成的。我们从上面可以看到,康德最迟于1773年秋天脱离恩斯特·普拉特纳(Ernst Platner)意义上的医学人类学规划,但这并不意味着他对更广泛的学科间交流不感兴趣。因此他知道:神经是通过某种感知"从中得到他的理解"②。"感觉表达了在我们体内正在发生的变化……"③"我们只有通过神经的帮助才能感觉,只要神经被触碰或触电,我们的整个神经系统似乎就会强制运动。"④"每个不同的感觉都需要大脑的特殊组织。"⑤"统治人的倾向和复杂性的东西,似乎更多来自人的固定部位而不是流动的部位。"⑥"我们的灵魂永远不会孤单地思考,但在身体的精细运动中,两者之间总有一种和谐,头脑的所有动作在身体中都会产生和谐运动,并且正如灵魂所认为的那样,它与身体一起运动。思想使神经纤维运动,或大脑的继续运动,并产生行为。"⑦思想与身体相互作用的精确的理论解释了笑⑧,在《判断力批判》中表明了这个想法(V332-335)。

"天意如此安排这些器官的理念和作用,从中(S97)产生了吸引力的一切。"⑨在此,各种类型的粗糙的意见得以阐明:"但是,人的身体不需要这种运动,悲剧不满于此。"⑩在音乐会和剧院中,不是心灵主导,而是躯体统治,听众和观众都喜爱沉迷于精神幻想。

---

① Leibniz, 1882, 46.

② Anthropologie-Friedlander(Ms 400)84.

③ Anthropologie-Brauer 19.

④ Anthropologie-Brauer 22.

⑤ Anthropologie-Brauer 4.

⑥ Anthropologie-Philippi 83.

⑦ Anthropologie-Brauer 82.

⑧ U. a. Anthropologie-Brauer 122 ff.

⑨ Anthropologie-Philippi 68r Marginalie.

⑩ Anthropologie-Friedlander(Ms. 400)329.

（c）规定整个人类学的规定性想法是普适的目的论。从康德的著作中我们知道，人的理性不禁会认为自然在整体和在个别那里都是善—自然和普遍的善（Natura et bonum convertuntur），人们可以使用康德的格言，在此基础上我们必须这样看待自然："我们可以将其作为基本原则予以接受：自然界中的一切都是善的，因为自然本身就是参照点，可以根据其判断一切善与恶。根据这个原则，我们也可以去寻找自然的目的，什么是善。"①这意味着，即使知性喘不过气也无法发现任何善的东西，持续的思虑最终也仍会落在那些善的东西上。如此一来，在目的论的尖锐或模糊的目光下的所有反对意见最终都会变得善的了——虱子和梦想，恶和愚蠢：康德坚持遵循西方人的老规矩，使人类学成为最后的著作。现在，自然不仅存在于自己的继承的领域，而且还存在于离我们越来越远的领域：文化和历史。两者都是自然事件，通过文化和历史，他们想要创造人类作为其自身行为的产物，而通过卢梭—康德综合方法——发现了关于人类自然的阿基米德点，从中现代社会对此进行了权衡和思考。如果很容易发现，康德的分析方法可以使现状被假定为自然所希望的，并且以这样一种方式（S98）：或者作为产生善必不可少的手段，或者可能已经被认为是自然的和善的。后者，例如，女性被认为是自然的和善的。在柯尼斯堡（Konigsberg），没有神话般的神灵、没有圣人、没有算命先生、没有勇士、女性被大学和政府机构所禁止；在柯尼斯堡，女性大多只是一个东西：贵族的、中产阶级的或农民家庭的主妇。康德认为，这只是自然的意图，自然本身想要的，即女性是主妇而不是任何其他的东西。女性因而本性是未成年的，不仅在道德而且在法律上，不是暂时的，而是永远的；康德一生都坚持这种观点。夏特莱夫人以学者的身份出现，人们可以且必须将她严肃地置于博学的领域中（如康德本人那样），那她在人类学类别中被列入病态，"简直就可以再长出一茬胡须来了；因为一茬胡须也许可以更清楚地表现出她们所追求的深邃的神态"。（Ⅱ 229‑230）本性有心理上的差异（这里有感觉，那里有理性），以及由此导致的性别等级划分，正如社会上可以看到的那样［康德的胡须对应于当代的格言"凯瑟琳大帝"或伏尔泰所钦佩"那个名叫卡塔琳娜（Katharina）的伟人"②］。"康德话语中女性地位是确定的，性别差异被二分，美与崇高、感性和理性、被动和主动的等级规定性的地位二分是构成康德哲学核心的要素，但并未按照其模式产生性别观点：即使在启蒙运动初期（代替卢梭），康德也可能发展出

---

① XV794, Refl. 1502. In der Kritik der reinen Vernunft heiSt es： nAlles, was die Natur selbst anordnet, ist zu irgendeiner Absicht gut（A 743）.
② Zitiert nach Neumann‑Hoditz, 1988, 102.

强有力的平等主义观念,使妇女在当代的地位暂时将被视为本性成熟和独立的国度(S99)。"①

还有一个奇怪的想法:康德通常把小说放到不自由的自由(Libri non grati)之列——读者变得软弱,习惯于误解,等等。如何能拯救小说,使它在文化现象中无可避免地成为好的东西?康德的巧妙解决方案是:"将人置于虚构世界中的小说是完全不合适的,但它们可能以各种方式触动人的神经。"②或者说真正有价值的问题:"为何诗人们大多是穷人?"与康德相反,我们在这个问题上往往联系上经济学和社会学,根据相对较晚的布索尔特版的讲稿的说法:"大体的原因在于……因为最终,人类(即诗人,作者注)一片混乱而且滥用自己的力量。他不需要想象力来支持思想,而是头脑来支持想象力。因此,诗人是如此贫穷……"③

顺便说一句,终结主义的普遍原则并不是专门针对基督教的。基督教几乎不会以肉体的形式出现在读者面前传播并解释的,而是以传教士的形式存在。举例来说,在他的讲话中,会在听者那里引起奇特的同情。康德一方面曾跟随他的时代的目的论倾向,另一方面他执着于西塞罗(Cicero)和斯多葛(Stoa),人类不仅必须接受因果关系,还必须接受自然的最终结构,这是与伊壁鸠鲁学派相对的斯多葛学派的立场。

自古代以来,喜剧而不是悲剧才是市民生活的一种真实表达形式;康德人类学(S100)接受了这种古老的,又是喜剧的巴尔扎克式的动机的人。在一次讲座课文中,这几乎从字面上解释了另一种道德学家塞内卡(Seneca)的话:"您永远不必认为生活很重要,并将欢乐和悲伤当作孩子的游戏,所以德谟克利特对它的影响要比赫拉克利特更好。"④康德的"人的形象"比歌德所希望的更苛刻、更粗糙、更自然,充满了清醒的思想,有时甚至是狭隘的思想,同时具有务实的智慧和世界主义的智慧。

---

① 康德仅向男性听众展示如何交往女性的例子:"在家里,女性不应该自由;因为一个人必须意识到其他人的意志。因此,如果男人是家里的主人,他仍然可以使女人相信自己是自由的。这个男人喜欢做任何事情。但是,他让她重新考虑这件事的难度,因此最终她除了自己想要的东西外什么都没有选择,否则他放弃了房子的喜悦和所有的快乐。因此,女人必须始终对自由有充分的看法。某些女人想活在所有娱乐活动中,所以男人必须表现得好像自己想被人们注意到一样,这样,无论她们认为自己是自由的女人,她们都将始终跟随他们"(Anthropologie. Leningrad 272)。康德于 1988 年在雅赫(Jauch)撰写的《性别差异》一书中对此进行了修正。

② Anthropologie-Brawer 17.

③ Anthropologie Busolt 49 – 50.

④ Anthropologie-Mrongovius 84v. Vgl. Seneca, De tranquillitate animi Xv 2:"In hoc itaque flectendi sumus, ut omnia volgi vita non invisa nobis sed ridicula videatur et Democritum potius imitemur quam Heraclitum. Hic enim, quotiens in publicum processerat, flebat, ille ridebat, huic omnia quae agimus miseriae, illi ineptiae videbantur. Elevanda ergo omnia et facili animo ferenda: humanus est deridere vitam quam deplorare."

（四）、

"自我是自我显现的否定性,是自为存在。这种否定性是对自身的否定,否定性在与自身的关系之中。由此是对自身的排斥,由此设定了作为否定的联系,由此也就是一个他者"——我们在黑格尔那里看到,自我的规定性作为否定的否定,同时是从本真的人类学到精神现象学的跨越①。

因此,接下来不去研究主观精神理论和黑格尔的人类学,在其中,黑格尔将1816年②以来的人类学本土化,并从其内部对问题和结构进行了解释。这些解释也恰好出现在本书中,并且有着不同的贡献。接下来几页的任务仅限于康德人类学和黑格尔人类学在一些小的差异和相同的地方的对抗。我以1827/1828的讲座讲稿为基础,讲稿有如下开端(S101):

"我们的对象是精神哲学或人类学和心理学。人类学自身就是将精神视为在其中的自然生活,因为它仍然沉浸在自然中,并表现为与精神冲突并与身体有联系。"(E1)人类学在绝对精神的自我确定性的最低层次上,在其属于尚未反思状态中,以空间性与时间性的相互关系(基于《纯粹理性批判》的图示:在"感性"中)对待灵魂。人类学表明,思想在自然的外在性中退化为"理念最不真的实存"③。——黑格尔抵制了将经验心理学作为一种替代人类学的选择(最具哲学性的仍然是亚里士多德的《论灵魂》),但并没有提及康德的名字。实用人类学研究人,以期能够明智地将其用于自己的目的。黑格尔始于物理性的行星方位,在以"自然灵魂"为体系标题下逐出人的精神;接下来是做梦的灵魂,"感觉灵魂与其自身的差异";再者,"灵魂完全服从肉体的习惯,被理念取代"④,也就是自然第二性,这与自然第一性相反。黑格尔的人类学被整合到一个哲学体系中,它在基本组成部分中并在一种私人语言中将这种体系绞合起来,目标是在现实和概念的整体中把握现实性的概念。

而康德的计划则不同,在提出经验心理学的第一个概念之后,紧随其后不间断的实用人类学课程便随之而来。这是康德有史以来最有成效的讲座,而讲座成功的原因在于目标明确的计划。在人与物流通速度越来越快的资产阶级世界中,人们对信息系统的兴趣

① E 120.
② Vgl. den Beitrag von Udo Rameil in diesem Band.
③ E 14.
④ E 20－21.

不断增长,而基于我们的信息体系的想法的匮乏,康德式的课程(S102)传达了在未知和已知情况下成功地处理人类的基本知识。康德的人类学回应了柯尼斯堡的学生和公民愿望,人类学的讲稿至今仍是畅销书。相反,黑格尔的人类学关注的是体系中主观精神领域的实现。

不同目标的结果是两种人类学的具体含义不同。在康德讲座中包括了个人经验自身:再次担心的期待在街道上令人恼火的喊叫;自动的中继器时钟和城市时钟的敲击声;"从切塞米森那……人们向我保证……"①通过传记也确认了这种无法顾及学生外套上纽扣缺失的困难。一种联想法的解释是:"如此,当谈到英国的马匹时,它能谈论到在美国的英格兰的政府和战争。"②这种类型的暗示可以用来获得约会线索。这种传记具有个人风格同时也兼具时代品味:"……茅草屋顶下的房子,灵活地摆放着高雅而舒适的房间,这激发了想象力,人们喜欢待在那里,因为它增强了感官。——与之相应,一位衣着光鲜的贫穷并且傲慢女人,身着闪亮却不甚干净的衣服——或像过去在波兰大亨那里,装饰豪华的桌子和许多仆人,自己却穿着麻鞋……"③以及同时代的学者心态表明:"哈雷的一位教授在写作。屋子里生了火。他们向他跑来,但他很生气地回答:我不是告诉你了吗? 这是属于我妻子的事儿。"④在哲学的严格意义上来说,此类考察方式无甚助益,此类考察也不在黑格尔人类学之中(S103)。

除了学术文献,黑格尔几乎没有让其渗透到他的观念发展中,即使他说:"当费希特的儿子第一次说自我的时候,他举办了丰盛的宴席。"⑤因此,这种具体生活的萌芽实际上是由于费希特面对自我—儿子时的好意行为,但没有出版成哲学,这种具体生活的萌芽就什么也不是。

康德的实用人类学与他的其他哲学讲座和作品呈现出多种关系。但是,在《纯粹理性批判》发表后,他可能从未想到过,他不得不根据范畴系统来理解内在意义和上层意义。根据《自然科学的形而上学基础》的模式,先验逻辑的相互渗透不会发生。相反,在黑格尔的人类学中,不存在我们在康德那里看到的支配问题。这是概念在支配,而不是人们对事物的不同考察决定进入这个学科领域(这导致马克思得出这样的格言,即黑格尔做的是事物的逻辑而不是逻辑的事物)。黑格尔的概念占据了材料,而康德设计了方向和标记,并要求读者继续

---

① Anthropologie-Parow 332.
② Anthropologie-Friedlander(Ms. 400) , 146 – 147.
③ Starke. 1976. II 84.
④ Anthropologie-Mrongrovius 57.
⑤ E 142.

将此事作为持续性工作:"一种系统地构想,但毕竟通俗地(通过联系让每个读者都能够就此找到例子)在实用方面安排的人类学,给读者们带来的好处是:能够把观察到的、具有实践效果的这种或者那种人类特性置于其下的诸标题,其完备性借此给予读者如此之多的推动和要求,让他们把每一种特性都当作一个专题,以便把他置于属于它的专业之中;由此人类学中的种种工作就自动地分配到这种研究的爱好者中间,并通过计划的统一性而最终联合成为一个整体(S104);这样就促进和加快了公益科学的成长。"(VII 121 - 122)

有两个概念,仅在上个世纪才取得成果,但也适用于较早的现象学:康德发展了一个开放的人类学,黑格尔则是封闭人类学。在一个灵活的系统中,这里的经验是可修改的,在精神明显缺席的情况下,也许人类学的这种对比可以与理论和实践哲学中的类似现象相提并论:当年轻的康德思考全世界的力量并设想一个普遍理论和自然历史时,黑格尔则将自己限制在行星体系上,并在他的大学授课资格论文的论证中证明了只能有九个行星。当康德提到了整个地球表面上作为一个法的共同体人类的法或权利时,黑格尔的法律观念在国家中到达了顶峰;国家联合成为一个边缘问题。当康德的哲学以渐进式知识的方式以及人类道德和法律进步的前景大力关注未来时,黑格尔则对未来无任何看法——绝对精神在时间中实现了的时候,密涅瓦的猫头鹰在黄昏起飞。

但是,康德和黑格尔之间也有相似之处,现代人类学家中最引人注目的是启蒙这个标志词,即人类自由。菲利皮承认该句已成为一个单独的条目:"自由是人类的真正威严。"①实用的态度将作品置于审慎的理念、有限的道德行为和特定的道德目的之下。这使得人类学考察的顶峰同时(在后期的版本)在至善的理念之中。黑格尔始终注视着自由之中精神的基本本质:"要尊重精神其高于自然,但是这种观点要求将观念视为自然本身的真理,并将这种精神自由视为一体,认作单一的东西,真正的事实是……"②如果一个人不想以可悲的方式结束报告,那么就不得不在这里宣布自由。

Observations on Anthropology in Kant(and Hegel)

Reinhard Brandt

【**Abstract**】 Anthropology is pragmatic and serves the moral knowledge of man because it is necessary to

---

① Anthropologie. Philippi 11v.

② E 9.

give the movement a moral basis and without it the moral would be scholastic and not applicable to the world and not pleasant for it. Goes back to Kant's lecture of 1772—1773 and books in 1798, they are all deal with pragmatic anthropology, mentioned and complemented the original concept of anthropology. He temporarily presented the anthropology lecture as the postulated counterpart of pure practical philosophy. What is the purpose of the Kantian anthropology handed down to us if it does not serve as a moral anthropology? And to interpret Hegelian anthropology and thus the theory of the subjective mind, within which Hegel localized anthropology from 1816, with regard to its internal structures and problems, the confrontation between Kantian and Hegelian anthropology with regard to a few differences and identities.

【Keywords】 Kant, Hegel, Anthropology

响应伦理学：在回应与责任之间①②

[德]伯恩哈德·瓦登菲斯③(著)

刘　畅④(译)

朱锦良⑤(校)

【摘要】 响应伦理学不同于一切纯以共同目的、普遍规范和功利计算为导向的交往伦理学类别。对某人所行之事的责任与对他者的呼召和声言之回应的截然区分构成了响应伦理学的基础。响应的逻辑包含有如时态延迟性、不可回避性、礼物以及发轫于别处的自由等诸多方面。"对……负有责任"与"对……进行回应"两者在一个以惯习和规则进行调停的第三方那里相遇，然而他人的超乎常规的诉求却并不能被纳入到这一机制当中。响应伦理学为社会性中的非社会元素进行辩护。

【关键词】 响应伦理学，交往伦理学，责任

一、响应伦理学与交往伦理学

从古至今，伦理学都围绕着这样一个问题：我们应当如何生活与行动？这一问题可以从不同的角度来回答：从目的与价值出发，从法则与规范出发，从对话的有效诉求出发，或者是从有用的后果出发。与之相应，我们可以区分目的伦理学、价值伦理学、道德法则、对话伦理学和功利主义伦理学。如下这些大名鼎鼎的人分别与它们相关：亚里士多德、伊曼努尔·康德、于尔根·哈贝马斯、约翰·斯图亚特·密尔。我所构想的响应伦理学并不能替代如上那些伦理学，但它会强调不同的方面和要点。音调用于制作音乐，而响应伦理学也是用于制作"伦理学"的一种音调。

---

① 本文译自 Bernhard Waldenfels (2010). "Responsive Ethik zwischen Antwort und Verantwortung". Deutsche Zeitschrift für Philosophie 58，71 – 81。

② 本译文为国家社科基金青年项目"诠释学视域下的实践智慧思想研究"(项目编号：19CZX041)的成果之一。本译文在修订过程中得到王宏健博士的修改意见，特此感谢。

③ 作者简介：[德]伯恩哈德·瓦登菲斯(Bernhard Waldenfels)，当代现象学家，曾任教于慕尼黑大学和波鸿鲁尔大学，著有《现象学在法国》《异己现象学的根本动机》等著作。

④ 译者简介：刘畅，南京大学哲学系博士后，主要研究领域为现象学。

⑤ 校者简介：朱锦良，维也纳大学哲学系博士研究生，主要研究领域为海德格尔哲学。

这种新的音调叫作回应(Antwort),也即对异己诉求(fremder Anspruch)的回应。回应并不只作为狭义的言语回应来理解,它在广义上包括那些亲力亲为的回应,它们延伸到所有的经验的"音区"之下。就如管风琴有繁多的音区,回应也具有多样的"音区"①。感官和欲求的表达同样是回应的音区,亦如我们的回忆、期待、行动、手艺,连同那些仪式上的和技术上的手段。人们不仅可以用词语进行回应,也可以通过沉默;就如谚语所说,没有回应亦是一种回应。人们可以通过眼神和手势回应,就如通过行动和谋划来回应,人们能够感受到它们的效果。当我们为在我们的城市里游荡的陌生人提供信息时,当我们对法官、医生和检查者的问题进行回答时,或者当外国人向警察出示证件时,我们都在实行一种回应,但回应本身比我们所完成的上述任何特殊行为都要意味深长得多。类似于感官的朝向、目标的追随和规则的奉行一样,回应是烙印在我们与世界、与自身和与他人的整体相处之中的一个基本特征。我将这一基本特征命名为响应(Responsivität)。在多数情况下,这一基本特征都悄无声息地藏身于幕后。当我们问一名棋手他刚刚做了什么,他也许会如此说:"我要干掉对方的皇后。"而只有在特殊的情境下他才会说:"我遵守一条规则。"当我们问一名正在买单的消费者他正在做什么时,只在极罕有的情况下他才会说:"我在进行一项交换行为。"就回应而言,类似的情况比比皆是;通过特定的言说和行为,我们进行回应。只有在极少数情况下,我们才把言谈和行为自身看作回应。

然而,回应专门以发轫于别处的方式来标明自身。在我们设定目标和遵守一般性规范之前,就在某事或某人激发、引诱、威胁、挑战或招呼我们时,回应已发端了。当然,这里会有一些日常的情形,我们根据一种"回应套路"(Antwortrepertoire)来对之进行回应。我们拥有回应的"套路",正如有经验的演员具有表演的"词汇表"。当然,也存在例外的情况,例如,当我们如维特根斯坦所言,陷入并不"熟悉"的处境中时,或者说我们陷入那些通行的规则和谋划不再适用的处境时。在此存在一个疑问,一个处境是否总是如此的寻常,以致一切惊奇之物都从中被根除了。只有当我们的行为举止近乎技术操作的演练以及处境被还原到需要进一步加工的数据上时,上述情形才是真实的。就算没有这一约束条件,我们也会陷入如同事故一般的处境。"9·11"的飞机恐袭就是这样的事件。此种在轰动性的事件中完全映入眼帘的异己性(Fremdheit),于平日里也会以隐没的方式广泛地发挥作用,比如,通过陌生的目光或语词。不论我们是否乐于接受,我们都会遭遇这两者。我们此时行走在这样一块区域,它处在强迫与自由、善与恶的此岸。异端

---

① 奠基性的文本请参见 B. Waldenfels. Antwortregister, Frankfurt/M. 1994;至于作为背景的他者现象学,请参见拙著 Grundmotive einer Phänomenologie des Fremden, Frankfurt/M. 2006。

（Heteron）总是会闯入进来，在每一种感性学、每一种逻各斯、每一项实践和每一种治理那里烙上异质感性学、异质逻各斯、异质实践和他治的纹理。这同时意味着，逻各斯发源于一种激情（Pathos），它那令人惊异而恐慌的作用并不如人作为"占有"逻各斯的生物①那般为我们所掌控。以上这些动机引导的响应伦理学既不制定新的规则，也不宣告新的目的。这种响应伦理学肇始于一个素朴但又根本的问题：当我们这样或那样言说和行动时，我们与什么相遇？我们对什么进行回应？与之相关的既可以是使我惊奇、侵袭着我的某个东西，也可以是伴随着请求、疑问、威胁或者允诺转向我的某人。

此时此地的以及总是可以重新出现的异己诉求是响应伦理学的出发点。就此而言，它要比立足于共同意图和普遍性规范之上的交往伦理学或理性道德更为深刻。响应伦理学回溯到了先于意图的（präfinal）和先于规范的（pränormativ）经验。惊异与厄洛斯（Eros）具有亲缘性（《菲德若篇》，249 c－d），柏拉图的哲学以及哲学对话以惊异起头（《泰阿泰德篇》，155d），而异己的诉求也扮演了与惊异相类似的激发性角色。在此需要注意，惊异展示了一种作为共同触发、共同相关和感性共通感而出现的激情，但惊异自身对于逻辑共通感而言是不可及的。人们可以理解惊异，但并不处身于惊异。在此就区分出了那种冲向人们的惊异和人对之有所选择的笛卡尔式怀疑。此时以类似的方式，也可把我所听取的异己诉求与那种寓于每个人的主张当中的普遍有效性诉求区别开。异己的诉求一出现，就中止了事情的正常进程；它把我们从我们的惯习中搜出来并抛入疑问之中。在此就不由得产生了这样一个疑问：那些对于交往和共同生活不可或缺的约束性力量及义务从何而来？它们是否来源于自然？这是一个充满疑问的解决办法，因为自然中所有的一切都可以强行归为敌对、奴役、歧视女性和对种族的吹捧和贬低。自然就如白纸一般默默承受。那么，约束性的力量和义务是否又来源于契约？可只有当人们把契约当作已完成的事实（fait accompli）来看待的时候，人们才能如此主张。如我们在霍布斯和休谟那里能够读到的，现实中的每一条契约都以尚未兑现的承诺为基础，这种承诺使得契约的每一次完成都承担了滞后的负担；承诺在此就与有待研究的时间错位有关。人们可以计算风险或者预先确信，但这都不会改变这一实情，即契约并不能自我担保。我给，好让你给（Do ut des）；可我何以确信，你会给？非道德的声音向道德预先指出了道德自身的弱

---

① 海德格尔已经质疑过这一古老的亚里士多德主义命题；然而，我对如下的颠倒亦持有疑问：不是人"占有"逻各斯，而是逻各斯"占有"人。

点和非道德,这种非道德的声音指明了我称之为"道德盲点"的东西①。人们依赖于目的、价值、规范和利益计算,而道德却不能在它们中找到必要的立足点。好的东西为何是好的? 我为何应当听从法律的声音? 我的纯个人兴趣应当追随何者? 在系统理论的形式语言中,上述疑难就转化为这一命题:区分好坏自身并非是好的。如果道德并不供认它自己的无根性(Abgründe),或者它被迫从自然、社会、历史和文化②当中寻找它的外在立足点,道德就转变为一种类道德的信仰。若以现象学的方式进行表述,则此处需要的是一种伦理学悬搁。伦理学悬搁离弃了理所当然之道德的地基,而不必遁入一个属于纯道德或纯道德共同体的世界③。在此需要的是目光与言谈的陌异化,这种陌异化使得道德的谱系学得以可能。在此极富助益的是文学上的支持。陀思妥耶夫斯基的拉斯柯尔尼科夫,梅尔维尔的巴特比,福楼拜的包法利夫人或者卡夫卡的 K 先生等文学形象能使我们避免简化为一种单纯的道德手册或常识性道德。

以上这些思索开辟出了一条路径,它使得我们能跟随尼采的建议去游历"可怖、偏僻又隐蔽的道德地域"。此处,我们的讨论限制在三个步骤上:责任的传统角色、作为责任的对应面的回应以及对责任与回应之间的联结线的寻找。其背景则是这样一个问题,如果公共性和社会性并不拒绝异己性,而是使之发挥作用的话,公共性和社会性会变得怎么样?

二、为某事向某人的责任

责任的概念出自法律的领域,可它也具有神学上的弦外之音。在德国,责任的概念最早可追溯到公元 15 世纪;在 18 世纪它作为 responsibility 和 responsabilité 出现。最早在希腊,它对应于对话上的 logon didonai,它在德语中可以被很好地转述为"进行辩与答"(Rede und Antwort stehen)。逻各斯的"给予"与"接受"是对话的居间发生(Zwischengeschehen),但这种居间发生在指向唯一的逻各斯的过程中,倾向于把自己限制到一种与分派角色进行的独语(Monolog)之中。对于源自对话的经典责任观念有两个指导性的动因。其一为对合理解释的索求和提呈,它们以理由为支撑(论证,argumentatio);

---

① 在此,我援引的是我在瑞士的锡尔斯玛利亚(Sils Maria)所作的尼采演讲:B. Waldenfels, Der blinde Fleck der Moral, in: Deutsch-Fransösische Gedankengänge, Frankfurt/M. 2005。

② 我已经标明了这种规避行为并把它重新定向到响应伦理学的轨道中,参见 B. Waldenfels, Schattenrisse der Moral, Frankfurt/M. 2006。

③ 对此请参见 E. Husserl, Erste Philosophie〔1923/24〕, Zweiter Teil, Hua, VIII, Den Haag 1959, 319:在此就需要一种"伦理学悬搁",它延伸到"在普遍的实践领域中,一切与绝对的应当有关的行为以及所有与此相关的东西"。

其二为对行为的归咎和指认(归责,imputatio),我们在法庭实践(也包括道德法庭的实践)当中已对之有所了解。在责任的这种运作过程中,有三个根本性的因素可以被区分出来。

(1) 为某事(für etwas)负有责任,也即对人们随意说出口的、所做的或者疏忽大意地引发的那些东西负有责任。把责任的范围拓展到超出个人自身意向的东西上,这是责任伦理学有别于单纯的意图伦理学的地方①。但无论如何,我们都持留在一种过去的视角下,亚里士多德已经把过去时态归为法庭辩论的类别。审判关乎的是已然成立的诸事实。类似的还有历史学的判断和道德判断。

(2) 向某人(vor jemandem)负有责任。这个"某人"在此可以是被某些人所体现的权威,比如说法院,这个"某人"也可以是匿名性的场域,比如说公共空间、社会以及历史。此时,人们就置入了一种中立性第三者的视角。第三者的原型就是法官,它站立在对立的两股势力间,以双边性的目光进行判断,不再有具体人格的外观。原告、被告和法官的角色在审判过程中严格分离,这种审判过程切不可与平等的双方之间的公开辩论相混淆。如柏拉图的表述所确证的那样,在哲学的争辩中我们不需要法官,毋宁说,在哲学争辩中的每个人都同时是法官和发言人(《理想国》,398b)。可此处仍旧不缺乏第三方权威。逻各斯就是第三者,所有的对话伙伴作为理性的动物都分有了逻各斯。用现代的话讲,第三者的角色是跨主体的(transsubjektiv);只有在起始层面上,也即寻找论据时,第三者的角色才是主体间的(intersubjektiv)。当它关乎命题和决断的效力时,它就不再是主体间的了。

(3) 人对自身负责。如果没有行为者对于归属于他的行为——无论他承认还是否认——的自我负责,那么,被审判的东西就单纯是人们澄清和描述的事实,而不是一个有疑点时需要证成的行为。对于现代的"主体"而言,责任具有特殊的意义。"主体"并不仅仅作为责任的承担者(Träger von Verantwortung)而出现,它还是负责能力的具体化身(Inbegriff der Verantwortlichkeit)。责任能力恰巧就是去判定我们与之打交道的是一个法人或道德人的某种标准。不对任何东西负责任地去有所作为的人,他既不是一个带有自己的公正观念和义务的法人,也不是一个成年的公民。我们需要重视的第三个方面便是执行者(Täter)的方面。

(4) 最后还有一个可能性,也即人为某人(für jemanden)负责。这就是代理人

---

① 马克斯·韦伯的区分长期以来都发挥着影响。某些行为对整个星球的长远影响,比如在气候变化、原材料利用、大规模杀伤性武器的扩散以及证券交易的领域中,逼迫着对责任进行新的划界;对所有的东西负责的人,实际上不对任何东西负责。

(Stellvertreter)的方面。在当前的语境下我们可以略过这一方面,因为它惯常只作为次要的、衍生的责任形式被考察。只有当我们与勒维纳斯一道去呼唤一种原初的代理形式时,代理人的这一方面才开始具有意义;这种原初的代理形式意味着,当我们要在自由的领域中采取某种行动时,我们总是从他者那里出发①。

我们业已刻画了责任的经典形式的基本特征,但这种责任的经典形式还有着亟需修正的明显界限。这个界限可以在我们所区分出的上述全部三个因素那里得以展示。

(1)在行为成为既定事实之后,责任才姗姗来迟。此处、此刻以及在将来必须做什么,滞后的评判对这一问题没有给出答案。人们可以提出意见说,行动自身已经可以被规定为负责的和不负责任的了。可这种在行动中的责任(有别于在行动之后的责任)也不是某种统一的东西。它通常包含对规则的重视、对条件与后果的顾及以及自己和他人行为的配合。同样,如果行动自身没有被理解为响应性的(responsiv),那么那种我们赋予对异己诉求之回应和相应的应变能力的特殊价值就不会映入眼帘。

(2)如果我们把作为评判行动的基础的尺度也考虑进去,则我们又将发现经典责任形式的更多界限。当一个人向另一个人负责时,他或者她必须转向某种既成的秩序,它可以是政治、法律类型的秩序,也可以是道德秩序。如此,我们就必须从这样一个前提出发了,即每一种秩序从一开始就是偶然的②。我们不能依照现代性与后现代性的争论所促发的那样,去把偶然性与任意性相混淆。偶然意味着,行动的秩序如同语言的秩序那般也可以是另一副模样。而这并不意味着,它可以完全是另一副模样。把一个行动归类为偷盗,已经预设了一个确定的私有财产秩序。逃避巨额税务的公民和赔付错误规划的管理者并不被视为骗子和小偷,这是基于我们社会的双重道德手册。类似的情况也发生在把暴力行为归为谋杀或凶杀、自发行为或者恐怖主义行动上。如同霍布斯已然敏锐地指出的那样,行动是被视为(gelten als)偷盗和谋杀的。可如果秩序在总体上或部分上具有界限,这就意味着,实践判断虽然从它那方面来讲是有理由的,但这不是充足理由。只有当我们处身于莱布尼茨所谓的一切世界中最好的那一个世界时,才存在充足理由。

(3)最后,当我们考虑行动者的角色时,我们也会遭遇经典责任形式的局限性。那种不受限的自身负责(Sichverantworten)要求一个主体成为他言行的主宰,也即如康德那著

① 对此请参见 B. Waldenfels, "An Stelle von …", in: K. Busch u. I. Därmann (Hg.), "pathos". Konturen eines kulturwissenschaftlichen Grundbegriffs, Bielefeld 2007。

② 更具体的讨论请参见:B. Waldenfels, Ordnung im Zwielicht, Frankfurt/M. 1987;同样也可参见作者的 Verfremdung der Moderne, Göttingen 2001。

名的自由定义要求的那样,主体得具备这样的能力:"完全从自身出发造就一个状态。"同样当我们承认一个人"不是自己家里的主宰"时,并且承认一个人在最内里包含有异己性时,那么,合理解释的提呈就会在所有算计和归咎中遭遇不可测度之物。即便道德的手册也暴露空档。

这种被我们展示出来的经典观念正承受着一种经由系统压力所加强的侵蚀。罗伯特·穆齐尔在他的《无个性的人》(Mann Ohne Eigenschaften)中已经诊断了一个"没有人之属性的世界……一个没有体验者的体验的世界",就好像"个体责任的友善重力消融在可能意义的公式系统中"①。通过赋予他小说中的主角一种特定的"无可预料性"和"对理由不足的感受"(针对这两者,"逻辑的检察官和安全主管"无力去改变什么②),穆齐尔抑制了一种错误的期待。生活世界愈是趋近于一种由各种子系统构成的集合体(这一集合体只能通过维持系统功能的命令才能被联结和捆绑起来,在其中遍布广为称道的那种联通力),如下问题就变得愈发紧迫:谁向谁为何物负责? 系统理论家不了解如何去着手处理异己性的主题,这并不令人惊奇。当每个人都以他的方式具备异己的特质时,这就根本不再有人是异己的了。在对异化的系统性扬弃中,马克思主义是否要庆祝迟来的胜利?

三、对……进行回应

当我们从回应而非从我们自己的言行出发时,情况就突然转变了。对异己的诉求进行回应,要比为某个行为向第三者负责意味更多。梅尔维尔的小说《巴特比》(Bartleby)中的一个场景对此有所启发。与故事同名的主角是纽约一所显赫的律师事务所的缮写员。在他长期的孤独的工作台上"苍白而机械"地俯身工作后,他突然以一种特别令人惊奇的方式中止了他的服务。针对他的业务主管的要求———一般是协助文书的一些段落的定稿,他以一种"少见的温柔而肯定的腔调"进行了回答,并且是以一种老掉牙的空话进行答复:"我宁愿不。"一个无条件的否定。在我的著作《回应的音区》(Antwortregister)中,我把这个故事解读为一种拒绝回应的情形。

以上这种对话的失败并不发生在通常的意向性层面、交往规则层面和实用状况层面。对话不是因为表述被误解和意义不够明确而失败。它也同样不是因为规则被破坏而失败;完全拒绝履行职责的人并没有违背规章制度,就如通常的罢工者抛下工作准备谈判那样。对话此外还不是因为表述不符合处境的情形而失败。对话的失败作为一种脱离正轨

---

① R. Musil, Der Mann ohne Eigenschaft, Reinbeck bei Hamburg 1978, 150.
② 同上,17, 35, 47。

没有任何与之匹配的情形。对话的失败毋宁说等同于一种自杀,历史由之终结。被转交给一所难民收容所后,巴特比这位曾经的缮写员绝食了。从对话中抽身而出的对交流的拒绝让诠释学家、对话分析家和实用主义者可能的努力遭遇了一堵高墙。对话如今只剩下了对于拒绝的表述,它呈现在否定性语言行为自相矛盾的形式中:"我什么也不说"或"我什么也不做"。说话者说出了他所不做的事,并且他做了他不说的事。尽管言说者实际上卷入了一种被体验到的悖谬中,可语言实用主义者却把这种语言行为作为表面上的自相矛盾搁置一旁了。就算是回撤到沉默中也无法扬弃这个矛盾,因为某人一进入交流的舞台,他的沉默也就意味深长了。就算是只作为黑色的阴影,沉默者也已经参与到对话中了。巴特比的故事向我们揭示的东西已经嵌入到了一个独立的深层维度中。如已经预先说明的那样,我把它称为响应①。

这里所关乎的回应行为分裂为被给予的回答[也即命题内容,作为回答(answer)填补一个空洞]和对回答的给予(响应),它表现为我们着手处理异己的诉求或者想要从中抽身而出。缮写员巴特比的案例已充分表明作为给予(das Geben)的事件要超出被给予的内容之外。礼物可以具有金钱上的交换价值,给予并不如此,这就像被说出的东西会具有述谓的真值,而言说却没有。给予是一个事件,它只在重演性地再给予(Wieder-geben)那保持为鲜活的,就如勒维纳斯所说,言说指向着重演性的重述(Wieder-sagen)。与被掌握的知识类似,被给予的回答可以沉淀、惯习化(sich habitualisieren)或者转化为符号,但对回答的给予并不能如此,它在此时此地发生。

相应于回应行为在响应人这方面的二重化,也会有在发送人诉求方面的二重化。我们要区分开作为对某物之索求(Prätention)和对某人之呼求(Appell)。当我们说我们满足一个请求时,这种表述方式是二义性的。人们可以通过给予被请求的东西来满足一个请求;除非人们把一个请求认定为一种缺乏状态,不然人们就不能满足一个请求。感谢不只是一个单纯的赠予,不只是一个可计算的添加,它处在把礼物与给予以及把给予者与接受者划分开的裂隙中。朱塞陪・翁加雷蒂颇具表现力的双行诗最为突出地表达了这一点:"在一朵栽下的花和赠予人的花之间/有不可言说的空无。"

---

① 在德语里面的同义词只有不常用的回应(Antwortlichkeit);与响应相同的同样还有不常用的俄语词 otvetnost',巴赫汀(Michail Bachtin)在他那具备多样逻辑的文学理论中使用了这一德语词(参见我的补充证明:B. Waldenfels, Vielstimmigkeit der Rede, Frankfurt/M, 1999, 168)。响应作为术语,源自德国的现代医疗学,我是从古德斯泰因(Kurt Goldstein)那借用了这个术语;他在刻画那些能适应环境挑战的有机体的生命表现上系统地使用了响应这一术语(参见 K. Goldenstein, Der Aufbau des Organismus, Den Haag 1934, 265 – 282;更具体的内容参见 B. Waldenfels, Antwortregister, Frankfurt/M. 1994, 457 – 459)。

在诉求和回应的双重事件中体现出了一种自成一格的逻各斯,它与一种特定的伦理(Ethos)结成一对。就如之前一样,有三个因素可在此引入,以说明回应的逻辑如何超出责任逻辑的界限。

(1)第一个因素关乎回应行为的时间性。异己的诉求不可还原到被规范地确保下来的权利,也即那种已然现成的并随时都能申诉的权利。那些影响到我们的促动、注视和称呼,并不出于我们自身,而是走向我们。这种方向上的差异是决定性的。那些影响我们的东西穿过了时空的距离挤到我们身旁。与我们的主动行为相比,它们总是来得太早。相反,与降临到我们身上的东西相较,我们的回应又总是来得太迟。这里并不是说某个包含有后果的因果刺激物先行在我们之前发生。而是说,我们自己先行于我们自身。借用柏拉图在《巴门尼德》(141c-d)中对时间进行分析时的谜一般的表述方式,我们可以说:我既要比我自己年轻,又要比自己年长。这里与我们相关的是一种原始的先行性和同样原始的滞后性,它们使得我们的言与行从未完全征服时间的峰顶。一个从别处开始的回应行为与它所回应的东西,通过一个停顿(Hiatus)而相互分离了。这种真真切切的时间错位,我借用一个古老的词汇来命名:分裂(Diastase)。

也会有一些具有更强感受性的经验,在它们那里,这种错位特别清楚地出现了。比如,由惊人的事件而导致的休克(Schock),笛卡尔说这种休克使我们的身体僵化成一尊雕塑。在现代美学中,休克体验也众所周知地具有特殊的地位,比如说在瓦尔特·本雅明那里。此外,还有那种只以后遗症方式出现的创伤性事件,对此,弗洛伊德已经在他对狼人的分析中指出了,这种创伤性事件具有原始滞后性。针对创伤患者的失语症的斗争在此已归属于治疗惯例。同样需要考虑的是科学的发现和艺术的创造,通过这种发现和创造,科学家和艺术家并不仅仅使他们周遭的世界感到惊异,而是首先使他们自己感到惊奇。在托马斯·库恩笔下的科学史充斥着必须等待被承认的创新。最后还需要考虑的是政治和宗教秩序的创立(Stiftung),它只有通过附加的回忆才转变为某个可以被注明日期的事件。里希滕贝格的名言"它思"①或者福柯的表达"有秩序"都指向了创立事件,它只有在再创立(Nachstiftung)中才能被把握到。每一个节日都不仅仅意味着一种经济上有利可图的寻常活动,它包含着符号性的再创立和重复事件。

(2)第二个因素与回应行为的无可逃避(Unausweichlichkeit)有关。人们倾向于去追问,那些降临在我们身上的、对我们有所诉求的东西,是否由描述性的事实组成抑或是从

---

① 与笛卡尔的"我思"(ich denke)相对立,里希滕贝格提出了无人称的"它思"(es denkt)。——校者注

先于描述的规范中推导出来。答案只能是:非此亦非彼。当我们遭遇到异己的诉求时会自我观察,以发现存在与应当以及个别事实与普遍规范之间的标准划分失效了。一个情境化的诉求,当它化身为对帮助的请求或对正确路线的简单询问走到我们眼前时,它就既不是一种我们可以记录在案的纯事实也不属于某种普遍法则。哲学家宁愿把这些简单的事件推到社会学家和社会历史学家才处理的日常道德那边。但因而他们也为道德带来了培植土。保罗·瓦茨拉瑞克(Paul Watzlawick)的教导之"我们不能不交流"可以被直接转述为"我们不能不回应"。这种双重的"不"指出了一个在实践必然性意义上的"必须"(Müssen)。类似地,有进行交流的情形,也就会有进行响应的情形。我们在诸如"别听我说"这种要求中所设定的双重约束表明了一种内在的强迫,它不可与因果的规定相混淆。这种内在的强迫正如我们习惯去说的那样:"我们觉得有必要。"它绝不可被理解为一种不自由。在普鲁斯特的《问卷》中,濒死的作家贝格特(Bergotte)谈到了"未知的法则,我们臣服于它,因为我们过去接受它的教导,不知道是谁写下了它"。这一后知后觉的洞见的产生并不在于阅览一本道德教材,而是在于一个完全不起眼的主题,就如约翰内斯·维梅尔(Johannes Vermeer)的画作《代尔夫特的远景》(Anblick von Delft)中"一小段黄色墙壁"①。尽管相较于普鲁斯特,勒维纳斯把伦理学与感性的东西更为深刻地区别开,可当他把异己诉求令人烦扰而又令人不平的特点树立起来,并把伦理的东西规定在一种先于任何论证尝试的②并非无差异和并不漠不相关的形式中时,他和普鲁斯特的观点又近乎相同。

(3) 如我所偏好去表述的那样,第三个因素关乎所谓的主体或自身(das Selbst)的状况。(自主行动着的)自律者的自由并不会随着异己诉求的出现而消失,它反而是转变为一种作为响应自由(responsiver Freiheit)的专有形式。我开始行动,不过作为回应者,我的行动发轫于别处,也即我不在、不曾至以及绝不将至的地方。我以双重的方式出场:作为某个东西降临于其身的承受者,以及作为对某个东西进行回应的响应者。在此,如拉康所承认的那般,自身便成为被分割的自身。与此相同,回应也并不是如商品一般已经被摆在柜台上。我所给出的回应是需要去创造的回应,或者更准确地说:答案自行发现(Antworten finden sich)。我们再一次遇见了一种佯谬。如同热恋之人对于拉康那般,回应者给予了他并不拥有但被要求交出的东西。布莱希特(Brecht)的《道德经产生史》以如

---

① M. Proust, À la recherche du temps perdu, hg. v. J. — Y. Tadié, Paris 1987—89, Bd. III, 693; 对此请参见 B. Waldenfels, Antwortregister, a. a. O., 563 – 565。

② 参见 E. Levinas, Autrement qu'être ou au-delà de l'essence, Den Haag 1974, 105; 对此请参见 B. Waldenfels, Schatenrisse der Moral, a. a. O., Kap. II, 3: "Nicht-Indifferenz des Ethischen"。

下的诗句收尾:"因为人们必须先把智者的智慧夺走。/为此也得感谢关令尹喜:/他向智者索求了智慧"。要求和回应、挑战与响应的谐音,为居间音(Zwischentöne)和不谐之音开辟了可能性,这种谐音给出了一种相关的历史模型,它是对某种具有目的论导向或规范性引导的过程之设想。

四、回应责任

最后,还余下这样一个问题:一种从异己的诉求出发的响应伦理学如何能与交往伦理学的公共目的以及相关地与道德法则的普遍规范齐头并进? 如果它们互相是漠不相关的,则响应伦理学最终也只是一种远离尘嚣的、无历史的世外桃源,与他者的关系也就被限定在我(Ich)和你(Du)这样一个对子上了①。把这两个维度既相互关联又相互区分的括号,可以在异己者(Fremde)和第三者(Dritte)之间的特有差异那里被找到②。第三者的身份在齐美尔、萨特或勒维纳斯等人那里被打上多种多样的标签出现,并且它对于精神分析中作为"超我"的机所(Instanz)而言也是根本性的,它总是已经发挥作用了。在我们说出的每个词语中,在我们所做的每一项活计里,在我们感受到的每一种情感那里都有它的身影。它即是我们在亚里士多德那里见到的共同生活(syzen)的维度,它在海德格尔那里以共在(Mitsein)的形式重新出现并且在梅洛-庞蒂那里被转写为共身体性(Intercorporéité)。这一维度借由常人的匿名性(Anonymität des Man)被一道烙印下来,如果不把它真的(eo ipso)视为一种非本真的沉沦形式的话③。共同的维度(Dimension des Mit)产生于一个文化和跨文化的居间区域(Zwischensphäre)。这一区域来自共同触动(Koaffektion)、合作、生活节奏和社会工程,来自血缘关系、传统、机构、价值面板和规范体系,来自一切既不完全归属于我,也不完全归属于他人的东西。

本己之物以多种方式与异己之物纠缠在一起。这意味着他者总是作为某人与我相遇,作为男人或女人,作为老年人或年轻人,作为德国男性或意大利女性,作为外行或专家,作为健康人或病患,作为朋友或者敌人,诸如此类。以类似的方式,环绕着我们的、有助于或妨碍我们的一切作为某物与我们相遇,在其中他者再次以间接的方式作为某人与

---

① 马丁·布伯就是这么说的。然而也须记得,布伯也写作了《乌托邦之路》(Pfade in Utopia),并且他也把诸如古斯塔夫·兰道尔(Gustav Landauer)这样的政治家视为自己的朋友。

② 针对异己者的诉求和第三者的角色的讨论,请参见 B. Waldenfels, Topographie des Fremden, Frankfurt/M. 1997, Kap. 5;关于第三者的多重角色,请参阅 Th. Bedorf, Dimensionen des Dritten. Sozialphilosophische Modelle zwischen Ethischem und Politischem, München 2003。

③ 海德格尔对常人的低估和贬低已通过阿荣·古尔维奇、阿尔弗雷德·舒茨和莫里斯·梅洛-庞蒂的社会现象学进路以及巴赫汀的语言文学理论的异己性研究在根本上被纠正了。

我们相遇。然而他者并不只是一个群体的成员或者一个整体的组元。如我自身的异己性那样,他者的异己性冲破了我已经熟悉的框架。在特定的方式上,那些归属于我们的世界的事物的异己性也具有如上的特点。由于每一种秩序,包括道德秩序,都从出于一种被挑选出来的视角并且只拥有特定的范畴体系,每一种秩序便在超乎秩序之物(Außerordentlichem)那里释放出了一种溢出物。超乎秩序者在他者的和我自己的异己性之外构建出了异己者的一个根本性维度。治理(Ordnen)意味着,如尼采所说,"不相同者的相等同";所有的法律判决作为"使同质化"(isazein:《尼各马可伦理学》,第五卷第 7 章)意味着,如同勒维纳斯所言,"对不可比较者的比较"①。于是公正便不是在法律规章之外更高的法,而是在法的界限中,在异己诉求那里的溢出物。所有的秩序形式都与此类似。正如超乎秩序者不可脱离于有秩序的东西,我们要寻找和给予的回应也不可脱离于社会责任。

人们同样也可以追随赫拉克利特,把有秩序者和超乎秩序者之间的关系称为在最极端冲突中的"冲突着的和谐"(palintropos harmonie)。单方面去强调常规、集体和规则的方面或者同样单方面强调反常、个人和无规则的例外情况的趋势总是不断产生。这两者相向而行的趋势(一方偏向稳定的平均值,另一方偏向不稳定的极端值),人们可以称为常规主义和极端主义。介于有秩序者和超乎秩序者的综合是不存在的,因为根据黑格尔的辩证法,它将使得被生造出来的整体获得胜利。因此,我们要转向一种游走在常规性边缘的均衡行为,它为一个在世界和生活形态上的人格、国家和文化的种类的集合保留了余地。在此之上进一步就构建出了诸过渡形态(Übergangsfiguren),它们既不内在于也不外在于多种多样的秩序。翻译员就属此类,他游走在多样的语言区间中。此外也还要提及暴行中的牺牲,它的那种承受在身体上的伤痛应被判定为违法的侵害行为,最后还有病患的那种作为某种类型的疾病被对待的苦痛。没有把对不公遭遇转变为案件、把对痛苦的承受转变为疾病的那种变形,就不会有法院和医院。然而,那些专业性程序也会撞上异己性的界限。如果这些界限被忽视了,我们就会遭遇到对生命的法学化和医学化。类似的也适用于经济向资本主义经济理论的退化。这种经济理论只认识交换价值,它把经济上的"不同类者的相等同"还原为"同类者的相等同"②。在此也存在有作为溢出形态的给出

---

① 针对这种我自己常用的思考模式,一方面请参见 F. Nietzsche, Wahrheit und Lüge im außermoralischen Sinne, in: ders., Studienausgabe(KSA), Berlin 1980, Bd. 1, 880;另一方面参见 E. Levinas, Autrement qu'être, a. a. O., 202。

② 卡尔·马克思使用了"不同类者的等同"(Gleichsetzen des Ungleichartigen)这样的表述来刻画货币流通,这与之前所提到的尼采和勒维纳斯的表述类似,参见 K. Marx, Grundrisse der politischen Ökonomie, Berlin 1953, 80。

（Gabe），它内在于被标上价格的东西之中，而又保存着无价之物①。

这些思考可以被继续推进。它们指向了对某种异己者政治学的需求。这种政治学在那种在苏格拉底的无可定位性（Atopie）②中被预示的，在一切社会性中的非社会性那里达到顶点。作为城邦的公民，苏格拉底归属于城邦，但他又不完全归属于城邦，因为他向隐藏在所有自明之物身后的东西发问。当一个人说"我们"时，"我们"是我或者你，而非"我们"自身。每一个"我们"，不论是家庭、民族、教会、阶级或社群，都是有"缺口"的我们，如果没有异党的存在，它就会发展成一种专政。异己者和陌生的东西不应被视为某种我们应当与之脱离干系的瑕疵，它们反而应当被视为一种不断地把我们从标准化的"昏睡"中唤醒。那种映入我眼帘的响应伦理学，是一种持续不断的纠错过程。至于作为我们的基本主题的回应与责任而言，这意味着，如莫里斯·布朗肖（Maurice Blanchot）和爱德蒙·贾贝斯（Edmond Jabès）所说：Répondre de ce qui échappe à la responsabilité.也即"回应脱离责任之物"③。

Response Ethics: between Response and Responsibility

Bernhard Waldenfels

【Abstract】 Response ethics is not the same as any communication ethics oriented purely on common purpose, universal norms and utilitarian calculation. The foundation of response ethics is formed by a clear distinction between responsibility for what someone does and the response to the call and utterance of the other. The logic of response includes many aspects, such as tense delay, unavoidability, gifts, and freedom from elsewhere, and so on. "Responsible for…"and "responding to…", the two meet in a third party who mediates with habit and rules. However, the unconventional demands of others cannot be included. Among this mechanism. Responsive ethics defends the non-social elements of sociality.

【Keywords】 Responsive Ethics, Communication Ethics, Responsibility

---

① 关于莫斯（Marcel Mauss）在民俗学进路上发现的"给出"的疑难，请参见一项新的研究：M. Hénaff, Der Preis der Wahrheit, Frankfurt/M. 2009。

② Atopie，源于古希腊词 atopia，意为不可描述的、无可定位的、无法被归于某种秩序的。在柏拉图的《会饮篇》中，苏格拉底被认为是 atopos，他尽管隶属于城邦（社会），但又脱离了通常的城邦（社会）伦理。——校者注

③ M. Blanchot, Le pas au-delà, nach: E. Jabès, Le livre des marges, Montpellier 1975, 84.

差异不同于存在

——私密的自由

尚　杰①

【摘要】 传统哲学所谓差异,是同一性内部的差异,它的学理基础是存在论。尼采的"永恒轮回"凸显了"重复",海德格尔、萨特、德勒兹和德里达从尼采那里揭示出重复现象中不同于存在的差异,这种从逻辑体系中逃避出来的差异,不仅借助于智力的中介力量,更要诉诸神秘的感情冲动,返回私密的自由,切己的亲自性与不可置换性,这些已形成了20世纪欧洲大陆哲学的一个主流倾向。

【关键词】 存在,差异,时间,私密,自由

我们从"差异"入手,区别20世纪欧洲大陆哲学与西方传统形而上学,又从"私密的自由"入手,指出以往的哲学往往只偏重智力,而忽视了活生生的个人之真实内心活动。把"差异"与"私密的自由"联系起来思考,是我对尼采一个极重要的哲学命题的展开,他提出"永恒轮回"——同样的情形永远回来,与康德的"先天综合判断"不同,尼采在这里既是判断又是在描述,他表面上是在维护同一性,但是他不说"同一"而在说"重复"。这样的重复潜藏着差异,终究会使得重复徒有其表,这是将尼采的断言彻底化的必然结论,它在海德格尔和德勒兹等人的著作中得以展开,它区分了两种性质迥然不同的差异:黑格尔的附属于同一性内部的差异与脱离同一性的差异,演变出一种不同于存在论的"差异哲学",这是所谓后现代哲学最重要的理论基础。但是,这些与"私密的自由"有什么关系呢? 这又与尼采有关,以上笔者说他不仅在判断而且是在描述,"描述"指的不仅仅是智力活动,更是心理活动,当尼采诉诸返回一个"原样的世界"时,原样的心理是其中的重要内容。受到叔本华意志哲学的启发,尼采哲学的重心比叔本华更偏向直觉与本能,两人事实上都已经开启了被弗洛伊德全面阐发的"无意识"话题,它与意识形态的哲学之间有本质的差异。为了强调尼采"原样的世界",对于此话题,本文不仅多使用技术化的理论术语,而且用"私密的自由"来描述真实的心理活动。

---

① 作者简介:尚杰,中国社会科学院哲学所研究员,研究方向为现象学、法国哲学。

一、

海德格尔的《存在与时间》其最大贡献在于指出差异不同于存在,这就要在哲学中真正引入时间的维度,而传统形而上学并没有做到这里的"真正",从而没有海氏意义上的时间。他所谓"本体论的差异",存在者与存在的区别在于,概念的含义是已经完成了的,还是正在发生,这里已经有时间问题。但差异并非仅仅指向时间本身,还有空间的差异。时间哲学的变革与重新审视空间密不可分,关键词仍然是"差异",这甚至表现在看似与现象学互不相关的结构主义那里,就是在某个相对共存的空间中分配差异要素,例如,构成一个句子的词语之间的差异,表达了这个句子的不同含义。同样的词语在不同的语境下含义不同,在重复的表层中隐含着差异。

以上情形,揭示出 20 世纪欧洲哲学的反黑格尔倾向,排斥抽象的普遍性。也就是说,差异与重复,不再被放置在同一与否定的辩证法的思想平台之中,差异与同一、否定、矛盾,并不发生于黑格尔所给予的理解。德勒兹在《差异与重复》中推倒了同一性在哲学史上的特权地位,就像德里达在《论文字学》中解构了逻各斯中心论。他俩都从同一性内部发现了真正的差异,在德勒兹那里,这种差异使得纯粹的再现不再可能,而德里达则用"置换"说明"再现",进而指出使内容毫发无损的置换是不可能的。德勒兹用"差异",德里达用"延异",大同小异,批判的锋芒都指向传统的同一性哲学。

差异的哲学,就从同一性失败的地方起步,这就要借助于貌似统一整体内部的不协调力量,德里达称这种情形为"解构",意为消解对立统一模式的同一性结构。与"解构"配套的词语还有边缘、播撒、增补、痕迹、隐喻……反观德勒兹,称同样的情形为思想图像、欲望机器、游牧、逃脱的线、褶子……他俩使用的这些词语,看似是智力上的哲学概念,却是以修辞性的思想描述方式展开,以致使得哲学的著述方式及其风格发生重大转变,不再是体系性的哲学,而更像是片段的思想艺术,所有这些,都可以在尼采那里寻觅到思想的踪迹。

以上说"整体内部的不协调力量",关键词是力量。思想的力量不仅返回弗洛伊德的"无意识"这个巨大的精神储藏箱,还要追溯到更早更远,在帕斯卡尔的"敏感精神"或"微妙精神"、叔本华的作为意志的世界、克尔凯郭尔的绝对个体及其悖谬的信念、尼采的强力意志、萨特的存在主义哲学。所有这些,分析描述的都不是传统哲学的抽象而是普遍意义上的对象,不是"我思故我在"中无差异的我,以及在这个基础之上的反思,而是真正的个案、个体存在、亲自性、绝对的差异,它们诉诸精神的直接性、一种冲劲并极力消解概念的间接性。于是,概念不再仅仅是思想的中介,概念更是词语,而词语是有"肉身"的,有形状图像,以至于真实的身体元素、哲学家的个性和经历都要融入哲学思想之中,哲学概念不再是光滑的,而是凹凸不平的。

"第一原因"或者"起源"也遭到质疑,因为所有同一或者统一,其实都是有差异的再现,那么思想的真谛,就是永远都从当下开始,它不再是过往的一个影子或者例子,而就是我们现在所看见的模样,它在貌似重复的时间流逝中改变着模样,这才是事物本身。就是说,我们永远处于差异与差异的关系之中,永远在生成别的,永远面临陌生的他者。

以上谈到的两种差异态度,相对应的是两种重复态度:传统哲学更注重惯例,也就是习惯。即使在现代生活中,习惯也具有极强的惰性,我们过着机械复制一样的生活,就像以上尼采所谓"永恒轮回"那样日复一日,它是相当固化的、程序化的。它不真实,因为如上所述,真实的生活存在于有细微差异的瞬间场合之中,它们构成生活事件与情节,这样的哲学,可以叫作哲学剧场,但它是真实的出场而不是扮演以往。程序化的生活才叫作扮演,而我们只要一有机会,就想从这样的生活中逃逸。如果把程序称为"公开",那么逃逸就是"隐秘",其中有我们不可公约的亲自性——在差异中差异着,差异与差异共在,形成多样化的、多元的社会生活。差异之间并非相互否定的关系,不是黑格尔那样的经过辩证法的"否定之否定"地去实现绝对精神、精神世界的大同。否定、对立、矛盾,都不是差异哲学的分析工具,差异哲学宁可说"他者",重复的真实内容是陌生,此的真相在彼,局内的真相在局外——在空间与时间的世界中,在物理与心理的世界中,都是如此。差异的哲学在时间之中讨论空间,反之亦然,在空间之中讨论时间,否则,就会重新落入同一性的思想循环的陷阱。这样的思考不是刻意的,而是自发的,就像不能只说几点开会而不说在哪里开。用德勒兹的话说,类似的思想情形使概念不是清晰透明的、不再是笛卡尔式的清楚明白的观念,而是概念的褶子,神秘而复杂,是哲学剧场里出场的思想角色。角色在具体时空中都会分岔,就像同一个人在不同场合有不同身份,生活和世界一样都是复杂的。

如上,差异不同于存在,如果我们对于这样的思想态度足够敏锐,思考的速度足够快,那么就会怀疑黑格尔最终确立的另一个顽念,它在哲学研究者中一向很有市场,即"哲学就是哲学史",这个说法暗含着你没有读过这个或者那个,没有读过关于这个的那个,或者关于那个的这个,就不能以自己的名义思考,这种看重历史的思想隐含着以上"差异哲学"所质疑的观念,即思考时的时间意味着什么?是变相地再现以往,还是搁置以往一切现成说法的原创?在尼采宣布"上帝死了"的时刻,断裂的不仅是线性的基督教和哲学史,更是时间,而到了德勒兹和德里达这里,差异和延异都揭示了思想可以这样进行:既然时空都是不连续的、可以分割成性质和形状都不相同的小块时空,那么,深刻而真实的思想恰恰可能是思想的拼接图案。这里不再有形式逻辑和辩证逻辑的统治,而更像是一种增补性的横向的逻辑,总是遭遇外部陌生的思想,就像海德格尔所描述的,是惊奇和思想的闪电,它当然是现场正在发生的、历史与习惯的维度,被暂时搁置了。反观"哲学就是哲学史",它有化瞬间为永恒之嫌。早在柏拉图那里,理念就被说成是一种回忆,而之前的苏格拉底也说过,哲学是"精神的助产术",这师生二人都强调有某种在先性的思想原型,尔后只是变相的重复,这有意无意地抵制原创性的新思想。但是,他们凭什么持这样的看法呢? 去掉其神秘的思想权威面纱,这看法只是在他们头脑之中某个瞬间闪过的一个念头而已,但之后的哲学史,甚至直到康德和黑格尔,都深深印有柏拉图哲学的痕迹。柏拉图的哲学当然深邃而伟大,但头脑与头脑之间有着天然差异,瞬间与瞬间所发生的事情及其想到问题的性质,有着微妙而本质的区别,以上将瞬间化为永恒的思想情形,显然是不足取的。换句话说,如果瞬间才是时间的真实元素,如果瞬间与瞬间的性质不同,那么时间不是线性的,甚至在哲学意义上时间也不是一维的,并不真实存在着从过去到现在,再到将来的固有次序。那么,真实的时间是断裂的,就像同时性是不同时的,同时代的人们其实活在不同的时代。那么,哲学就不是哲学史。精通哲学史与成为原创性的哲学家之间,没有必然关联。哲学是生成的,是现在做出来的,是在变形的,而不是追溯或者注释解释出来的。时间的最重要维度,不是过去或者历史,而是将来或者就要发生,就要来的新思想。

这就是海德格尔区分存在者与存在的哲学变革,存在的精华是此在,在此,现在,当下在场,这也就是胡塞尔现象学还原的意义。胡塞尔曾经说自己在思想上是一个"永远的开始者",这已经包含了时间,也就是永远从头再来。再来的是什么呢? 不能这样提问,因为无论对于这样的提问方式如何回答,"什么"都意味着一个现成的概念的含义,这就在无意之间把时间因素置于思考之外了,而我们永远处于时间之中。那么,事物究竟是如何成为"什么"的? 具体的思想细节如何? 事物总是以某种方式,从某一个思想的视角向我们呈现出来的,那么就要问事物如何呈现,这就是著名的"意向性",它的要害是思想的方向性,而不是对象性,这个方向也就是胡塞尔说的"意向的意义"。更重要的还在于,胡塞尔用现象学描述取代了旧哲学的分析判断演绎之类,而且描述是原始的如实的甚至是实证的现象学心理活动,是直接性而不是借助现成概念的间接性,同时代的柏格森从时间绵延出发与胡塞尔的某些重要想法相遇,柏格森说是"意识的直接材料"。

无论在胡塞尔还是柏格森那里,意识都是中性的,它只是意识的事实材料,而不再是意识的立场观念。"中性"意味着事实与想象之间的区分不再重要,这个道理,以上德勒兹的差异哲学中已经有所揭示,德勒兹把"想象"置换为"拟象"(simulacres),也含有虚拟、相似的含义。同样的情形,在柏格森那里也有反映,他不再看重旧哲学把物质与意识对立起来,而统一称它们是思想的图像,是思想运动中的影像的不同表现形式。德勒兹看重柏格森,他的思想甚至被称为一种新柏格森主义,时间与生成始终是其思想的主基调。但是,德勒兹的著述中不一定时时出现"绵延"或者"时间"概念,而是使用了其他看起来相似其实拓展开来的词语,例如,以上提到的游牧、逃脱的线、思想褶子,等等。与事件和场景结合起来,尤其是他的"思想的影像"之说,直接连接到电影和绘画等艺术领域。

胡塞尔在陈述现象学还原时,认为"好像"与"虚构"本身就已经是事实,因为它们都是原样的心理事实,而德勒兹在区别"再现"与"重复"时,揭示出看似相似的事物其实是不相似的,也就是差异。换句话说,"拟象"并不是模仿,而是差异的事实,以至于就是事实本身,这就不难理解为什么在《差异与重复》一书中,德勒兹不时会提到胡塞尔现象学,尤其是海德格尔所谓的"本体论的差异"。事物总是生成别的,我思在别处,在他者之中,人是自己所不是的"东西",这又与列维纳斯和萨特的思想联系起来,他们之间的差别,是"思想家族相似"的差别。

差异哲学的思想与传统哲学(包括德国古典哲学)的差异极大,等于扭转了思考的坐标系,从垂直的对象性思维转变为横向的生成性思维。对象性思维结构被拆解得七零八落,再也难以回归原样了。如果站在旧哲学的视角,差异的哲学是一种"不可能的哲学"。事实也是如此,这些差异哲学家,典型的如在德勒兹与德里达那里,与传统哲学比较,差异表现为不在场,是沉寂的,活跃在异域。这也可以理解他们著作的隐晦难懂,即使是对于精通哲学史的学者来说也是这样,因为哲学史不再是思想的有效参照物,思想已经从新开始了,在思想能力面前人人平等。他们要写"不可能的哲学书",必然使修辞和创造新概念联系起来。用德里达的话说,文字本身的哲学问题凸显出来了,不再受"逻各斯中心论"和"语音中心论"的束缚,哲学书也成为有鲜明的作者写作风格的思想作品。他们都承认尼采作为差异哲学的创始者的地位,尤其是尼采著名的"永恒轮回"的命题,他也用一种新的写作方式写哲学书。德勒兹写道:"尼采开创了新的哲学表达方式,现如今应该与更新的某些其他艺术结合起来,例如剧场或者电影。从这个目光出发,我们从现在起就可以提出如何使用哲学史的问题。显然,哲学史应该扮演某种类似图像的拼贴。哲学史就是哲学本身的再生成……阐述一本真正的哲学书,就好像它是一本想象的和虚构的书。"①在这里,德勒兹竟然选中了阿根廷诗人兼小说家博尔赫兹来佐证他的以上说法,这又与德里达一致:消解真实语言与虚构语言之间的界限,而这是建立在严肃哲学思考基础上的,即语言自身的特性。

二、

重复与抽象的普遍性脱钩,德勒兹说的"差异"其实就是德里达所谓的"解构",两个人都返回思想的细节,用观察思想的显微镜。这些细节被重新分配,在旧结构中内部由于时间的作用,各种思想元素不再听从"各就各位"的命令,产生了不协调因素,其中的某种冲动力量,把思想之箭从地上拾起来射向别的方向。旧哲学思考或者观察事物时,使用的不是显微镜而是看远处的东西模糊不清的望远镜。旧哲学喜欢用普遍性的概念,给事物归类定性。

尼采从"永恒轮回"中看出了事物似乎在重复,其中隐含着更为深刻的思想,在于看出真正意义上的重复从来不曾发生,因为时空已经改变了,就像写作过程中同样的词语出现在不同的语境之中。也就是说,重复是不可能的。但是由于生活习惯的巨大惰性,这种不可能的重复,并不能被轻而易举地觉察到,真正的创造性思想,就诞生于貌似重复的微细差异之中,就是帕斯卡尔早在 17 世纪已经敏锐观察到的"微妙精神",德勒兹和德里达的差异哲学继承了这样的精神。

当代欧洲大陆哲学的革命,在于全面质疑古老的"同一性"概念,同一性的思路,在于从不相似中看出相似,进而同一。德勒兹和德里达恰恰相反,从相似或者同一中观察差异,解构同一性。用思想的显微镜从基础理论入手,就是换一个新词说旧词,首先用重复置换再现,然后死死盯着重复,发现所谓重复的真相,不过是再一次,而再一次的真相,不是旧哲学所谓同一或者统一,不是出于思想的惰性习惯所看到的景象,而是独特、奇特甚至怪异、脱轨,它们并非旧哲学说的附属于一般性的个别,也区别于中世纪唯名论的个别实体,因为一般与个别的关系问题的讨论,仍旧属于旧哲学范围之内。德勒兹使用 singularité 取代"个别性",以表示与同一性脱钩的独特、惊奇、意料之外的一切情形——这就是上述"再一次"的真相,我们不要想着程序与相同,我们细微体察到不一样的能力,取决于当我们在相同的生活世界的种种情形中扭转心理活动方向的能力,这就是为什么我

---

① Gilles Deleuze, *Différence et répetition*, PUF, 1968, p.4.

们以上指出,自由想象乃至虚构能力,在差异哲学中具有基础地位。

以上的思想转变是巨大的,它处理思想的特殊情况,也就是思想的细节,描述思想在出场亮相过程中究竟如何发生,就像去开会之前得知道具体时间与场合一样,这些都是思想的真相,而旧哲学不屑于这样,它只分析与处理抽象的概念,也就是一般情况。但是,一般情况并不代表真相,为了说明真相,得借助于细节,要有很多新发现乃至发明,要借助于想象力。

重复的真相是差异、是违反,甚至非法、违法。如果我们认可一本哲学书中充满晦涩抽象的概念,只针对普遍而一般情况,不讨论思想发生的细节,那么这本哲学书就根本没有兴趣讨论"重复",但是虚假的重复却是它最为重要的思想基础,可这个基础或者前提几乎从来不被提起,它被更为正经的哲学概念取代了,即"同一性"。由此可见,用"重复"取代"同一性",绝非简单的修辞学问题,而是解构同一性的关键步骤。

同一性是思想秩序的需要,它是大道德,而尼采在《查拉图斯特拉如是说》中,与大道德的旧哲学主流看法相反,尼采主张小道德,逐渐变小的道德,就像笔者以上说过的,独特、奇特甚至怪异、脱轨,都是渐渐变小的道德。它们在每个人那里都不一样,它们是个人独有的亲自性,是私密的自由,因此更具有活生生的个人兴趣与渴望,具有独创性,以至于与艺术活动挂钩。尼采要用艺术的生理学,取代旧哲学的大道德。

大道德,属于一般情况,它被冠以崇高的大字眼,"应当"或者"道德律"之类,但是,如果我们想到休谟关于"因果必然性的真相不过就是心理习惯的自然联想"的著名论断,大道德的真相就被揭示出来了。康德的道德律可以被看成对于休谟所提出的这个尖锐问题的一种解决方案,但康德的这个方案却回避了休谟所质疑的焦点,也就是心理联想的习惯,它可以拆分为心理活动、想象力、习惯——康德的道德律不肯对这三个要素与大道德的关系作出详细解释,而只是独断地说"我应当"。"应当"的基础是什么呢?是不是把"应当"与心理联想的习惯联系起来就降低了先验哲学的高贵地位呢?康德拒绝回答这个问题,而只是满足于说"我应当因为我应当",这种大道德之所以陷入康德自己也深恶痛绝的独断论,坠入一种变相的"自因说"或者同义反复,显得空无内容,就在于康德并没有真正解决以上休谟的质疑,不肯直面以上的三要素。显然,被置于法律地位的大道德,其实也源于一种心理习惯,即我们认为这样的大道德总是正确的、是正义的代名词,具有某种绝对不可置疑的权威性,是放之四海而皆准的,如此等等。而习惯,按照卢梭的说法,会形成我们的第二天性,但这是一种社会异化现象。人类天生的、原样的心理活动,并非第二天性所告诉我们的那个样子,我们忘记了自己原来的样子,因为习惯使我们内心有秩序,感到平静,而焦虑不安的原样心理状态,是人们想极力回避的。当这样的普遍性的习惯被冠以大道德的地位之后,它便被认为是永恒不变的了。某一文化习惯变成法律之后,要想改变它是极其困难的,即使它在实际生活中已经使人感到不快乐,使人性本来的欲望感到严重受挫,指出这一点应该是哲学家的义务,于是就有了尼采、德勒兹的思想。同样的理路,善恶的说法,也遵从某种根深蒂固的心理习惯,以至于奥古斯丁对于自己只是为了享受偷东西的行为本身而带来的愉快的脱轨了的道德,一种与大道德相违背的小道德,感到非常惭愧,并且将它写入《忏悔录》之中,但是与他的初衷相反,他无意之中在大道德内部撕开一条裂缝,那就是他的小道德带给自己的沉醉是实实在在的,尽管这种怪异的念头违背大道德。奥古斯丁的个人经历是人类真实生活的一个典型例子,即多少个世纪以来,人们只是活出了别人眼里的自己(它符合大道德所规定的善与恶),而没有活出自己。如果在这样的思想背景下侈谈平等,就等同于按照一般情况,即同样的正确道德模式下生活。与其说"平等"掩盖了事实上的不平等,不如说平等掩盖了人事实上的差异,也就是以上所谓独特与奇特。

独特与奇特,是庸常的意向状态中的例外,要把例外当成常态,这就是差异哲学。它不稳定,它有一种天然的精神冲劲与力量,这就进入了克尔凯郭尔和尼采的思想平台。不是对差异泛泛而谈,不再像康德和黑格尔那样写哲学书,而是描写思想的角色,例如,亚伯拉罕和查拉图斯特拉,思想现场化、情节化了,因而德勒兹说,这里有真实的哲学剧场。"哲学剧场"成为新型的哲学概念,它不再具有清晰明白的透明性,也不遵从线性的演绎逻辑。重复进入差异,而差异进入形形色色的思想隐喻,由亚伯拉罕和查拉图斯特拉去扮演并且上演。与作为具体艺术门类的戏剧不同,"哲学剧场"之说也是思想的隐喻,它主张思想是图像化、场景化的。如何上演思想呢?思想不是静态的冥思苦想,思想是一种行为,要去尝试、去选择。用德勒兹的话说,哲学是做出来的,而不是解释出来的。哲学的日常生活化,第欧根尼的古怪传奇故事,就是哲学剧场的典型情节。

人们会说,习惯已经是一种重复,但这不是差异哲学说的重复,后者不纳入普遍性的循环解释轨道。差异哲学所谓"重复",有着各种各样的岔路,除了以上,差异还与记忆活动联系起来。作为一个新柏格森主义者,德勒兹不仅从柏格森,还从普鲁斯特的"不由自主的回忆"中获取灵感:回忆都是当下在场的回忆,又一次唤起往日的印象与时光,其真相是当下正在发生着的禁不住的精神创造。貌似描写过去,时间的箭头其实指向将来——原样的重复并没有发生,但却是在追溯—记忆或者再现的名义下实现的。这种崭新的文学创作手法,甚至可以直接移植到思想领域,就像德里达说的,哲学的真实语言(真理语言)与文学艺术的虚构语言之间的界限不复存在,它被消解了、解构了。

从重复之中,抽取某些新鲜印象与感受的能力,移情来自走神溜号,这不是例外而是思想的常态。这也是尼采与海德格尔的思想方法,被尼采归结为"永恒轮回"的情形,海德格尔则更形象地称为出神。此刻的心驰神往,一定发生了假重复,被惊奇的思想情形吸引过去了。所谓假重复,就是在重复之外,这个"外"即同一性之外,在一般情况之外。与其说记忆是一种变相的遗忘,不如说是某种创造性的惬意趣味形成新的思想力量,激励当事人欲罢不能,沉浸其中。一种奢侈的独特性从"永恒轮回"之中突兀出来,诞生了无意识的冲动(即尼采所谓"强力意志"),不知不觉之中就有了思想艺术的创造性。强力意志之强,就在于它是新的一次、又一次,而又一次的力度,取决于当事人创造差异的能力,这就是强人或者超人。

于是,在哲学剧场中,上演精神个性。例如,克尔凯郭尔描写的思想角色亚伯拉罕与尼采笔下的查拉图斯特拉,精神个性不同。就像现代绘画由于摄影术的强大不再坚持临摹而过渡到花样翻新的表现,哲学剧场表现方向不一的精神个性。德勒兹认为这是一种真实的精神运动,它不仅只发生在心理活动领域,而黑格尔的思辨辩证法中只有假运动,是一种抽象的逻辑运动,并没有在生活世界里真实发生。逻辑只是思想的中介,而不是现实生活中的直接发生。

哲学剧场里并不上演解释和表达,不要黑格尔那样的"反思思想的导演"事先给予演出的原则,而只是在表现。在注释和解释之外的精神是这样的体验行为:去做使读者或者观众意料之外的选择,因为思想不再是记忆及其模仿,而是面向陌生、莫须有、即兴,它正在来、就要来、面向将来。这里不必借助于概念作为中介过渡思想,因为中介或者反思,已经意味着在同一性基础之上的重复。哲学剧场里的思想没有中介,一概是即兴的、直接的行为举止,它甚至不需要导演和熟记台词,就像法国导演阿尔托的残酷戏剧,接近于哑剧、身体的戏剧,上演身体的激情,手舞足蹈就已经在表现纯粹思想感情。

尼采的《悲剧的诞生》中,并没有返回古代悲剧,而是诉诸未来的哲学剧场。按照德勒兹的说法,尼采与瓦格纳决裂,是由于瓦格纳的歌剧中有不自然的运动,借助了概念的中介力量。德勒兹写道:"剧场,就是实在的运动……这里的重复既不是对立的,也不是中介的。"①什么是中介呢? 就是借助于概念在运动。例如,在黑格尔那里,就只有抽象概念的运动,而不是真实的物理与心理的运动,这些真实的生活元素在黑格尔那里被普遍的概念代表了,现实生活中真实的关系被植入某种宏大叙事的普遍理想之中,但这是虚假的思

---

① Gilles Deleuze, Différence et répetition, PUF, 1968, p.18.

想运动,哲学剧场里不上演这类东西,哲学剧场上演的不是某种具有目的论性质的未来理想状态。黑格尔式的"哲学剧场"空荡荡,一无所有,没有内容(因为它是虚假的运动),只有思想的形式,也就是某种意识形态立场。真正的哲学剧场里不上演再现,即不上演间接性,而是让直接的精神冲劲登场亮相,它上演人的原始本性,台词具有肉身性,它就像是即兴表演舞蹈,似乎没有事先酝酿就脱口而出。这里的语言是行为语言、肢体语言,人的精神气质与个性处于形成过程中。从克尔凯郭尔的亚伯拉罕到尼采的查拉图斯特拉,并没有重复,而是跳跃。在哲学剧场中,并没有清楚明白、透透亮亮的观念,而是具有某种神秘性,就像是思想的深渊。这不是逻辑的运动,而更像是精灵的运动。

三、

现在我们返回本文开头所讲的"私密的自由",它表现在内心活动的私密,以及随之而来的生活选择的自由。人生首先是一个计划,但这个计划究竟是怎样的,计划被切成碎片之后有多么千差万别的区别,其中有着怎样的心理秘密,永远无法揭示清楚。

对法国著名的"小偷作家"热内,萨特曾经做过详细的心理分析。萨特把现象学方法,与弗洛伊德的精神分析,与马克思主义,巧妙地结合起来,他原本写一篇书评,介绍热内,结果却写成一本将近 600 页的巨著,这不知不觉地转变过程,本身就耐人寻味,它是无意识的过程。萨特原本没想写这么多的篇幅,但情不自禁地就写成了这样,而这可以与他所描写的热内变形的真实心理活动,形成计划之外的对应关系。

在这部写人物的心理传记的著作中,萨特竟然不约而同地与德勒兹想到一起,两人都从尼采的著名论断"永恒轮回"开始思考。萨特没像德勒兹那样,以标准的哲学著作的方式引用尼采,但实质一样。在书的开篇,萨特这样写道:"热内实际上从没停止一再复活他人生的这个时期,就好像他漫长的一生只活在一个瞬间。或者说,是所谓关键的'瞬间':这个瞬间,就是相互卷入缠绕,前后矛盾。我们还得是我们不想是的,我们已经是我们就要是的。"①我们以异样的方式活出已经死去的东西,死去活来,没完没了。人生就像是这样周而复始的游戏,就像小孩子坐在电动木马上循环绕圈,直到电能或者精力消耗完毕。这就像与当下相比,过去和将来都是虚幻的。过去的生活已经不复存在,而将来的生活还没有到来。我们最为真实的生活,就是现在正在发生的生活。无论我们现在正在做什么,无论是快乐还是苦恼,它们对于我们自身生命的珍贵性,只有当它永远消失时,才会凸显

---

① Sartre, Saint Genet, comedien et martyr, Gallimard, 1952, p.9.

它无可挽回的意义。我们感受自身,其实自身却是别的什么,因为生活永远在改变、在生成异样的现在,因此,所谓活在当下的瞬间,并不是一个透明的晶体形状,它的形状是古怪的、神秘的,有厚度、有褶皱的,生命是一条不断逃脱的线,曲曲弯弯、横七竖八,勾勒形成自己生命的图画,就像每个人都有不一样的手纹线。

上述的意思就是"永远的现在",它既是哲理又是感情,而且还具有浓浓的诗意,甚至在科学的含义上还可以这样说:"永远的现在"就是时间绵延过程中的原子,或者说瞬间就是构成时间的真实原料。这就是本文开头说的,在显微镜下观察我们的生活,并且以这样的方式活出我们的生命。

我们已经知道,"永恒轮回"其实是有差异的轮回,严格的同一性的情形并不真实存在。未来是陌生的,因为会有害怕与焦虑。萨特说人生就是掷骰子的游戏,这与他在《存在与虚无》中自由选择的说法并行不悖。人生如戏,我们以上已经分析过德勒兹提出的哲学剧场,其中的角色不仅有克尔凯郭尔的亚伯拉罕、尼采的查拉图斯特拉,还有萨特笔下的"小偷作家"热内,而且热内更有现实人生的启迪作用,因为以上另外两个角色都来自虚构,而萨特试图通过热内真实的心理独白和生活,重新描写哲学剧场中的人生个案。

现在,我们结合萨特笔下的热内,从热内的诡异的心理生活解析私密的自由,并且与以上"差异哲学"和"永远的现在"缠绕一起,展开分析。

热内是个小偷,这是人们给他的称谓。他确实是个小偷,人们并没有冤枉他。这是他的社会角色,哲学剧场里的角色。这种社会舆论形成一种强大的社会习惯心理预期,难以撼动,就像人们在介绍一个人时,首先会说此人从事什么工作,知道之后,就会形成某个心理定势:从事这个职业的人是一个怎样的人。热内本人无法更改人们对他的这个固有印象,他索性就按照这个印象想到底:"我就是个小偷。"但是,与此同时,热内还是一个有才华的作家,他渴望成功。那么他该怎么办呢?他的心理行为方式出人意料,他把"小偷"的形象变形,拐弯抹角地从中联想起某些秘密、神秘,甚至"高尚"的方向,就像笔者在本文开头曾经以奥古斯丁在《忏悔录》中描述自己偷梨,主要不是为了吃梨,而是为了享受"偷"这种行为本身所带给自己的匪夷所思的快感。

萨特对热内的兴趣是哲学心理上的,而不在于他是个小偷。他从哲学心理出发,称热内是"圣热内",而且还是喜剧演员和殉道者——这些都是小偷的心理变形,"圣"或者神圣的意思,就在于热内吐露自己的小偷心理是如何变形的。这些角色之间的变换又一次使我们想到了哲学剧场。

在热内和萨特看来,心理变形本身就具有某种神圣性。变形是可怕的,因为"小偷"

象征着每个人都会有自己永远的内心折磨,挥之不去的精神创伤,要从中摆脱出来,发明一条德勒兹式的"逃脱的线",是心理上的高难动作,故称之为神圣。让"永远的现在"或者一个"老的瞬间"(萨特语),焕发新鲜生命。

无独有偶,萨特和德勒兹一样谈到哲学的戏剧化,但萨特说是具有宗教仪式感的戏剧:一个从小就是小偷的孩子(热内)如何在灵魂深处爆发革命。如果热内不从"坏蛋"或者精神创伤中摆脱出来,就只有死路一条。那么怎么办呢?索性将坏事想到底:我是一个社会底层的角色,没人愿意用正眼看我,到处都是鄙视的目光,那么我这个彻底的社会边缘人就相当于一个死人。但是,我想活,死而复生,就像一个自杀未遂的人,从此将不复是从前的自己了。自愿选择旧心理的死亡,这也是变相地重复加缪说过的真正的哲学问题,就是自杀。热内的著作多有关于死亡的思考,其中充溢着古怪奇特的心理尝试。与其说是海德格尔"面向死亡的存在",不如说是已经死了的存在。与其说时间箭头朝向未来,不如说在热内这里就是当下永远的焦虑危急:不是说他将来要死,而是说已经"死了"。

内心的出路就在于把心理活动的死态变成活态,最危急的时刻同时也是发现与发明新的内心生活的时刻,救赎现在变形为自己拯救自己的能力。"每时每刻,热内都心怀恐惧:'这恐惧的灾难,这奇迹,就是把恐惧看成天使……如同解出了数学难题时的光芒四射'。"[1]这就像从目瞪口呆、惊恐万状的场面中,晕乎乎地漂浮起诗情画意,但是这并非肤浅之人说的画饼充饥,而是可以从中曲曲折折地联系到本文前述的差异哲学,萨特在转述热内这段话时,想到了它与现象学还原方法类似,它是一种原始心理事实的还原。这心思是中性的,具有超越性,因此可以用神圣的字眼称之为天使,就像卢梭曾经描述过的场面,在他经历一次车祸时,看着自己身上流出的鲜血仿佛已经不知道疼痛,反而感到一丝惬意,似乎那血不是从自己身上流淌出来的。

心理转换就是直线心理在分岔走神,注意力转移到别的方向,它在生活中的任何时刻都可以重新开始。这是飘忽起来的思想,似乎是在发明一种神话,但精神所获得的享受是实实在在的。从之前还在场的糟糕心思中也能获得精神的营养。其间最为关键的一步,不是满怀怨恨和讥讽的心思,而是去爱,比本来应该爱的还多的爱。爱起了心情的褶皱,爱变得不再晶莹透彻,爱变得神秘而复杂。这里发生了海德格尔说过的出神状态,出神的条件是给原有事物变形。热内痴迷于这样的瞬间,并且将这样的瞬间延长——专注。热内有如此心情,萨特有如此理解,与法兰西文化传统有密切关系,也就是善于从危机四伏

---

① Sartre, Saint Genet, comedien et martyr, Gallimard, 1952, p.10.

的社会状态中死而复生,以身体和心理的双重行为,寻找新出路。1789 年爆发的影响人类未来政治命运的法国大革命是如此,在文学艺术领域的实质性变革也是如此。由上,我们会想到象征派诗人波德莱尔著名的《恶之花》。继续向过去追溯,萨特还提到了耶稣,耶稣是受难的,但受难的同时也给人类带来了光明。从中世纪以来,基督教神学不断地在哲学家的激烈批判中改变着自己的形象,因为哲学家是人,即使是尼采呼吁的"超人",但上帝是"非人",是人的不可能性。当尼采说"上帝已死"的时候,上帝会微微一笑:"小样,你才死了呢!"哲学家不应像康德那样把信仰划归宗教,而要像克尔凯郭尔那样,用哲学思想转化宗教,甚至不惜认为,荒谬的思想才是真正意义上的理性。

热内描写自己的心理变形,并不是他自己孤立的心理发明,其中有基督教传统文化的渊源:死亡只是世俗现象,不死才是思想与信仰,这是真实的心理变形。有了这样的变形,人就超越了自身,它揭示出人自身原本就具有神性,变恶为善,由此人才成为大写之人。萨特继续写道:"这是永恒轮回的时刻。"①

综上所述,我们从奠基在同一性基础之上的西方哲学中,借助于尼采的"永恒轮回"发现"重复"这个关键词,又从重复发现实质性的差异,而差异从密不透风的逻辑系统中最终逃逸出来,不能完全借助于智力,而要诉诸微妙的感情冲动,智力问题被还原为心理问题,从中返回私密的自由,这些是 20 世纪欧洲大陆哲学的一个主流倾向,值得继续深入研究。

Private Freedom: Difference is Unlike Being

SHANG Jie

【Abstract】 In traditional philosophy difference can be rendered as difference within identity, which is justified by ontology. Nietzsche's doctrine of "eternal return" emphasizes "repetition". From Nietzsche and the phenomenon of repetition Heidegger, Sartre, Deleuze and Derrida reveal that difference is unlike being. Difference drifting away from logic system returns to private freedom, personal involvement and irreplaceability by means of intelligence as the medium and of mysterious sentimental impulses. Thus the mainstream of the European philosophy in the 20th century takes shape.

【Keywords】 Being, Difference, Time, Privacy, Freedom

---

① Sartre, Saint Genet, comedien et martyr, Gallimard, 1952, p.12.

法—权的统一

——《法哲学原理》题目释义

张尧均①

【摘要】 本文从思想史的角度入手,探讨了黑格尔《法哲学原理》一书标题中的"法"(Recht)的新内涵,以及在他那里自然法与国家学之间的特殊关系。黑格尔基于现代理性化的伦理国家重建了法律与权利之间的统一,这种法—权的统一是在历史的维度中实现的,历史维度的引入一方面使他否定了传统超验自然法的概念,但另一方面,历史本身又成了实现自然法的场所,国家学的目标就是实现自然法。

【关键词】 法,权利,自然法,伦理国家,历史

黑格尔的《法哲学原理》已经有了两个中译本②,该书的德文原名为 Grundlinien der philosophie des Rechts,而笔者见到的两个英译本③都把标题中的 philosophie des Rechts 译作 Philosophy of Right(即"权利哲学"),显然,从意义上看,都与中译本中的"法哲学"颇有差别。相应地,该书的第一部分,德语原文为 Das abstrakte Recht,中译本都译作"抽象法",而英译本则都译为 abstract right(抽象权利);此外,在黑格尔的正文中屡屡出现的 Recht 一词,中、英文译本中基本上也是沿用与各自标题相应的译法④。尽管从字面上来说,德文 Rechts 一词如同拉丁文中的 ius、法文中的 droit 一样同时含有"权利"(right)和"法"(law)的意思,但无论在中文还是英文语境里,"权利"(right)和"法"(law)的含义毕

---

① 作者简介:张尧均,哲学博士,同济大学哲学系副教授,主要研究方向为现象学与政治哲学。
② 黑格尔:《法哲学原理》,范扬、张企泰译,北京:商务印书馆,1996 年;黑格尔:《法哲学原理》,邓安庆译,北京:人民出版社,2016 年。
③ Hegel, *Elements of the Philosophy of Right*, trans. by H.B.Nisbet, University of Cambridge, 1991; Hegel, *Outlines of the Philosophy of Right*, trans. by T.M.Knox, Oxford University Press, 2008.
④ 在这一点上,邓译本要比范、张译本好得多,因此本文的引文主要采自邓译本。

竟还是很不一样的。既然如标题所示，Recht 一词是黑格尔此书的核心概念，选择合适的翻译自然是至关重要的。因此，我们就必须询问：在这本以 Grundlinien der philosophie des Rechts 为题的书里，Recht 的确切含义究竟是什么呢？① 此外，在该书的正式书名之下还有一个副标题"自然法和国家学概要"②，这也引起我们的好奇：究竟自然法与国家学之间是什么关系？ 而 Recht 又与这两者有着什么样的联系？

一、

我们还是先从对权利与法的普通理解开始。乍看起来，这两个词的含义是刚好相反的，权利是主观的，而法是客观的，权利内在于人（如人们通常所说的，每个人都有其"天赋的权利"），而法则是外在的、普遍的，它不带任何情感地对待每一个人（如亚里士多德所说，法律不受任何激情的支配）。权利体现了人的自由，或是对人的自由的肯定，用霍布斯的话来说，所谓的天赋权利或自然权利，就是"每一个人按照自己所愿意的方式运用自己的力量保全自己的天性——也就是保全自己的生命——的自由"③。因此，从这种意义来理解，权利就是"外界障碍不存在"的自由状态；与此相反，法在某种程度上却是否定性的，是强制性的禁令，它为人的行动设置了某种"外部障碍"，并明确地宣告了个人所享有的自由的界限。因此，法与权利似乎确然是不可混为一谈的，还是用霍布斯的话来说："权利（ius）在于做或者不做的自由，而法律（lex）则决定并约束人们采取其中之一。所以法律与权利的区别就像义务与自由的区别一样，两者在同一事物中是不相一致的。"④

我们在这里已经两次提到了霍布斯，这不是偶然的。如果说霍布斯是现代政治秩序的奠基者或至少是奠基者之一，那么黑格尔则无疑可算是这种秩序的完成者。霍布斯尚处于现代秩序的开端或入口处，而黑格尔则已经到达了其顶点甚至终点。但在黑格尔的意义上，终点即起点，而且"这个起点必须要在另一个终点上显现为成果"⑤。就此而言，黑格尔既代表了现代性发展的巅峰，也意味着现代性的终结（科耶夫说黑格尔的哲学宣告了历史的终结，我们可以更明确地把这里的"历史"界定为"现代性的历史"）。无论如何，我们知道，在黑格尔之后，一切都不一样了，甚至连持续数百年之久的现代性设计本身也

---

① 不过，为了论述上的方便，我们在文中谈到该书时还是以习惯上的"法哲学原理"为题。
② 据邓安庆说，《法哲学原理》最初在 1821 年出版时，用的标题是"自然法和国家学概要"，后来这个标题才移作了副标题，而把"法哲学原理"改成了正式书名。参见黑格尔：《法哲学原理》，邓安庆译，北京：人民出版社，2016 年，"译者序"第 18 页。
③ 霍布斯：《利维坦》，黎思复，黎廷弼译，北京：商务印书馆，1996 年，第 97 页。
④ 同上，译文略有改动。
⑤ 黑格尔：《法哲学原理》，邓安庆译，北京：人民出版社，2016 年，第 20 页。以下凡引本书，将随文标注页码，不另注。

受到了挑战。而在黑格尔与霍布斯之间,尽管也有着许多的差异(我们后面就会看到这一点),但无疑,霍布斯"开辟了通向黑格尔的道路"①。因此,我们在此引用霍布斯的著名观点,并不算是突兀。

既然我们承认黑格尔接续了霍布斯的道路,那么,似乎应该将 Recht 理解为"权利"。而从《法哲学原理》一书的具体内容上看,这样的理解也是有道理的。霍布斯明确地将权利界定为一种跟保全人的生命有关的行动和思想的主观自由,而在《法哲学原理》中,黑格尔同样是从人们保全生命的一项最基本的权利,即"所有权"或财产权出发的。财产权构成了一切权利的核心。它不只是满足了我的生存之所需,还确证了我的自由。因为某物之所以成为我的东西,只是因为我将我的意志置入其中。我对物的占有本身就体现出了我的自由。只有人才有这种自由,而物,作为"一种不自由的、无人格的以及无法权的东西"(93),只有通过我的意志才获得"它的规定与灵魂":"这就是人对一切事物有绝对的据为己有的权利"(96)。与此相应,人借助他的财产,又进一步使他的自由获得了一种"最初的定在"和一个"外部的领域",财产权由此就成为所有其他权利的基础和保障。

通过所有权这个概念,黑格尔赋予了霍布斯的"权利"观念以更具体更丰富的内涵(实际上,霍布斯对于财产权并没有特别的阐述,现代财产权的理论主要发源于格劳秀斯的阐述及洛克对他的反对,经卢梭等人得到进一步的发展,而黑格尔对于所有权的理解,则融合了这些前人的思想,并将它提升到一种思辨哲学的层次)②。但尽管如此,正如《法哲学原理》第一部分的标题所示,所有权依然只是一种"抽象权利"③。"抽象"一词在黑格尔这里有很多方面的含义。它可以指"直接的":我的意志直接指向的就是它所意欲的某个对象,对物的占有和使用就是这种意志对物的直接作用的结果;它也可以指"潜在的":所有权作为我的抽象权利只是"潜在地"体现了我的"权利主张""权利诉求"甚至"权利能力",即我作为一个人,应该并且也能够拥有与我的人格相应的外部定在,但这同时也意味着,尽管我对某物具有"抽象的"权利,却并不等于我实际地拥有对它的权利,因此它只是一种"形式的"权利;它还可以指"片面的",如当我"抽象地"谈论财产权时,我就只单纯考虑了人与物的关系,而忽略了在这背后可能同时存在的人与人之间的关系;最后,它也可以指"特殊的、任性的":我通过我的自由意志宣称我对一切物都有据为己有的绝对权利,但这种宣称只是体现了我的意志的特殊性,即我"作为情欲、需要、冲动、偶然的

---

① 施特劳斯:《霍布斯的政治哲学》,申彤译,南京:译林出版社,2001 年,第 125 页。
② 更详细的阐述可参见彼得·甘西:《反思财产:从古代到革命时代》第六章,陈高华译,北京:北京大学出版社,2011 年。
③ 此处现有的两个中译本都译为"抽象法"。

偏爱等等存在"(85)。而这就不仅显示出"抽象权利"的不足,也显示出它的危险,因为由此导向的结果很可能就是霍布斯所说的"自然状态"。

霍布斯的"自然状态"与其说是一种历史的事实①,不如说是一种哲学的推定,而这一推论的基础就是霍布斯对人之"激情"的看法②。人是激情的动物,而激情则是人的自然欲望的表现,因此说人是激情的动物,其实就是说人是欲望的动物。欲望是人的本然状态,欲望不仅是物质性的,也是精神性的,因为"任何人的欲望的对象就他本人来说,他都称为善,而憎恶或嫌恶的对象则称为恶"③,人们会自然地将他所欲求的对象赋予某种积极的价值,善恶美丑的价值标准就是视对象跟欲望的相合与否而确立起来的,而"当个人的欲望就是善恶的尺度时,人们便处在单纯的自然状况(即战争状况)下"④。因此,精神性的价值之争(善恶美丑)的背后实际是欲望之争。与此相应,权利则是人对他所意识到的自身欲望的肯定性表达,由于诉诸了语言表达,它就已经带上了"理性和判断"的特征;但说到底,权利只是对欲望的正名和辩护。因而,当每个人都追随他的自然欲望并以其自然权利的名义而行动时,人与人之间的冲突就不可避免。在这个意义上,作为战争状态的自然状态其实只是人的相互冲突的欲望本性状态的结果,也是对它的反映。霍布斯对此的解决之道是寻求一种外在的制衡:用强力(主权者所代表的国家机器)压制激情,用法律限制权利。由此就造成了个体与国家之间的内在矛盾和持久紧张:一方面,个人需要国家来为他提供基本的安全和生活保障;另一方面,他又始终将国家看作一种外在的束缚和限制。也是在这个意义上,霍布斯说,法(lex)与权利(ius)不相一致,权利优先于法,这种优先既是时间上的,也是逻辑上的。霍布斯的理论,经过此后的洛克、斯宾诺莎、亚当·斯密等人的进一步改造和完善,就成了资产阶级的自由主义法治国的雏形。黑格尔在《法哲学原理》的"伦理"部分讲到"市民社会"时,所指的就是这种自由竞争的资本主义国家。

黑格尔在《法哲学原理》中直接谈到"激情"或"欲望"的地方并不多,但他其实是用"意志"一词取代了它们,自然的、直接的意志是任性的,当黑格尔说"人有权将他的意志置入任何事物中"并据此宣称他对一切物都有绝对权利时,这看起来已非常接近于霍布斯意义上的自然状态了。在"所有权"之后,黑格尔实际上也谈到了围绕着权利而展开的意志冲突,这就是他在第一篇第三章"不法"中所谈到的种种现象,如欺诈、强制、犯罪,等

---

① 当然,霍布斯首先是把自然状态作为一种历史事实来叙述的,而他遭人诟病的也正是这一点;但我们要注意的是,即使在他那里,自然状态也不仅仅是一种历史事实!
② 参见霍布斯:《利维坦》,黎思复、黎廷弼译,北京:商务印书馆,1996年,第95页。
③ 同上书,第37页。
④ 同上书,第121页。

等。但尽管如此,黑格尔却没有掉入霍布斯的"激情"所导致的危险陷阱中去。因为在他看来,以意志形式体现出来的抽象权利,仍只是一种"单纯的可能性",或只是某种"形式上的东西"(86),因此它也可能不存在;更重要的是,黑格尔并没有直接将权利与法律对立,正如 Recht 一词的含义所表明的,法与权利相互包含。在谈到所有权的确立时,黑格尔至少谈到了三个条件:首先是对某物应属于我的内部表象或意志;其次是实际取得对某物的占有;最后,这种占有还需要得到他人的承认(参见第51节)。这里尤其重要的是最后一点,因为正是通过他人的承认,对物的占有(possession)才除去了其"主观性的形式",而变为具有"客观性"的财产(property),由此,权利才有了合理性和普遍性。因此,权利不只是我与物的关系,"它已经暗含着跟他人的关系"(105),也就是说,它隐含着"法"的维度:因为法律正是对属于我的、他的及每个人所应得的东西的界分和保障,并通过对人与物的关系的规定来规定人与人之间的关系,即一种社会性的联系和区分。就此而言,在黑格尔那里,权利与法密不可分,而 Recht 正好同时包含了这双重意思,因此简单地将它译作"权利"同样是不妥当的,也许译为"法权"更好①。

二、

黑格尔从霍布斯所开辟的道路前进,最后重建了法与权利的统一性,而这正是霍布斯一开始就将它们区分开来的。当霍布斯谈论法与权利的"不相一致"时,他其实是在批评一种将这两者"混为一谈"的观点,一种更早的、更为传统的观点,亦即古典的观点。因此,我们就自然地被引导着去比较黑格尔所重建的这种统一性与更早的统一性之间的异同。事实上,这种比较也同样暗含在黑格尔的标题中,因为在"法哲学原理"这一标题下,还有另一个副标题"自然法和国家学概要"。

在具体分析黑格尔的自然法观点之前,我们先来看一下在他之前关于自然法的两种最基本的观点,它们分别是古典意义上的自然法和近代以来的自然法。当霍布斯批评在他之前的人把权利和法混为一谈时,他在某种程度上就是以古典自然法为批评对象的。

不过,为了论述的简便起见,我们还是先引用卢梭的一段话作为开始:

> 罗马法学家不加区别地要人类和其他一切动物一起,服从同一种自然法。因为

---

① 当然,这也不是绝对的。在此,邓译本的做法值得肯定,正如他在《法哲学原理》新译本的"译者序"中所说,对 Recht 的理解,最好是采用现象学"悬搁"的方法,对我们脑子中的各种前见予以悬置,而依据不同的语境,分别地加以处理,参见"译者序"第32页。

他们认为,自然法与其说是大自然为别人制定的法则,还不如说是为自己制定的法则,或者更确切地说,按照这些法学家所理解的"法"这个字的特殊含义,在这种情况下,自然法似乎是大自然为所有生灵的共同保护而建立的普遍关系的表现。现代哲学家只承认法是为有精神的生灵制定的规则。所谓有精神的生灵,是指具有智力、自由而且在与其他生灵的关系中受到尊重的生灵。因此,他们把自然法的权限限于唯一一种具有理性的动物,也就是说限于人。①

此处提到的罗马法学家的观点主要体现在查士丁尼的《国法大全》(Corpus Juris Civilis)中,在其中所包含的《法学总论》中,我们能看到如下的自然法定义:"自然法是自然界教给一切动物的法律。因为这种法律不是人类所特有,而是一切动物都具有的,不论是天空、地上或海里的动物。由自然法产生了男与女的结合,我们把它叫作婚姻;从而有子女的繁殖及其教养。的确我们看到,除人而外,其他一切动物都被视为同样知道这种法则。"②这个观点实际上出自罗马法学家乌尔比安(Ulpian)之手③,但就其背后所隐含的宇宙论思想而言,它有着斯多亚学派的痕迹,而后者实际上渊源于更早的希腊哲学。

从哲学的角度来说,我们更看重的是隐含于其中的这种宇宙论思想。事实上,当自然法不加区别地规定人和其他一切动物的关系时,它意味着一种人与自然万物共属一体的思想;当自然法被看作由自然本身所制定时,它暗示着自然就是一个拥有智慧的生命有机体;而当自然法的目的被视作对"所有生灵的共同保护"时,自然更是具有了立法者和统治者的权威。因此,在这种古典自然法的背后呈现的是一种永恒和谐的自然秩序的观念,正如《法学总论》中所说:"各民族一体遵守的自然法则是上帝神意制定的,因此始终是固定不变的。"④这种自然秩序的观念体现了古人对于自然的一种特殊看法,这个自然不像近代人所认为的那样是一个外在于人的死物,一个无生命的对象,一团被动的质料,而是一个有着其自身的动力、原则与目的的生命体。人内在于这一自然的整体中,在其中占有一个专属于它的特定位置。尽管自然法适用于所有活的生灵,但显然,人与动物依然是有区别的,人高于动物。或许正是因此,乌尔比安又进一步区分了自然法和万民法(ius

---

① 卢梭:《论人类不平等的起源和基础》,高煜译,桂林:广西师范大学出版社,2002年,第64-65页。
② 查士丁尼:《法学总论》,张企泰译,北京:商务印书馆,1997年,第6页。
③ 事实上,并非所有的罗马法学家"都不加区别地要人类和其他动物一起服从同一种自然法",如比乌尔比安稍早的罗马法学家盖尤斯(Gaius)似乎就认为,自然法是自然理性的体现,它只适用于人,实际上与万民法(ius gentium)无别,而乌尔比安则明确地将这两者区分开来。参见登特列夫:《自然法:法律哲学导论》,李日章,梁捷,王利译,北京:新星出版社,2008年,第23-26页。
④ 查士丁尼:《法学总论》,张企泰译,北京:商务印书馆,1997年,第11页。

gentium），后者只在人类之间通行（而且在事实上，罗马的自然法也并不比万民法更优越，它对万民法或市民法并不具有约束力），而另一些法学家（如盖尤斯）则干脆明确地将自然法只限定于人类之中，从而将它与万民法等同起来①。

但总的说来，古典自然法的观念仍反映了一种广义上的自然秩序，一个甚至囊括了整个宇宙在内的等级性整体。我们说过，这种宇宙观念可以追溯到古希腊哲学（如亚里士多德的等级宇宙观）。我们所熟悉的经典的希腊哲学就体现了这种整体性的思想。单就人类而言，它认为不存在任何抽象的、孤立的个体，个人总是从属于某个特定的团体的；而这尤其是指个人所属的城邦或国家。我们也应从这个意义上来理解亚里士多德的名言："人是政治的动物。"政治共同体代表了个人在现实生活中的最高归属。城邦本身就是一个通过礼法构造起来的秩序共同体，不过，理想的城邦秩序应该模仿宇宙的自然秩序；因而一种依据人的自然（本性）差异形成的城邦等级秩序就是一种最合理的制度（甚至奴隶制的存在也可以在这种自然差异中找到辩护）。如此，城邦秩序是依照自然秩序建立起来的，而个人在城邦秩序中的位置又是由他的自然本性规定的，而人的自然本性的差异又可以在不同个体的灵魂结构的差异中获得说明。总之，在个体的灵魂结构、城邦的等级秩序和宇宙的等级构造之间，有着一种结构上的同一性；当然，并不是每个人都能认识宇宙的自然和人的自然，或认识它们之间的一致性，那些能洞见并把握这一自然秩序和灵魂秩序的人就是哲学家，按照柏拉图的看法，他们也最适合于担任城邦的立法者和统治者。所谓的自然法也只是对这种自然秩序的表达，而他们首先就是由哲学家或受过哲学教育的统治者发现的。

在这种作为自然秩序呈现出来的自然法视野中，个人的权利是依据他的自然本性被规定的，因此，与后来霍布斯所说的相反，在这里，法优先于权利，一个人并不因为他是个人（Mensch），就享有作为人的权利，相反，只有享有权利（对物权或财产权），他才成为一个拥有人格的人（Person），而他的权利则是由他在城邦或国家的等级秩序中所处的位置规定的；所以在罗马法中，如黑格尔所指出的，一个人的人格"只是一种身份，一种地位"（89），奴隶没有地位，因而也就没有人格，他被等同于物或家产。因此，这种意义上的权利就不是一种主观权利，而是与国家的礼法秩序相一致的客观权利。在权利的具体内涵上，它所强调的也不是个人所能享有的某种私人性的自由，而是他对国家共同体所应尽的职责和义务。在这种情况下，"权利"和"义务"的意思其实是比较接近的，权利就是义务，

---

① 参见沃格林：《希腊化、罗马和早期基督教》，谢华育译，上海：华东师范大学出版社，2007 年，第 252－253 页。亦参见登特列夫：《自然法：法律哲学导论》，李日章、梁捷、王利译，北京：新星出版社，2008 年，第 31 页。

它表示的是法律规定下的人与人或人与国家的某种纽带关系①。就此而言,古典意义上的法与权利的统一是通过使权利从属于法、使个人从属于国家的方式来实现的。

与此相反,近代以来的自然法就像卢梭所说的,不再指涉或反映整个宇宙的自然秩序,它脱离了和外部世界的联系,而只与人相关,更严格地说,是只与作为个体的人相关。个体主义是近代自然法的主要特征之一。这是因为,近代自然法往往与前国家的自然状态的观念联系在一起。在原子式的自然状态下,没有任何外在的秩序或法则束缚个人,人们完全凭其自然本性行事;而在人的本性中,最强大的总是欲望和激情的力量,由此自然状态就是欲望和激情的状态,它最终不可避免地导向霍布斯所说的战争状态。只有当激情和欲望的自发冲动使人受到挫折甚至面临生命威胁时,人们才会转而求助于理性,以寻求解决之道;自然法就是理性发现的"有助于人们的自我保全和自卫的结论或法则"②。因此,它是一种理性法,这一点当然对于古典自然法来说也是一样的,但后者往往被看作对实存于宇宙间的一种客观秩序的反映,因而它本身也是客观的;而近代的理性自然法则被认为是内在于人的心灵中(尤其是在理性中)的,是关于人性本身的一种法则,它是作为对自发冲动的自然欲望而言的一种"应当"而出现的。如果说自然欲望是自然权利的基础,那么,自然法就是对自然权利的规范和限制,或者说,自然法就是关于自然权利的法。自然法从古典意义上的对于自然秩序中的自然正义的表达变成了对于人的自然权利

---

① 参见塔克:《自然权利诸理论》,杨利敏、朱圣刚译,长春:吉林出版集团有限责任公司,2014 年,第一章第二节,第 12 页。法国学者米歇尔·维莱(Michel Villey)指出,罗马人和早期的罗马法注释法学家没有任何主观权利的概念。他们总是用"ius"(权利)一词意指客观的事物,更重要的是,他们不把所有权(dominium,property)视作"ius"(权利)的一种。理查德·塔克(Richard Tuck)对此略有不同的看法,他承认早期罗马人确实把"ius"等同于客观的"lex"(法律),但在罗马帝国晚期,"ius"(权利)的范围其实已经很接近古典理论中的所有权(dominium)了,当时的法学家已将我们称作财产权的东西表述为"ius"(权利),"所有权(dominium)和权利(ius)这两个词在晚期帝国时期的用法都和我们使用权利这个术语的方法非常相似"(第 15、17 页)。但是否能说帝国晚期的罗马法学家已经有一种类似于现代的主观权利概念了呢?恐怕不能。塔克自己也指出,尽管所有权已经是一种权利,但这种"权利是某人作为同国家、大众或者皇帝的关系的产物而拥有的某种东西",它的存在是"基于皇帝的存在"的(第 16 页)。就此而言,"权利"(ius)依然是一种客观关系的体现。事实上,黑格尔已指出过这一点了。在《历史哲学》一书中讲到罗马帝国时他说,帝国的特殊统治方式使得一种个体性的生活成为可能:一方面,个人拥有了与其自身利益相关的私人权利,尤其是财产权,而且这种权利受到法律的保障。罗马人正是在这种"私权"中实现其为"人格",并成为平等的法人。另一方面,这种私权又是极其抽象的,因为个人除了拥有与其财产有关的法权地位之外,再没有其他的公共活动,他与这个现实世界的全部联系都取决于皇帝,这一世界主宰的意识,就此而言,这种法权上的人格其实又是缺乏实质性的(参见《历史哲学》,王造时译,上海:上海书店出版社,1999 年,第 323 - 327 页)。
② 霍布斯:《利维坦》,黎思复、黎廷弼译,北京:商务印书馆,1996 年,第 122 页。

或天赋权利的表达,自然正义让位于自然权利①。在这个意义上,自然权利优先于自然法,法和权利不相一致。

不过这种"不相一致"并不是直接的对立,因为自然法为人们满足其自然权利提供了指南。正如格劳秀斯所言,自然法奠基于人的自然本性,但反过来也因能够满足人的实际需要而得到了强化②。在洛克看来,自然法本身就赋予了每个人执行自然法的权力,以惩罚那些违反自然法、侵害他人权利并破坏人类群体和平的人。自然法也为人们走出相互冲突的自然状态提供了指南,使之协调彼此间的利益,并以契约的方式达成共识,进而形成共同体。更重要的是,由于理性自然法是作为满足和协调自然权利的手段而出现的,所以,它像后者那样,是以每个人的平等为前提的,并反过来确保了这种平等。最后,既然自然权利源于人的自然欲望,而每个人对他所能拥有的权利自是一清二楚的,则他对于用来维护或协调其权利的理性法则——这些法则或者被认为是上帝赐给人类的共同准则(洛克),或者被认为是连上帝也没法改变的准则(格劳秀斯)——也不难理解,所以,并不需要特殊的智慧,自然法就能为每个普通人所理解和接受③,而不像古典自然法那样,只能被某些特殊的人所认识和垄断。

不过,理性自然法的缺陷也显而易见:尽管自然法的目的是为了人们的自我保全及相互间的共同利益,但对于什么是共同利益或者说如何才能有效地进行自我保护,却很难有一致的看法,由此也就导致了人们对自然法认识的"不统一"④。而当每个人都是自然法的执行人时,由于当事人、裁判者和执行者不同角色的混合,就更加不可避免地会导致对自然法理解上的偏差及执行上的失度,并因此反过来激化自然状态中的冲突,这也使得人们要把逃离自然状态视作一种急务。最后,既然自然法只是一些理性的规则或内在的观念,它对人就没有实际的"管辖"权,只有当它被实定法采用时,它才成为真正意义上的法律。也是因此,霍布斯甚至怀疑把这样一些理性的规则称作"法"是否恰当⑤。

---

① 这种转变正体现在英文"natural right"一词的含义变化中,在现代意义上,该词被理解为"自然权利或天赋权利",但在古典的意义上,该词的含义却是自然正当或自然正义,它意指的就是一种体现于自然秩序中的自然法(这就是维莱所说的从客观权利向主观权利的转变)。施特劳斯的《自然权利与历史》一书正阐述了"natural right"一词的古今之变。
② 参见格劳秀斯:《战争与和平法:第一卷》,马呈元译,北京:中国政法大学出版社,2015年,绪论第16节,第8页。
③ 如格劳秀斯所说:"假如你认真进行思考,你就会发现这种法律(即自然法)的原则本身非常清楚明了,几乎像我们通过外部感官感知的事物一样。"《战争与和平法:第一卷》,绪论第39节,第17页。霍布斯也认为尽管可以对自然法作"微妙推演",但自然法诸法条其实可以"精简为一条简易的总则,甚至最平庸的人也能理解,这就是:己所不欲,勿施于人"。参见霍布斯:《利维坦》,黎思复、黎廷弼译,北京:商务印书馆,1996年,第120页。
④ 卢梭:《论人类不平等的起源和基础》,高煜译,桂林:广西师范大学出版社,2002年,第65页。
⑤ 参见霍布斯:《利维坦》,黎思复、黎廷弼译,北京:商务印书馆,1996年,第122页。

说到底,近代的自然法一开始就是与自然状态联系在一起的,而在已经存在着某种实定法秩序的情况下,自然法就不可避免地让位于实定法,过多地强调自然法甚至会反过来对实定法秩序构成威胁①;或者,它只能像在康德那里那样,作为指导个体行动准则的道德律令而存在②。在这种情况下,自然法就成了道德法,但这又会导致黑格尔在《法哲学原理》第二篇中所揭示的那种主观性的危机,即"倒恶为善,倒善为恶",使权利、义务和法的所有伦理内容都变得空疏飘浮,从而导向什么都不信的虚无主义(参见第 140 节)。

这正是黑格尔书名的副标题中"自然法"与"国家学"之间所隐含的张力。

三、

那么,黑格尔是如何看待"自然法"的呢?

看过《法哲学原理》一书的人都知道,黑格尔在书中几乎没怎么提到自然法一词。诚然,他一再地讲到,自然有其自己的"法"(law,即规律),但这种法跟人们制定的法律几乎没什么关系。在"序言"中,他提到了当时流行的一种观点,这种观点区分了自然世界和伦理世界,自然世界是内在合理的,自然的永恒和谐就是其内在规律和本质的体现,哲学应该按照自然的本来面目去认识它,自然本身甚至是"哲人之石"的隐藏之所;与此相反,伦理世界或国家中却没有内在规律,没有什么合理性可言,它毋宁说是受偶然和任性支配的。对于这种观点,黑格尔在随后所附的"补充"(这也是"序言"中唯一的一个补充)里作了一段很长的说明。这段话有助于我们理解黑格尔对于自然法的看法,我们应该更仔细地来阅读它。

黑格尔一开始就肯定了伦理世界与自然世界的不同。他认为规律(laws)分两类:一类是自然规律,一类是人类社会的法律。前者是固定不变的,"在自然中存在着一般规律,就是最高的真理"(16)。这里涉及的是一种自然的必然性,我们只能认识或利用这种必然法则,但无法改变它。与此相反,后者则是历史性地可变的,而且不同社会的法律常常互相冲突。这是因为"法规都是被设定的,是来源于人的东西"(16)。因此,人类的伦理世界独立于自然世界,法律不同于自然规律。就此而言,黑格尔完全坚持了自马基雅维利、霍布斯等人以来的现代性立场。因为如我们前面所说,古典的立场是从人与自然的一体性出发的。自然作为永恒的母体和典范,为人的生活提供了基础和参照,最好的生活方式就是认识自然并遵循自然之道而生活,最好的国家是依据自然秩序而建构起来的国家。

---

① 洛克正是基于这种自然法提出他的"反抗权"理论的。
② 事实上,在霍布斯那里,对自然法的研究就已经涉及道德哲学的内容了。参见霍布斯:《利维坦》,黎思复,黎廷弼译,北京:商务印书馆,1996 年,第 122 页。

与此相反,现代的立场则发端于人与自然的断裂,人由此将自己确立为主体,而自然则成了与人相对且外在于人的客体。人的秩序立基于人自身的筹划,而这种筹划又是通过欲望和理性之间的互动而展开的,欲望为人的生活提供了动力,而理性则提供了指南。这样一个展开的过程就是历史的过程。因此,在现代,历史取代自然成为人们行动和思考的视阈。黑格尔也是在这个意义上说,法律是被设定的东西,源出于人类;因此,它不是绝对的,而是同人类社会一样,处于不断的变化之中。这种变化具有某种主观任性的特征,也是因此,黑格尔说,有一些对如今的法律秩序感到不满的人,就想转而"退回去考察自然",重新"从自然取得典范",他们想要恢复那种早已消失的具有恒定客观性的古典生活。但黑格尔对此泼了冷水:"因为在古代,人们对于当时现存的法律还有着尊敬和畏惧,而现在时代的教养发生了另一种转向,思想站到了一切被认为应该有效的东西的头顶上。"(16)古典的自然已失去了其神圣性和神秘性,因而,源出于自然的法律(古典自然法)已不再能单凭其庄严的外表就让人心甘情愿地顺服。就此而言,黑格尔实际已否定了古典自然法的有效性。那么,他对于现代的理性自然法又是什么样的态度呢?

事实上,当黑格尔说"法规都是被设定的"时,就已经隐含着一种理性的态度了:他既不将法律看作自在存在的(如自然法),也不将它看作神赐的(神法);或者说,即使法律最初的来源是某种自在存在的东西或某种不知其所自来的东西,但要使法律有效,它仍需要被人意识到,被人知道,而这种被意识、被知道的过程就是思维的过程。正是因此,"法律是自在地是法的东西而被设定在它的客观定在中,这就是说,为了提供于意识,思想把它明确规定,并作为法的东西和有效的东西予以公布。"①所谓"自在地是法的东西"正相当于古典意义上的自然法,它独立于人而自在地存在,且被认为是正当的,但黑格尔强调的重点却是"被设定"一词。正如他在随后的"补充"中所说:"太阳和行星也都有它们的规律,但是它们并不知道这些规律。野蛮人受冲动、风俗、感情支配,但是他们对此没有意识。由于法被制定为法律而被意识到,于是感觉和意见的一切偶然东西,以及复仇、同情和自私的形式都消除了。于是,法才这样达到了它的真实规定性,并获得了它的尊严。"(351)重要的不在于是否存在着某些客观自在的法,而在于这些法是否被意识,被知道。对法之为法的认识才是第一位的。

因此,法律虽然是被设定的,却并不意味着这种设定就是任意的,设定总是基于认识,

---

① 《法哲学原理》,第211节。此处笔者采用的是范扬、张企泰的译文,第218页。邓安庆译本在此译为:"法本来就是法律,是被设定在它的客观定在中的东西,这就是说,是通过思想为意识所规定,作为法所是的和有效的东西予以公布。"(349)

特定时代的法律反映了该时代对于"自在地是法的东西"的认识。但同样,既然法律是被设定的,也就意味着它总是有被重新设定的可能性;而且,尽管这种设定是基于认识,但每个人对于什么是"自在地是法的东西"的认识可能并不一样,尤其是到了现代,个人的主观性已成为主导性的原则,这样,在"内心的情绪和这种被设定的东西之间必然会发生冲突或者出现一致"(16)。这就出现了我们前面在讲到理性自然法时所谈到的那种冲突。黑格尔首先肯定了这种"内心情绪"的正当性,因为"人不只是停留在这些定在的东西上,反而主张在自身中拥有衡量什么是法的尺度……他在自身中找到有效东西的判准"(16)。这种主观的固执曾被黑格尔看作现代的特征,它既促进了人们对于法律的自由思维,同时也反过来推动了法律的改进。但它也容易导向另一个极端,在法律上,"事情并不是因为它存在着就有效,而是每个人都要求,事情应该符合他的固有标准,因此在这里就有可能发生实然和应然之间的争执,亘古不变的自在自为存在着的法和对什么作为法应该是有效的这种规定的任意性之间的争执"(16)。这种争执最终会导致精神世界的动荡和混乱。这也可以说是由已变为道德法的近代理性自然法所带来的结果。

那么,黑格尔是如何解决这个近代自然法所导致的困境呢?

（四）、

"真实的思想不是对于实事的意见,而是实事本身的概念。"(17)黑格尔所要探讨的实事就是 Recht(法权),但这个实事既不体现在客观的自然秩序中,也不体现在个体的良知或反思所致的道德律令中,而是体现在黑格尔所说的伦理国家中。正是这一点构成了黑格尔对于传统自然法理论的根本性颠覆。

早在 1802 年的《论自然法的科学处理方式》一文中,黑格尔就已经批判了近代自然法的两种潮流:一种是以格劳秀斯、霍布斯、洛克等人为代表的经验主义传统的自然法,一种是康德式的形式主义自然法。他明确地把自然法的研究归属于哲学,认为其直接的使命就是把握或理解法之为法的"绝对性","作为绝对的伦理性",而"绝对的伦理整体无非就是作为一个民族"①。从该文的整体观点来看,他当时更倾向于把古典意义上的城邦共同体作为实质性伦理整体的典范,以克服近代以来在个人与国家之间日益二分的趋势。但黑格尔很快就放弃了这种城邦理想(这种放弃在一定程度上与他对法国大革命之悲剧性发展进程的失望有关,他开始时曾把法国大革命视作重建古典城邦理想的一种尝试),他

————————————

① 参见黑格尔:《法哲学原理》,邓安庆译,第 20 - 23,28 页译者序。

越来越清楚地意识到近代个体性原则的可贵性,这是古代人所不知道的一种"更高的原则",它所体现的"内在的自由,思想的自由"恰恰展示了精神的本质,或更确切地说是"精神之现实"的本质;更重要的是,黑格尔还意识到,"对特殊个体性的肯定与普遍物所占的至上地位并非不能兼容",由此,他就开始着手"与时代的结合",与现代性的结合①。这种结合的最终结果就体现在《法哲学原理》一书中。

在《法哲学原理》中,黑格尔开宗明义就说:"法的基地一般说来是精神的东西,它的更切近的位置和出发点是意志。意志是自由的,所以自由就构成法的实体和规定性。至于法权体系是实现了的自由王国,是精神从它自身产生出来的、作为一种第二自然的那个精神的世界。"(34)在此,黑格尔明确地把法权与自由而非自然联系在一起。自由高于自然,是"第二自然"。自然是直接性的,而自由则是反思性地(理性地)被建构起来的。自由源于人的意志,但直接的意志(如冲动、情欲、秉好等)仍处于自然之下,"被自然规定"的意志只有经由主体性的互动,经由理性的反思才取得其"合理性的形式"(51)。法权就是意志理性化亦即制度化的体现,这是一种具有了合理性形式的客观自由。作为一种已经实现了的意志自由,它又体现为一种客观的法权体系或法律制度。因此,黑格尔其实是以自由的法取代了自然的法(自然法)。

黑格尔当然不是否定自然法的存在,只是他认为自然法这一概念隐含着歧义:"或者法作为某种以直接自然的方式存在的东西,或者它的意思是法通过事物的本性,即概念来规定自己。"②前一种意义的自然法就是我们前面所讲的霍布斯意义上的自然法,但黑格尔认为它要"虚构一种自然法在其中有效的自然状态",自然法是自然状态的法,而自然状态却只能被思考为国家所建构的法权状态的反面,或毋宁说就是对法权状态的否定③。因此,黑格尔看起来更加肯定的是后一种意义上的自然法,但即使这种自然法也有待于成为现实,因为单纯的概念仍然是抽象的、片面的,只有当它给予自己某种现实性之后,它才成为"法的理念",才成为真正的实事本身④。从哲学上来说,概念的现实化就是使概念进入时间,具现在历史之中,而法权概念的现实化就体现为一种特定的法权制度,这种现实化的法权秩序就是伦理国家。就此而言,重要的不再是是否存在着一种"自然"之法(不管这个自然是外部的自然宇宙,还是内在的人性自然,抑或是抽象的"绝对性"或"绝对

---

① 科维纲:《现实与理性》,张大卫译,北京:华夏出版社,2018 年,第 106 – 107 页。
② 黑格尔:《精神哲学》,杨祖陶译,北京:人民出版社,2006 年,第 322 页。
③ 同上,另参见科维纲:《现实与理性》,张大卫译,北京:华夏出版社,2018 年,第 108 页。
④ 参见黑格尔在《法哲学原理》第 1 节中对法的理念与法的概念所作的区分。

者"),而是如何建构一种尽可能地合乎自然(自然秩序或人性自然)或合乎本质(绝对性)的法权秩序。但即使"合乎自然""合乎本质"之类的说法仍不太确切,因为它们让人误以为存在着某个自在的"自然""本质"或"绝对者",而实际上,并不存在着这样的东西,毋宁说,自然如何、本质如何或绝对如何只是人们依据对特定现实的认识所建构起来的某种理想。因此,所谓的自然法从来就不是"自然"本身(不管是外部自然、人性自然,还是理性抑或绝对者)的法则,而只是对于自然的一种建构,而这种建构总是带上了历史性的痕迹,从而避免不了特殊性或主观性的嫌疑。据此,黑格尔甚至认为:"自然法这一术语应该被放弃并且应被哲学的法权学说这一称号代替,或者应该被客观精神学说代替。"①这样看来,在《法哲学原理》的副标题中,尽管黑格尔把"自然法"和"国家学"这两个概念并列在一起,但他似乎是以后者取代了前者:国家学就是现实地具体化了的自然法,自然法的历史就是国家学的历史。历史成了自然法展示自己的舞台,而国家则是某种特定的法权秩序的体现。就此而言,法权哲学不仅与政治哲学密不可分,更与一种历史哲学联系在一起。黑格尔消解了自然法所具有的超时间、超历史的维度。

但问题是,当超越的维度消失之后,我们该如何对某种现实化的伦理生活或法权秩序作出评判?答案依然是历史。历史不仅仅是个消极的展示性的舞台,它同时也是一种向着特定的目标涌动的力量,因为历史源出于人的筹划,而这种筹划总是有目的性的,而且人们不难勾勒出某种终极性的目标。这就是所谓的历史目的论。在黑格尔这里,历史的终极目的就体现在"序言"那句迷咒般的话语中:"凡是有理性的,都是现实的;凡是现实的,都是有理性的。"(12)这种理性与现实的合一就是世界历史的进展所要达到的终极目标。这一世界历史的运动具现为各种形式的政治国家或法权秩序的演进,在《法哲学原理》的最后几节中,黑格尔极其简单地勾勒了这一历史运动的进程:从东方王国,经希腊王国和罗马王国,最后在日耳曼王国中到达巅峰②。他认为日耳曼民族负有调和主观自由与客观真理的使命,使精神王国从其天国下降到尘世,使尘世王国上升为思想,最终实现两个王国的合一。这样,"当下世界蜕去了它的野蛮性和不法任性,而真理则蜕去了彼岸性色彩和它的偶然暴力,以至于真实的调和就成为客观的了。这种调和把国家展示为有理性的形象和现实性"。(481)如果从法权的角度来看,世界历史的发展就体现为一种理性化的、理想的法权秩序的实现过程。终极国家就是这种完全理性化的法权秩序的具现,是"在地上行进的神"(388)。就此而言,历史也是实现自然法的场所。如果存在着真正

① 科维纲:《现实与理性》,张大卫译,北京:华夏出版社,2018年,第110页。
② 在《历史哲学》中,黑格尔更详细地展示了世界历史的这种发展逻辑。

意义上的自然法,那么,这种自然法只存在于世界历史的终点,在那里,国家、自然界和理想世界,"是作为同一个东西"(481),自然法与实定法合为一体,就此而言,国家学的目标就是实现自然法。

这一理想的终极国家构成了世界历史的终极目标。正是历史的运动所指向的这一终极目标既为现实的发展提供了动力,又反过来成了评判现实合理与否的标准。然而吊诡的是,在现实中,它也常常有可能成为当权者为其所采用的非常手段进行辩护的理由,这一点,我们早已在黑格尔之后的马克思主义思想所引发的无数实践中屡见不鲜了。但这种危险似乎已经隐含在黑格尔的思想中了,因为按他所说,既然国家的福利具有与个人的福利完全不同的合法性,就没有任何个人能以所谓自然法或道德法的名义对国家事务予以置喙。国家的行动和行径的原则,只能是"这种具体的实存,而不是许多被当作道德戒律的普遍思想之一"(471)。"一种较高的道德尽可'见诸手执闪亮军刀的轻骑兵',而道德家空洞的长篇大论则将被'庄严的历史事迹'所淹没。对于国家之不义,除了诉诸历史之外,别无诉求之对象,因为'世界之历史乃是世界之法庭'。"①在这种情况下,历史目的论所赋予的正当性事实上就成了一种意识形态的粉饰。黑格尔能摆脱历史进程中的这种迷障吗?

或许有一点值得注意:在黑格尔那里,世界历史的发展只属于世界精神或客观精神的部分,而在客观精神之后(之上?),还存在着一种绝对精神,世界精神只是"绝对精神的世间形象"②。就此而言,对现实秩序合理与否的评判与其看它与某一终极理想的关系,不如看它是否向着绝对精神开放,而绝对精神的领地,则属于艺术、宗教和哲学。

The Unity of Law and Right:

An Interpretation of the Title of *Elements of the Philosophy of Right*

ZHANG Yaojun

【**Abstract**】This article explores the meaning of "Recht" in *Elements of the Philosophy of Right*. It also discusses the special relationship between natural law and the theory of the state. Hegel rebuilt the unity between

---

① 登特列夫:《自然法:法律哲学导论》,李日章,梁捷,王利译,北京:新星出版社,2008 年,第 87 页。
② 科维纲:《现实与理性》,张大卫译,北京:华夏出版社,2018 年,第 7 页。

Law and Right on the basis of modern rational and ethical state. This unity of Law and Right is realized in history. On the one hand, he negates the transcendental concept of natural law through the introduction of history. On the other, history becomes the place where natural law is realized. The goal of the theory of the state is the realization of natural law.

【Keywords】 Law, Right, Natural Law, Ethical State, History

语言的暴力与解放:从动物伦理到生命政治(下)①

李金恒②

【摘要】 人与动物的区别不仅仅是动物伦理学的核心论题,而且同时也是解读人类政治的钥匙。在上篇中,我们已经从语言的角度谈了人与动物的区分之中所包含的暴力;并且,借助阿甘本的"人类学机器"概念,揭示了这种暴力与人类社会内部的生命政治之联系。在下篇中,我们将探讨从暴力中解放出来的几条具有代表性的思路。首先是以暴制暴的话语对抗,其次是让语言停顿和沉默,最后是追溯语言的伦理根基。经过这些探讨,我们认为,列维纳斯是一个非常关键的理论资源,尽管某些方面需要结合德里达的补充来看。

【关键词】 语言,暴力,人类学机器,动物伦理学,生命政治

一、以暴制暴:海德格尔眼中的安提戈涅

人类语言根本上来说是"故事—历史"的语言,而且,这些故事能够不依赖于具体的时间、空间限制,在人类代际间继承、流传和发展。前人的故事得以不断地继承和延续的过程就是历史,其塑造的生活方式就是文化。在古代,各个民族都有自己的故事—历史,到了全球化的时代,则逐渐形成了全人类的"普遍历史"。人类的历史与文化,无法被还原成单纯自然和本能的因素。因此,倘若人类幼儿被隔绝在人类社会的文化、历史之外,他只凭自然和本能根本无法成为一个人类——他只是一个仅仅在生物学上被认定为人类的动物,无法作为正常人生活在人类共同体中。可以说,人类正是凭借了语言,创造出了不同于自然世界的"文化世界"。人类语言表现出无与伦比的创造性是人类的生命力本身的勃发,是人类文明的基础。

如果说人类语言既有创造性,又有暴力倾向——那似乎我们只要发扬语言的创造性一面,防止语言的暴力一面,就可以克服语言的暴力同时又守护人类文明。当语言暴力真正危险仅仅在于暴力的"过度",从暴力中解放的问题,理应转化为尺度、界限和节制的问

---

① 该文上篇参见"伦理学术"第 7 期《美德伦理新探》,上海:上海教育出版社,2019 年。
② 作者简介:李金恒,上海社会科学院哲学研究所助理研究员,研究方向为德国哲学。

题(防止过度,保留适度)。

然而,如果这两个方面根本上是同一个东西呢? 如果语言的暴力和其创造性是一体呢? 我们将无法把它转换成尺度的问题,因为此处涉及的恰恰是尺度和界限的规定本身所带着的暴力,即本雅明所说的"立法暴力""神话暴力"①。这一暴力总是可以追溯到语言最初的运作。正如阿甘本所说:"语言是这样一个主权者:它在一个永恒的例外状态中宣称,没有任何东西是在语言之外,并宣称语言总是越出自身。法律的特殊结构在人类语言的这个预设性的结构中,获得自身的基础……言说永远是'言说法律'。"②在政治上看,它又是一种施密特式的主权者的决断—命令。我们知道,康德的"绝对命令"乃是来自超验领域,来自理性本身;但在此处,主权者的决断是彻底非理性的,其根基向来都是等待被解构的"神话"。关键并不在于尺度和界限的内容,而在于它被设置的这一操作本身。

海德格尔在《形而上学导论》中对《安提戈涅》唱段的解读,涉及的正是这种立法暴力。

第一,立法暴力蕴含在此在存在的创造性决断中。海德格尔写道:"所有这些被叫作政治的,即在历史场所中的——就此而言,比如说——因为诗人仅仅是诗人,但要是真正的诗人,思想者仅仅是思想者,但要是真正的思想者,祭司仅仅是祭司,但要是真正的祭司,君王仅仅是君王,但要是真正的君王。要去'是',却是说:历史场所中的高位者,同时就是反—城邦(apolis),不属于任何城市和地方,孤独,陌路,在存在者整体中没有出路,同时没有规条和界限,没有建造和接合,因为这一切必须要他们作为创造者才开始奠基……但是当作出和贯彻一个根本性的决断,它对抗日常生活中习俗中持续和压迫性的陷阱的时候,不得不使用暴力。这一暴力行动,这个开辟了通往诸存在者的存在的道路的决断,把人从最为直接的切身和熟悉的在家状态中拖拽出来了。"③按照黑格尔的解读,柯瑞翁代表的人法,与安提戈涅代表的神律,分别来自城邦秩序的不同部分,具有同等的合理性。但是,在海德格尔的解读中,立法(设定尺度)是一种创造性的决断,是全新的事物,超出城邦和历史处境(Hochüberragend die Stätte),它本身是恶的和暴力的(因为它突破了旧的尺度和秩序)。正因为诗人、思想者、君王,都是高于历史处境,超越城邦之上的,他们才能

---

① 在《暴力批判》中,本雅明区分了暴力的"立法"与"护法"两种功能,或者说,两个层面的暴力;随后他又把立法暴力称为"神话暴力"。参见 Walter Benjamin, "Critique of Violence", in Benjamin, *Walter Benjamin Selected Writings Volume 1, 1913—1926*, Marcus Bullock, Michael W. Jennings eds., Edmund Jephcott trans., The Belknap Press of Harvard University Press, Cambridhe, Massachusetts, London, England, 1996, pp.241,248.

② 吉奥乔·阿甘本:《神圣人:至高权力与赤裸生命》,吴冠军译,北京:中央编译出版社,2016 年,第 1 页。

③ Martin Heidegger, Einführung in die Metaphysik, Gesamtausgabe, Band 40, Frankfurt a. M.1983, pp. 162, 177.

带来新的东西、新的建造。在城邦的法律在她的面前都被打破的意义上,安提戈涅与诗人、思想者和君王一样,是真正的暴力者。安提戈涅对抗城邦的法律的方式是举出"神律",让两种暴力、两套话语互相碰撞,可谓是以暴制暴。虽然,安提戈涅用以反抗城邦命令的话语("神律")的内容也不是她自己凭空创造出来的,但当她做出这个回到"神律"决断的时候,她超越了她的城邦。

第二,海德格尔强调了行使立法暴力的风险:"行使暴力者,创造者,他道破未被言说之物,闯入未被思考之地,促成未发生之事,揭示未见之相,这个行使暴力者一直置身于风险之中。"①旧的秩序作为一种压迫的力量,也是暴力的——护法暴力。作为创造者的暴力行使者总是有风险——正如本雅明所说:"护法的暴力是一种威胁性的暴力。"②——由于他反对他的城邦(apolic)的法律,他将面对城邦护法暴力的"威胁"。安提戈涅不畏护法暴力——死刑,埋葬自己的兄长,成为本雅明意义上的"伟大的罪犯"(the great criminal)③。

第三,海德格尔对安提戈涅式的立法暴力持肯定性态度,他认为:"……暴力者,不仅仅是具有暴力倾向而是暴力行事,因为行使暴力并非其行为的基本特征,而是他的此在的基本特征。我们目前正在给予'行使暴力'这一表述一个根本的意义,在原则上超越了常用意义'粗野'和'任性'。暴力通常被置于这样的视野之下,在当中彼此的调和一致和相互协助为此在设定了准则,因此所有暴力必然只能被看作扰乱与伤害。"④一般来说,基于一种对暴力的负面评价"扰乱与伤害",才会有从中脱离和解放的问题。考虑到语言在此在的存在当中的基础性地位,以及暴力作为人类语言运作的基本元素,此处海德格尔把暴力看作人的此在的基本特征,并不令人意外——关键是他对暴力的正面评价。这种正面评价是基于对暴力者(此在)在开辟和确立一个世界意义上的创造活动(立法暴力)的肯定,甚至崇高化。一方面,这种创造是开辟新的世界,开创历史(故事)的行动,同时也是对旧世界、旧历史(故事)的反抗;另一方面,这种创造性决断作为此在的基本特征会不断被"重复"。因为"语言作为事件立刻也是废话"⑤,所有的创造(设定尺度)都会走向僵化变成束缚,立法暴力会化身为护法暴力。在安提戈涅那里,"神律"是比城邦的律法更加

① Martin Heidegger, Einführung in die Metaphysik, Gesamtausgabe, Band 40, Frankfurt a. M.1983, p. 170.
② Walter Benjamin, "Critique of Violence", in Benjamin, *Walter Benjamin Selected Writings Volume 1, 1913—1926*, Marcus Bullock, Michael W. Jennings eds., Edmund Jephcott trans., The Belknap Press of Harvard University Press, Cambridhe, Massachusetts, London, England, 1996, p. 241.
③ Ibid., p. 241.
④ Martin Heidegger, Einführung in die Metaphysik, Gesamtausgabe, Band 40, Frankfurt a. M.1983, p. 159.
⑤ Ibid., p. 181.

原始和古老的东西,正如大地是比世界更加原始和古老一样。所谓的解放和自由,在这里无非就是不断地返回到古老的原始的源头去。凭借这种返回的决断,安提戈涅摆脱了环境习俗的陷阱和护法暴力的统治。在以暴制暴的"重复"游戏中,历史(作为暴力史、斗争史)得以发生,而行使立法暴力者正是承担历史命运之人。

在一个进步历史观的框架内,这种斗争循环会形成一种上升的趋势。也就是说,以暴制暴会让历史前进。这不过是黑格尔的"恶是历史的动力"的另外一种说法。而这个地方,正是本雅明的历史哲学批判的核心范围,阿甘本显然也把这种批判纳入了自己的视野。海德格尔虽然没有这种历史进步的观念,但是他相信,在这个斗争当中产生民族的命运,是需要去承担的东西。一个民族承担自己的命运,就是承担了存在之真理。

据此,阿甘本指出:"海德格尔或许是最后一个仍然相信这一良善信仰的哲学家,他相信城邦(在其中遮蔽与解蔽之间,人的动物性和人性之间的斗争占据统治地位)这一场所依然可以实践,他认为让自己身处这一危险场所的人和民族仍然可能找到属于自己的历史命运。也即是说,他是最后一个(至少在某个意义上,以及并非没有怀疑和矛盾的情况下)还相信这一点的哲学家:人类学机器每当对人与动物之间、敞开与非敞开之间的冲突作出决定和重组的时候,仍然可以产生一个民族的历史和命运。"①

在西方形而上学的起源处(比如在亚里士多德对人的定义中),城邦与人类语言这两个元素就纠缠在一起。无疑,海德格尔正确地强调了人类语言的创造性,它在解蔽和遮蔽的游戏中,既开创"世界"又扎根"大地"。而城邦,是语言开辟出来的世界,是各条"道路"(话语)的交汇之处②,同时也是世界和大地的斗争场所。在这种解释中,相对于城邦作为人类共同体的伦理内涵,语言—逻各斯作为对存在的解蔽占了上风,规定了城邦(以及人类政治)的内涵——"战场"。在这里,暴力不是需要克服或从中解放的某种东西。不论是存在论结构层面的语言暴力,还是社会结构层面的统治暴力(本雅明意义上的立法暴力、神话暴力;施密特意义上的主权者之决断)③,对海德格尔来说都没有从中"解放"的问题,而仅仅指向能否以及如何将之作为命运承担起来的问题。置身于这个战场,并承担起语言的暴力及其后果,是此在的命运—使命;安提戈涅勇敢地承担起了自己的命运。

但以阿甘本的立场看,在海德格尔这里,人类学机器并没有停止运作,语言的暴力在

① Giorgio Agamben, *The open : man and animal*, Kevin Attell trans., Stanford University Press, 2004, p. 75.
② Martin Heidegger, Einführung in die Metaphysik, Gesamtausgabe, Band 40, Frankfurt a. M.1983, p. 161.
③ 齐泽克认为,城邦内部的社会结构层面的统治暴力,正是以存在论结构层面的语言暴力为基础。参见 Slavoj Žižek, *Violence: Six Sideways Reflections*, New York: Picador, 2008, pp. 68 - 69。中文版参见斯拉沃热·齐泽克:《暴力:六个侧面的反思》,唐健,张嘉荣译,蓝江校,北京:中国法制出版社,2012 年,第 63 - 64 页。

存在论层面上甚至被崇高化。从政治实践的后果上说,这种对民族的历史和命运的向往,成了被阿甘本视为现代生命政治的典范的法西斯极权统治的思想根源。于是,海德格尔与纳粹的亲近,也就不足为奇。对阿甘本来说,这种以暴制暴的游戏本身就是一个困境,如果我们真有什么历史任务的话,那就是停止这个游戏,放下所有的所谓"历史任务"。这种"停止"的想法无疑也是来自本雅明,它是从语言的暴力中解放的另外一条思路。

二、语言的停顿:沉默

维特根斯坦有句名言:对不能言说的,应当保持沉默。语言有其界限,界限之外是它不能到达的神秘。让语言停顿,保持沉默,是阿甘本阻止人类学机器的思考方向,他诉诸的是本雅明的"停顿中的辩证法"(Dialectic at a standstill)。这里的辩证法,指向的是立法暴力与护法暴力的循环,即以暴制暴的历史循环。阿甘本同意本雅明的观点,即必须由第三者来打破这种辩证循环,这个第三者叫作"神圣暴力"①。所谓"神圣暴力",核心要点在于悬置一切"法",让一切对尺度和界限的规定都停止,它"在所有方面与神话暴力对立""摧毁一切边界"②——也就是说,使人类语言起作用的基本方式(也是创造性与暴力的共同来源)——停顿。

"停顿"是本雅明极具原创性的思想。他在《拱廊街计划》中写道:"思考不仅仅属于思想的运动,也属于思想的中止。思想在一个充满张力的星丛中停顿的地方——辩证意象就在那里出现了。这是思想运动中的停顿,其停顿之处当然并非随便什么地方。简而言之,它出现在辩证对立之间的张力最大之处。因此,在对历史的唯物主义展示中被建构起来的对象本身就是辩证意象。后者与历史对象相同;它证明了它从历史进程的连续体中暴力地挣脱出来的合理性。"③如果说,海德格尔还是在设置边界和对立,并主张承担在诸种对立的斗争游戏中产生的历史命运。阿甘本根本上否认这些斗争可以产生所谓历史命运,他跟随本雅明,主张悬置和取消对立,打破边界,中止游戏,让"历史进程"刹车。在这个语境下,从暴力中解放——从法律的方面说,不是用新的法律代替旧的律法,而是直接悬置所有法律;在历史的方面说,就不是让历史进步或倒退的问题,而是从这一历史中脱离,"从历史进程的连续体中暴力地挣脱出来";从语言的方面说,不是用更新、更完善

---

① 吉奥乔·阿甘本:《神圣人:至高权力与赤裸生命》,吴冠军译,北京:中央编译出版社,2016 年,第 93 - 94 页。
② *Walter Benjamin Selected Writings Volume 1, 1913—1926*, Marcus Bullock, Michael W. Jennings eds., Edmund Jephcott trans., The Belknap Press of Harvard University Press, Cambridhe, Massachusetts, London, England, 1996, p. 249.
③ Walter Benjamin, *The Arcades Project*, Howard Eiland, Kevin McLaughlin trans., Belknap Press, 2002, p.475.

的新语言代替旧的语言,而是让语言停顿,回到沉默。

阿甘本援引本雅明的"停顿中的辩证法",主要是拿来说明"自然本身"。这个"自然本身"区别于历史领域,是"从历史进程的连续体中暴力地挣脱"的辩证意象。如果说历史是公开的领域,那么自然本身则是封闭的世界和黑夜,它"既不是历史的剧场,也不是人类居住的场所",它叫作"救赎之夜"①。因而,这个"自然本身"也区别于"历史中的自然"——在历史中的自然,是某种中介转换的产物。在历史唯物主义的语境下,正如本雅明援引马克思所说——自然通过社会中的物质生产过程进入历史,是有待进一步改造和修正的自然②;在基督教的语境下,正如圣保罗所说——"万物的热切渴望",自然通过亚当的犯罪进入历史,是有待救赎的自然。如果说历史的终点是审判,历史的目的是救赎,那么在历史之外的自然,就与救赎无关。

历史"停顿"的地方,正是这个沉默的、封闭的"救赎之夜"。阿甘本认为,在这个领域,人类学机器也"停顿"了,"不再为了通过对非人的悬置和捕获来产生人而衔接自然与人"③,即不再继续寻求人与非人动物之间的界限,不再在人—动物之间寻求新的、更好的、更有效的关联。意味着我们并不是让人类学机器换一个"更加完善"的方式运作,或者换句话说,让历史前进、进步,而是停止、停顿、刹车,让人与动物都从语言的暴力当中解脱出来。剩下在人与非人"之间"的,是未命名的"不确定的生命"④。在这里,生命的概念模糊了人与动物的边界。阿甘本自己有两个例子可以用来描述这一状态中的生命,一个是人类幼年,另一个是人类的性满足——两者皆是处于人与动物"之间"。但是,此处更适合联系到对一切法,以及一切立法暴力的彻底废弃的例子,也是更具有政治色彩的例子,来自本雅明自己描写的"游荡者"形象⑤。都市里游手好闲的游荡者,在本雅明眼里正是"神圣暴力"的可能体现,他们直接将自己置身于游戏之外,否认所有的现成框架。

然而,这个方案总体上过于消极。不但基于对人类文明的价值的消极评价,而且在行动上与消极被动难以区分。当阿甘本把"停顿"的状态称为"无作"(Desoeuvrement)⑥是可以理解的,因为"停顿"首先就是放下所有的事情,什么都不做的闲散状态。然而,当他

---

① Giorgio Agamben, *The open : man and animal*, Kevin Attell trans., Stanford University Press, 2004, p. 81.
② Walter Benjamin, *The Arcades Project*, Howard Eiland, Kevin McLaughlin trans., Belknap Press, 2002, p.483.
③ Giorgio Agamben, *The open : man and animal*, Kevin Attell trans., Stanford University Press, 2004, p. 83.
④ Ibid.
⑤ 汉娜·阿伦特:《导言:瓦尔特·本雅明:1892—1940》,汉娜·阿伦特编:《启迪:本雅明文选》,张旭东,王斑译,北京:生活·读书·新知三联书店,2008 年,第 31 - 32 页。
⑥ Giorgio Agamben, *The open : man and animal*, Kevin Attell trans., Stanford University Press, 2004, p. 85.

认为"无作"直接就是一种"全新的、更幸福的生活",甚至是"更高阶段"①,这就明显操之过急了。因为"停顿"或"无作"不一定是"神圣暴力"的体现,也可能是丧失创造性而陷入消极被动的体现。在后一种情况下,不但没有办法动摇既定秩序的暴力,而且这些"不确定生命"自身也极易被摧毁。从这一点来说,阿甘本的方案是消极的,他为了避免语言暴力而连同语言的创造性一并舍弃了。当然,他也许会辩解说,创造性在此并不是被舍弃,而是保持为"潜能"。即便是这样,当创造性的潜能在某个时机实现,暴力也会随之复苏。问题并未得到解决。

另外,这个方案也过于具有乌托邦色彩。在本雅明那里,人类的语言总是有声的,而其他万物传达自身的时候总是无声的,在堕落事件之后更是变为无语的哀悼②。也就是说,自然本身虽然沉默,但是并不封闭,而是在沉默中有所传达。关于这一点,海德格尔在《存在与时间》第三十四节关于语言与沉默的论述,有更进一步的洞见:"……话语在生存论上即是语言……听和沉默这两种可能性属于话语的道说。"③他还写道:"比起口若悬河的人来,在交谈中沉默的人可能更本真地'让人领会'……真正的沉默只能存在于真实的话语中。为了能沉默,此在必须有东西可说,也就是说,此在必须具有它本身的真正而丰富的展开状态可供使用。"④海德格尔认为,此在的沉默(无声)也可以表达深刻的内容,而滔滔不绝(有声)反倒经常成为一种遮蔽。意思是,此在同样有"无声的传达",即便沉默的此在,也"总是在说话"⑤。此在总是有话要说,沉默只是言说的一种方式,这由此在的基本存在方式决定。同理,阿甘本的所谓"无作"最终也只是此在劳作的一种方式,拒绝任何行动本身也是一种行动。如果海德格尔是对的,那么即便封闭和沉默的"不确定生命"可以摆脱语言暴力,也只是人无法到达的乌托邦。因为,此在已然被抛到"在世"的敞开之中,再也无法遁入大地;并且,此在也已然被抛到语言的喧嚣之中,再也无法保持沉默。

综上,由于我们时代的主流政治—历史世界多以人性的概念为起点,因此也遵循人类学机器的内在逻辑,把除了"人性"之外的东西都抹杀。阿甘本的工作可以说是为一种全

---

① Giorgio Agamben, *The open : man and animal*, Kevin Attell trans., Stanford University Press, 2004, p. 87.
② Walter Benjamin, "On Language as Such and on the Language of Man", in Marcus Bullock and Michael W. Jenings ed., *Walter Benjamin : Selected Writings*, *Volume 1 : 1913—1926*, United States : Harvard University Press, 1996, p. 72. 中文版参见瓦尔特·本雅明:《论原初语言与人的语言》,《写作与救赎:本雅明文选》,李茂增,苏仲乐译,上海:东方出版中心,2009 年,第 15 页。
③ 马丁·海德格尔:《存在与时间》(修订译本),陈嘉映,王庆节译,上海:三联书店,1999 年,第 189 页。
④ 同上书,第 192 页。
⑤ 马丁·海德格尔:《在通向语言的途中》,孙周兴译,北京:商务印书馆,1997 年,第 1 页。

新的人类政治形式的探索作预备。这一探索依赖着本雅明的理论资源,远未完成,也未形成一种表述清晰的思想,而且似乎走向了某种舍弃人类文明的神秘主义乌托邦。因为,面对阿甘本描述的这样一幅"沉默"和"封闭"的黑夜图景,似乎在其中政治根本就是不可能的。我们难以从这个神秘主义乌托邦出发,设想一种政治形式,甚至任何的人类文明创造。在这个意义上说,阿甘本的解放思路是消极的。

三、语言的原初伦理内涵:泊勾杀

"凭借所有没有说出的词语,以及所有没有实施的意图,性格标记了人的面容;动物的面容总是看起来处于说话的边缘;但是人类之美向着沉默把面容敞开。这盛行的沉默不仅是话语的闲置,而且是词语本身的沉默:语言的理念。因此,在面容的沉默中,也只有在那里,人类才真正在家。"①阿甘本是在谈论艺术的时候发表了上述将沉默与面容联系在一起的观点。他认为,图画的沉默可以打断命名对物的宰制,让物回到物本身,回到其无名性之中。如果说这种沉默最终只有在一张面容上才能找到,那么面容在打断语言暴力这件事上便有了特殊的意义。虽然阿甘本在文中并未提及列维纳斯,但这段文字很难让人不想到后者,因为关于"面容"的最有启发性的理论正是出自他。我们认为,列维纳斯提示了一条从语言暴力中解放的道路,既区别于以暴制暴,也不同于消极的"停顿"方案。

首先,在列维纳斯的语境中,本文所讨论的语言暴力,其根源在于西方自古希腊以来的存在论传统。这一传统具有一种"总体性"的倾向,倾向于把所有的差异都转化为同一,不顾他者的他性②。因此,存在论本身就是一种非正义的哲学③。于是,从语言的暴力中解放,在这里意味着从存在论脱离。1974 年,列维纳斯出版了著作《别样于存在或超越本质》(*Otherwise than Being or Beyond Essence*),在书的标题上就直接针对着"存在",针对着西方思想的存在论传统。别样于存在,即逃出、超出"存在"的范围。然而,列维纳斯说,这一逃离最大的障碍却也是语言,除非我们能够找到某种不一样的语言形式,避开传统的存在论预设④。其实,不仅仅是人类写作和言说的方式,整个人类生存方式,都被存

① Giorgio Agamben, *Image and Silence*, Leland de la Durantaye trans., in Diacritics, vol. 40. 2, 2012, p. 98.
② 在这点上,列维纳斯倒是与本雅明判断一致。后者曾写道:"就连自然生长出来的人种差异,比如种族差异……也能够并且必须在历史中被消除。"参见 Walter Benjamin, *The Arcades Project*, Howard Eiland, Kevin McLaughlin trans., Belknap Press, 2002, p.484。
③ Emmanuel Levinas, *Totality and Infinity*: *An Essay on Exteriority*, Alphonso Lingis trans., Duquesne University Pres, 1969, p. 46. 中文版参见伊曼努尔·列维纳斯:《总体与无限:论外在性》,朱刚译,北京:北京大学出版社,2016 年,第 18 页。
④ 孙向晨:《面对他者:莱维纳斯哲学思想研究》,上海:上海三联书店,2008 年,第 202-203 页。

在论长久统治、塑造；从中摆脱殊非易事。

其次，如上所述，列维纳斯在此没有把暴力看成语言本身的问题，而是看成某种语言的问题，或者说某个哲学传统的问题。这是因为，他对语言有新的理解，或者说，他要重新发现语言的本质，重新探索语言的根基：与他者的关系①。根据列维纳斯，这种关系乃是一种对话，而对话的最原初的场景是面对面（face to face）。

他写道："语言作为关于世界的观点的交换……预设了面容的本源性。"②在这里，面容（face）的概念占据了核心的地位。人类语言本身所依赖的伦理根基，在列维纳斯关于"面容"的论述中被揭示出来。也可以反过来说，列维纳斯用以作为伦理基础的"面容"概念，同时具有强烈的语言哲学意味——面容是最初的语言，其内涵是伦理的召唤和命令：汝勿杀③。这一命令打断了我的存在论自我中心，自我沉溺；让我直面一个"异"于我的"他者"。

再次，"汝勿杀"既有某种权威性又不带强制。一方面，这个来自他者的面容的命令，作为命令，具有某种"权威性"，亦即成为原则所必需的严肃性。但另一方面，面容又不带任何强制，而是显示为弱小、赤裸、不幸和饥饿者，激起我的善良，让我无法对此"充耳不闻"④。通过这种非强制的方式，他者的面容把伦理的责任加到我的身上；让我有机会成为真正的（伦理）"主体"⑤。

最后，列维纳斯虽然主张语言在根本上是伦理的，但是他并不否认有非伦理的语言。他在语言内部对"所说"和"言说"作了区分。"所说"是一个名词的语言系统；"言说"则是一种呼唤—回应的交流，在其中我与他者是面对面的、"亲近的邻人"的伦理关系⑥。"所说"在起源上不具有优先性，它必须以"言说"为前提。只有当起源和前提被遗忘的情况下，所说才呈现为语言暴力，即无视他者的他性深渊（外在性）而把他者对象化、主题化，强行纳入统一的"话语"中的暴力：修辞暴力⑦。列维纳斯主张，从存在论中的逃离，关键在于由"所说"到"言说"的还原—超越。此处，所谓超越，是要超越出存在论，超出命

①　Emmanuel Levinas, *Totality and Infinity: An Essay on Exteriority*, Alphonso Lingis trans., Duquesne University Pres, 1969, pp. 70, 207. 中文版参见伊曼努尔·列维纳斯：《总体与无限：论外在性》，朱刚译，北京：北京大学出版社，2016 年，第 45, 192 页。

②　同上书，第 186 页。

③　同上书，第 183 页。

④　同上书，第 185 页。

⑤　同上书，第 184 - 185 页。

⑥　孙向晨：《面对他者：莱维纳斯哲学思想研究》，上海：上海三联书店，2008 年，第 205 页。

⑦　中文版参见伊曼努尔·列维纳斯：《总体与无限：论外在性》，朱刚译，北京：北京大学出版社，2016 年，第 46 页。

名—被命名的关系；所谓还原，是还原到"面对面"的原初伦理关系。

以上便是列维纳斯的大致思路，可以看作解决语言暴力问题的一种伦理学的方案。所谓解放，从这个角度看，就是重新恢复和重视语言的伦理维度。这个方案的优势是显而易见的。

首先，比起以暴制暴，列维纳斯的思路与暴力保持了足够的距离，对极权主义和生命政治都可以构成有力批判。面容，在无声的意义上，是沉默的，它不是词语，甚至也不是视觉图像（这点与阿甘本的说法有差别）。但它又不同于语言停顿的沉默，因为它并不封闭，而是发出伦理的命令。这伦理命令，产生与本雅明的"停顿"类似的效果，即能够打断（自我中心主义的）历史进程。列维纳斯写道："直接，是呼唤和语言的命令……是面对面……当人真正接近他者，他就从历史中被连根拔出。"①因而，这种"打断"也是解放，并确立起以伦理责任为根的自由②。由于这种打断不包含任何强制，所以又是无损于自由的，是非暴力的。

其次，比起本雅明式的"停顿"，列维纳斯的思路更好地处理了语言的创造性问题。他者的面容不但开启了伦理的命令，而且还是人类语言的创造性的基础。如果说这种创造性在于开辟世界、开辟历史—故事以及立法（划定界限），那么根据列维纳斯，"言说"（面对面）是"所说"（命名和符号）的基础，与他者面容的相遇（伦理关系）才是"世界"（存在论）的前提。在另一处，他写道："一个有意义的世界是一个其中有他者的世界，通过他者，我的享受的世界就变成了一个有所指（signification）的主题……在指示一个事物的时候，我在向他者指示……因此对一个符号的使用，并未限制在用一种间接的关系取代与事物的直接关系这个事实上，而是让我可以献出可提供之物……"③正是与他者的伦理关系使得世界进入语言，所有的命名都肇始于我要与他人分享某物。当这一伦理关系被遗忘，语言才变得暴力，于是，从语言的暴力中解放的问题在这里就变成了克服遗忘的问题，只要语言的伦理内涵不被遗忘，就可以保留语言的创造性，同时又拒绝它的暴力。

四、哲学家的动物时刻

这一节我们将回到动物的话题上来。

通过面容这一概念，列维纳斯的理论可以较为妥当地处理语言的暴力问题。但是，这

---

① 中文版参见伊曼努尔·列维纳斯：《总体与无限：论外在性》，朱刚译，北京：北京大学出版社，2016 年，第 24—25 页。
② 同上书，第 188 页。
③ 同上书，第 194 页。

里特别需要注意的是,面容并不是任何的属性,它背后是他者的无限他性的深渊,我们只能有活生生的遭遇经验,而不能有概念上的完全把握。也就是说,它是如此原初和敞开,以至于在面对面的事件发生之前,根本就不能预先对他者的任何属性作出判断,包括他者的生物学属性,人抑或是非人动物。就像亚里士多德区分会和不会说话的存在者,海德格尔区分能和不能参与解蔽和遮蔽的游戏—斗争的存在者那样,如果列维纳斯只不过是在区分有和没有一副面容的存在者,那么这种区分也与前两者一样,都可以被纳入阿甘本所批判的"人类学机器"的范围。所以,当列维纳斯把人类的面容放到优先地位的时候,他所提供的只不过是人类学机器的一种运作方式:把"没有面容"的存在者排除出去。

列维纳斯对集中营的"生命政治",是有亲身的深切体会,这固然是对他理论创造的一个刺激,但同时也让他把注意力更多地放在人身上,没有深入地处理非人类动物的他性,以至于过于匆忙地断定"只有人拥有面容"。这类人类学机器效应的残留,与列维纳斯自己的伦理学是不相容的。实际上,列维纳斯的他者、面容等概念已经具备了摧毁人类学机器的潜力。可惜,当涉及人与非人动物的问题时,他又退回了人类中心论。

这种犹豫不决,在他接受的一次访谈中有明显的体现。当被问及,人的面容与动物的面容是否有某种特殊的东西可以加以区别的时候,列维纳斯回答:"一个人不能完全拒绝一只动物的面容,举例来说,正是经由面容,我们理解了一只狗。然而,这里的优先性却不是在动物的面容上,而是在人的面容上发现的。根据'此在',我们理解动物和一只动物的面容。面容的现象在狗身上并非是它最纯粹的形式……但它还是有一张面容。"①列维纳斯不否认非人动物(比如狗)也有面容,但是他还是坚持把人的面容看作优先的和特殊的。相比之下,其他动物的面容是间接的和之后的呈现,不具备最原始的伦理意义。这种区分与他自己对面容的相关论述产生了冲突。因为,他者面容呈现的两个核心要点——一方面表现出伦理的命令(汝勿杀)的权威,另一方面又表现出极端的脆弱——两者在狗身上都可以表现出来。而他原本的面容概念,作为伦理的召唤,先于一切命名的语言(包括种属的定义),因而先于所有存在论。但是此处,当列维纳斯运用了表象的和知识的思维方式来区分人与其他动物,在这个基础上再谈两者的面容的不同,存在论又再次颠倒了伦理学的地位。

甚至当列维纳斯被问到,动物的面容难道不可以表达出"汝勿杀"这一伦理命令吗?他的回答是:"我不能说你在什么时刻才有权被称为'面容'……我不知道蛇是否有一张

---

① 艾曼纽尔·莱维纳斯:《道德的悖论:与艾曼纽尔·莱维纳斯的一次访谈》,孙向晨,沈奇岚译,孙向晨:《面对他者:莱维纳斯哲学思想研究》(附录二),上海:上海三联书店,2008年,第330页。

面容。我不能回答这个问题。"①由于与面容的遭遇是无法预知的事件,所以列维纳斯在这里说"不知道",并不算矛盾;但一个哲学家对于自己哲学当中的核心概念的问题说"我不能回答",仍不寻常——他本可以大大方方地承认与动物的面容遭遇的可能性。德里达准确地抓住了这一点②,他显然更加重视动物问题的哲学意义,也比列维纳斯本人更加勇于接受和贯彻面容这一概念的伦理学内涵③。对非人动物的面容的感受,与对人的面容的感受一样,并非认识活动,而是伦理意义上的生命共在经验。

在德里达和列维纳斯的生命中,都出现过这样的动物时刻,非人动物作为他者与"我"面对面。他们也都在文章里记录和反思了这一时刻。

根据德里达的叙述,在一次从浴室出来与他养的猫的遭遇中,德里达体验到了自我的世界被他者的面容打断的感觉④。德里达作为哲学家和作为赤身裸体的人类之间有一个切换,他还没来得及运用概念思维的时候,猫的目光打断了他的知识节奏,让他(在羞耻中)重新"认识自己"。在遭遇中,我是谁,重新成为一个问题,特别是这个问题的"无法被恰当回答"的特点在这场遭遇中被凸显出来。所谓的恰当回答,要求重新回到逻各斯的解蔽。"逻各斯中心主义首先是一个关于动物,被剥夺了逻各斯,被剥夺了能有逻各斯的动物的论题:这是从亚里士多德到海德格尔,从笛卡尔到康德、列维纳斯和拉康所主张的那个论题、立场或假设。"⑤德里达与一只猫的特殊遭遇场景,基本能够对应阿甘本所说的"不确定生命"状态。而且,更加明确的是,所谓"不确定",指的是对"我是谁"这个问题的不确定(未确定)。在这个身份的不确定中,人类学机器的运作停止了,因为人与动物的界限被打破;同时,在裸露的羞耻感中,"我"的自我中心主义也被打破。

至于列维纳斯,则在战俘营遭遇过一只叫"鲍比"的狗。鲍比在战俘营每天等他们这些战俘回来,欢迎他们,陪伴他们,与他们玩耍。列维纳斯戏称鲍比是"纳粹德国的最后一

---

① 艾曼纽尔·莱维纳斯:《道德的悖论:与艾曼纽尔·莱维纳斯的一次访谈》,孙向晨,沈奇岚译,孙向晨:《面对他者:莱维纳斯哲学思想研究》(附录二),上海:上海三联书店,2008 年,第 333 页。

② Derrida, *The Animal That Therefore I Am*. Marie-Luise Mallet ed., David Wills trans., New York:Fordham University Press,2008, pp.108 - 109.

③ 动物的问题在德里达的哲学中显然占据更加重要的地位,他在专论《我所是的动物》,以及在法国高等社会科学院以"野兽与君王"(The Beast & the Sovereign)为主题的系列演讲中,都大量涉及动物的问题,参见 Jacques Derrida. *The Animal That Therefore I Am*. Marie-Luise Mallet ed., David Wills trans., New York:Fordham University Press, 2008, p.34;以及 Jacques Derrida. The Beast & the Sovereign:Vol. 1, Chicago : University of Chicago Press, 2009。

④ 雅克·德里达:《我说是的动物(更多随后)》,《解构与思想的未来》,夏可君译,长春:吉林人民出版社,2006 年,第 120 - 121,124 页。

⑤ 同上书,第 141 页。

个康德主义者"①。这说明,他当时感受到了一种伦理关系:他感觉到,鲍比无条件地承认这些战俘,这些在纳粹德国被贬低到"非人"地位的赤裸生命。这条狗所体现的,又何尝不是对整个战俘营暴力秩序的打断?之所以说这条狗是"纳粹德国最后一个康德主义者",撇开列维纳斯的隐喻和嘲讽,关键就在于那只狗真正做到了康德所谓的:要把人当目的,而不仅仅当作手段。在这个意义上说,它可以在相当高的标准下成为伦理的主体。因为它无条件地承认了这些囚犯,把他们当作人。虽然,列维纳斯自己都说"我不知道蛇是不是有'面容'",但他至少承认狗"还是有一张面容"。在活生生的面对面的经验中,列维纳斯在狗身上感觉到了我们曾认为只有人类身上才有的东西,这一点具有重要的意义。

从这两个案例看,德里达和列维纳斯都与非人类动物进入过面对面的伦理召唤—回应的关系。而且,这两个例子分别从正面、反面体现了非人类动物的伦理可能性,在德里达那里是对人提出要求、提出命令的可能性,在列维纳斯那里则是无条件接纳和承认人的可能性。

综上,在叫停人类学机器这件事情上,列维纳斯是一个很好的理论资源,但我们必须批判他的人类中心论残余。德里达对他是一个必要的补充。没有列维纳斯,从语言暴力中解放出来的伦理意义无法得到充分说明;如果缺少了德里达的补充,这种伦理的意义难免会在人类学机器当中再次走向自我挫败。

五、结语

考察了应对语言暴力的前两种思路后,我们似乎处于这样的困境,要么接受暴力辩证循环的人类文明,要么回到毫无创造的天真无邪之自然状态,即封闭、沉默的"救赎黑夜"。在救赎的黑夜中,辩证法"定格",语言的连贯叙事(历史)停止于当下,在过去与未来"之间",人与动物作为"不确定的生命"是没有区分的。救赎的黑夜,借用海德格尔的术语来说,类似于人与动物共同栖居于"大地"之上,而"世界"似乎随着历史的定格、时间性的丧失被悬置了。在海德格尔那里,与"世界"的关系的不同正是人与非人动物的区别;阿甘本的这种悬置,在海德格尔的语境中可以说是取消了此在的在世。所以,在本文的论题中,阿甘本与列维纳斯可以归为一类,他们都把他性和深渊性的维度放到优先。区别在于,阿甘本的论述依然是一种晦暗不明的否定哲学,而列维纳斯试图基于他者的他性

---

① 伊曼努尔·列维纳斯:《一条狗的名字,或自然的权利》,王嘉军译,参见 https://site.douban.com/264305/widget/ notes/190613345/note/633128203/.

的维度为伦理学奠基。为了在自然本身的黑夜中"停顿",阿甘本甚至放弃了语言,放弃了救赎,以此阻止和调停暴力;而列维纳斯要重新申明伦理学对存在论的优先性,在揭示语言的非暴力基础的同时,予以语言的命名和符号功能合法的位置,保持语言的创造性。列维纳斯的问题在于,依然保有人类中心主义的残余。在这一点上,我们需要结合德里达的批判和补充来看。

而如果列维纳斯的思路大致是正确的,如果直面"面容"是打破语言的命名暴力的魔咒的契机,那么现代化的技术常常成为遮蔽的工具。把不得不直面面容的场景遮蔽,那些需要共同合作才能完成的"大事"(大屠杀),就可以在尽量少地直面受害者的情况下完成。开车的、看门的、坐办公室的,都参与了事件,但他们都看不到受害者,所以他们在某种程度上也免除了面对面的越界体验。现代技术降低了面对面的机会和必要性,这是一个困难,但本文在此无法探讨这个问题,只能留待以后。

The Violence and Liberation of Language：
From Animal Ethics to Bio-Politics(Part Two)

LI Jinheng

【Abstract】 The difference between human beings and animals is not only the core issue of animal ethics, but also the key to explain human politics. In the previous part, we have, from the perspective of language, discussed the violence involved in the distinction between human beings and animals. And, with the help of agamben's concept of "anthropological machine", it reveals the connection between this violence and the bio-politics within human society. In this part, we will explore several ideas for liberation from violence. The first way is" answer violence with violence" or "words against words". The second way is to let the language standstill and stay silence. The third way is to trace the ethical foundation of language. After these discussions, we believe that levinas is a very critical theoretical resource, although some aspects need to be combined with the supplement of Derrida.

【Keywords】 Language, Violence, Anthropological Machine , Animal Ethics, Bio-Politics

论马基雅维利德行(virtù)①概念的解释疑难与形而上学根据

蒋　益②

【摘要】 马基雅维利学说及其解释所呈现的"现实主义"和"理想主义"之争,极大地影响到对马氏"德行"概念的理解。然而,对"德行"的政治化解释,并不能真正解决对"德行"的人性论预设、践行主体及其建构的政治秩序进行道德价值判断的问题。本文通过梳理、分析马氏对自然—宇宙秩序、政体循环论、混合政体说等内容的论述,整理出马氏"德行"概念的"政治形而上学"根据及其产生的逻辑起点,试图确立马氏学说内部的超越性评判尺度。而具有古典政治哲学根据的政体循环论和"最佳政体问题"在马氏学说中的重要地位,又提示现代的研究者们,马氏思想内蕴的"古今之争"的复杂面貌。

【关键词】 马基雅维利,德行,形而上学,循环,革命

克罗齐曾坦言,存在着"一个永远无法解决的马基雅维利之谜"。的确,在西方政治思想史上,无论是马基雅维利的学说本身,还是对其学说的解读,突出地呈现出"现实主义"和"理想主义"这两种面相的张力;两者之间所呈现的区别、矛盾乃至悖论,正是"马基雅维利之谜"的重要组成部分。

虽然,马氏在《君主论》和《李维史论》中夫子自道,他通过"直接说出事物的实际真相(Vertia effettuale della cosa),而非事物的想象方面(immaginazione)",发现了如何创制和统治一个国家的"新的方式和秩序"(Modi ed ordini nuovi)③。然而,细究马氏的学说和论著,代表事物之实效性真理的"实际真相",和代表事物之理想化价值的"想象方面",可谓

---

① 马基雅维利的"virtù"概念的内涵殊为复杂,除了一般意义上理解的"德性""美德"之意外,兼有"英勇""能力""卓越"等意涵。因此,中文语境中有作"德行""德性""美德""德能""能力"等诸多译法,笔者此处简单指出的一点是,马氏的"virtù"首先和主要的是关于政治行动的概念和理论(参见阿尔都塞:《政治与历史:从马基雅维利到马克思(1955—1972年高等师范学校讲义)》,吴子枫译,西安:西北大学出版社,2018年,第280-287页)。因此,笔者主张将其译作"德行"。同时,当"virtue"指涉通常的、区分道德上善(moral virtue)恶(moral vice)意义的概念时,仍作"德性"。

② 作者简介:蒋益,复旦大学哲学学院伦理学专业博士生,主要研究方向为黑格尔法哲学、西方近代政治哲学。

③ 参见马基雅维利:《君主论·李维史论》,潘汉典、薛军译,长春:吉林出版集团有限责任公司,2011年,第59,141页。笔者在引用时,会根据自身理解改动部分译文,恕不一一指明。

兼而言之。在《君主论》中,马氏鼓吹统治者需要凭借非道德的权谋和强力来实现"权势、安全、尊荣和幸福"①,并着眼于富国强兵的公共利益(Bene commune),以便维持和实现意大利城市国家的现实生存和长远繁盛。在《李维史论》中,马氏则念兹在兹于古代圣王贤臣凭借伟大"德行"所成就的非凡功业,希望复兴理想中的古罗马共和政制,回复到古典共和国最初的"德行"状态②。而在《君主论》文本的内部,前二十五章所呈现的冷酷、中立的权力分析的现实主义风格,与最后一章热切呼吁意大利各邦国的统治者们实现民族解放、国家统一之正义事业的理想主义情怀,可谓大异其趣。"现实主义"和"理想主义"的面貌所呈现的区别、矛盾乃至悖论,不仅是数百年来不少读者对《君主论》和《李维史论》具有不同基调、主题、论述的阅读印象,也是古今中外的马氏研究者们必须面对的棘手问题。这正如沃特顿所言:"当提到马基雅维利时,任何读者都会打定主意要去协调他思想里不可协调的内容。"③

作为马氏政治学说核心概念之一的"virtù"(德行),对其解读亦细致而微地呈现了"现实主义"和"理想主义"之争。虽然自克罗齐提出马氏将政治与道德相分离④的著名观点以来,论者也多强调马氏的德行主要关涉政治行动领域,主要指实现政治目标的能力和手段。然而,这种"政治化"的德行解释,仍然存在着诸多疑难问题:(1)仍然无法真正斩断政治德行与道德德性的整体性价值关联——我们仍然需要追问"德行"的人性论预设、践行"德行"的主体、"德行"行动所建构的政治秩序,在善恶尺度上的"德性"品质;(2)"德行"学说,除了在政治行动的经验世界中予以后果论的价值评判,在马氏学说的整体框架、体系中,是否存在着评判政治行动正当与否的超越性根据。鉴于此,笔者将首先呈现德行概念的政治化理解及其引发的疑难;然后,基于马氏学说的整体框架,梳理、辨析德行概念的形而上学根据和得以产生的逻辑起点;从而确立起从超越性维度评价马氏学说的理论可能性;最后,说明马氏的世界观、历史观和政体论恰恰具有古典自然哲学和古典政治哲学的重要基础。

一、"德行"概念的政治化内涵及其解释疑难

马氏学说所呈现的"现实主义"与"理想主义"的矛盾,亦细致而微地影响到对其重要

---

① 马基雅维利:《君主论·李维史论》,潘汉典,薛军译,长春:吉林出版集团有限责任公司,2011 年,第 23 页。
② 同上书,第 439－444 页。
③ 沃特顿:"导论",载《马基雅维利政治著作选》,郭俊义译,北京:北京大学出版社,2013 年,第 29 页。
④ 克罗齐:"马基雅维利发现了政治的必要性及自主性,也就是超越了(或低于)道德性善恶的政治观念。"参见 Machiavelli, *Politics and Morals*, London: George Allen & Unwin, 1946。转引自伯林:《马基雅维利的原创性》,《反潮流:观念史论文集》,冯克利译,南京:译林出版社,2002 年,第 54,63－64 页。

概念"virtù"（德行）的理解。这一节首先分析"德行"概念的主要含义，即政治领域的才能，然后呈现对"德行"的两种主义解读的可能原因和主要形态，最后说明"德行"的两种主义解读所开显的、无法解决的"疑难"。

西格尔（Jerrold Seigel）指出，virtù 一词主要有两种含义：道德德性（Moral virtue）、力量或效力（power/efficacy）①。某种意义上讲，virtù 的概念史即这两种含义及其关系的流变史。在马氏著作中，虽然出现多次的 virtù 一词并没有一个明确、单一的定义，但也可以梳理出这两种含义。就"道德德性"而言，克罗齐、梅尼克、卡西尔、施特劳斯、伯林和阿尔都塞等著名思想家都强调，马氏并未否认传统的、区分善（Moral viryue）恶（Moral vice）意义上的"道德德性"②。如在《君主论》第 8 章中，马氏就认为屠杀国民、出卖友人、背信弃义、毫无虔诚的阿加托克雷"过着邪恶的生活"，"是不能够称作有德性（virtù）的"③。在《君主论》第 15 章中，马氏所列举的十一组"德性与恶行"的德目表④，也表明他并不否认惯常的德性品质及其评价尺度。然而，马氏更多用"bontà"（善意、良善）一词承载道德层面的"善、好"（goodness）意义，如在《君主论》第 15 章和《李维史论》第一卷第 17 章中，马氏将"善好"的有关品质、行为、秩序区别于政治行为的"德行"⑤。因此，马氏区分"virtù"与"bontà"的操作，正凸显了"德行"中性的、去道德化的"力量或效力"含义。对此，有学者指出，马氏的"virtù"主要指人们在政治和军事方面的能力、才干、勇气、技艺⑥等特质。梅尼克则进一步区分出不同政治行动者的德行：一种是少数的国家或宗教创建者、立法者和统治者所具有的卓绝品质，是英雄主义的德行；一种是众人皆可获得的、献身于共同体利益的"公民德行"⑦。纵观《君主论》和《李维史论》，无论是君主创立、统治国家的"德行"，

---

① Seigel. *Virtu in and since the Renaissance*. New Dictionary of the History of Ideas, Vol. 4, Charles Scribner's Sons, New York, 2005, p.477.

② 参见克罗齐：《马基雅维利：政治的必然性与自主性》，朱兵译，《政治思想史》2014 年第 4 期；弗里德里希·迈内克：《马基雅维利主义》，时殷弘译，北京：商务印书馆，2008 年，第 92 页；恩斯特·卡西尔：《国家的神话》，张国忠译，杭州：浙江人民出版社，1988 年，第 165 页；施特劳斯：《关于马基雅维利的思考》，申彤译，南京：译林出版社，2003 年，第 383 - 384 页；伯林：《马基雅维利的原创性》，第 29 - 47 页；阿尔都塞：《马基雅维利和我们》，《哲学与政治：阿尔都塞读本》（下），陈越译，长春：吉林人民出版社，2011 年，第 411 - 413 页。弗里德里希·迈内克多译作弗里德里希·梅尼克。

③ 参见马基雅维利：《君主论·李维史论》，潘汉典，薛军译，长春：吉林出版集团有限责任公司，2011 年，第 32 - 33 页。《君主论》中译者潘汉典先生在译注中指出，马氏此处评价阿加托克雷的"virtù"具有"道义上的优越性"之含义，参见马基雅维利：《君主论·李维史论》，第 33 页；曼斯菲尔德也认为，马氏此处是从区分善恶的意义来界定"virtù"，参见曼斯菲尔德：《马基雅维利的 Virtue》，宗成河等译，《共和主义：古典与现代》，上海：上海人民出版社，2006 年，第 92 页。

④ 参见马基雅维利：《君主论·李维史论》，潘汉典，薛军译，长春：吉林出版集团有限责任公司，2011 年，第 60 页。

⑤ 同上书，第 60,200 - 202 页。

⑥ 参见普赖斯：《马基雅维利的 virtù 诸意》，傅干译，《政治思想史》，2011 年第 4 期。

⑦ 参见弗里德里希·迈内克：《马基雅维利主义》，时殷弘译，北京：商务印书馆，2008 年，第 90 页。

抑或是公民保护、复兴共和国的"德行",无不是创建或维护"政治秩序"的政治化德行。

作为政治才能的"德行"①,集中呈现于《君主论》第6—9章中对三类具有德行的"武装的先知"(Profeti armati)的论述;这些内容体现了"德行"去道德化的政治化特质。在第6章中,对摩西、居鲁士、罗慕路斯、提修斯等古代圣王的政治功绩的论述:

> 除了获有机会之外,他们并没有依靠什么幸运,机会给他们提供物力,让他们把它②塑造成为他们认为最好的那种形式。如果没有这种机会,他们精神上的德行(la virtù dello animo)就会浪费掉;但是,如果没有那样的德行,有机会也会白白地放过。③

这些值得被效仿的"伟大人物"(Grandissimi esempli)的卓越功绩和超凡能力,集中体现了审时度势(prudence,即明智、审慎地判断形势、把握机会)地创制政治秩序的英雄德行。在第7章,以反复无常的残暴和阴险巩固自己统治基础的切萨雷·博尔贾,由于为原先纷乱不堪的领地带来了安宁与和平,也被马氏评价为"有德行"④。在第8章,前述"以邪恶之道获取统治权"的阿加托克雷,马氏亦充分地肯定其勇敢、坚韧、临危不惧、保境安民的政治"德行"⑤。以邪恶的手段、权谋达致政治目标的观点亦体现于《李维史论》中,如在第一卷第27章中,马氏认为,为实现伟大的政治事业,如反抗教会阻挠意大利的统一,"恶性本身有伟大之处"⑥。遍观《君主论》和《李维史论》,为实现国家的独立自由、长治久安和伟大复兴,审时度势地妥善施展诸如精明、狡诈、阴谋、残暴等"德行",都是合情合理合义之举。德行所呈现的"亦正亦邪"的两面性内涵,马氏以"君主必须通晓如何同时运用人性和兽性"⑦予以解释,即人性本身和人类事物兼具高尚与卑下、文明与罪恶的特质。可见,在奠立、维护政治秩序的目标导向下,去道德化的、关乎政治行动的个人能力和特质成为马氏"德行"概念的主要含义,正如阿尔都塞所言,其德行是"创制持久国家的主观条件所特有的品质"⑧。显然,这种德行概念体现了马氏对人性和政制之"实际真相"的

① 参见波考克:《马基雅维利时刻》,冯克利等译,南京:译林出版社,2013年,第169－193页。
② 指政治共同体。
③ 马基雅维利:《君主论·李维史论》,潘汉典、薛军译,长春:吉林出版集团有限责任公司,2011年,第21页。
④ 同上书,第24－31页。
⑤ 同上书,第32－36页。
⑥ 同上书,第223－224页。
⑦ 同上书,第68页。
⑧ 阿尔都塞:《马基雅维利和我们》,《哲学与政治:阿尔都塞读本》(下),陈越译,长春:吉林人民出版社,2011年,第359页。

把握,最终仍以某种"人性论"预设为基础。

需要指出的是,从传统的"授恶之师"到如今的"共和先知",对马氏及其德行理论的评判,仍然包含着对人性论和政制论之道德价值维度的评判,这也是"理想主义"与"现实主义"的解释立场、进路之争的根本原因所在。如果说,政治上追求"实然"目标的德行指向"现实主义",道德上追求"应然"价值的德性分别指向"理想主义",那么,在马氏话语中德行和德性"剪不断,理还乱"的先在关联已预设了两种争执。在宏观关系上,德行并不能真正无涉德性,如阿尔都塞、曼斯菲尔德认为,政治德行"包括"道德德性[1],政治领袖的"德行"是包括德性要素在内的整体政治秩序之"善好"的基础和保障[2]。在微观内涵上,马氏的"德行",既具有诉诸欺骗、阴谋、暴力、杀戮、恐惧等宣扬"兽性"的罪恶特征,又具有国家强大繁荣、统治者英明神武、人民自由勇毅等表彰"人性"的文明特征。面对罪恶现实与文明理想的巨大反差,人们必然会追问"德行"的人性内涵、行动主体和所建构之政治秩序的德性品质,这也容易引发对德行的"现实主义"批判和"理想主义"阐发。

就"现实主义"批判而言,施特劳斯认为,马氏将追求生命与保存、安全与福祉的"实然"人性确立为政治社会的基础,"使得他对于现实主义的政治哲学的要求合理化了"[3]。以现实的目的(如个体欲望、公共利益、政治目标)和结果来评判手段(能力)的"德行"理论,正是以"卑下"的人性利欲的满足为评价尺度[4]。这种作为事实与价值区分的先导认为,"不能从应然中推出实然"[5]的现实主义,取消了古典哲学强调的人在实践和沉思生活中应当追求的"卓越"本质,最终封闭了人类整体生活趋向"完满"和"至善"的可能性。在一些学者看来,马氏政治思想是对近代绝对主义王权邻国之领土扩张、商贸竞争的理论反应;他主张以"高度军事化的城市统治"来保障意大利各邦国的独立、强大和统一的现实目标[6]。因而,马氏也被视作以"国家的自保和成长"为强大动机的"国家理由"(State reason)观念的先驱[7]。如梅尼克、卡西尔等"国家理由"批判者认为,过度伸张德行的权力含义和集体利益导向,使得个体自由和社会正义的价值双双缺位,很可能导向极权政治的

① 参见阿尔都塞:《马基雅维利和我们》,《哲学与政治:阿尔都塞读本》(下),陈越译,长春:吉林人民出版社,2011年,第411页;曼斯菲尔德:《马基雅维利的 Virtue》,宗成河等译,《共和主义:古典与现代》,上海:上海人民出版社,2006年,第118页。
② 参见马基雅维利:《君主论·李维史论》,潘汉典、薛军译,长春:吉林出版集团有限责任公司,2011年,第202页。
③ 施特劳斯:《自然权利与历史》,彭刚译,北京:北京三联书店,2003年,第182页。
④ 参见列奥·施特劳斯:《什么是政治哲学?》,《什么是政治哲学》,李世祥等译,北京:华夏出版社,2011年,第33页。
⑤ Mansfield. *Machiavelli's Virtue*. Chicago: University of Chicago Press, 1996, p.258.
⑥ 参见艾伦·梅克辛斯·伍德:《西方政治思想的社会史:自由与财产》,曹帅译,南京:译林出版社,2019年,第42页;萨拜因:《政治学说史:下卷》,邓正来译,上海:上海人民出版社,2010年,第11页。
⑦ 参见弗里德里希·迈内克:《马基雅维利主义》,时殷弘译,北京:商务印书馆,2008年,第52页。

现实悲剧。这两种批判都着眼于"德行"以安全与秩序之名所释放的人性之恶,进而认为这是现代政治实践引发人性和道德危机的理论根源①。

就"理想主义"阐发而言,以波考克和斯金纳为代表的"剑桥学派"思想史家,通过将马氏诠释为早期现代共和主义的开端性人物,勾勒出一整条从意大利文艺复兴到英国、美国大革命的共和主义思想史线索。马氏的核心思想被诠释为公民共和主义(Civic republicanism)的政治理想:"所有人都必须培养政治德行并全心全意地投身于一种公共服务的生活。"②在具体阐释中,剑桥学派通过肯定摩西、居鲁士、罗慕路斯等古代君主创制国家的卓越功绩和超凡魅力:(1)隐去了诸如切萨雷等恶人恶行对"德行"价值的负面影响;(2)以"政治革新"(Political innovation)的正面主题串联起《君主论》和《李维史论》的逻辑一贯性;(3)以建国者的"德行"将政制"形式"加于无序"质料"(即未形成自觉的政治"德行"的、未被组织动员的民众),从而将统治者德行和公民德行融合为维护"共同善"的普遍且平等的德行③;(4)将"德行"理论塑造成当代共和主义政治理想的宣传话语。在一些学者看来,"剑桥学派"的诠释,将免于支配和奴役的"第三种自由"、参与式的积极民主以及更为普遍的平等等理念纳入到公民共和主义的"德行"话语中,这种诠释内蕴着激进平等主义的现实政治诉求,因而,其理论的乌托邦底色可与西方激进左翼暗通款曲④。因而在葛兰西、阿尔都塞的马克思主义话语的更为激进的解释中,马氏作为"没有武装的先知",《君主论》是其"革命的乌托邦宣言","新君主"是"人民集体意志的象征";其"德行"话语"预言"了无产阶级政党和革命人民的"先进性",其整体学说则"预见"了先进阶级发动民主革命、创建民族国家的历史必然性任务⑤。从公民共和主义到西方马克思主义的诠释,马氏俨然成为捍卫参与自由、普遍平等、人民民主等积极政治价值的革命者。他们隐含强烈政治诉求的"德行"诠释,不仅君主及其政治统治权被消解于公民或人民的革命"领导权"之中,而且,去道德化的政治德行恰恰以政治主体(公民/人民)和政治秩序的道德优越性为根本前提和目标导向⑥。

由上可见,马氏"德行"论的"现实主义"与"理想主义"的解释立场、进路之争,深刻呈现了德行概念解释的复杂性疑难。服务于人类"脾性"和政治目标之现实状况的"德行",

---

① 参见恩斯特·卡西尔:《国家的神话》,张国忠译,杭州:浙江人民出版社,1988 年,第 3 页。
② 斯金纳:《共和主义的政治自由理想》,应奇,刘训练编:《公民共和主义》,北京:东方出版社,2006 年,第 73 页。
③ 参见波考克:《马基雅维利时刻》,冯克利等译,南京:译林出版社,2013 年,第 169-193 页。
④ 参见刘小枫:《以美为鉴:注意美国立国原则的是非未定之争》,北京:华夏出版社,2017 年。
⑤ 参见葛兰西:《现代君主》,《葛兰西文选》,北京:人民出版社,2008 年,第 119-122 页;阿尔都塞:《马基雅维利和我们》,《哲学与政治:阿尔都塞读本》(下),陈越译,长春:吉林人民出版社,2011 年,第 422 页。
⑥ 参见阿伦特:《论革命》,陈周旺译,南京:译林出版社,2007 年,第 29 页。

由于不能真正斩断政治与道德的关联,因而仍旧必须追问"新人"(Homines novi)和"新的方式和秩序"的德性品质:是释放了无涉道德的人性恶,还是体现了德行行动者的道德优越性? 是如施特劳斯所言,斩断了与古典实践哲学的"至善"目的论及其道德原则的整全性联系,还是如"剑桥学派"所言,复兴了亚里士多德、西塞罗笔下崇尚德行实践的古典共和政制? 换言之,对马氏学说及其德行诠释的两种主义之争,在根本上是对现代政治方案和现代人性价值是否"良善"的德性品质之争。"理想主义"更多以现代—未来世界胜利者的乐观身份审视马氏所开启的历史过程,"现实主义"则更多以现代世界批判者的悲观眼光审视马氏所释放的思想罪恶。真正的、更为重要的问题在于,马氏的政治学说及其德行理论,除了在政治行动的经验世界中予以后果论的价值判断外,是否可以在超越性的维度上确立其正当性根据?

二、"德行"概念的形而上学根据和逻辑起点

关于上一节的疑难,"解铃还须系铃人"。马氏在《李维史论》第二卷前言中,从一种历史哲学的高度论述了"德行"的世界观基础和宏观运行规律,这也呈现了他思考人类社会之总体变迁规律的宏大抱负:

> 我认为世界总是保持同一个样子……在这个世界里善和恶一样多,只是这种善和这种恶在不同地区间移动。由于人们所知道的关于那些古代王国的情况,这一点明显可见,那些古代王国因为奉上各异而各不相同;但是,世界仍然是同一个世界。只有这样一个区别,就是世界首先将它的德行放在了亚述,接着放在了米底,然后放在了波斯,直到它来到意大利和罗马。虽然继罗马帝国之后再也没有出现一个集世界的全部德行于一身的帝国,但仍可以看到这种德行分散于许多民族,那里人们过着有德行的生活……①

这段引文据阿尔都塞的解释,"世界总是保持同一个样子"和"世界里善和恶一样多"体现了马氏客观、恒定的世界观;善与恶在世界各大帝国间的流转,体现了人类事物具有规律性变化的历史观;以此为基础,才引申出马氏力图跳出政体变化的循环规律,以"德行"创制崭新、持久政制的"新的方式和秩序"②。笔者将在下文详细评析阿尔都塞的上述

---

① 马基雅维利:《君主论·李维史论》,潘汉典,薛军译,长春:吉林出版集团有限责任公司,2011年,第316页。
② 参见阿尔都塞:《马基雅维利和我们》,《哲学与政治:阿尔都塞读本》(下),陈越译,长春:吉林人民出版社,2011年,第358-359页。

观点,此处只说明,他为我们打开了从马氏的自然—历史哲学的高度理解其政体理论和"德行"概念的理论视阈。

斯金纳认为,相比于《君主论》,《李维史论》表达了"对人类状况的宿命论的见解"①。众所周知,马氏在《李维史论》第一卷第 2 章中,既认为人类历史上的一切共和国,都呈现出君主制、贵族制、民主制及其退化形态等六种政体形式盛衰相继、循环往复的必然规律;也认为混合三种好政体形式的共和国可以免于腐败、衰退而持久生存②。在斯金纳看来,由于马氏对意大利城市共和国治理衰败和共和主义传统走向终结的现状极度失望;他最终接受了人文主义传统的普遍信念,即人世事务的终极主宰仍然是无常的命运(fortuna)③。斯金纳的解释不无道理,但问题在于:将马氏有关政体的循环论和持久说消解于宿命论中,不仅与公民共和主义以"德行"抵抗乃至掌控形势"命运"的进取精神相矛盾;而且,更为要紧的是,这种解释忽略了借鉴自波利比乌斯的政体理论在《李维史论》的整体框架以及马氏学说的内在理路中的重要地位和意义。沃格林(Eric Voegelin)、沃林(Sheldon S. Wolin)、曼斯菲尔德(Harvey C. Mansfield)都指出,马氏的政体理论和德行理论,都是具有自然—宇宙论维度的"政治形而上学"的组成部分④。在自然—宇宙秩序与政治秩序相一致的形而上学前提下,政体理论构成了这一形而上学的关键环节,其内蕴的盛衰循环与行动革新的张力也是德行理论产生的逻辑起点。具体言之,首先,为了批判基督教的神学世界观和教会国的政治正当性,索解由看似无常的"命运"所支配的杂乱无序的世界,马氏需要一整套具有超越性根据的形而上学话语来支撑其对自然、历史和政治的规律性解释。其次,为了调和"维新"(确立"新的方式和秩序")与"复古"(复兴罗马共和政制)⑤、现实处境与历史典范之间的矛盾,实现以古罗马共和的典范经验来索解"命运"、拯救时弊的目的,马氏必须要建构一套有历史哲学依据的古今政体理论,确立起古代经验相对于当下处境的典范地位。再次,将自然、历史、人事乃至"命运"都纳入可以解释和改变的现实"情况"(cas)之整体后,"德行"才打开了自身在现代政治世界的"筹划"空间,具

① 斯金纳:《近代政治思想的基础(上卷•文艺复兴)》,奚瑞森等译,北京:商务印书馆,2002 年,第 284,289 - 290 页。
② 马基雅维利:《君主论•李维史论》,潘汉典,薛军译,长春:吉林出版集团有限责任公司,2011 年,第 148 - 153 页。
③ 斯金纳:《近代政治思想的基础(上卷•文艺复兴)》,奚瑞森等译,北京:商务印书馆,2002 年,第 290 页。
④ 参见沃格林:《政治观念史稿(卷四:文艺复兴与宗教改革)》,孔新峰译,上海:华东师范大学出版社,2016 年,第 79 页;沃林:《政治与构想:西方政治思想的延续和创新》,辛亨复译,上海:上海人民出版社,2009 年,第 221 - 222 页;曼斯菲尔德:《论李维》导论,载马基雅维利:《论李维》,冯克利译,上海:上海人民出版社,2012 年,第 25 - 26 页。
⑤ 如施特劳斯就指出,马基雅维利在《李维论:第一卷》前言中,将他试图发现的"新的风尚和制度"等同于"古代的风尚和制度",令人极为惊讶。参见施特劳斯:《尼克洛•马基雅维利》,施特劳斯等主编:《政治哲学史》,李洪润等译,北京:法律出版社,2009 年,第 291 - 292 页。

有了追溯既往的"价值评判"尺度和改变当下的"实践掌控"尺度。

马氏在《李维史论》中阐述的政体循环(Anakulsis politein)论,是对波利比乌斯《历史》第二卷相关章节的浓缩、重述①,历来被认为缺乏原创性而不受重视,前述斯金纳的观点即是一例。实际上,马氏对波氏学说的引介,除政体循环论和混合政体说②外,还包括波氏继承自斯多亚派的宇宙论自然哲学。对此,沃格林独具慧眼地指出,借鉴波氏学说"恰恰具有最为重大的价值,因为正是这些祖述波利比乌斯之处,排斥了某些乐于对马基雅维利极尽诋毁之能事的现代派误读"③。的确,为了批判基督教的神学世界观,索解由看似无常的"命运"所支配的杂乱无序的政局,马氏需要一整套具有超越性根据的形而上学话语来支撑其对历史和政治的规律性解释。而基于斯多亚派的古典自然观,各种政体和德行的历史,都被纳入到有规律可循知的"宇宙秩序"(Cosmic order)的统一性之中。

在名文《马基雅维利与我们》中,虽然阿尔都塞主张,马氏以如何创制"持久国家"的时代命题超越了最佳政体问题的传统视阈④;然而,他以"正反合"式的三个论点,精辟地论证了从自然—宇宙秩序论到政体的历史循环论的逻辑关系。因而,如果结合阿尔都塞的梳理和沃格林的解释,我们可以理解,马氏通过将历史哲学和政体理论都纳入到由某种形而上力量支配的自然—宇宙秩序中,构建了其"政治形而上学"的整体框架和展开理路;由此,人类事物的"实际真相"不再虚幻和混乱,成为"德行"行动的现实空间。

第一个论点,自然世界和人类事物都具有普遍、恒定的规律性,正如"苍穹、太阳、各种元素和人类自身在运动、秩序和力量方面,往日和今时"是一样的⑤。在该观点上,马氏诉诸亚里士多德的权威,他根据亚氏"世界是永恒的"观点,推断出人类事物发生的普遍性⑥。因而,世界是客观、不变的:"我认为世界总是保持同一个样子……在这个世界里善和恶一样多。"⑦人性也是普遍、恒定的:"考虑古今事务的人很容易认识到,所有城邦和所有人民,都有着相同的欲望和相同的激情,并且它们总是如此。"⑧因此,人类政治体也是自然—宇宙"永恒秩序"的一部分,无论共和国的盛衰、生灭,抑或凭借"德行"创制、复兴

---

① Parel. *The Machiavellian Cosmos*. New Haven: Yale University Press, 1992, p.109.
② 参见波考克:《马基雅维利时刻》,冯克利等译,南京:译林出版社,2013 年,第 82 页。
③ 沃格林:《政治观念史稿(卷四:文艺复兴与宗教改革)》,孔新峰译,上海:华东师范大学出版社,2016 年,第 72 页。
④ 参见阿尔都塞:《马基雅维利和我们》,《哲学与政治:阿尔都塞读本》(下),陈越译,长春:吉林人民出版社,2011 年,第 349 - 359 页。
⑤ 马基雅维利:《君主论·李维史论》,潘汉典、薛军译,长春:吉林出版集团有限责任公司,2011 年,第 142 页。
⑥ 同上书,第 338 - 339 页。
⑦ 同上书,第 316 页。
⑧ 同上书,第 255 页。

共和国,都是"永恒秩序"及其形而上力量的规律性显现①。自然—宇宙秩序的普遍、恒定性:确立了马氏的历史—政治学说的超越性和普遍性根据;基于世界和人性的普遍、恒定性前提,古今之间的事件、形势和行动可以相互比较②;由此,揭示了师法古人以改变现状的经验可能性,奠定了罗马共和政体的典范性③的形而上预设。

第二个论点,人类事物又是变动(variazioni)不居的。阿尔都塞以《李维史论:第一卷》第 6 章的一段引文为证:

> 人类的一切事物都处于运动中,不能保持静止不动,它们必然地要么上升要么下降;许多事情是理性没有促使你去做,而必然性却促使你去做的;因此,即使组建了一个能够不扩张而维持自身的共和国,但必然性促使它扩张,便会逐渐销蚀其根基,使它更快毁灭。④

此论点与前一个论点的"永恒"与"变动"的对立关系,阿尔都塞主要强调了"必然性"和"命运"无法预知的偶然性⑤。其解释略显简单,没有揭示"永恒"与"变动"的内在统一性。(1)人性(激情、欲望)的普遍、恒定性被解释为两种阶级"脾性"(umori humor,亦译作"血质")的普遍、恒定性。在这段引文的全章中,马氏虽未直接提及"脾性"概念,但是对斯巴达和威尼斯内部贵族和平民的阶级矛盾的分析,延续了贵族"渴望统治"而平民"不想要统治"⑥的两种脾性论。可见,由这两种脾性引发的阶级冲突所导致的国家变化(扩张、维持、毁灭),恰恰体现了普遍、永恒的政治现象和运作机制。(2)在马氏看来,"命运"对人类事物的无常影响,体现了自然—宇宙秩序的超越性安排⑦。人类事物的"上升""下降"集中体现为政治体盛衰、治乱循环相继的变动规律⑧。因而,"必然性"对人类实践理性的蒙蔽,恰恰体现了自然—宇宙秩序假命运之手,实现共和国由盛而衰,转而复兴的

---

① 参见沃格林:《政治观念史稿(卷四:文艺复兴与宗教改革)》,孔新峰译,上海:华东师范大学出版社,2016 年,第 70－72,79－80 页。

② 参见阿尔都塞:《马基雅维利和我们》,《哲学与政治:阿尔都塞读本》(下),陈越译,长春:吉林人民出版社,2011 年,第 349 页。

③ 参见沃格林:《政治观念史稿(卷四:文艺复兴与宗教改革)》,孔新峰译,上海:华东师范大学出版社,2016 年,第 70 页。

④ 马基雅维利:《君主论·李维史论》,潘汉典、薛军译,长春:吉林出版集团有限责任公司,2011 年,第 166 页。

⑤ 阿尔都塞:《马基雅维利和我们》,《哲学与政治:阿尔都塞读本》(下),陈越译,长春:吉林人民出版社,2011 年,第 350 页。

⑥ 参见马基雅维利:《君主论·李维史论》,潘汉典、薛军译,长春:吉林出版集团有限责任公司,2011 年,第 163－164 页。

⑦ 同上书,第 421－423 页。

⑧ 参见马基雅维利:《佛罗伦萨史》,李活译,北京:商务印书馆,1982 年,第 231 页。

"自然"过程①。（3）在人与命运的关系上，人作为有自由意志的行动者，可以凭借"审慎、耐心"的德行应对命运，主导事物的发展方向②。可见，在自然—宇宙的整体秩序中，命运和必然性代表了世界的客观、偶然的维度，人类的生命和德行代表了主体、行动的维度，两者共同呈现了自然—宇宙秩序的规律和意图。因此，"变动"的实质是人性关系、政体形式、政治行动等人类事物的规律性变化，它们都是沃格林所谓的"宇宙力量的形而上学"（A metaphysics of cosmic force）③的体现。

第三个论点，以共和政体的历史性循环规律，综合永恒秩序与变动不居的观点④。各共和国的运行呈现为好政体取代坏政体、坏政体又取代好政体的循环往复的周期运动：君主制退化成僭主制，贵族制退化成寡头制，民主制退化成暴民制，然后回复到君主制重新开始循环⑤。阿尔都塞等学者认为，由于马氏指出，在历史上极少有共和国运行过完整的循环周期，因而其真正的关注点在于如何创制持久、崭新政治秩序的问题，由此突破了古典循环论的历史观⑥。对此，笔者的分析是：（1）马氏阐述并赞扬古罗马混合共和政体国祚绵长、不断复兴的特征，其目的在于以古罗马的历史经验来观照现状、拯救时弊。因而，只有肯定人类事物具有普遍持存和循环重现的两大前提，马氏才能"赋予自己对古今事件和形势做出比较的权利"，确立古罗马政治实践的典范性。（2）由于所有政治体都是自然—宇宙秩序的规律性显现，"世间万物皆有其生命的限度……它们都完整地经历上天给它们指定的历程"⑦。因此，即便国祚绵长如斯巴达、古罗马，也没有真正跳出"由治到乱，然后又由乱到治"的历史规律⑧。这种循环历史观，马氏在晚年继续坚持，而且他在《佛罗伦萨史》和《李维史论》的很多地方或明言或暗示，如若没有基督教，意大利在罗马帝国崩溃之后，仍有可能实现统一，遵循治乱相继的循环规律⑨。（3）由此，在肯定世界、善恶在

① 参见马基雅维利：《君主论·李维史论》，潘汉典、薛军译，长春：吉林出版集团有限责任公司，2011 年，第 421－423 页；施特劳斯：《关于马基雅维利的思考》，申彤译，南京：译林出版社，2003 年，第 335－340 页。
② 参见马基雅维利：《君主论·李维史论》，潘汉典、薛军译，长春：吉林出版集团有限责任公司，2011 年，第 98－101 页。
③ 沃格林：《政治观念史稿（卷四：文艺复兴与宗教改革）》，孔新峰译，上海：华东师范大学出版社，2016 年，第 79 页。
④ 参见阿尔都塞：《马基雅维利和我们》，《哲学与政治：阿尔都塞读本》（下），陈越译，长春：吉林人民出版社，2011 年，第 350 页。
⑤ 参见马基雅维利：《君主论·李维史论》，潘汉典、薛军译，长春：吉林出版集团有限责任公司，2011 年，第 149－151 页。
⑥ 参见阿尔都塞：《马基雅维利和我们》，《哲学与政治：阿尔都塞读本》（下），陈越译，长春：吉林人民出版社，2011 年，第 353－357 页；韩潮：《马基雅维利与文艺复兴政治思想的流变》，刘玮主编：《西方政治哲学史》（第一卷），北京：中国人民大学出版社，2017 年，第 386 页；波考克：《马基雅维利时刻》，冯克利等译，南京：译林出版社，2013 年，第 201－202 页。
⑦ 马基雅维利：《君主论·李维史论》，潘汉典、薛军译，长春：吉林出版集团有限责任公司，2011 年，第 439 页。
⑧ 马基雅维利：《佛罗伦萨史》，李活译，北京：商务印书馆，1982 年，第 231 页。
⑨ 参见马基雅维利：《佛罗伦萨史》，李活译，北京：商务印书馆，1982 年，第 29－30 页；《君主论·李维史论》，潘汉典、薛军译，长春：吉林出版集团有限责任公司，2011 年，第 186－187 页。

某种"质""量"尺度上具有普遍、永恒性的前提下,政治体盛衰相继的微观循环论,被马氏纳入到"德行"在历史上的各民族间流转的宏观历史观中:在古代,德行曾经被集中于罗马;罗马灭亡之后,德行被散布到不同民族的不同部分①。因此,《李维史论》整体框架上对罗马混合制共和政体的阐发和颂扬,并非突破了政体循环论的古典视阈,而是在世界永存、变动有常的古典自然观下展开的政治理论探索。

由上可见,在循环论世界观中出现的"德行":首先,是自然—宇宙秩序和政体运行规律之下的产物,是整个"政治形而上学"体系的一部分,具有超越性的自然正当根据;其次,由于德行作为"质""量"恒定的整体,在历史上集聚于罗马共和国,因而古罗马的政治实践具有了超越具体处境的普遍性典范地位;再次,古罗马德行的典范作用,在于帮助当代人理解现实处境,确立政治目标和行动手段;最后,真正从形而上学的高度规定了"德行"的价值根据、理论作用和实践空间——这才是马氏"德行"概念的逻辑起点。由此,"德行"开启了作为政治行动的"价值承载者"和"实践掌控者"的空间。

"价值承载"尺度:基于斯多亚派的哲学话语,作为世界及其正当性根据的"自然"也是命运(tyche)、逻格斯(logos)和礼法(nomos)的同义词②。因而,作为自然—宇宙秩序之显现的"德行",其创制、延续的政治体必然是包含生存处境(命运)、人类理性(逻格斯)和文明成就(礼法)等在内的"良善"秩序。马氏对杰出德行者的选择、排序可以佐证,他认为共和国中应受礼赞者,首先是宗教领袖和创建者,其次是开国元勋,接着是开疆守土的名将,然后是文学家、道德家、艺术家等"给人类带来利益和荣耀"之人③。除去政治、军事领域的君主和将领,其余人代表了宗教、道德、文学和艺术等良善、人性的文明成就。马氏对宗教、政制、军备、道德、文学、艺术以及法律等人类文明成就之整体的重视,提示我们绝不能完全从国家危亡的政治极端状态,来审视、评估其"德行"概念的内涵。此外,在沃格林看来,具有形而上正当性的自然—宇宙秩序,是判断政治领袖的行动是满足权力私欲还是践行公共德行的价值尺度。此言不谬,马氏以罗慕路斯弑弟建国的例子说明,存在着为正当目的而做恶事的好人,存在着善加利用权力之恶的好的统治者④。

"实践掌控"尺度:首先,伟大政治人物塑造政治秩序的德行和行动,在根本上是自

---

① 参见马基雅维利:《君主论·李维史论》,潘汉典、薛军译,长春:吉林出版集团有限责任公司,2011 年,第 316 – 317 页。
② 参见沃格林:《政治观念史稿(卷四:文艺复兴与宗教改革)》,孔新峰译,上海:华东师范大学出版社,2016 年,第 70 页。
③ 参见马基雅维利:《君主论·李维史论》,潘汉典、薛军译,长春:吉林出版集团有限责任公司,2011 年,第 177 页。
④ 同上书,第 206,174 – 175 页。

然—宇宙秩序的力量之呈现①；其次，德行者以"公共利益"为实践目标②；再次，德行者以现实存在的机运、形势、人力和人性等为实践条件③；最后，德行者以"审慎"为实践方法："审慎在于能够认识各种不利的性质，进而选择害处最少的作为最佳的途径。"④

上述梳理和阐释，实际上体现了自然—宇宙秩序与政治秩序具有一致性的前提。而阿伦特、阿尔都塞和波考克等马氏诠释者的代表性观点是，诉诸自然秩序之正当性的政体循环论，依然处于政体永恒轮回的古典世界视阈内，而混合制共和政体所蕴含的"持久""革新"的政治诉求，则打开了创制新（nuovi）政治秩序的现代革命的大门。对此，笔者的简单回应是，首先，研究"革命"概念的历史学家指出，通过暴力变更政府形式的"革命"是一个相当新颖的现代概念，因此我们不能把诸如亚里士多德、波利比乌斯等古希腊思想家关注的"政体变动"（variazioni）以及"内讧""骚乱"，以及马氏在著作中大量使用诸如"动荡"（mutazioni）、"变动""更迭"（alterazioni）、"阴谋"等语词直接等同于现代意义上的"革命"⑤。进一步而言，"革命"一词，只有其表达民众骚乱原义的意大利地方俗语词源"rivuluzion"与其表达自然哲学的"转动""轮替""往复"含义的拉丁文词源"revolutio"相结合，并产生出阿伦特所谓暴力变更政府形式、"重建/革新"（rinovazione）政治秩序的内涵后，才真正诞生⑥。实际上，马氏并未在现代革命的意义上使用"rivuluzion"一词，其借鉴自波氏的"anakulsis"概念仍然是循环往复的周期运动的古典含义⑦。因此，即便是马氏经常提及的"rinovazione"，指涉的仍然是政体"循环"中，两个政体形式变迁的中间状态。而且，更为重要的是，马氏对持久、稳定性的"完美"政体的关注，依然从属于古典政治哲学的核心问题——"最佳政体问题"⑧。因此，在马氏的政治形而上学中，其自然世界观和政体理论仍然呈现出古典政治哲学的理论特色，这是我们评估其政治学说的"现代性"品质和"革命性"意义时，必须直面和重视的问题。

---

① 参见沃格林：《政治观念史稿（卷四：文艺复兴与宗教改革）》，孔新峰译，上海：华东师范大学出版社，2016年，第79页。
② 参见马基雅维利：《君主论·李维史论》，潘汉典，薛军译，长春：吉林出版集团有限责任公司，2011年，第174-175页。
③ 同上书，第21，318页。
④ 同上书，第91页。
⑤ 参见李猛：《革命政治》，吴飞主编：《洛克与自由社会》，上海：上海三联书店，2012年，第26-27页；阿伦特：《论革命》，陈周旺译，南京：译林出版社，2007年，第24-25页。
⑥ 同上。
⑦ 参见阿伦特：《论革命》，陈周旺译，南京：译林出版社，2007年，第24-25，31页。
⑧ 参见马基雅维利：《君主论·李维史论》，潘汉典，薛军译，长春：吉林出版集团有限责任公司，2011年，第153页；施特劳斯：《什么是政治哲学》，李世祥等译，北京：华夏出版社，2011年，第27页。

三、结语

通过前两节的梳理、分析可以发现,无论是"现实主义"还是"理想主义"的立场、进路,其对马氏"德行"概念的解释,始于政治和道德等领域具有自主性价值和机制的现代多元主义立场,却最终不能摆脱追寻政治"德行"的道德"德性"品质的价值判断问题。而我们通过分析和诠释马氏"德行"概念在其"政治形而上学"之整体框架中的超越性根据和逻辑性起点的问题时,却发现马氏的世界观、历史观和政体论恰恰具有古典自然哲学和古典政治哲学的重要基础。这提醒研究者们,在"古今之争"的思想史理路中,马氏学说的总体面貌和宏观立场可能比"现代政治哲学开创者"的评价更为复杂。克罗齐所谓的"永远无法解决的马基雅维利之谜"还会持续下去。

On the Explain Difficulties and Metaphysical Basis of Machiavelli's Concept of Virtue

JIANG Yi

【Abstract】 Machiavelli's theory and its explanation present the dispute between "realism" and "idealism", which greatly affects the understanding of Machiavelli's "Virtue". However, the political interpretation of "Virtue" can not really solve the problem of moral value judgment on the theory of human nature, actors and political goals of "Virtue". This paper sorts out the "political metaphysics" basis of Machiavelli's concept of "Virtue" and its logical starting point by combing and analyzing the contents of the natural universe order, the theory of regime circulation, and the theory of mixed regime, and tries to establish the transcendental evaluation scale of Machiavelli's theory. The important position of the theory of regime circulation and "the issue of the best regime", which are based on the classical political philosophy, also prompt the modern researchers that the "ancient and modern debate" is complicated.

【Keywords】 Machiavelli, Virtue, Metaphysics, Cycle, Revolution

"抽象法"中的人格、财产权与自由

——根据《法哲学原理》①

汪　希②

【摘要】 通过《法哲学原理》中"抽象法"篇,黑格尔揭示了由"人格""财产权"通往人的自由的必然性的学说,但黑格尔同时认为"抽象法"中的权利只是抽象的和有限的,"抽象法"中的意志还奠基于一种"任意的自由",它处在自由实现自身的第一个环节。"法"是把"人格""所有权""道德""家庭""国家"等环节作为一个整体来把握的,从拥有"人格"和"所有权"到成为伦理的"个人"之间还有很长的路要走。

【关键词】 抽象法,人格,财产权,自由

《法哲学原理》中的"抽象法"篇是关于权利的学说。在"抽象法"中,黑格尔考察和回顾了洛克等自然权利学说家的理论,通过对"人格""财产权""契约"和"不法"等问题的考察,黑格尔是在处理"自然状态"中所总结出来的,用以规范人们之间相处的最少原则(The minimum amount of rules)。抽象法中的权利问题不仅仅是在对"自然状态"中人们相处所需要的最少原则的讨论,后来也成为市民社会中私法(实定法)的法理基础。同时,"抽象法"是处在实现自由的原则中的最基础的一个环节。黑格尔虽然肯定洛克权利哲学所主张的人人都享有平等的自由和权利(财产权、生命权和自由),但黑格尔始终对将前政治状态(自然状态)中的原子式的个人假设作为权利理论的出发点深表怀疑。黑格尔认为,洛克式的原子式的个人主义只是"形式法"的一个原则而已,它作为"法"的最初环节确有其独特位置,但还远远谈不上"法"的完成。

一、洛克自然权利学说中的权利

洛克哲学的核心目的是诉诸一种前政治的状态来为私有制的合法性作辩护。在《政府论》中,洛克从对"自然状态"的设想出发,得出人在"自然状态"下生存的几个特点:

---

① 本文为西南交通大学 2018 年度中央高校基本科研业务费文科科研项目"青年马克思对黑格尔国家学说的继承、批判和发展"(项目编号:268WMKS09)的阶段性研究成果。
② 作者简介:汪希,西南交通大学马克思主义学院讲师,研究方向主要为德国观念论和政治哲学。

（1）享有完全的自由；（2）人与人之间享有完全平等的地位；（3）人与人之间是和平共处的关系；（4）在自然法的指引下,人人都有惩罚不遵守自然法的人的权利；（5）被损害人有向损害人求得赔偿的权利①。由以上结论,洛克推论出:人生来就享有完全自由的权力,不受控制地享受自然法的一切权利和利益,他就自然享有一种权利,即他的生命、自由和财产不受其他人的损害和侵犯。也就是说,在"自然状态"下人人享有人身、自由、财产和平等的权利。根据洛克,既然上帝将土地和世界给人共享,并给予人类以理性合理利用它们。所以,无论就自然的法或自然的理性来说,人类一出生即享有生存权利。"它们在自然法的范围内,按照它们认为合适的办法,决定它们的行动和处理他们的财产和人身,而无须得到任何人的许可或听命于任何人的意志。"②但是,一开始所有的土地、牲畜都是人人共享的,每个人只有对其人身拥有排他性的权利。也就是说,私人财产权要如何能被证成是合法的? 关键就在于:"他的身体所从事的劳动和他的双手所进行的工作,我们可以说,是正当地属于他的。"③从而,个人在掺入了他的劳动之后使之从共有之物的状态转变成私有之物:"所以只要他使任何东西脱离自然所提供的和那个东西所处的状态,他就已经掺入了他的劳动,在这上面参加他自己所有的某些东西,因而使它成为他的财产。"④也就是说个人凭借自己的劳动使自然物脱离了它原有的状态,个人便取得了该物的所有权。

洛克由此便确立起了私有财产的合法性。在这里,洛克给出了私人占有财产的正当性论证,并回答了财产的私有化是依据"劳动"的原则来实现的,正是在"劳动"的基石之上,洛克建立起了私有财产之正当性和排他性的特点。塔利则认为劳动是人运用自由来改造外物、占有物,从而满足自身的需求。因此,运用自然权利来获得财物,既是人的自然的生活方式,同时也是人履行了对上帝的神圣义务⑤。因为上帝创造万物供人类分享,人有权利保存自身,而人类对万物的占有即是肯定了上帝的意志和自然法。同时,为自我保存而劳动不仅仅是人对自身的管理,也是人行使上帝赋予人的神圣权利,因此,在这个意义上说,通过劳动而获得物是符合人之本性、合乎神意的生活方式,这就是洛克在劳动、财产权、自然法三者间建立起的逻辑链条⑥。

洛克对于财产权的论证整个都奠基于"自然状态"的假设之上,这种论证方式"却给

---

① ［英］洛克:《政府论(下篇)》,叶启芳,瞿菊农译,北京:商务印书馆,2011 年,第二章。
② 同上书,第 3 页。
③ 同上书,第 18 页。
④ 同上书,第 18 页。
⑤ Jams Tully,*A Discourse on Property*, Cambridge University Press, 1980,pp.116 – 124.
⑥ Karl Olivercrona, "Locke's Theory of Appropriation", in Richard Ashcraft ed., *John Locke:Critical Assessments*. vol.3, Routledge, 1991, pp.332 – 334.

了他的财产理论以一种极有倾向性的表现,从而容易产生这样的主张,即在这里起作用的是历史理性而不是逻辑理性"①。而在许多历史学家看来,洛克的"自然状态"在现实世界中是找不到的。问题就在于,如何由"自然的"转化为"政治的"? 这个问题是自然权利应该在何种条件下才能得以保障? 按照塔利的理解,洛克的财产权理论及其背后的自然法理论既是自足同时也是有限的②。

纵然人们依据自然法享有生命权、自由和财产权,但是由于在自然状态中任何冲突和矛盾都缺乏权利仲裁,人人尽可自行其是,这使得这种状态中对财产的享用就很不安全。洛克给出了人们必须走出自然状态进入政治社会的三个理由:"第一,在自然状态中,缺少一种确定的、规定了的、众所周知的法律,为共同的同意接受和承认为是非的标准和裁判他们之间一切纠纷的共同尺度;第二,在自然状态中,缺少一个有权依照既定的法律来裁判一切争执的知名的和公正的裁判者;第三,在自然状态中,往往缺少权力来支持正确的判决,使它得到应有的执行。"③由于以上理由,人们自愿走出人人平等、自由的"自然状态"而结成公民社会。又因为公民社会的目的原是为了避免和补救自然状态中种种不合适的地方,所以,需要设置一个明确的权威,国家便由此诞生了。

按照洛克的设想,不论由多少人组成这样一个国家,在这里人人放弃其自然法的执行权而把它交给政府,有且只有在那里才有一个政治的或公民的社会:"人类天生都是自由的、平等和独处的……任何人放弃其自然自由并受制于公民社会的种种限制的唯一方法,是同其他人协议联合组成一个共同体,以谋他们彼此间的舒适、安全和和平的生活,一边安稳地享受他们的财产并且有更大的保障来防止共同体以外任何人的侵犯。"④"国家具有权利……凡此都是为了尽可能地保护这个社会的所有成员的财产。"⑤

到这里,我们已经清楚地考察出《政府论》的几个特点:(1)它构想了一种自然状态,并由此发展出一套天赋权利说;(2)为私人财产权的合法性进行了有利的辩护;(3)其自然法权理论是个体中心主义的学说,且其注意力始终在人与物的关系上;(4)将人与人和人与国家之间解释为契约的关系。最终洛克确定下人生而具有的三种权利:生命权、财产权、自由权。人们建立国家的原因是为了捍卫以上权利,国家的权利来自个人让渡的一部分,除此之外国家并没任何超出此界限范围之外的权利。

① 詹姆斯:《财产与德性:费希特的社会与政治哲学》,北京:知识产权出版社,2016年,第49页。
② 詹姆斯·塔利:《论财产权:约翰·洛克和他的对手》,北京:商务印书馆,2014年,第31页。
③ [英]洛克:《政府论(下篇)》,叶启芳,瞿菊农译,北京:商务印书馆,2011年,第77-80页。
④ 同上书,第59页。
⑤ 同上书,第53页。

但是,洛克的论证当中存在很多问题:(1)权利的基地能不能奠基于想象的、经验的、心理学的基础之上?(2)洛克的权利是否只是主人间的权利?(3)如何从假定的"自然状态"直接过渡到国家状态(契约国家)?这都是黑格尔着重批判洛克的地方。

二、黑格尔对洛克权利学说的批判

我们认为《法哲学原理》第一篇的第一章和第二章重现了洛克的学说:"抽象法中所描述的情况类似于洛克的自然状态。"①并可以说是在某种程度上再现和发展了洛克的学说。黑格尔的策略是在不加入任何其他原则的情况下对洛克的理论进行严格的检查,看看根据洛克学说的发展到底会走到哪一步。

洛克将人"先天的权利"追溯到形成部落和氏族之前的可能的经验中,来检验人从最贫乏、最抽象,缺乏一切制度保证及共同意志预设的情况下出发,看看人在这种境遇之下将会发展到哪里。我们应该注意到,黑格尔也是在一个假定的、抽象的环境中揭示洛克权利逻辑的自身演进的。这里没有"法"、制度性的因素和普遍意志的存在,这里是一个权利真空地带,人们凭借自然的、任性的、抽象的能力存在着。在抽象法中,对于意志来说,它首先看到的是"作为一个外在的、直接在身前所遇到的世界"②。可以说,他力求在洛克假定的环境中重现"自然人"的权利博弈及其演化发展。我们将揭示这样一群生活在权利和制度真空中的"自然人"们如何由自由(洛克的设定)走向其反面不自由(霍布斯的设定)。

假设有一群人生活在"自然状态"中,在这里既没有调节矛盾的仲裁机构,也没有主持和惩戒正义的权力机构,人们凭借自己自然的能力生存,将会发生什么事呢?洛克的回答是:"那是一种完备无缺的自由状态,他们在自然法的状态中,按照他们认为合适的办法,决定他们的行动和处理他们的财产和人身……这也是一种平等的状态……这是自由的状态……自然状态有一种为人人所应遵循的自然法对它起着作用:自然法教导人们任何人不得侵害他人的生命、健康或财产。"③洛克从神学的、推论的视角立即得出了以上人生而具有的权利,这是他的基本预设,至于为什么一定是这样,他没有再进一步解释。也就是说,洛克假设从自然法中就能直接推论出人应当拥有的权利,但是自然法则到底有什么内容,这也是众说纷纭的。

① Dudley Knowles. *Routledge Philosophy Guidebook to Hegel and the Philosophy of Right*, Routledge, 2002, p.16.
② [德]黑格尔:《法哲学原理》,张企泰,范扬译,北京:人民出版社,2016 年,第 81 页。
③ [英]洛克:《政府论(下篇)》,叶启芳,瞿菊农译,北京:商务印书馆,2011 年,第 3–10 页。

黑格尔认为人到底拥有哪些权利,不能依靠经验的、任意的想象和拼凑。权利的基地必须建立在稳当的、必然性的大厦之上。首先,权利的基地必然不能奠基于众说纷纭的自然法上,而必须另辟蹊径。经验主义的权利基地必定是行不通的,权利的基地必定得在他处寻找。其次,即便人有某些权利,也不是靠天赋的,而是靠人现实地去争取来的。假设有一个人在某处画了一个圈并声称这块地归他所有,别人也不见得同意。所以,权利是人与人之间的承认的问题,而不是某个人从自身出发演绎出来的东西。

黑格尔在《论自然法的科学讨论方式》中,曾经批评过经验主义进路的问题:经验主义的问题在于就经验主义的基地而言并不能在上面建立起其理论的权利大厦①。如果经验主义者想要证明我们有普遍地享有的权利,那么他们就不能只抓住那些碰巧存在的权利说事。换句话说,他们必须能够给出根基于普遍且永恒的人性基础上的证据。但根据黑格尔,这恰恰是经验主义所力所不逮的地方。"普遍性"和"必然性"这样的概念是不能在经验中找到的,而应该诉诸他法。在黑格尔看来,经验主义不能区分"必然性"和"偶然性"。经验主义缺乏在"偶然"和"必然"之间划界的能力,也缺乏在混乱的自然状态中取舍哪些是应该保留下来的东西,哪些又是应该丢弃的原则的能力。经验主义的方法论来自对以下原则的认识:我们所有的知识都来源于经验。经验主义的弱点并不在于他们太批判了,而在于他们太不批判了,在于他们的方法太朴素和太不反思了。"对霍布斯和洛克来说,权利的原理来自自然权利、自然法则,与源于一些人类学、心理学或目的论的假设。"②他们的方法跟常识用来在乱中求真的方法没什么区别,而且经验主义甚至在这方面有加强常识的偏见的功能,而他们在对待现实的社会问题时,经验主义仅仅随意地选出了几个特征来作解释。黑格尔看起来已经预见到了尼采的看法,并不是所有人都像英国人一样只热衷于自己的欲望。史密斯对此评论道:"黑格尔对经验主义的批评是:他们的理论核心是运用了一个不可追索的循环论证去论证他们想要论证的事情。如果经验主义想要论证更加具有普遍意义的东西的话,他们就必须引进一些在经验中找不到的原则。尽管经验主义者们声称他们只在最简单和最基本的理论需求上奠定他们的自然权利学说,但是他们所断定的这些最基本的需求也已经是'理论的',他们看待问题的角度并非像他们自身所声称的那样中性,而是已经预先包含了某种特定的看待社会的角度。就像

① G.W.F.Hegel ."On the Scientific Ways of Treating Natural Law", in G.W.F.Hegel. *Political Writings*. Laurence Dickey ed., Cambridge University Press, 2004, pp.102 – 180.
② Seyla Benhabib, *Natural Right and Hegel : an Essay in Modern Political Philosophy*. Yale University Press,1977,p.175.

后来卢梭抱怨的那样：'他们从后门偷运进了一些含蓄的目的论。'"①

的确如史密斯所说，黑格尔认为霍布斯—洛克自然权利学说充其量只是个半吊子的经验主义，因为他们并未将自己的原则贯穿到底：一方面，他们的自然权利学说太经验化，而在自然的问题上又太抽象化和流于幻想；另一方面，他们的理论又太不经验了，他们并不敢将其经验化的原则完全运用于道德和政治领域。比如，在讨论是什么构成了权利的基地时，洛克将此追溯到自然法上面去；但是在讨论自然法包括哪些内容时，他只是从经验当中随机地抽取了一些元素，随意地将它放置进自己的口袋当中。又比如，对于"自然状态"中的人到底是什么样的这个问题，各家的回答都不一样，霍布斯认为是人人处在战争之中，洛克又认为人人都是和睦相处的好邻居。说到底，到底什么是自然状态？自然法的具体内容又是什么？这些问题都是循环论证的问题。"但是很可惜，洛克的自然法则并不能直接从他的神义论中推论出来。洛克对他的自然法的论证是每个人都能直接从它的理性中分析出来，而作者认为人能不能从他的理性中分析出自然法又要取决于他是否有信仰，比如，无神论者就根本不能从他的理性中分析出神的指示。"②对于黑格尔来说，权利不能从任性的基地上建立起来，权利的奠基需要一个更高的起点。

三、人格、财产权与自由

黑格尔对洛克权利学说的重构首先是从对其权利基地的批判开始，他从"人"的概念中开始其推论：由于人最初是在最贫乏、最直接的规定中得到存在的，那便是他的"人格"。"人格"这个词在这里还只是一个单调的同语反复，用于强调它的最贫乏、最抽象意义上的同一性，对此能说的是："在人格性中即是说：我作为这个人，在一切诸如内在的任性、冲动和情欲方面，乃至在直接的外补定在方面都完全是被规定的和有限的……所以，在人格中对它的知识是作为对象的认识。"③人作为被（自然的、生物的）规定了的东西，最开始只能作为最贫乏的同一物，并在这种最贫乏的境遇中以自身为认识。但是，由于我作为这个人，所以是在有限性中我知道我是无限的、普遍的、自由的。"人格就是在纯粹的自为存在中的单一性。作为这种人格我知道我在我自身中是自由的并能从一切中抽离出来。"④在这里，"人格"和"自由"联系了起来，由于人格是意志直接的外在存在，而意志是

---

① Steven B. Smith. *Hegel's Critique of Liberalism*：*Rights in Context*. Chicago：University of Chicago Press，1989，pp.65 - 70.
② Dudley Knowles. *Routledge Philosophy Guidebook to Hegel and the Philosophy of Right*. Routledge，2002，p.156.
③ ［德］黑格尔：《法哲学原理》，张企泰，范扬译，北京：人民出版社，2016 年，第 83 页。
④ 同上书，第 85 页。

自由的,所以自由就构成法的实体和规定性。这里,我们发现意志才是最终得以规定"人格"的东西,换句话说,意志才是"人格"的基地。自由意志才是法和权利的基地,因为希求自身的意志才最终构成法和权利的基础,也构成了全部实定法、道德义务和绝对命令的基础。自由意志才是权利的原则和基地①。由此可见,任何权利都是基于自由意志的。

"抽象法"中的"权利"概念是建立在"人格"之上的,而非外在的或"自然状态"的推理之上的。"人格"概念与自我意识和"普遍意志"相关,意志是人格的承担者,"人格"是意志的定在,也是"所有权"的承担者,权利概念只有当且仅当建立起相应的"人格"概念才存在,所以法(权利)的基地来自自由。

但是,这里的自由还是一种抽象的、形式的自由,这里的"人格"有的是一种全无外在现实性的自由,虽然"任何一种权利都只能是属于人的"。但"人格"这个词像"物质""实体"一类词语一样,都拥有一种承担或汇聚的功能:"它将各种权利(形式法的权利)汇总到自身之下,它只是一个能在的权利承担者。"②

所以,"人格"要通过"财产权"来实现,因为"法首先是自由以直接方式给予自己的直接定在"。财产权是人的自由的实现的外部领域。"财产权"并不简单是容纳自然物的一个工具,而是实现自我认识和人格发展的手段。自我借由财产权来认识我是谁,我拥有什么内容。我要通过我的意志才能认识我自己,我要通过"财产权"的中介才能解释什么是我的意志。因此,黑格尔反对任何主张废除"财产权"的理论,如柏拉图式的理想国。

而财产权又何以是意志的实现? 一开始,"人格"作为一种赤裸裸的抽象物只与自身相关,"作为这种人格我知道我在我自身中是自由的并能从一切中抽离出来,因为在我面前除了纯粹的人格外没有任何东西存在"。③ 但是,人格概念总包含着一种权利能力,虽然这种权利能力在抽象法中以一种"禁令"和"可能性"的方式表现出来,但它终将自己实现出来。首先,它扬弃眼前存在的"物"、自然界来扬弃自己的直接性和抽象性,即通过扬弃与自己处于直接对立的"物"和自然界来获得自己的肯定性:"人格性是扬弃这种限制并给予自身以实在性的活动,换句话说,它就是要把前一种定在设立为它自己的定在这种东西。"④通过占有物的方式给予"人格"以定在。所以,占有就是所有权。

在这里,人首要的是将自己的意志体现出来,必须将自己的意志和自由体现在"物"

① Peter J.Steinberger. *Logic and Politics*:*Hegel's Philosophy of Right*. New Haven:Yale University Press, 1988, p.201.
② Joachim Ritter. *Hegel and the French Revolution*:*Essays on the Philosophy of Right*. the MIT Press, 1982, p.124.
③ [德]黑格尔:《法哲学原理》,张企泰,范扬译,北京:人民出版社,2016年,第85页。
④ 同上书,第87页。

中,必须将自己的意志外化,以扬弃意志的主观性,这要通过"物"的中介才得以可能。因"物"就是"与精神直接不同的东西",是一种不自由的、无人格的以及无法权的东西。"物"本身是作为一种与主观性、精神和人格相对立的外在的东西,并且作为一种能与人可分离而疏异的东西而存在。这不仅是"人格"扬弃其主观性的权利,而且"人格"必须以拥有财产权的方式获得定在和外在的发展,而意志第一次以这种方式获得自我管理和能动性。因为,唯有"人格"才能给予对物的权利,"因此人格权本质上就是物权"①。从自由的角度来看财产,拥有财产即财产之为自由最初的定在,也是它的本质目的。从而,我的意志从纯粹抽象的、主观的状态成为客观的。由此,意志在"物"中获得了客观性和规定性。而取得所有权即达到了"人格"的定在,因他的意志现实地体现在了"物"中,而不是停留在主观性当中。所以,意志必须除去主观性的形式争取到客观性。在黑格尔看来,这就是关于所有权的必要性的重要学说。

但是,物必定会对我做出挣扎和抵抗,人们以种种行动(劳动)来把握"物",进而从身体的(劳动)把握并扩展到机械力、武器和工具,这些都可扩大我的权力范围。在消除物对我的抵抗的过程中,我的精神和理性因这种重复性训练(包括精神的)而使精神受到教养。随着财产权的运用和管理,个体能够获得和运用自我管理和自我发展的能力。通过"劳动",个体首次在"物"中获得将自身意志投射于外物中的现实经验,以及自我管理的经验。财产权是个体首次学习运用自由的能力。就这方面来说,"财产权"不仅仅是充实人格的内容,也是实现自由的外在方面。

根据黑格尔,人最初只是"一种自然的东西"。对概念来说,它是一种外在的东西,通过他对于自身的理解和培养才能理解的自由本质,这样他才能说是占有自己的本质。但是反过来说,他要能把这种理解转变为现实就得通过占有"物",或说取得财产权,才能使自己对本质的占有成为现实。这里,黑格尔重复了洛克的劳动学说②。不过用黑格尔的话来说,我通过我的行动(劳动)以给物定形:诸如通过耕种土地、栽培植物、驯养、饲育和保护动物等方式,正当取得对物的所有权。洛克则认为,只要他使任何东西脱离自然所提供的和那个东西所处的状态,因而使它成为他的财产。当然,在黑格尔看来,所有权还进一步扩展到种种精神产品中③。所以,财产权有两个面相:一方面,财产权是一种"独占"和对他人自由的"限制",从这方面来讲财产权有一种消极性作用;另一方面,财产权也有

① [德]黑格尔:《法哲学原理》,张企泰,范扬译,北京:人民出版社,2016 年,第 89 页。
② G.W.F.Hegel. *Critical Assessments*. Robert Stern ed., London:Routledge, 1993, p.331.
③ [德]黑格尔:《法哲学原理》,张企泰,范扬译,北京:人民出版社,2016 年,第 68 – 69 页。

积极的面相,占有物(取得财产权)是一种积极的自我管理行为,是个体意志的外在化和个体管理自身的能力。可以补充说:这种行为允许个体使用和发展他作为一个本质上是自由的存在者的能力,故黑格尔反对柏拉图式的财产公有制。

更重要的是,在对所有权和劳动的解读中,黑格尔看到了一种解放性:"这种观念还是没有考虑到劳动所包含的解放的环节。"[1]其解放意义有以下几层:(1)人格的实现必须以合理占有物的形式实现,这就是宣告了人对自然界的占有是人实现人的自由的必然过程。从这个意义上来说,他支持一种现代文明观,反对卢梭、浪漫主义以及任何美化"自然状态"的理论,而认为只有物化自然、占有自然,人才能取得人的自由的实在性。在这个意义上来说,黑格尔赞成洛克将劳动和劳动者的产物连接起来的所有权理论。(2)黑格尔反对洛克关于主人能合理占有奴隶或佣人的产品的说法,进而否定奴隶制。因为这种观点还将人看作自然的存在者,看作不符合于人的概念的存在者。所以,从根本上说,洛克的观点还是一种主人之间的财产学说。(3)他将人的本质看作基于自由的存在者,并肯定了人具有以下权利:生命权、财产权、自由权,否认人格、生命等权利可以交易、转让。(4)在某种意义上来说,黑格尔肯定了资本主义的生产方式。而"抽象法"中所揭示出的人格、财产权与实现自由之间的必然性的学说成为市民社会中实定法的法理基石[2]。

黑格尔从批判洛克作为其权利基地的"自然状态"入手,指出如果将权利(法)概念基于人的自然属性和自然存在则永远通达不了自由,权利(法)概念必须基于自由概念。人通过拥有他的财产首次将自己的自由实现在世界中,如果人不能拥有财产,那他的意志将永远停留在一种主观性和抽象性中,所以他"应该"也有权利将自己的意志实现出来。他通过他的劳动或思想将自己的意志投射在"物"中并使之成为可转让、可交易的东西,进而形成一个奠基于诸意志(人格)的物的交易市场,围绕这个契约和转让进一步形成一套完整的体系(参见第二章"契约")。在这个过程中,人将学会自我管理和自我实现,这同时也是构成人的教育的一部分。所以,"抽象法"既可以看作为市民社会中的民法(实定法)理论奠基,也可以看作对洛克自然权利学说的理论测试。黑格尔通过"人格""财产权""契约"和"不法"等概念考察的是"自然状态"中所总结出来的所需的用以规范人们之间相处的最少原则。

---

[1] [德]黑格尔:《法哲学原理》,张企泰,范扬译,北京:人民出版社,2016年,第339页。

[2] M. Riedel. *Between Tradition and Revolution: the Hegelian Transformation of Political Philosophy*. Cambridge: Cambridge University Press, 1984, p.125.

四、抽象法的抽象性

洛克将人的自由、生命和财产权视为天赋的,洛克的证明是从假设的"自然状态"出发推论出人生而具有的权利。而黑格尔则从假定权利(即生命权、自由、财产权)是天赋的这一点开始(根据洛克所假设的人生而具有的权利),推论出根据天赋权利却产生不出任何秩序和稳定性,并且它一定会陷入"不法"(即一切人反对一切人)当中。"不法"的状态本身就隐含了它的内在超越性——要求国家(利维坦)的产生。根据洛克,人们组成国家是为了保护每个人的财产、安全和自由。由此,洛克随即提出了他的"契约国家"的设想。

但是,洛克最大的问题是以为可以直接从"自然状态"过渡到国家(契约国家),这在黑格尔看来是不可能的。黑格尔在对"抽象法"的讨论之后并没有直接转入国家中,甚至没有试图从"抽象法"中引申出任何多余的权利:"黑格尔对财产权的论证与其他人不同,他并没有直接通过财产权就推论出其他任何权利。"①由此,引发了里德的问题:"黑格尔同样严格地把关于财产权理论限制在人格与人格之间,就如同市民法中的物权一样。他严格地禁止任何掺杂与财产权无关的问题进来……是什么重要的理由使得黑格尔甚至搁置了在政治哲学和社会理论当中热门的财产的社会性问题? 又是什么原因使他把关于'占有''使用''转让财产'和'契约'的问题都归类到法理学之下来讨论?"②这个问题或者应被表述为:抽象法中的权利到底是在什么意义上得到规定和讨论的?

"抽象法"篇之所以是抽象的,因为它是在以下三个层面上来谈的:(1)"抽象法"中所有的原则都是排除了人与人的关系(承认)来"抽象地"谈的。(2)它排除了道德反思。(3)它排除了法律、政治机构和历史③。所以,"抽象法是在处理自然状态中所总结出来的所需的用以规范人们之间相处的最少原则"④。黑格尔谈道:"所以在形式的法权中,人们不考虑特殊的利益、我的功利或者我的好处,同时也不大考虑我的意志之特殊的规定根据、见解和意图。"⑤而"法"是把"人格""所有权""道德""家庭""国家"等环节作为一个整体来把握的,是要"从意志概念出发来把握冲动,就是法学的内容"。要注意的是,黑格

① Z.A. Pelczynski, "The Hegelian Conception of the State", in *Hegel's Political Philosophy: Problems and Perspectives.* Z. Pekzynski ed., Cambridge: Cambridge University Press, 1971, p.184.
② Joachim Ritter, "Person und property", in *Hegel and the French Revolution.* MIT press, 1984, p.125.
③ Kenneth Westphal. "The Basic Context and Structure of Hegel's Philosophy of Right". in *The Cambridge Companion to Hegel.* Fredrick C.Beiser ed., Cambridge University Press, 2001, pp.234 – 270.
④ R. Stern ed., *G. W. E Hegel: Critical Assessments*, 4 vols, London: Routledge, 1993, p.260.
⑤ [德]黑格尔:《法哲学原理》,张企泰,范扬译,北京:人民出版社,2016 年,第 85 页。

尔强调的是要从意志的概念上来把握任性和冲动等内容,而抽象法中的意志还奠基于一种"任意的自由",他只是意志实现自我的第一个环节,还处在单纯由自然冲动所规定的意志和自在自为的意志之间的反思的中途。而如果认为自由就是指可以为所欲为,这种观点则是对于什么是自在自为的自由意志、法、伦理等毫无所知。在这里,黑格尔将形式法中的"人格"及其意志看作处在自由诸环节中的最初的环节之上,因"人格"所基于的还是任意的意志,"人格"的确能做出选择,但这种选择是有限和任意的。

对于黑格尔来说,从拥有"人格"和"所有权"到成为伦理的"个人"之间还有很长的路要走。但是,我如何由最初只拥有"人格"的任性的个体成长为依据伦理概念来行动的个体? 他指出这还需要教养:"与冲动相关的反思,当它对这些冲动加以表象、计算、相互比较,然后跟它们的手段、结果等等比较,又同一个满足的整体——幸福——比较时,就会给这种素材带来形式的普遍性……这种对思想之普遍性的推动,就是教养的绝对价值。"[1]而这些东西在"抽象法"中都还不存在。

对此,韦斯特法尔则指出"抽象法"的限度在于:(1)自然权利学说不能使行为人在犯下偷窃、欺骗和敲诈罪时去承认它。自然权利说更容易使它的行为人去违反它而不是去习惯于遵循它,原因在于抽象法本身所产生的问题不能在它的内部消化,它的问题只能在教化、教育的系统中消化。(2)抽象法也不能区分惩罚和复仇的区别[2]。也就是说,复仇在抽象法中可以被非正式地理解为用以眼还眼、以牙还牙来代替投之以桃,报之以李。相反,惩罚则需要被普遍承认的公平的原则和普遍的对公平原则的期待为前提,而这就已经间接预见了法庭的存在。但是,没有做出公正判决的法庭并不是真正意义上的法庭,公正的法庭需要个人忽略他的个人环境而诉诸普遍而公正有效的原则。而抽象法中的问题是身处其中的个人只追求自己的个人利益和满足。抽象法的环境显然没有公正的法庭出现的条件,因为公正的判断可能要求忽视当事人的利益。真正能做出公正而普遍判断的行为人显然已经超越了抽象法的领域。事实上,这样的主体只能出现在道德领域中,所以抽象法必须超越它本人的维度进入到更高维度的道德中去。也就是说,"抽象法"的问题必须过渡到"道德"中才能得到解决。而洛克哲学中刚走出"自然状态"的原子式的、抽象的人就直接进入了国家生活中,这在黑格尔看来是不可能的,这中间还缺乏对人的教育的过程。

---

① [德]黑格尔:《法哲学原理》,张企泰,范扬译,北京:人民出版社,2016 年,第 60 页。
② 参见 Kenneth Westphal. "The Basic Context and Structure of Hegel's Philosophy of Right." in *The Cambridge Companion to Hegel*. Fredrick C.Beiser ed., Cambridge University Press, 2001, pp. 234－270。

"抽象法"中的抽象的人还沉浸在一种自然的、直接的、抽象的自由中,在黑格尔看来,还需要将它从任性的、特殊的存在者中教养为到主观性(道德)的层面。而教育就是要将自然的、直接的存在者提高到伦理的存在者,而要达到这一步,抽象的人需要经历诸多阶段(环节),而不是直接由抽象的人直接跃入国家和伦理生活中。"黑格尔至少在这一点上是正确的:即他认为一个刚从自然状态中走出来的个人绝对不能立马就过上一种洛克式的国家生活。"①在史迪曼看来,黑格尔认为由"自然状态"走出来的个人还不会过一种有组织的文明的生活,还需要经历道德、家庭生活、公民教育、伦理生活等组织的培养和教育,而这一点则很少被霍布斯、洛克、密尔等自然权利学说家注意到。所以,黑格尔谈道:"在现代曾经作为而且还在自命为哲学的东西,就可唾手而得如下形式:有人说,人在自身中找到他所欲求的权利、财产、国家等,作为他的意识之事实。"②在这里,黑格尔批评了一种流俗的权利学说,指出这种权利学说不能深入到法的概念中探寻法本身,而是简单地从最表面的东西去讨论法、权利、财产和国家等概念。进而,将婚姻、国家等东西都直接建立在基于任性的"人格"的基础上,视拟定契约的双方是以"人格"为基础的、相互独立的存在者。但在黑格尔看来,婚姻、国家等关系并不是一份契约关系。以独立人格之间的合意或基于独立人格之间的任性而拟定的合约并不是在任何时候都成立的,基于这种观点,政治理论是一种"原子式的个人主义"的理论。

洛克等自然权利学家直接将国家建立在"自然状态"的假设上,进而直接从"自然状态"跳入国家,他没有考虑到抽象的"自然人"的假设是十分苍白的,从"抽象法"到国家,人还得经过教化、培养、自我管理,还要学会道德自主,这中间还有很长的路要走,不可能直接由"抽象法"跳入国家。

五、结论

在"抽象法"中,黑格尔揭示了抽象的"人格"如何借由"财产权"实现其定在(自由),但是自由的实现是经由"抽象法""道德""家庭""市民社会"和"国家"一个个环节逐渐丰富起来的。黑格尔认为人的自由并不是一开始就给定了的或就像一发子弹那样被射出来,自由或许是一种合理的设想,这种设想只是暗含在自在的法当中,但一开始它是绝对不存在的:因为自然无所谓自由或正义。所以,黑格尔否认单靠洛克在"自然状态"中所

---

① Peter G. Stillman. "Hegel's Critique of theories of Right". in, Robert Stern ed., *G. W. F. Hegel: Critical Assessment*, Routledge, 1993, p.313.

② [德]黑格尔:《法哲学原理》,张企泰,范扬译,北京:人民出版社,2016 年,第 59 页。

分析出来的所谓的先天的权利就是实在的。倒不如说,这些权利只是潜在的,还有待努力去实现的。

Personality, Ownership and Freedom in "Abstract Right" according to *Elements of the Philosophy of Right*

WANG Xi

【Abstract】 In the chapter "abstract right", hegel showed the way how personality and ownership lead to freedom. In the meantime, hegel thought the right in "abstract right" are abstract and limited, because the will in the "abstract right" is bassed on arbitrary will, it's in the first link of the will's self-realization. The right are composed of Personality, Ownership, moral, family and state as a whole. There is a long way to go from Personality, Ownership to ethical individual.

【Keywords】 Abstract Right, Personality, Ownership, Freedom

【哲学人类学研究】

死亡是生命的一部分
——论宗教与哲学的关系

陈家琪①

【摘要】 在新型冠状病毒大肆流行的这种世界性的状态下,我们都不得不面对并思考伴随人类历史的一个最为重大的核心问题,即死亡是生命的一部分。对这一核心问题的回答,需要厘清三对关系:首先,我们如何面对死亡,以及信仰与现实的关系;其次,如何理解宗教与政治的关系;最后,宗教与哲学的关系问题。由此,才能彰显人之自由及其自由自身的目的所在。

【关键词】 死亡,生命,宗教,哲学

一

今天是 2020 年 4 月 12 日,星期日。前天是耶稣受难日(Good Friday),明天是复活节(Easter Sunday),此前的这一周,被称为"圣周"(Holy week)。这段时间,正是新型冠状病毒大肆流行,戕害生命的时期。截至今日,全球病毒感染人数超过 170 万,死亡人数接近 10 万。美国历史上第一次 50 个州全部进入"重大灾难状态",感染 52 万人,死亡人数两万多,超过了珍珠港事件和"9·11"恐怖袭击死亡人数的总和。笔者在网络上看到了大量的视频与照片,都与宗教活动中的默哀、祈祷有关。一位叫范学德的华人牧师,已经写了六篇"死亡沉思录",提出了"若病毒明天杀了我,我今天最大的遗憾是什么?"这样的问题。总之,无论信不信教,在这种状态下,恐怕都不得不面对并思考伴随人类历史的一个最为重大的核心问题,这就是如何面对死亡以及信仰与现实的关系。

---

① 作者简介:陈家琪,同济大学哲学系教授,博士生导师,研究方向为西方哲学史、政治哲学、法哲学和伦理学。

就信仰的超验维度而言,它就是宗教;就现实的社会维度而言,它就是政治。因为人是社会性存在。社会存在就是人的群体性存在。任何群体都离不了某种把大家凝聚在一起的集体性的组合仪式,如祈祷、祭祖、誓血、结盟,等等。这些形式从最初的仪式化开始,就指向了某种超越的存在。所以黑格尔说,每种文明都源自宗教①。所谓公元前五世纪的"轴心时代",就指的是人类几大文明体系都不约而同地意识到了超验的存在。

如何把人的意识从超验的存在那里再拉回到现实,这又是"轴心时代"后几大文明体系都必须面对的问题。为什么? 因为人的社会性存在逐渐明确为政治的关系与结构。政治就是人的公共生活的话题。而政治的世俗本性又天然抗拒着宗教的仪式与信仰(除非找到另一种政教合一或国家意识形态的模式,详后),因为这里涉及权力与权威的正当性来源。于是信仰与现实的关系,在某种限定的意义上,就可以理解为宗教与政治的关系。为了更好地展开讨论,这种关系也可以进一步引申为神圣与世俗、启示与理性、彼岸与此岸的关系。

最近一段时间,笔者下功夫阅读了美国政治哲学家马克·里拉(Mark Lilla)的《夭折的上帝:宗教、政治与现代西方》。他告诉我们,17 世纪的霍布斯是这样提出问题的:当人们谈论宗教,谈论上帝时,到底在谈论什么? 其实是在谈论人自身,"谈论他自身的经验"。"由于只有在人类中才有宗教的迹象和产物,他宣布,没有理由怀疑,宗教的种子也只存在于人类之中。"作者说:"这恐怕是《利维坦》中最重要的声明了。"②启蒙运动,从神转向人,霍布斯迈出了最重要的一步。正是霍布斯,说明了宗教只是人类的事务,它起源于人的无知与恐惧。于是研究宗教的正确途径应该是研究人而不是神。对病毒的防治与医疗,是否也只是人类的事务? 由于对其的无知与恐惧,才导致了我们今天的精神状态? 这个比喻不一定恰当,却是我们自然就会联想到的一个结论。当然,把宗教归结为人的动机与需要,这就会从根本上摧毁宗教的整个传统。马克·里拉说,霍布斯的这个说法不一定能说服所有的人,因为另一种说法也同样很有道理:上帝是万能的,所以并不是人需要上帝,而是上帝通过启示让人去信奉他。《圣经》中应该不乏这类鲜活的事例。但无论怎样,经过霍布斯,"传统的神学主题——神和他的本性——已经成功地转变成了人和他的宗教本性的主题"③。随后就有了休谟的《人性论》及其缩写本《人类理解研究》。与此相关,也就有了马克·里拉所谓的西方文化史(哲学史)上的"大分离"(the Great

---

① [美]马克·里拉:《夭折的上帝:宗教、政治与现代西方》,萧易译,北京:新星出版社,2010 年,第 224 页。
② 同上书,第48 页。
③ 同上。

Separation)时期。这一时期,也就是我们大都熟悉的文艺复兴或启蒙运动时期。政治神学由此转变为政治哲学,也就是说,"我们不再承认神启在政治上具有权威性"(查尔斯·泰勒语①)。但查尔斯·泰勒并不认为是霍布斯迈出了第一步。他说:"霍布斯在他那个时代远不如在我们的时代那样具有影响,这在很大程度上是因他的简约化理论所致。"②他认为人类现代社会秩序最为确切的奠基人应该是格劳秀斯。因为正是格劳秀斯认为,人类社会生活的规则与秩序并没有与神学脱离关系,因为一切规则来自上帝的创造,"即使上帝不存在,这些规则也是有效的"。于是,在 17 世纪,格劳秀斯、霍布斯、洛克、普芬多夫等人,包括美国《独立宣言》的制定者,共同确立了这样一条自由主义的神学假设:"上帝创造了人类,因此他们可以通过这些规则达到和谐,无论这些规则是由理性(常以自然神论的模式)确立的,还是由神启显现的(当然对许多人来说,这些真理是得到双重保证的,这一事实使它们更加值得信任)。'我们认为这些真理是不言而喻的……'"③

但马克·里拉依旧坚持是霍布斯迈出了 17 世纪从政治神学到政治哲学的第一步,因为他取消了格劳秀斯的"假设上帝不存在,也会怎么怎么样"的假设,而是重新开始了一盘没有上帝,社会秩序和权力的合法性也并不需要诉诸神启的政治哲学的大棋。这才有了随着《利维坦》的出版而开始的政治神学与政治哲学的"大分离"④。当然,他并没有反驳詹姆斯·K.A.史密斯的这一说法:"利维坦更是一个作恶者,而不是解放者。"⑤这又牵扯到如何理解现代政治秩序中的意识形态问题。我们后面还会讨论到这一问题。

按照马克·里拉的逻辑,启蒙运动以后的西方政治哲学是这样发展的:他首先确立了四位最为突出的大师——霍布斯、卢梭、康德、黑格尔。

霍布斯的贡献有如下三点:第一,自由—民主秩序中最重要的知性技艺就是分离。随着社会分工的深化,"他所参与的科学革命开始拆解数世纪之久的关于神圣联结的概念,以一幅更复杂的、总在变化的图像取代了它们,这是一幅自然世界的图像,远离它的造物主,对于道德保持缄默"。关于社会结构中的"分"与"合"关系,陈宣良已在《中国文明的本质》(上海世纪出版集团,2015 年版)中有过精细的论述,此处不赘。第二,随之,我们学会了把自然研究跟关于神或人之职责的思想分离开来(我们也学会了讨论是否存在着一个十全十美的事情,直到今天我们还在这样做)。第三,霍布斯找到了一种方法,把启示的

---

① [美]马克·里拉:《夭折的上帝:宗教、政治与现代西方》,萧易译,北京:新星出版社,2010 年,第 294 页。
② 同上书,第 299 页。
③ 同上书,第 300 页。
④ 同上书,第 309 页。
⑤ 同上书,第 273 页。

主张跟我们对公共政治利益的思考区分开来。我们都接受了他构想政治生活的方式,就是认为它只跟人有关①。这三点贡献背后所带出的结论就是:神圣与世俗之权应统一于君主,科学与宗教之争应统一于哲学,这也就是《利维坦》一书之所以要以几何数学的方式精确论证出我们应该建立一个怎样的社会,其中的个体不必害怕别的同伴及其永灭,从而投身改善自身命运的世俗而有益的工作(想想斯宾诺莎的《伦理学》,这种论证方式上的革命会更明确)。在霍布斯去世一个多世纪之后,一种共识开始形成,这种共识是围绕着宗教多样性、良心自由、宽容、有限政府和权力分立的自由主义观念展开的。霍布斯是激进的唯物主义,他并不信奉自由主义,但自由主义恰好被包括在霍布斯的哲学轨道之中。这其中的代表人物是卢梭。在卢梭看来,威胁到一种良好政治秩序的并不是宗教,因为真正的宗教与无知、恐惧或激情无关。这些东西是腐败的宗教和政治制度对道德信仰的曲解,这些制度煽动迷信,贬损道德感受,使得信徒彼此不容忍,暴力相向。他认为:"当我们思考良好的生活,包括良好的政治生活时,人类不可能无视有关不朽和超然的问题。"卢梭在《爱弥儿》一书中通过萨瓦牧师之口,告诉我们:"当我们把目光投在人类历史上,我们看到,我们所知的任何文明一向都是建立在宗教而不是哲学的基础上的。"在健全的社会里,宗教曾经协助结成社会联结,鼓励为公共利益作出牺牲。于是在"大分离"的背景下,就有了霍布斯和卢梭的两条岔路。霍布斯的继承者体现为18世纪的法国唯物论与百科全书派;卢梭的后继者则集中体现在康德与黑格尔的哲学中。马克·里拉说,政治神学与政治哲学"复合的理想从卢梭那儿发展起来,在黑格尔的思想中达到全盛期,它跟霍布斯推动的知性分离的理想处于紧张状态。这是一种哲学上的张力,而不是神学上的张力"。"如果霍布斯的后裔是正确的,将神学思考置于政治论述之外就是既有可能也是必要的;分离是一种能够学会而且必须学会的习惯。如果卢梭的后裔是对的,或许还有神学思考政治生活之目的和手段的空间。不是指传统的基督教神学,而是指一种基于连哲学家也承认的事实的神学。譬如这样的事实,人是一种信奉宗教的动物,他寻求心理上的和社会中的和解。"②

这样说来当然太简单。这里面有如下三个方面的问题需要强调一下:

首先,马克·里拉说,当代自由民主政体已经设法容纳了宗教,而不引发宗派暴力或鼓励神权政治,这是一项历史成就。他们有理由为自己的宽容、良心自由和正式的政教分离的观念与制度而感到自豪。但英美自由主义传统缺乏词汇来描述自身宗教生活的充分

---

① [美]马克·里拉:《夭折的上帝:宗教、政治与现代西方》,萧易译,北京:新星出版社,2010年,第57页。
② 同上书,第159页。

的心理复杂性,更别提用来理解世界其他地区信仰和宗教之间关系的词汇了。诸如"为什么做一个基督徒""为什么做一个犹太教徒"之类的问题,自由主义神学根本没有提供任何答案。他也是在这一意义上来理解"夭折的上帝"这一说法的。关于宗教在美国政治生活中的角色的最伟大的作品是由一位法国人撰写的,他就是卢梭的忠实学生托克维尔。记住这一点是有益的①。

其次,马克·里拉说,相比于阅读霍布斯或休谟,阅读卢梭或黑格尔对宗教的看法是一种丰富得多的体验,特别是黑格尔。在马克·里拉与查尔斯·泰勒的辩论中,泰勒指出了如下三点看法:第一,在一千多年的时间里,到底是什么塑造了西方世界?当然是政治神学。什么是政治神学?按里拉的理解,就是在回答基本的政治规范性问题(正义、正当性权威、战争与和平、权利与义务)时,人会诉诸神圣的权威,抑或诉诸启示。泰勒说,历史告诉我们,正义、战争与和平之类的问题,并没有通过启示得到解决。比如,阿奎那,还有斯多亚学派,靠的是自然法理论;当论及正当规则时,一个重要的来源是传统律法:"谁是最近亡故的前任国王的正当继承者?"人们是这样问的,而不是诉诸神圣启示。② 第二,我们不要忘记,启蒙时代的主导观念就是:有一个至高而仁慈的存在设计了这个世界,那么诉诸上帝和诉诸自然在该领域就是逻辑相等的。直到"后达尔文时代"的来临,这种关于自然的规范设计的观念才真正遭遇到挑战。第三,我们今天的平等、自由、权利和民主的政治秩序,来源于罗尔斯所谓的"重叠共识",包括康德主义、功利主义,以及神学上的理由在内。也就是说,在"此岸",政治神学从未缺席。就是今天的美国,某些右翼人士依旧认为基督教是唯一可能的思想基础;而学院自由派则相信,如果你不是一个康德主义者,你就没有合适的理由信奉自由主义。③ 而我们的文明恰恰就被绑定在各种相当不兼容的(借用罗尔斯的术语)"整全性观点"(comprehensive views)之中。关于里拉这本书,他的总看法是:"这部著作关于德国思想的论述是极具激发性和启发性的,但其更宽泛的叙事却难以把握,似乎不时地走向奇思异想的边缘。"④对这种所谓的"奇思异想",史密斯更愿意说:"这就更近于黑格尔曾要达到的'非虚构的文学创作'。"⑤

对于泰勒的三点指正,里拉并没有正面回应,而是把话题引向"我们都共同崇拜的黑格尔"。

---

① [美]马克·里拉:《夭折的上帝:宗教、政治与现代西方》,萧易译,北京:新星出版社,2010 年,第 224 - 225 页。
② 同上书,第 294 页。
③ 同上书,第 301 页。
④ 同上书,第 302 页。
⑤ 同上书,第 270 页。

既然泰勒认为里拉关于德国思想的论述极具激发性和启发性,那么我们就看看关于黑格尔,里拉到底是怎么论述的。

学界有一种说法,叫"长的19世纪和短的20世纪"。他们把20世纪就认作从1914年到1989年。于是"短的20世纪",就被压缩成了撼天动地的战争史与变革史。而这些战争与变革,一般来说,与政治神学或自由主义神学的关系是从属性的,一切取决于单纯的民族国家与政治意识形态的导致与终结。当然,这并不是说神学或基督教在其中就不起作用了。1933年,当希特勒上台时,一群新教教会和神学家就表示支持纳粹的政治和种族主张,他们阐发出一种更斩钉截铁的、民族主义的解释,想创建一个把所有新教教派都联合起来的帝国教会,把基督十字架和纳粹符号合成为一个标志,声言"基督已经通过阿道夫·希特勒来到我们中间……"①当然,与此同时,有一位青年神学家朋霍费尔(Dietrich Bonhoeffer)也在1939年返回德国,开始密谋刺杀希特勒,结果在1945年被处死。但无论是哪一边,都意识到随着希特勒的上台,作出一种神学—政治的决定性的时刻就已来临。对于那些民族主义、种族主义和为德国的一战目标而作出强硬辩护的神学家们来说,这是如此明确的一回事[如当时的哥廷根神学系系主任、受人尊敬的路德派神学家和历史学家赫奇(E. Hirsch)],而对于那些坚持要把诸教派独立于政治(世俗统治者),并发表著名的《巴门宣言》(Barmen Declaration)的卡尔·巴特(Barch)等人来说则又是另一回事。但无论怎样,就如巴特在他的《罗马书释义》中所说,人到底是在生活的每一瞬间,都处于作出决定的危险边缘;还是如罗森茨威格(Roscenzweig)那样,试图在这种情况下让犹太人与生活达成"和解",把注意力集中在"救赎之允诺"上,在当时的情况下,这真的不再单纯是一个神学或宗教的问题,它涉及千万人的生命。《罗马书释义》认为,现在不是基督徒参与社会活动、成为社会的一部分,或奋勇向前、树立榜样的时候,而是对人的行为表示质疑,"它向现代人发出的第一声也是最大声的信息一定是:'停下'!"②但在当时的德国,又有多少人听到了这一最大声的呼唤呢? 世俗的,但又披着神圣外衣的"元首"或"领袖"显然取代了一切。

但在19世纪,情况远没有如此严峻;所以19世纪才显得那么漫长,如此灿烂。

首先,19世纪德国生活中的一切运动——启蒙主义、浪漫主义、民族主义、社会主义——都在犹太人的意识中留下了标记,自由主义的新教神学自然也在其中③。至于马

①　[美]马克·里拉:《夭折的上帝:宗教、政治与现代西方》,萧易译,北京:新星出版社,2010年,第206页。
②　同上书,第198页。
③　同上书,第170页。

克思,按照布洛赫的说法,应该有两个不同的马克思,一个是在大英博物馆里写作《资本论》的马克思,他以冷静的唯物主义目光看待资本主义社会中虚假的意识形态,是一位研究剩余价值和商品拜物教的经济学家;另一位马克思则与圣经中的弥赛亚传统连接了起来,"是解放运动和人类自治的先知,一位宣扬希望的先知"①。

现在让我们来集中讨论一下马克思所高度认可的、他的老师,也就是在马克•里拉笔下熠熠生辉的黑格尔。

让我们还是从马克•里拉所描述的哲学大背景,也就是所谓的"大分离"说起。17世纪以来,如他所说,是霍布斯区分开了政治神学与政治哲学,或者用更简洁的话来说,区分了宗教与政治;还有就是在时间上较早的马基雅维利区分了政治与道德。列奥•斯特劳斯(Leo Strauss)曾在这二人到底谁应为近代政治哲学的创始人上犹豫过。他曾在《霍布斯的政治哲学:美洲版前言》中说:"我曾经认为,霍布斯是近代政治哲学的创始人。这是一个错误:这个殊荣,应该归于马基雅维利,而不是霍布斯。然而,我还是宁愿保留这个容易纠正的错误,或者说宁愿保留这个错误的特定前提,而不愿认可那些更为人们所普遍接受的观点。"(译林出版社,2001年版)其实,区分神学和政治与区分政治和道德密不可分,因为神学在其较为狭隘的意义上就是道德。如果道德律令有其外在的超验来源,那么康德就有理由把它转换为人的内在的先天依据,这就是他所谓的"哥白尼革命"。但背景都是把目光从神转向人。再后来,就有了康德和功利主义学者,比如边沁等人,所展开的关于道德的义务论(动机论)和责任论(后果论)之争。这是理解黑格尔哲学的大背景。即黑格尔到底是如何从"分"(大分离)走向"和"(大综合)的?

青年黑格尔也不大信任基督教,他更愿意接受霍布斯的教诲,把"人关于神的理念而不是神自身规定为他的主题"(第124页);而且,更重要的,是当时的黑格尔更倾心于古希腊和异教德国所信奉的非常浪漫的宗教观念,认为一个人对民族和国家的忠诚应高于一切(这已埋下了"和"的种子),内在化的基督教很可能变成一种极端隔绝的宗教。后来,随着年龄渐长,他意识到,霍布斯的《利维坦》强调人的心灵感知,卢梭认可人的宗教感情,康德一方面强调理性的有限,另一方面又想用宗教来满足人的形而上学冲动和道德需要,这只说明了康德哲学标志着人类意识所能达到的一个阶段,这个阶段通过"假定"人的心智之外存在着"绝对"(自在之物)而把人与"绝对"隔离开来。他认为,随着历史的发展(注意:黑格尔在这里特别强调了"历史"与"发展"),"一旦心智意识到那些对抗存

---

① [美]马克•里拉:《夭折的上帝:宗教、政治与现代西方》,萧易译,北京:新星出版社,2010年,第214页。

在于它自身之中,而不是存在于某种外在的'绝对'中,它就松弛了下来,并进入了一个更高层次的意识。它抵达了一种完全和解的状态,这就是黑格尔所谓的'绝对认知'(absolute knowing)"①。心智之所以有历史与发展,是因为它内在的"否定性"。柏拉图是第一位断定有一种力量在心灵或灵魂中运作的哲学家,他把这种力量叫作"爱欲"(eros),这还是一种奋进的力量,为了让我们了解这个世界,它把我们推进到这个世界中。黑格尔把否定性说成是知性的力量,它抵制这个世界,认为这个世界是异己的;但是通过抵制,它开始真正了解这个世界,并最后达成和解。这种和解也是心智(德语 Geist 既有"心智"也有"精神"的意思)的"解脱状态"(state of catharsis)。这种"解脱状态"与佛教所理解的"解脱"不同,因为它充满了张力和矛盾。"否定性是人类生活中的推动力和终极源泉,这种安宁是随着认知而获得的。它是隐藏在爱(agape)中的爱欲(eros)。"②再进一步,黑格尔想走出经霍布斯,到卢梭,再到康德的孤立个体(人的个体性存在的观念应被视为启蒙运动的核心价值)的观念,于是认定使个体生活具有意义的,在于任何个体都不得不生活于其中的"社会背景",他把这种背景称之为"伦理生活"(sittlichkeit)。与个体的心智发展一样,"伦理生活"也有一个否定—隔绝—复合的动力。如果说困扰着个体性道德的主要是存在(绝对)的话,那么困扰着整体性伦理的则是人与人的统一。于是黑格尔的《精神现象学》就把心智在个体意识上的发展与宗教在社会中的和解力量联系在了一起。哲学与宗教也不再对立,因为它们所要达到的存在(绝对)是一样的,都叫作真理。基督教的根本教义是道成肉身。见证基督耶稣的死与复活说明了死只是神的一部分,并不外在于神,而是人(子)的一种特性。所以,正确理解耶稣的死可以帮助我们与自身的死亡达成和解,因为死亡无法剥夺掉耶稣作为神灵的内在神性。马克·里拉说:"这是基督教也是黑格尔的最过硬的教义:人既是神,又是死亡。"③

当然,这并不是说宗教与哲学就没有区别。里拉先生概括出了如下六个方面的区别:第一,宗教通过感觉和思想起作用于心灵和心智,而哲学仅仅通过思想起作用;第二,宗教依靠形象,哲学只承认概念;第三,宗教表达了社会对神圣联结的信念,并通过这些新信念,组织社会成员过一种协调的伦理生活;第四,哲学试图通过批评使那些信念合理化,而拒绝承担维持伦理生活的责任,当然,如哲学这样具有批判意识的永远都只是少数人,而宗教则必须顾及其余的绝大多数人,"真理没有必要对所有人以一种哲学的方式呈现";

---

① [美]马克·里拉:《天折的上帝:宗教、政治与现代西方》,萧易译,北京:新星出版社,2010 年,第 125 页。
② 同上书,第 127 页。
③ 同上书,第 140 页。

第五，黑格尔赞同卢梭，哲学也许可以有助于理解一个社会，但它从不可能创建一个社会，而宗教则完全可以创建社会，哲学所理解的社会，都是宗教所确立的；第六，宗教先于哲学，在更深层的意义上，宗教是心智最初在社会中面对并用语言表述真理的自然而然的方式，哲学只是宗教的后嗣，它只能对那些已经出现在宗教和伦理生活中的事物作出理性的解释。就如黑格尔自己所说："当它阐述宗教时，哲学只是在阐述自己，当它阐述自己时，它是在阐述宗教。"①马克•里拉说："根据这些原则，可以得出一个最终结论——它会证明黑格尔是最重要的。因为，如果我们假设宗教史类似于人的心智的发展，而且如果我们能够想象心智抵达一个最终的静态点，它是某个类似于'绝对认知'的事物，那么，似乎就可以得出这样的结论，宗教史也可以抵达一个最终的静态点，一个不会再有进一步发展的顶点……照黑格尔看来，那个顶点已经被抵达了——在基督教的新教中，它是'圆满的'宗教。"②黑格尔还用一个概念来概括圣经信仰和他的哲学的共同的核心位置，这就是"伦理一元论"（ethical monotheism）③。我想，读过他的《法哲学原理》的人，大概都会接受这个概念，"伦理一元论"贯穿于从家庭，经市民社会到国家的全过程。对这种"伦理一元论"的信仰属于神学，而对其实现过程的论证，则是哲学的事。

下

我们这些"老三届"，也算是经历了不少的事，许多事也都与死亡有关。比如，饥饿、武斗、地震、事故、病痛，等等。但都不似这次的新型冠状病毒这样，让每个人都不得不直面它的存在与逼近。但你又完全无法把握它的存在方式与传播途径，也不知道它在什么情况下就会突然感染上身并通过你传播给更多的人。也许，武汉的民众对此有着更深的体会。我们只不过是说说而已。但就我而言，也已经三个多月未出家门了，而且相信所有的出游计划和一直期待着的美好相聚业已全部告吹。问题在于：这一切都是被迫的，不得不的。如何面对死亡？未知死，焉知生？这句话在逻辑上比"未知生，焉知死"更为有力，因为死是生的终点。未知终点，人生当向何处而去？"未知生，焉知死"看重的是过程、方式乃至手段；只有"未知死，焉知生"才强调的是归途与终点。但这个"终点"在逻辑上又是一种超验的、永远也无法确定的存在，没有谁能告诉我们抵达"终点"后会是一种什么样的状态。我们只能面对，知道它就在那儿，而且离我们也并不太远。偶然发生的事情谁

---

① ［美］马克•里拉：《夭折的上帝：宗教、政治与现代西方》，萧易译，北京：新星出版社，2010年，第139页。
② 同上书，第135页。
③ 同上书，第223页。

都无法预料。于是,这又让人想起了哲学界的一句老话:向死而生。把这里的"死"改为"病毒",就成了我们每个人在今天的现实:什么是新型冠状病毒下的生存态度?

生命的构成是细胞、基因,在这个世界上,对人类的存在最大的威胁就是病毒。它寄生于人体,也是细胞和基因,目的却是消灭人体,就与人类寄生于大自然,却干着企图毁灭自然界的事一样。

也许许多人觉得这不算什么问题:谁不知道人会死啊? 现在还没死,说这些有什么意思? 但死亡,恰恰是哲学所必须回答的一个问题。蒙田在《论罗马、死亡、爱》(上海世纪出版集团,2007 年版)中有一篇文章,题为"探讨哲学就是学习死亡"。里面在提到死亡有着无法数清的袭击方式时,引用了贺拉斯的一句诗:"时时刻刻需要提醒危险,人是难以预料的。"(第 38 页)这让我们很容易就想起前面所提到的巴特在他的《罗马书释义》中所说,人到底是在生活的每一瞬间,都处于作出决定的危险的边缘;还是如罗森茨威格那样,试图在任何情况下都让犹太人与生活达成"和解",把注意力集中在"救赎之允诺"上? 那么,死亡对于生命而言,到底是一个"需要提醒危险",意识到自己处于"作出决定危险的边缘"的问题,还是一个设法达成"和解",无论你是否期待"救赎之允诺"的问题? 离开当时德国的具体现实,作为一个一般性的问题,它依然很有意义,因为无论你如何"提醒危险",死亡总要来的。蒙田说是的,但这里的区别在于:如何使自己过得自在。如果死亡可以躲开,大家不妨做个胆小鬼;如果死亡无法避免,那就勇敢面对。这些话当然没有什么特别的。但蒙田马上告诉我们:"事前考虑死亡也就是事前考虑自由。谁学习了死亡,谁也就学习了不被奴役。死亡的学问使我们超越了任何束缚与强制。"(第 40 页)另一天,或无论哪一天会发生的事,其实在今天就会发生,"应该随时穿好鞋子,准备上路,尤其要注意和做到这事只与自己有关"(第 41 页)。他引用恺撒的话说:事物远看时常比近看显得大,一个健康的人也远比生病时更惧怕死亡。所以,青春消逝这种死亡要比寿终正寝更加严酷,也更让人无法接受。但青春消逝和寿终正寝的区别真那么大吗? 他说,西帕尼斯河上有一种小动物,只能活一天,上午八点死的属于青春夭折,下午五点死的属于寿终正寝。但在我们人类看来,这之间的区别到底有多大? 蒙田说:"我生于 1533 年 2 月的最后一天,恰好 15 天前刚过了 39 岁生日。"而耶稣和亚历山大都只活了 33 年。还有什么可抱怨的呢?"在我们的宗教中,人最可靠的基础就是蔑视生命。不光是理智的推理要我们这样去做:有一件东西是我们失去后不可能后悔的,那为什么还要害怕失去呢?"(第 45 页)。我想,能想到的话,半个多世纪前的、39 岁的蒙田差不多都已经说了。已经这么老了的我们,还能说些什么?

是的,我们完全不知道明天与死亡哪一个先到,问题只在如何过好眼下的这一天。为什么要说"完全不知道明天与死亡哪一个先到"呢?因为病毒的爆发与流行、传播都太突然了,而且它完全超出了人的控制。我们不知道它来自哪里,也不知道谁身上携带,更不知道用什办法才能有效地消灭它。许许多多的人都被病毒夺去了生命,我们连他们的名字也不知道;还有更多的人在此期间因别的事故而身亡,我们也无法参加任何形式的悼念活动,只能把悲痛深深埋压在心底。也许,我只是到超市买了一些东西,也许,我只是坐了一次公交车,结果就被感染了病毒。这种可能与危险,已经成为许多人的亲身经历。那么也就是说,我们事实上就生活在某种危险的边缘,这种危险让我们感到自己的任何决定、选择,比如外出,见什么人,和谁握一下手,都可能处于极大的而且是未知的危险之中。

如何从这样一种状态(环境与心态)中走出?把病毒的存在看成一种常态,与各种形式的冠状病毒和平相处,看来已经成了一种现实。于是又涉及前面所讨论的现实与信仰的关系。死亡是生命的一部分,我们每天、每个小时都有无数的细胞在死去。问题只在过好活着的今天。蒙田说,他们的宗教中最好的东西就是蔑视死亡。我们没有那样的信仰。我们中国人不是为父母(或祖上)活着,不辱家门,光宗耀祖,就是为下一代活着,为了让他们过得更好,为自己的父辈而感到荣耀。我们的信仰,总介乎神圣与世俗之间,或者说,是把神圣与世俗联结起来的祖先,神化了的祖先崇拜。哪怕这个"祖先"只是神话了的关公或尉迟恭。那么,自己的人生呢?当然是奋斗,为了一个什么目标而奋斗。这其实就是蒙田所说的束缚与强迫。说到底,生命与自由的关系依旧纠缠着我们,而且大部分人都并未意识到它的严重。生命总是很美好的,死亡为什么会落在自己身上而不是别人身上?类似的问题自然永远也无法回答。帕斯卡曾因这种沉默而走向真正的信仰,于是心境安宁。我们却多半会因这种沉默而哭天抢地。蒙田说青春消逝比寿终正寝更可怕,这句话倒是告诉我们,生命,健康地活着,是一种上帝的恩赐,它是上帝送给我们的一种礼物,就如自由、财富一样,都很宝贵。但第一,唯有死亡是我们失去后不会后悔的礼物;第二,拿生命与财富相比,财富自然是身外之物,不足挂齿。拿生命与自由相比呢?不好说了。"生命诚可贵,爱情价更高;若为自由故,二者皆可抛。"我们更惧怕丧失自由。如果给你上刑,你当然宁肯死去;如果老年痴呆,患病不起,我也宁愿选择死亡。所以,自由与死亡的关系可以分三个方面的内容来加以讨论:一是生命与自由都是我们"天生"(能不能用"天生",可以讨论)获得的东西,如果二者只能择一,可能许多的人宁肯选择自由。第二,生命就是自由。黑格尔说,如果人的精神是自由,那它就一定超越了自然的生命(作为被决定的和被具体化的动物),而是善与正义的源头。黑格尔说,中国、印度、波斯和埃及的宗教代表了反抗命运的人类自主意识的第一次觉醒,是一次建设性的否定。"在这个阶段,限制人的精神的是,宗教把人类描述成与神以及被认为了神的政治权力之间保持着一种奴性关系。奴性宗教和专制政府携手共进——或按黑格尔直率的说法,'与一个劣等神或一个原始神相联系的是劣等的、原始的和不自由的人类'。为了让人类获得自由,神将不得不也被看成是自由的。那种思想只有在希腊和以色列的宗教中开始成形。"①当然,黑格尔的这段话不一定会让许多教徒感到满意。他们会说,不是"为了让人类获得自由,神将不得不也被看成是自由的",而是因为神是自由的,所以人类才终得自由。但无论怎么说,在黑格尔心目中,一种神或一种宗教是不是自由的,表明了相信这种神或这种宗教的人类是不是自由的。他说:"事实上,新教完善了包含在基督教道成肉身概念中的自由信条,这个信条会在现代思想中获得理性的形式——该信条即:'自由是自由自身要实现的目标,它是精神的唯一目标。'"②第三,如果生命就是自由,自由标识着权利、义务与责任,但死亡又是一个我们无法负责的事情,除了自杀。也就是说,如果不统计,我们根本就不知道每年、每个月、每天、每分每秒有那么多人丧失了生命。有的人还很年轻,完全与疾病无关。事故、过失,在某种意义上与病毒一样,都与"责任"或"选择"无关,所以也就与科学无关。科学再发达,也负不起死亡这个责任。这说明了什么呢?说明生命终究不是一个科学就能解决的问题。笔者又想起了波伏瓦的小说《人都是要死的》。是的,不死将成为一种天罚,它是对人的自由的最终剥夺。

在一部忘记了名字的电影上看到,老师让孩子们在"正确"与"善良"之间作出选择(比如射杀翻越柏林墙的人),更多的孩子选择了"善良"。这很让人感动。笔者还在一本什么书上读到过,亚当与夏娃当初作出吃智慧果的选择是完全正确的,因为他们选择了"快乐"(智慧果好吃,很吸引人)而不是"正确"(上帝的告诫,人类将永远生活在快乐的伊甸园里)。于是,这等于在生活态度上有了一个根本的转变:不再把"对错""好坏"看得那么重要,重要的只是自己的感觉,具体来说,也就是快乐、满足、尽兴、随心所欲。孔子说:"七十而从心所欲,不逾矩。"但他那里还是有一个"矩",而且要活到七十岁。一旦看透死亡,而且就生活在病毒肆虐、生死无常的环境中,"矩"还真有那么重要吗?这种情况,我们又不是从未见过。灾难降临,原先的"矩"早就破灭了,新的"矩"基本上无法确立;就是确立了,也管不住生命如烟雾般的瞬间消失。那么,就只剩下了放纵与对生命的

---

① [美]马克·里拉:《夭折的上帝:宗教、政治与现代西方》,萧易译,北京:新星出版社,2010年,第136页。黑格尔的原话见其《宗教哲学》,2:413。
② 同上书,第143页。

短暂时光的挥霍。这其实是对生命的另一种态度,如果考虑到人的社会性存在,又会发现所谓的放纵与挥霍,也不过只是人的一种想象而已。

人在生命的途中。人永远生活在途中。终点只存在于观念中,只有当它临近时,我们才能看清它。但愿到那一天,我们没有什么可大惊小怪的,也没有什么想不通的,就这样把死亡视为生命的一部分,只不过有时候,"部分"会显得大于"生命的整体"而已。至于这"部分"是什么,该怎么理解,那只是每个人自己的事。当笔者这样说时,笔者想到了电影《泰坦尼克号》,想到了四十多万奔赴武汉前线的医护人员,也想到了纽约有几万名退休的医务工作者重新上岗,而且全部留下声明,说一旦自己感染病毒,坚决不使用呼吸机,把呼吸机留给年轻人。不同的人在生命的最后关头总能作出完全不同的选择。这就是自由,自由自身的目的。无论你信仰什么,也无论你选择怎样的生活态度,正因为不同、差异与多样,也就恰恰体现出了自由自身在显现方式上的不同。

Death is Part of Life: on the Relationship Between Religion and Philosophy

CHEN Jiaqi

【**Abstract**】 In this worldwide state of the spread of the COVID-19 Pandemic, we all have to face and think about one of the most important core issues that accompany human history, that is, death is part of life. To answer this core question, we need to clarify three pairs of relationships: first, how do we face death and the relationship between faith and reality; second, how to understand the relationship between religion and politics; and finally, the relationship between religion and philosophy. Therefore, we can demonstrate the freedom of man and the purpose of freedom itself.

【**Keywords**】 Death, Life, Religion, Philosophy

性差异:存在论的差异①

[法]德里达②(著)

张　念③(译)

【摘要】海德格尔强调"此在"是中性的,此在的生存论结构分析尽管不是一般意义上的人类学,但此在的范例性存在者是指能对自身"何所是"发问的人,那么性别问题就无法回避,性别的始源性存在就值得继续盘问。当自身性的建构没有得到规定,只能二选一的性别也不可能得到规定,这身体的标记来自本体差异的铭刻,在性差异位置上的"抛"就是对主客二元论的否定,性差异就是始源分散的共在。沉沦中的无差异的"那个谁",使得隐匿的"一"遭遇了"二"的阻击,那么性别处境就应该成为存在论的结构性元素。在本体层面思考性差异,就是将"中性化"的否定力量予以更始源的推进,事物在"二"的裹拥中分享了差异才分散开来,而散播则是从属的。当性差异来临之际,就是对立性的二价思维消弭的时刻,也是性别伦理的哲学能力被唤醒的时刻。

【关键词】性差异,性别,中性化,此在,分散

　　关于性/性别,人们总能够说三道四,当然,海德格尔不可能说到这个,关于这个,他从未说过什么,哪怕根据我们所能获知的性/性别,"性关系""性差异""男人和女人",他也只字未提。这缄默值得大做文章,可是这样一来又好像有点轻率。比如"万物生发正

---

① 首先,我把所有的阐释定位于海德格尔的思想之道。当然,他的写作和性别议题没有关系。我记下"geschlecht"这个德文词,并贯穿于这样的阅读中。其实这个词还跟性、种族、家庭、代际、世系、族类和类别相关,也不要忽略了这个词本身的含义,在这些诸多标记过的含义中,海德格尔还重新释义,该词对应德文中的铭刻,比如制作碗和印章过程中的敲击和刻印。关于这些,如果他写成了文章,我们就不必多此一举了,真理在其中聚拢:"探索特拉克尔的诗歌就是在探索诗歌中的语言。"——原注

原文选自 A Derrida Reader:Between the Blinds, Peggy Kamuf ed., New York:Columbia University Press,1991。德里达的这篇文章作于1987年,作为海德格尔的优异读者,围绕《存在与时间》部分章节以及关于莱布尼茨讲座的结尾部分,德里达以"性差异"为卯榫,抽丝剥茧地解析海德格尔的存在论结构,提出海德格尔对"性差异"的故意遗忘所制造的伦理险境,在某种意义上,践行了海德格尔的前柏拉图逻各斯思想,即丝丝入扣地让存在扣住纷争的锋利状态,并发出"差异"的哲学邀约,从而取代"对立"的二价性。——译注

② 作者简介:雅克·德里达(1930—2004年),法国当代哲学家,其思想围绕本体论、社会科学认识论、伦理学和美学,提出延异、逻各斯中心主义、在场形上学、性差异等重要哲学术语,其影响涵盖政治学、女性主义理论、历史学、语言学等领域,为欧陆哲学的当代定位和定向作出了极其重要的贡献。

③ 译者简介:张念,同济大学人文学院教授,博士生导师,主要研究方向为女性主义理论、政治哲学和文化理论。

如……",仅有这些说辞就够了。卷宗就这样封起来了,避免风险和麻烦:在读海德格尔的过程中,这里的"正如"没有性差异,既和男人没有关系,也和女人没有关系,这没有商讨的余地,没有犹疑,没有什么值得质询。这个"正如"不会提升到本体差异的高度:在探寻存在感的时候,性差异是微不足道的,就像其他随便什么差异一样,只不过是规定性的区分或一种本体的暗示。当然,对于思想来说是微不足道的,但对于科学和哲学来说,它根本不是微不足道的。正因为海德格尔打开了存在问题,启发了存在的关系问题,在所有的关涉中,"Dasein"似乎不应该被性别化。性别话语就这样被扔给了生命科学与生命哲学,扔给了人类学、社会学、生物学,乃至扔给了宗教或道德。

我们说着性差异,听到我们自己在说性差异,性差异就不应该上升到存在论差异的高度。这样一来于事无补,知道抬升到某种高度其实不成问题,只要差异思想不那么趾高气扬,才对此保持沉默。确切地说是傲慢,哪怕一个世纪以来"性别"已经成为嘈杂的老生常谈,流转于科学与哲学"知识",成了政治学和伦理学的战场。在海德格尔那里,居然只字未提!也许有人会说,他是"大手笔"呀,在对话的中心,在各种无聊讨论会的现场,这种僵化的沉默随处可见。在自身之中有着萌动的清醒的价值(围绕着沉默,我们究竟在谈论什么):环顾周遭,或回顾漫长的以往,有谁不曾如此这般说起过性别,如果曾经说过,那又是以怎样的名义说起的?传统之中,所有的哲学家都曾谈论过性别,从柏拉图到尼采,因此这个主题,他们是不可忽略的部分。康德、黑格尔和胡塞尔,都为性别差异保有一席之地;至少在人类学层面、自然哲学层面,都碰触过这个问题,事实上随处可见。

指出海德格尔的沉默就是有欠考虑的吗?这样做,就会打乱海德格尔那众所周知的语文学论断吗,包括那些未曾编辑过的段落,尤其当我们纵览海德格尔的作品时,有些游戏的理解机制试图捕捉一点什么?必须考虑到理解的程式化,考虑到如何处理这些问题。这张索引会是怎样的?其依赖于怎样的言辞?依赖命名还是句法,可见的还是不可见的?总之,通过怎样的记号,辨认出他说过的和没有说过,那被人们心不在焉地说起的性差异?经由这言辞,让思想有所获益的究竟是什么?

海德格尔的沉默让人印象深刻,如今评价这沉默的充分根据是什么?是什么尺度担保沉默的出现,那些曾经被标记过的和正在标记的尺度?海德格尔对性化未置一词,毫无疑问,哪怕是以"现代性"的名义,在这个训练有素之地,那些整套说辞,比如没有什么不是性化的,没有什么不是政治的、互惠的(政治的,其过时的用法很少被使用了,即使过时的用法,海德格尔也很少引用这个无关紧要的词)。在这样的统计之前,一切都已成定论。但有一点是可肯定的:就是说,对于我们都能脱口而出的性差异,海德格尔保持沉默。意味深长地传递性的沉默(海德格尔让性或者性别缄默不语),他说过,沉默属于某种道说,被中断的道说。但是这中断之地是怎样的?沉默在何处运作了那种话语?不可说的样态是怎样形成并得到规定的?

你会确信这中断之处没有什么可靠的东西,因为那些成套的说辞似箭镞,比如忽略、否决、闭合,乃至不可思,死死地钳制住了这个地方。

然而,这断言依然会迷失在沉默的踪迹之中,这踪迹值得迂回包抄地去探究。如果沉默没有意义,那么踪迹就没有来处。为什么这样打赌?因为和性相关的无论什么东西,在此之前总有个预设,这预设已经被修改了,并激发起一种机缘,即兴的,也是宿命的。

所谓的现代理解,意在一种心理分析式的调查,通过文化人类学来质询权威。那么,究竟在探寻什么呢?在什么地方探寻呢?对于性、性关系和性差异,至少应该正当地期望有个记号,有个幻觉,可是这些都被忽略掉了。在《存在与时间》的开篇中,此在的生存论分析并没有充分接近一种根本的人类学,以至于在法文版的阅读中,关于人的现实性引起很多误解。甚至将"世界中的存在"分析为"与他人同在",将海德格尔的"操心"理解为关照自身,而在话语的开端处去探究欲望或性,似乎又是徒劳的。有人会认为从性差异来进行推导不具备根本性,性差异不属于此在的生存论结构。此在(being-there),在那儿,没有性别标记。从对存在感的领悟来看,《存在与时间》的第二节清楚地表明,此在保留着对范例性存在者的领悟。哪怕承认与此相关的性别没有被抹除,也仅仅是在这个层面上指出了一个更一般的结构(在世存在和共在的自我、理性、空间感、语言、被抛、操心、时间性、向死存在)。可见,性差异并非一种结构性的优先线索。

看起来已成定论,然而!(海德格尔经常用这个修辞来取代应该得到的思考,然而,惊叹号,如下。)

海德格尔必须立刻澄清他自身,然而这个问题还未得到很好的理解。他须得在《存在与时间》的边界处这样做,这让我们想起1928年夏天,他在马堡大学开了一门很不起眼的课①。在课上他重申了一种指导性原则,关于超验问题和《存在与时间》第十节的问题。仅仅在根本的存在论这里,此在问题的生存论分析才有可能。这就是为什么说他的理论不是一种"人类学",也不是"伦理学"。"此在的形上学"并非这项事业的核心,无论如何这是一种规划,仅仅是一种"期备性"的分析。

---

① 《从莱布尼茨出发的逻辑学形上始基》,全集,第26卷。——原注
   同名讲座中译本可参见海德格尔:《从莱布尼茨出发的逻辑学形而上基始学》,赵卫国译,西安:西北大学出版社,2015年,第190–196页。——译注

那么，我就根据"此在"，导入性差异问题。

为何是此在构成了分析的主题？为何此在被冠以理论之名？为了便于领会存在感，海德格尔在《存在与时间》中刚好选取了范例性的存在者："据此，从存在感中识读到了存在……"最后，回应"规定性的存在样式，这些样式恰恰是需要发问的地方，我们自身何所是"。如果范例性存在者具有优先性，那么他们就成了审视的对象（不管怎样这是一条公理，也不管你怎么去思考他们），至少在这个段落，海德格尔以命题来推进，为这样的存在者命名，并将其术语化："我们自身向来所是的存在者，包含了对存在的可能性发问的存在者，我们称之为此在（我们把握它，见证它，术语化地领悟它）。"毫无疑问，学术性是针对这项事业意味深长的辩护，针对整部作品中那无蔽的此在之此，这样一来就无需另外的预设了。这前设命题如此果断，看起来莽撞而简略，宣告一种命名。相反，在马堡大学的课程中，对"此在"之名的评议显得更沉稳，更具有说服力。因此，海德格尔强调了"此在"的中性化。其首要原则是"对于可以建构分析性主题的存在来说，冠以中性化的此在"之名，而不是以"人类"（human，mensch）的名义。

中性化的说法乍看很一般。人类学、伦理学和形上学都会这样预先规定，一种化约的说法，与自身性没有关系，这些存在着的学说自身与存在没有关系，这一切无关紧要，但这存在着的关系表明了我们自身何所是，需要发问，需要持有自身以及我们的恰当本质。关乎自身，不是与自我（ego）的关系，也不是与个体的关系。"在规定感中"，此在登录于存在，并非与其本质漠不相关，并非与我们自身的存在漠不相关。中性化指什么都是中性的，但这原汁原味的品性意味着它与自身的关系，它自身的存在事关重大（"interesting"，在宽泛的层面使用）。就是说一种旨趣或者领悟应该朝向存在感，去对那些平常的事物发问。然而！

然而，这样中性导致了一种激越的简单化，没有过渡、转呈，在接下来的章节中（第二原则）就是性别中性化的提法，甚至说"此在"是非性别的。这跨越让人惊奇。如果海德格尔想提供此在分析的规定性样本，尤其是被中性化了的人类学特性，其实他有很多选择。事实上，从一开始，他就无法回避性别，回避更加精微的性差异。始源之处具有优先性——如果我们注意到这种表述的逻辑关联——"考虑到实情"，此在的分析一开始就应该是中性的。将此在中性化是根本性的，因为对存在者的表述——我们何所是——应该与之前的和外在的顽固类型一致。那么，这"刻板"的类型当然包括两种性别中的任何一个。海德格尔当然也认为是两种性别："我强调此在的中性，就是说此在不属于现存两种性别中的任何一种。"

离海堡课程大概 30 年之后,性别(Geschlecht)一词具有了更加丰富的多样化的含义:性或者别、类别(gender)、家庭、世系、种族、父系、代际。通过语言的澄清——绽出之路(一般的翻译无法通达的路径),通过迷宫般的、富有诱惑力的喧哗之路,海德格尔本应该继续追踪,但针对这语言之路的铭刻却结束了。这些路途依然被"二"封闭了。"二"除了性别,我们找不到任何可靠之物,那么究竟是什么被称作性或者别?

这句话我划过线(中性也意味着……),作为逻辑表达的修饰词"也",让人联想到中性的诸多含义,海德格尔认为没有必要从性别中性化开始——那他为什么说中性化"也"包含——但是,在那些显而易见的被标示为中性化立场的关键之处,即人类的禀赋,这个"人类"(human)值得分析。这迄今为止仅有的含义,在他这里被排除了并予以中性化。在此被急促越过的部分值得分析,因为"人类"一词自身不可能是中性化的,并与此没有干系:在所有人类的特性中,恰恰是男人的人性(man's humanlity)被中性化了,与此相应地,才有伦理学、人类学和形上学,中性化首先让人想到的,海德格尔也意识到了的就是性别化。显然,这还不是一种语法上的刺激。掠过人类,掠过男人抵临此在,从男子气到中性的,当我们思考此在、谈及此在的时候,此在之此有个超越性的基础,即何种此——在被确认为是中性的(见《存在与时间》,第 28 页)。更进一步,中性是没有类属,也没有种属规定的存在:"作为哲学的基本主题,存在论没有类别。"再者,尽管性差异跟言说、言辞和语言相关,它依然不可以化约为语法问题。海德格尔指出,中性不是描述性的,而是此在生存论分析的基本结构。他为什么如此轻率地坚持这一点? 在《存在与时间》中,没有提到过非性别化。以上提及的这些特点让我们想到此在的中性,更确切地说,是"此在"名下的中性,为什么?

我能想到的第一个原因,就是"中性"一词和二元性相关。如果此在是中性的,如果不是男—人类,那么只能表明此在并不能划归为二元论,会自动联想到那机智无比的"性差异"。如果此在并不是指男—人类,那么我们有充足的理由认为它既不是指男人也不是指女人。但这样一来,又太人云亦云了,为什么会想到男人—女人? 为什么要在这个过程中自找麻烦,摘除掉这些麻烦,就显得清净而安全? 或许有人会说性差异并非那么简单地依赖于此在必须和能够做到的分析,形上学、伦理学,尤其是人类学,那些主导性的存在论知识都太机智了,比如生物学和动物学? 使得人们怀疑性差异并不能推导为一个伦理学或者人类学议题。

无论如何,海德格尔的小心翼翼值得思考,这不是原因或根据的问题。一旦人类学保持中性,一旦人类学无法因应存在论问题,马上就会发现此在不可化约为人类,化约为自我,化约为意识,化约为无意识,化约为主体,化约为个体,甚至不可以化约为"理性动物",就存在感和本体性差异而言,人们马上就会意识到性差异其实也无法度量这些问题,这就是说性差异的分散性不值得优先对待。这种矛盾似乎不成问题。海德格尔仅仅提到此在是中性的,他应该澄清的是:中性犹如性差异。对于听众、读者和学生,还有被这个问题所困扰的同事,好歹可以回应得更简明、更智慧,无论他们是否喜欢这样,依然会提出这样的问题,尤其在人类学层面:关于此在的性生活是怎样的? 只有在回应这个被低估的问题,回应此在的非性别化之后,才可以说这和人类学没有关系。海德格尔期望探讨的是另外的问题,另外的新的研究对象。那些问题成堆的新的领地。

是否一说起中性或非性别,这个词就具有鲜明的否定性,而这恰恰是海德格尔要进行规划的地方。这并非语言学或语法的表面性问题,而是其所形成的意义总有不可碰触的部分。海德格尔的读者都会有这种印象,他毫不犹豫地把一种内涵丰富的强力叫作"肯定性"。非性别化并不意味着去性别化,相反,本体的否定性自身并没有展布为性别化的,在差异标记的层面才是我们说的二元性别。在"二元"的层面,没有什么事物是无性别的;性征被直观地理解为二元的,或两种性别的划分,非性别化是针对这一点而言的。"但非性别化并不是一种虚无的淡漠,而是本体意义上的虚无,一种微弱的否定性。此在的中性,不是指随便什么人的中性,而是一种始源的肯定性,一种根本的力量。"

既然此在不属于两种性别的任何一方,但这并不意味着它的存在就被剥夺了性或性别。相反,可以理解为一种前差异、前二元,但是这里的性化不是单一的、同质的,或无差别的,稍后我们会继续阐明。性化之初不是二价的,而是说某种肯定性和某种力量,这力量在海德格尔那里小心翼翼地避开性/别的这样的称谓,担心的是这样会把形上学和人类学所标记的二元性逻辑掺杂进来。事实上,每一种"性化"的可能性都携带着积极的力量源泉。无性的并不比存在的真理(aletheia)更具否定性。这让我们想起海德格尔所说的:在柏拉图的真理学说中,无蔽的存在真理具有积极的本己性。

基于此,这仅仅勾勒出一个单一的运动。所以很难把性差异排除掉。我倾向于这样解读:性别划分自身导向了否定性,这是一种奇异而仓促的置换。中性恰恰是这种否定的结果,而思想应该遵从的一种始源的否定性,应该有所宣示的,在此被抹除了。此在,那非性别的中性并没有建构起积极的肯定性,反而是性别二元化自身应该对这种二元规定作出否定性的反应。在审慎回应之前,不能过于激进或快速地形式化,我们应该遵循这样的步骤:作为二元的性差异已经被描述这一性别或那一性别,应该考虑到这规定或宿命的否定性。进一步,我们需要顾及的是性差异被如此规定(只能二选一),恰恰是某种"无能"

（impotence）或消极的表现。当我们撤返回此在的始源处，说起性别中立，那么，某种"始源的肯定性"或"力量"就被唤醒了。看上去性别中立似乎要摆脱二元标记，事实上此在的生存论分析依然处在这个位置，性差异就是二元对立的。这样的解释显得粗暴吗？

在接下来的段落中（第3—5节），海德格尔发挥中性、肯定性、始源力量和始源性这些动机，并没有涉及性差异。"力量"是最初的，海德格尔从未将这个词和"性的"联系起来，其实不用承担风险，初始阶段总是和性差异系统相关，就是说不可能和形上学、人类学区隔开来。在此，从未使用过形容词"性的"（sexual），据我所知，仅仅使用过名词形态的"性或别"；名词很容易辐射到语义学领地，这很重要。稍后我们会尝试另外的思考路径。

虽没有直言，但这三个段落将无性的此在课题化了。首先抹除了与中性相关的所有否定性记号。后者并不是抽象的虚无；撤返回始源的力，在人性固有的实情中具有某种内在的可能性，中性（此在）承纳自身。中性的此在不必为生存所困扰。此在只能处于坚固的实情之中，必须确认的是，在此在的中性中，生存才能获得始源性，获得内在的可能性。关于始源的分析并没有涉及生存自身。确切地说是始源性先行于生存，这样的分析不应该与生存哲学混淆，也不应该混淆于智慧（一种形上学的建构），混淆于各种说教，比如"世界观"。总而言之，这不是"生命哲学"，不是秩序的性化（这包括形上学、智慧、知识和生命哲学、生存论哲学），他们缺乏中性的此在分析。那么，存在一种不属于这些语体风格的性话语吗？

在最后的这个段落中隔离此在，并没有提到"性化"。反而是在同一年（1928年）的《根据律》中展开了这个争论。"性化"一词出现在引用的插入语中。无论如何有点强调的意思。如果说性化的中立有足够理由的话，他为什么要一再强调？这不是很容易让人误会吗？除非其重要性不值一提，这风险就是很容易把性差异问题跟存在、本体论差异混淆？在这个文本中，此在的自身性（ipseity）规定凸显。此在仅仅依据自身成为某个自我（being-a-self），这样一来，既非意识的自为，也非自我中心，也不是唯我论。自身性说在"利己"和"利他"之间的一种别样存在可以得到宣示，正如"我是"和"你是"之间的差异。那么，这中立的自身性就有更多的理由关系到"性化"，即"什么是我"（being-me）和"什么是你"（being-you）。在逻辑上无可指责的唯一条件是："性化"是被预设了的，恰恰是通过自身性使得这种预设成为可能，因此"me"和"you"的结构不属于"性化"，而是属于"自身性"建构，作为人类，自身性没有得到规定，"me"和"you"，意识和无意识主体，男人和女人都没有得到规定。海德格尔的坚持和强调（他的原话是"有更多理由"），恰恰是因为有种顾虑还未消除：那就是为什么性别被标记在这始源的自身性上？如果这标记本身就是自身性的本体结构呢？如果"此在"之"此"（da of dasein）已经被性化了呢？如果对存在感的追问，或者本体差异已经被性差异所标记了呢？中立的自身性操作被没有发生，那么这操作不是显得很粗暴吗？"有更多的理由"也许暗藏着微弱的理由。不管怎样，这里提到的身体标记是一种引证的信号。就是说"性化"一词的当代用法仅仅被提到，而未予以使用，持有话语行动理论的人会认为，这只是呈堂证供，警告而已，没有起诉。总之，是为了避免此在的分析混同于人类学、生物学和精神分析。但是，如果不使用"性化"一词，对于"geschlecht"（性或别）一词另外的用法和理解还是打开了一扇门。也许是另外的性别铭刻在自身性这里，以此搅动秩序来源，比如，有种更始源的自身性让"自我"（ego）和"you"的显现成为可能。让我们先悬置这个问题。

虽然中性暗示的正是此在的存在论分析，那么"此在"就不会是指"男人"，正如海德格尔常提到的，需要一种奇异的"自利"，一种"孤独的本体性的个体"。从中性出发，就不会导向男人的孤绝和偏狭，导向实存性的孤独。但海德格尔谨慎探讨的却是一种属于男人的始源性孤独：实事求是地来说，这孤独指"世界的中心被哲学化了"，正如"男人的形而上孤独"，这里，对孤独的分析又带出了性差异和二元性别。这里要小心的是，如果按照字典中的词汇表来翻译，会把问题弄得更糟。因为词典不会考虑到次生含义。恰恰是在这个档口，我们才会关注性别思想以及翻译的本质。这里有个词条："隔离"（dissociation）、"分神"（distraction）、"散播"（dissemination）、"区分"（division）、"驱散"（dispersion）。这些"dis"系的翻译可以置换成德文的"zer"字辈。这些前缀词又会有个词条："dis"和"zer"都有否定的意思，尽管看起来是中立，没有否定的意思（肯定值得怀疑）。

让我们来解读一下字面的含义。"dasein"指普遍的庇护（hide），这庇护所在我们的身体里，自在地散布着内在的可能性，因而也是在"性化"的身体里。我们自己的身体已经被性别化，没有身体就没有此在。联系到海德格尔清楚表明的：这丰富的弥散性首先与我们身体的性化没有关系，关系到的是我们身体自身，这肉身始源地描画出此在进而散布开来，在一个"恰当的时机"散布到性差异。"恰当的时机"像这几行字的间—隔，因为此在优先于身体，身体碰巧被性别化了，碰巧导致了性别的区分。

这让我们想起海德格尔说的中性，那么散布（考虑到有 dis 意味）就不应该理解为否定性。孤独男人那形而上的中立，此在的感觉不是从本体抽取出来的空无，它不可能"既不是……也不是"，坚不可摧的始源性更像是"还未"（not yet），事实上是还未散布、还未隔离、还未孤独地去存在：作为实情的心不在焉还不是"分神"。这孤独的无所牵绊的存在者（作为此在的男人的孤独）火候未到，否决是随后发生的事情。此在的始源结构影响了身体,然后才是性差异,尽管在对散播的分析中这两种意义被放在一起,但还是有所区分。此在分配给了身体,在自身的实事中,散播开来,分配着,但不是均分,被性征划分成性别规定。这些话,这些否定性首次响起:散播、分配、区分、孤立,很像是在解构,正如海德格尔所说,这些响声从本体角度来看,联系着否定概念,直观地实现了一种微不足道的含义。"但其中别有用意"是什么?另一种含义,"杂多"(mani-fold)的多样性被标记在这个褶皱里。我们可以理解这个记号的特性,通过这个记号,并通过此在的奇异和孤独,多样性得到辨识。海德格尔指出这是非同一般的多样性,有别于多元。人们一般会回避这阔大的始源地,它的简明性在于突然地散播成了各种奇异性。阐发多样的内在可能性,进而此在自身的身体被表征为一个"规范化的事实"。这里的多样性并非形式化的规定,或简单地等同于规定本身,而是属于存在自身。一般而言,始源性的散播已经属于此在的存在者,"根据形上学的中性概念。总的来看",始源性的散播(Streuung)成了分散(Zersteuung),就翻译而言很难让我区分二者的微妙差异,只是书写记号传达出这微妙性。分散比传播更具有规定性。它规定了一个始源结构的可能性,因此散播被分散所定义(dissemination'dispersion,scattering,diffusion,dissipation,distraction)。散播一出现即可被登录为这种始源的可能性,这散播性(请允许我这样用词)。此后分散这个词才添加进来——但这非同小可——否定也是规定性的记号,海德格尔难道没有提醒过我们此前他所反对的否定性,如果不考虑整体的正当性,也很难避开否定性的沾染,因为伦理信仰牵涉到分散,纯粹始源性的沉降和腐化,这里是增补的转折点。实际上还需推导的是这沾染物致命的可能性。我们稍后会论及。

分散是种暗示。首先此在没有对象,没有一个单独的对象。它总是处在抽象的模式中,同时其纯净度总是与其他存在者共显。因为诸多对象的存在,那么多样就不是后置的;这是逆向发生的。这就是始源的散播结构,此在的分散。相应地保持着与此在自身的关系:这分散"在宽泛的意义上保持着与历史结构的一致性",此在的"Erstreckung",这个德文词译成外延还是有风险的。根据第18节中谈到的笛卡尔,《存在与时间》要阐明的是"世界"根本的存在规定,那么这个词就很容易让人想到外延。当然这个章节关系到的是另外的议题。在规定之前,外延被空间化了,伸展为此在的构架,在生死之间有存在。作为此在的基本维度,伸展打开了生死之间的联系。通过悬置运动,此在扩展自身,并且只有通过这种悬隔才能领会生死的含义。此在影响着这运动,它自发的情态属于历史性的存在建构:"伸展着的安全路途,这运动我们称之为生存事件"(第72节),可以跟第五章第75节联系起来,有种悬隔和分散的张力。生死之间被空间化了,即刻标示出距离和联系,一种伸展开来的联系。关涉生死的在"二之间"的联系属于此在的存在,先于生物性规定,海德格尔写道"生存之所是已然包含了生死之间的介质"。这联系是内在的双重的持留,穿越生死,通过分散,孤立、无所牵绊,持有、描画并保持自身。没有这些,就没有生死之间的联系。但这样仓促地解释又会陷入辩证法。

分散最根本的可能性规定只能是路途(Erstrekung)的伸展。对于智识、时间性和历史性,没有分散,这"在……之间"就不可能,这分散给出一个可靠的架构。其他可靠性,始源分散的可能性——联系和本质——属于此在的始源空间性,它的"Räumlichkeit"。这空间性的分散在语言中得到宣示。任何语言首先被空间意义所规定①。空间化的隐喻现象并非偶然,"隐喻"概念不是一种修辞,也不一定要外在化。其不可化约性也无法翻转为此在的生存论分析,翻转为关于分散、历史性和空间性的分析。这样一来,它只能在语言中被草描,尤其是在生存论语言中:海德格尔所使用的所有词汇都必须回指这空间性(Raumbedeutungen),因此,散播、分散、涣散这些词无论如何都在为这空间化的始源时刻命名,语言服从于法则。

先行分散(海德格尔总这样说)在中性意义上属于此在的根本。我们被告知,作为此在的形上存在论的基础分析只是一个阶段,无疑是准备性的。在此尤其需要注意的是他关于性差异的特别表述。先行分散,隔开、解体,就成了生存的实情。此在的始源特征发现了自身,海德格尔称之为"被抛"(Geworfenheit)。对此需谨慎,目前的译法是"被抛",是从这德文词的很多用法中简化出来的。那么就应该加入怎样的性差异阐释——马上跟进——在自身中持留"被抛",并自行发现这先行的分散。只有预设这个"抛",才有可能说散播,才可以说此在之有是被抛。被抛先于所有被规定的抛掷模式:抛投规划(project)、主体、客体、可悲、沮丧、路径;此在不可能让自身抛掷,抛掷自身像抛的行为主体。此在是被抛:就是说在任何抛掷之前已经被抛了,但这被抛的存在还不是主动与被动的选择问题,选择性被固化在主体—客体之中,带有对立的意味,会遭到反对。如果被抛是消极的,这样的解释又回到主体的派生性问题上(主动和被动)。在这些节点之前到底"抛掷"了什么? 被抛的存在甚至先于堕落的想象,这是柏拉图主义或基督教吗? 此在的被抛甚至先行于外观的显现——"先行"于有——任何关于抛掷的想法总是被归入操作,主动或起始的。此在的被抛并不是在空间之中,不在那个已经存在的空间性元素中。而

---

① 《存在与时间》,第 166 页。——原注

"在……之间"和"在……之中",认识论的现象学辨析,可参见[德]马丁·海德格尔:《存在与时间(修订译本)》,陈嘉映,王庆节译,北京:生活·读书·新知三联书店,2012 年,第 152 – 156 页。——译注

是此在的始源空间性有赖于"抛"。

性差异的议题在此复现。此在散播式地抛（可以理解为中性的），并宣告这样的事实，此在就是与此在相随的共在。海德格尔发现了一种隐藏的秩序：性差异尽管属于分类，但它发端于共在，发端于分散性的抛掷，而不是相反。共在并不来自人为的关系，"也不能解释为假设性的原初类别"，因为性差异，存在者的身体被区分开来。相反，类别驱动了聚合，类的聚合体是此在的散播，正如"形而上的预设"，因而共在。共在之共是生存性的，不是范畴性的，同样它处在副词的位置上（《存在与时间》，第 26 节）。海德格尔认为此在根本的形上特征并非来自各类组织，也非来自诸如此类的在世存在者的共同体。

如何追问性差异的"处境"问题？感谢这审慎的源头，可以将此问题化，海德格尔在生存论分析和本体性问题方面，非常隐晦地触及性化问题。因此不必把这个问题钉在一般的套话上，一般的生命—生物学层面，它们都保留了形而上的预设，性差异有待思考。这审慎的代价是什么？性差异和始源结构相距很远吗？能够演绎吗？为了便于推论，必须强化传统的哲学，重复这种新的严密吗？中性存在的否定性在起始之初被费力排斥了，这能够做到吗？一旦中性生效，不就充当了本体的或先验的分散？但这路程的否定价值难以抹除。

当然这只是些简略的问题。不应该简单地置换成马堡课程中所提及的性化问题。中性化可否成为一个问题，包括否定性、分散和涣散，按照海德格尔的意思，这不能被修改成性化问题。但我们有必要回到《存在与时间》。尽管在这本书里没有提到性化，这修改就变得复杂了，构造变得更加困难，但不一定就是轻率的。

我们同意此处的优先暗示。中性和《存在与时间》中提到的"本己解释"不是没有关系的，而马堡课程中提到的中性更像是方法论。我们当然可以提及方法，因为海德格尔所吁请的存在论即是一种"本己解释"的方法。这方法允许先行，同一页提到了胡塞尔，就是众所周知的"先行就是科学哲学理解自身的方法"。在这样的语境中，心理学和生物学就会成问题。科学要发现的是此在的存在论。那么存在模式就应是生命可通达的，严格说是经由此在而通达。生命的存在论问题要求一种"本己解释"："生命"既不是纯粹的生存也不是此在（海德格尔说不用考虑其多义性，对他来说生命显而易见），只有通过精简的否定性运作才可通达。那个"既不是……也不是"让人疑惑，究竟什么是生命存在，除了生命还能是什么呢？海德格尔当然永远不会调整他的生命存在论，那个"既不是……也不是"的条件排除并凌驾于实存分析的基本结构之上（范畴的、实存的），那么可以想象调整是何其困难。就是说整个的追问结构本身是成问题的，主体正向形成了畿域化的本体论知识，而这也是基础的存在论，它优先地向着此在的生存论分析开放。如果这是在世存在的模式,一点也不意外,它激活(然后才是心理的)了大量的问题,无论如何在这里给出了一个易于辨认的名称。对此我们无法深入探讨,只是标画出这个常常被忽略的问题,至少我们发现,性差异不可能从中隔离出来。

让我们保持这种"本己的方法",这个在第 12 节中又出现了,"本己"优先进入在世的存在结构。海德格尔展开了否定性的陈述。为什么这些否定性规定是在存在论的属性中强化自身的?绝非偶然。要把现象的始源性从遮蔽、伪装、置换中移除,区别于那些既有的解释,扭转那些既有的表达,清除它们的消极性,这才是名副其实的"肯定性"。这计划我们很早就辨认出来了。属性具有否定性,伪装与置换并非偶然,然而属性要表明的是条理性多么正确。在存在的历史及其阐释中,遮蔽和闭锁的运动必然发生。但是他们不能回避偶然性的断裂,更多的时候是在做一种非本真性的化约,化约为故障,或化约为罪,这样就不会沉沦了。

然而,海德格尔驾轻就熟地使用"否定性"来评估有关属性的表达,至少对我来说,他未曾使用这个词,也未曾用这个词去评估所有的事情,在此之前的存在论阐释都是条分缕析的,仅仅在形式上采取中性和否定。非本真性、遮蔽和闭锁其实还不能算作否定的秩序(就罪与恶而言,错的,罪的)。那么这就很好理解海德格尔为什么对否定性避而不谈。他意在回避宗教和伦理问题,实际上这是辩证法的图式,只不过他宣称比辩证法回撤得更远更高。

一般地,"中性"就其根本而言往往和否定黏连,更不用说此在的"先验分散"了。因而不用说起否定价值或一般的价值(众所周知,海德格尔不相信价值的价值),我们还是应该顾及差异性,重读《存在与时间》时,顾及那看似普通的中性和分散的记号。在相应的语境中,分散标记了最一般的此在结构。在这过程中可以看到,这一点在《存在与时间》第 12 节中已经表明了,"此在的实情是,此在的在世存在向来已经分散乃至解体到'在之中'的规定性模式中了"。海德格尔为这模式及其不可化约的多样性列了清单。分散和涣散在别处,并把此在那非本真的自身性属性化了,即男—人的属性,大写的"一"不同于本真性和恰当的自身性。在"常人"那里,此在是涣散的。这段分析非常有名;我们和此在脱节了,此在关系到分散(第 27 节),好奇的概念成为分析的要点(第 36 节)。回想一下此在沉沦于日常的三种模式。让我们回到海德格尔采用的警示:堕落、异化、沉沦,当然非关"道德批判",也不是"文化哲学",更不是宗教教条中的"原初状态"(我们不曾拥有的存在经验,也不是存在论阐释),不是"人性的腐化"。只能理解为预防性的和问题化的属性,一种幽闭的"处境",海德格尔用分解和去本质化来解释,当然也就是一定程度的腐化,一副男—人的模样。这次很明显了,性别或性别思想。"Geschlecht"加了引号,是因为触及命名或命名了什么的议题;是为了把它和对这个德文词的字面翻译区分开来。重点在于,性别的铭刻和作为铭刻印记的性别。

分散进行了两次:作为此在的结构和作为非本真性的模式。有人也许会说从中性来看这是一回事:在这个过程中,此在的中性化任何时候都成问题,没有引征否定或退化之类的说辞,然而却是"中性的",在《存在与时间》中,也许使用的是"一"的属性,很机智,在日常自身性中的那个"谁",正是这个泛化的"谁"是中性的,"一"(第27节)。

简略地回顾《存在与时间》,有助于我们更好地理解隐含秩序的意义及必然性,这是海德格尔试图保留的。在其他地方,这隐含秩序取决于性别话语的预设。没有一种恰当的性别预设。所有人都与此在的一般结构相关。那么需要了解的是当一个人命名性别的时候,是在谈论什么,怎样谈论,实际上其所依赖的一切都被此在的分析描述过了。反过来说,一般的性别或话语的性别化可以理解为:性别内涵标记了话语,接管了这个位置,正是话语暗示出同质性,正如拓扑学不可化约的空间意义,而我们所拥有的其他特性就在这个位置上消失了。究竟是什么性别话语或关于性别的话语是切近的,内部和外部,消散和临近,这里和那里,生和死,在生—死之间,共—在和话语?

这暗含的系统开启了对性差异的思考,是差异,差异不能等同于二元。如前所言,中性自身没有性别,而是差异被标记为类别,标记为两性之一。回到他说的分散和多样,也许没有人会在此处想到性差异,其实这差异并非一个"二"的封印。是还未封存还是不再封存?"还未"和"不再"意味它们依然服从理性的控制和监测。

抵抗二价性朝向另外的性差异。这需要有其他的问题予以准备。这个个人:该如何处置"二"以便获得差异?如果依然坚持将差异托付给二元性,那么这多样性该如何在性差异中赢获?

在这个过程中,理性给出了一切,"Geschlecht"总被说成性别,随之而来的便是对立和二元。差异迟早会到来,那么对立也就解体了。

Sexual Difference, Ontological Difference

Jacques Derrida

【**Abstract**】 In the structural analysis of existence on Dasein which is different from anthology , Heidegger points out that Dasein is the neutral , but he had said that the exemplary being is just such being which we the questioner ourselves are , thereby for the indetermination of ipseity and of gender which only choose one out of two , gendering thesis can't be avoided and need to seek in original onto .the body is imprinted by ontic difference on which position of sexual-difference that being- thrown is negativity for binary and Mitsein of original dispersion.The "who" within everyday selfhood is imprisoned by the "ONE" which is contradicted to the "TWO", the sexual-difference. so , Gendering situation should be the crucial element in existential analytic。 Thinking of sexual-difference to radicalize the original negativity of the Neutral , Things is enveloped in the "TOW" which belong to the Difference and diapered preceding the disseminating.the SEXUAL-DIFFERENCE is coming along with that the duality is decomposed , meanwhile the gendering ethics is awaking as the capacity of philosophy.

【**Keywords**】 Sexual-difference, Gender, Neutral, Dasein, Dispersion

导向儿童自我成长的实践人类学

张　娅①

【摘要】 儿童的自我成长一方面有其内在逻辑,一方面也有其外在教育和规制,前者作为一种理念源自先验人类学,后者是基于经验构成了实践人类学。实践人类学所要揭示的是,儿童如何克服自身的任意而实现自我造就,这就展现为先验人类学对实践人类学的范导,先验理念在实践人类学所展示的儿童的自我成长中得到了实然性确证。所以,彰显儿童自我成长的秘密就构成了实践人类学的基本目标和任务。

【关键词】 实践人类学,先验人类学,儿童的自我成长

人本身蕴含的诸多隐秘是其以自身为研究对象的渊薮,对人自身成长的研究就成了由此而诞生的诸多学科之共同使命。人的自我成长肇始于儿童阶段,儿童向成人的过渡"隐藏着人类本性的完善性的重大秘密"②。对这一秘密的揭示成为教育学、心理学及其衍生学科的主要目标,比如教育人类学家就关注人与教育的本质,试图揭示人的成长、完善与教育的关系。儿童的自我成长在某种意义上构成了教育学、心理学、道德哲学共同关注的核心话题,但它们基于各自的理论立场所给出的各种理论解释无疑尚未宣告对该问题的彻底解答,因为,只有清楚地阐明"人们怎样才能把服从于法则的强制与运用自己自由的能力结合起来"③,才能真正揭示儿童自我成长之秘密。所以,从道德—教育的维度考察儿童之道德意识如何产生,特别是儿童在道德意义上如何实现自我塑造和完善等关键问题,势必需要多学科之间的紧密互动与互鉴互诠。

所以,儿童自我成长大致可以分为三个层次:生物学意义上的身体和心理成长、社会学意义上的社会化与人格性建构和完成、伦理学意义上的道德性与主体意识的彰显和完善。而这三个层次又完美地契合了人类学的学科旨趣,即开展"与人有关的研究",强调既要研究人类的生物属性,也要研究人类的文化属性(主要是英美学界)。但正如诸多与人类学之跨学科结合都想借助于人类学的视野和方法以解决本学科领域的某些问题那

---

① 作者简介:张娅,贵州大学哲学与社会发展学院讲师,《贵州大学学报(社科版)》编辑,研究方向为伦理学和儿童哲学。
② 康德:《教育学》,李秋零主编:《康德著作全集:第9卷》,北京:中国人民大学出版社,2010年,第444页。
③ 同上书,第453页。

样,作为伦理学中的"经验性部分"的实践人类学(Praktische Anthropologie)①,其目的即在于揭示人的道德意识与行动的经验性根据,即便如康德所言,行动法则不来自任何经验性的知识,而是先天的,但依然不可回避的是,"这些法则还需要由经验磨砺的判断力,一方面分辨它们在什么场合可以应用,另一方面使它们具有进入人的意志的通道和实施的坚定性,因为本身为如此众多的偏好所侵袭的人,虽然能有一种实践的纯粹理性的理念,但却并非如此轻易地就能够使其在自己的生活方式中具体地发挥作用"②。这也就必然要进入到对人的道德生活的经验性反思,以在经验层面确证"判断力"和"进入人的意志的通道和实施的坚定性"。由此就不难理解,儿童自我成长的过程实际上意味着儿童在具体的生活境遇中获得运用其认知能力的经验,这一经验也就表现为将外在的知识、观念等通过行动在实际生活中逐渐变成自己的信念,进而彰显人的理性精神,从而实现康德意义上的在法则的强制下自由的思考和行动。所以,儿童自我成长之主动性实践是以经验性的生活境遇为基底的,在这个过程中,他们要完成的是从自我认知到自我确证的实践,对此一过程的阐明,就是通过探析儿童如何僭越自由的本能以造就其"成其所是",从而阐明"判断力"如何经由生活磨砺以获得,以及法则如何进入人的意志成为信念,由此也就勾勒了导向儿童自我成长的实践人类学的真正的实践图景。

一、僭越自由的本能的儿童及其自我造就

人的自我实现是道德上的完成,即每个人的自我塑造就是让自己成为一个具有德性的人。无论是按照亚里士多德的主张通过教导或者经由习惯③以养成德性,还是康德倡导我们要为自己立法以彰显纯粹实践理性的现实性,甚或是功利主义强调通过理性以判准如何行动才能为利益相关者带来最大幸福(福利),这三种规范伦理学的经典理论全都指向人的道德完善性。严格意义上来讲,人仅具有道德完善性才标志着其成为人,所以康德特别强调"人惟有通过教育才能成为人"④。教育的意义也就是促进人的道德完善性之获得,实现自我在"能够成为什么"这一问题上对其自然性的超越。

人类作为唯一需要受教育的存在者,我们不仅需要知道"大自然使人成为什么",还

---

① 康德:《道德形而上学的奠基》,李秋零主编:《康德著作全集:第4卷》,北京:中国人民大学出版社,2010年,第395页。引文稍有改动。
② 同上书,第396页。
③ 亚里士多德:《尼各马可伦理学(注释本)》,邓安庆译,北京:人民出版社,2010年,第76页。
④ 康德:《教育学》,李秋零主编:《康德著作全集:第9卷》,北京:中国人民大学出版社,2010年,第443页。

应该知道"人作为自由行动的存在者使自己成为或能够并且应当使自己成为什么"①。前者指向关于人的实然知识,后者指向关于人的应然知识。就实然知识而言,它关涉的主要是人自然而然就可能具有的条件、禀赋、能力、性情等,也只有人才具备自然的身体条件及本能之外的各种禀赋、能力、性情、趣味等既是出自自然又是超越自然的东西;并且,人具有使用这些东西的本能和自由,因此人自身的成长发展就具有了多种可能性。

作为一项人类专属的活动,教育在人的自我造就层面是无可取代的,且就宽泛意义上来讲,教育本质上就是道德教育或者实践教育,因此康德将其定义为"是人受到塑造的教育",其目的是"他能够像一个自由行动的存在者那样生活……是达成人个性的教育,是一个自由行动的存在者的教育"②。这也就揭示了,人的成长实际上就是超越其自然必然性进展到自由必然性,从而完成其自我的塑造。这就涵括了两个具有内在逻辑一致的问题:人的自我塑造以对自我的认知为前提,进而基于自我认知超越自由的本能,这两个问题又是基于对人有僭越自由的本能而存在的。

人的自然性本身如果缺乏应有的约束,就会表现为对自由的僭越。因此,人首先还是自然的产物,生物意义上的人之性状来自自然本身,即人也有其自然性。毋庸讳言的是,人的自然性在意志—行动这个发生机制上就表现为自然本能—自然情感—自然偏好为动力的行动机制。这一机制如果完全主导着人的幼年生活,也就是儿童如果无法得到行之有效的外在约束和教导,则自然的本能就变成了其成长的动力。实际上,这种情况随着人类文化的发展和进步,已经不太可能出现,因为即便没有正式的学制性教育,儿童生长的具体环境之习俗等文化元素也将全面地影响其自我成长。反之,这也证明了人的自然本性如果不能得到应有的约束,则自然本能内在的因果必然性就会僭越人之成长所应有的自由必然性,从而将人的发展误导至人性的歧途。无论是基于某种习俗的价值观念,还是某种文化与制度的价值目标,甚或是源自对神谕之法则的敬畏,总之,我们都将看到,儿童并不会被完全地置于一种自然性的成长之中。我们把这种对儿童自我成长之自然性的抑制称作"人的教育"。所以,正如福禄培尔所言:"人的教育就是激发和教导作为一种自我觉醒中的、具有思想和理智的生物的人的有意识地和自决地、完美无缺地表现内在的法则。"③虽然福禄培尔认为这种法则是上帝的法则,但本质上这种法则是因人的自我觉知而导向的伦理法则,是为人类的社会秩序和心灵秩序而"自然"形成的。所以,人类的童

---

① 康德:《实用人类学》,李秋零主编:《康德著作全集:第7卷》,北京:中国人民大学出版社,2010年,第114页。
② 康德:《教育学》,李秋零主编:《康德著作全集:第9卷》,北京:中国人民大学出版社,2010年,第455页。
③ 福禄培尔:《人的教育》,孙祖复译,北京:人民出版社,2001年,第6页。

年和个人的童年（儿童），某种意义上具有内在的一致性，即"自然"地展现对某种约束机制的主动配适。人类的童年更多地展现了主动性的共同选择、磨合与建构，从而实现了秩序建构的制度化；个人在童年时期由于更为自在地张扬天性，虽符合人之本性自然，但自"人猿相揖别"开始，以道德人格为标志的"人禽之别"已经固化为人类的文化符码，使得个人获得"人格"，或者更准确地说，是个体通过自身的努力获得人格，即通过自我塑造来完成的，因为对于儿童来讲，正如黑格尔讨论物权法时所讲的那样，"人格权本质上就是物权"①。儿童一旦获得了物权也就代表一种宣称，化用黑格尔对法的命令的定义，即"我已经成为一个人，并且我尊重他人为人"（"法的命令式是：成为一个人，并尊重他人为人"②）。由此，个人也就真正认同了基于内在自我的道德自觉和外在约束的规范性要求，个人的任意也就有了约束性机制，但其行为要真正符合这种规范性的约束而超越自然性的任意，还得基于现实生活的磨砺。

人的选择—行动机制之必然性基础在于人有理性能力，而这种能力却需要在现实中获得磨砺。就规范伦理学的经典理论形态而言，亚里士多德的德性论强调人的理性能力是理智德性能够命中真理的前提；康德的道德命令是基于对人有自由意志的基本设定，才能实现人为自我立法；功利主义对行为后果的评估也必须有健全的理性作为基础。规范伦理学几乎都以人必须具有独立的理性能力为前提。"应当何为"既关乎人的选择和行动，更关乎人的价值立场和理性能力。由于个人行为是主体认知能力、情感态度、自然欲望、价值立场的外在表现，要在这些因素影响下做出正当的、合宜的行动，没有理性能力是无法实现的。因"行动与我们的理性能动性具有本质联系，甚至是我们理性能动性的一种本质表现"③，所以，理性能力无论是基于先天禀赋还是后天习得，都必须在具体的现实境遇中才能体现其实在性。这种现实性是必然的结果，而非偶然的勃发。因为，正如威廉姆斯所言："假如行为者理性地思考，无论他原来的动机是什么，最终他都会被（理性）激发起行动来。"④这说明理性与行动之间的紧密关系，在现实的境遇中展现了理性必然对行为的影响，而这种影响直指行为的正确性。

在现实的境遇中，人的行为要追求正当性或者正确性。正当性与正确性要么是基于描述伦理学意义上的习俗伦理观念、价值选择，要么是基于规范伦理学所追崇的那种规范

---

① 黑格尔:《法哲学原理》,《黑格尔著作全集:第 7 卷》,邓安庆译,北京:人民出版社,2016 年,第 89 页。
② 同上书,第 85 页。
③ 徐向东:《实践理性》,杭州:浙江大学出版社,2011 年,第 1 页。
④ Bernard Willians, *Internal External Reason*, reprinted in Bernard Willians, *Moral Luck*, Cambridge：Cambridge University Press, 1981, p.109.

性根据,它们都要给予行为主体做出行为的"正确理由",但并非行为主体通过直觉或者本能就自然达致行为的正确性,要达到孔子所谓"从心所欲不逾矩"的状态,实际上特别地要求个体的理性精神发挥应有的主动性。所以才会有儒家强调的"克己复礼"、亚里士多德阐述的德性作为一种命中中庸的理性能力的重要性,至于功利主义的幸福的计算则更是理性能力的直接体现了。所以,康德认为,人的理性能力需要在现实境遇中获得磨砺,实际上他要强调的就是理性的现实性要在具体的道德行动中才能获得实践的确证,这也就是所谓的"事上磨炼"的真正意旨。所以,规范伦理学的不同理论形态之间几乎形成了关于人的理性与行为选择的共识。

二、先验人类学对实践人类学的范导

人的自我塑造以其自由本性为起点,以超越其自然本性为目的,若按照康德的阐明,前者是先验人类学,后者则是实践人类学。康德预设自由是理性存在者的意志的属性,以此来论证自由意志是我们能够为自我立法的根据。自由这个概念要构成纯粹理性、思辨理性体系的整个大厦的拱顶石,前提就是其实在性要通过实践理性的道德法则得以证明。而"自由是道德律的存在根据,道德律是自由的认识理由"这一论断,就体现了先验人类学对实践人类学的范导,即阐明我们的理性如何才能真正构成行为正确性的保障:一方面,理性本身是我们能够做出正确行为的前提;另一方面,我们还必须清楚的是,理性本身也源自我们的自由本性。因此,康德的实践人类学不是基于对一般意义上的事实性描述来归纳道德规律、道德知识和道德律则,而是基于道德形而上学对先验人类学的探讨,以确立根本性的道德原则。所以,我们看到一种理性的理念实际上无不指向实践的理念,这可以从三个具体方面来得到印证。

首先,儿童自我成长及其完成是以其自我德性的完善性追求为目标的,此目标的实现是以其意识到自我拥有自由为标志的。自我德性的完善性追求,实际上蕴含着人究竟何以具有德性,以及究竟是人性决定德性还是德性成就人性的反思。在这个问题上,我们实际上还是在自由与决定论之间有所徘徊,这也就是说,我们对自我德性的实现基于人自我的塑造实际上缺乏足够的信心,这一方面源自我们对德性追求与自我幸福之间必然联系的怀疑,另一方面源自我们对自我如何克服意志软弱的信念缺乏自信。因此,在经验层面,人的自我成长作为一种完善性的实现,实际上面临着永难弥合的实践与理念的鸿沟,因为自我成长的实现是以道德的至善追求为鹄的,但是这种至善只能存在于永不停息的追求过程中,就像康德所言:"意志与道德律的完全的适合就是神圣性,是任何在感官世界中有理性的存在者在其存有的任何时刻都不能做到的某种完善性。"①正因为人的有限性与至善追求的无限性,因此在经验之域儿童的自我成长就被引导到自我德性的完善性追求上来。

这样一种引导,实际上是要阐明,在儿童的自我成长中,他如何才能意识到自己是自由的,这主要体现为一种道德上的自由。换言之,儿童的自我成长如果是以其德性的自我塑造及其完成为标志的,那么这个标志的根基就在于儿童要自我确证自由就是其自我承当的基础,这个基础乃"我固有之"。对于"自由"乃人固有之独特性,康德认为要通过实践理性对道德律令的遵循来证明其实在性。而我们知道,康德是将"自由"作为一个"无条件者的概念悬拟地而不是作为不可思维的提出来"以克服理性的本质可能遭受的怀疑论的质疑,也就是说,自由作为本体界的概念,但其实在性却又是不证自明的,并且自由这个"理念是通过道德律启示出来"②的。这就彰显了先验人类学对实践人类学的范导作用。当然,这并不是仅仅存在于康德的道德哲学体系中。如果说在康德开创的义务论以及后来兴起的契约论伦理学视阈,自由作为人之为人(道德人)之真正根基,都是基于我们对决定论的疏离而选择对自由论的信任的话,那么儒家伦理学强调人固有的"仁"作为人性根本,则同样也是选择以先验人类学来范导实践人类学。这是基于理念层次的阐明。

其次,人的道德动机就其起源和性状来讲,要符合先验的善良意志之纯粹性和普遍性,这是自我德性塑造之完成的根据。无论是价值认同还是情感倾向,我们还是希望基于动机来对行为之道德性进行评价,因为这是杜绝伪善最为有效的方式,因为行为动机的纯粹性是最激动人心的道德力量。所以,就儿童的自我成长来讲,如果我们将其定位在道德人格的完成,除了对其道德动机的考量之外,似乎我们没有其他最优选择来更好地评判其德性的完成度了。但如何洞悉其道德动机,或者说,儿童自我成长如何才能纯化其道德动机、道德意识,并养成坚定不移的道德意志,康德认为主要体现为对道德律令的"敬重感"。对道德律令的敬重感不是一般意义上的情感,而是"一种通过智性的根据起作用的情感,这种情感是我们能完全先天地认识并看出其必然性的唯一情感"③。如果说道德动机是源自对道德法则的敬重感的话,那么道德动机在实践上的性状则表现为动机和行为的一致性。正如孔子所言之"一以贯之",这种能够一直坚持内在的道德动机而不受其他外在因素影响的道德意志的稳定性,实际上标志着人的道德塑造的完成。

---

① 康德:《实践理性批判》,邓晓芒译,杨祖陶校,北京:人民出版社,2003 年,第 167 – 168 页。
② 同上书,第 2 页。
③ 同上书,第 101 页。

这一完成过程,实际上隐含着两个层面的东西:其一,儿童的自我成长必然要接受一种被动的"道德(实践)教育",以此接受关于善的知识和行动规范等教育,从而按照亚里士多德所言的,通过教导而养成德性;其二,自我主动地展现自我内在的道德禀赋。人性中蕴含着向善的禀赋,这在康德看来,真正的善的禀赋"则以自身就是实践的,即以无条件地立法的理性为根源"①。人身上这种向善的禀赋,是能够敦促人去遵循道德法则的,也就是说,这种敦促来自人内在的道德自觉。人何以有这种道德自觉呢?儿童在成长中要展现这种自觉,基本上有两种论证路向:一种认为,既然是天赋的,那么主要时机出现,就会自然展现这种道德自觉,比如孟子为论述"人皆有不忍人之心"所举证的"怵惕恻隐";另一种认为,这是需要通过教育的,因此欧洲传统伦理学普遍的观点就是通过知识和理性的启蒙,然后达到"去弊"的目标。实际上,儒家同样也强调修养功夫,这与欧洲传统伦理学所讲的教育相比,只是一个被动和一个主动的区别。这就需要在道德生活的意义上,去探究儿童自我成长(特别地说是自我成人)的"认识能力",即道德实践方面的认识能力。如何运用人的知识诉诸人的认识能力,康德基于每种知识的复杂表象中的秩序,将人的认识能力分为:应当叫作知性的一般认识能力和作为思维能力的高级认识能力,作为规则的认识能力中所包含的全部高级认识能力被当作促进人类实践的部分,即人类以诸多能力在人类实践过程中逐渐地发展着自己全部自然禀赋的智慧。因此,在由知性、判断力和理性所构成的高级认识能力中除了可教导的规则能力(知性)外,作为发现特殊能力的判断力和智慧(作为理性的合法则和完善的实践运用的理念②)都是"不可教"的认识能力,这显然是儿童自我成长须匹配的"不可教"的这一部分,因为"可教"的部分已给予"实践教育"去完成。所以,我们事实上更加倾向于相信儿童是在不断接受外在的影响和自主学习中,其自然禀赋中那些"不可教"的认识能力在具体的道德情境中经历经验习得—信念内化—行动习惯这三个阶段,从而领会了普遍性的道德原则,并在具体的实践中展现其自由本性与实践理性能力,真正实现自我成长。这是从对实践原则的领会的层面上体现了先验人类学对实践人类学的范导。

最后,实践人类学最终也以自我塑造的实现为基准,这内在地印证了人的自我完成本质上是一种先验逻辑的实在化。对于人的自我塑造,或者就儿童的自我成长的实现来讲,最先讨论该问题并且提出了自己的洞见的是孔子和苏格拉底。孔子强调的是每个人都要

① 康德:《纯然理性界限内的宗教》,李秋零主编:《康德著作全集:第6卷》,北京:中国人民大学出版社,2010年,第27页。
② 康德:《实用人类学》,李秋零主编:《康德著作全集:第7卷》,北京:中国人民大学出版社,2010年,第193页。

追求成为真正的人(仁者),认为这是完全由自己来实现的(为仁由己)。苏格拉底则基于他一贯的"助产士"教学法,强调人要回到对自身的认知和理解,并且在不断的追问中获得对真理的把握,讨论人如何才能成为一个正义的人。人之成人也就是儿童的自我成长的实现,毕竟每个人都是从儿童成长为成人,并最终成为具有道德人格之人的。从这一角度看,中西方哲学的开创者们在儿童的成长与实现方面都不约而同地认可和选择了价值引领的核心作用。但是,对于各自认可的价值究竟源自什么,则几乎都指向先验的观念,比如柏拉图的善的理念、孔子的仁、孟子的不忍人之心、亚里士多德的来自对灵魂分类而引出的德性。在他们各自的理论框架中,对于这些价值观念的论证都是诉诸先验观念,然后尝试基于事实上来完成其实在性的证成。

就个人成人的先验观念来讲,无疑是先验人类学,但观念的实践最终还是以个人完成自我塑造为旨归的。观念的意义在于为我们划定目标,而行为的意义在于我们更好地去实现目标,所以行为层面的讨论又落入实践人类学领域。事实上,对人类行为本质的研究,透露着人类要纵深地理解自我,达到"认识我们自己"这一目标的野心,很多哲学家,包括社会学家、法学家等都对究竟什么才是人类行为的本质及其依据进行了深入讨论,但真正深入本质层次的,无疑只有哲学家对人类行为原则的追问,特别是道德原则的追问,因为人类行为的道德性才是人真正互相承认其人格并互相以人的尊严为尊严的理据。基于此,我们不难发现,人在实然层面不断提升自我,以此实现自我塑造,这本质上是人的内在需求。这种内在需求体现在两个层面,即每个人自身与社会历史自身,实际上社会历史也是人构成的,所以,本质上就是人的内在需求。为什么要实现这种先验观念,甚至说,是以实现这种先验观念为人的本质性追求,原因在于这构成了人的自我成长的先验逻辑。所以,就儿童的自我成长来观测人的自我实现,就是在实践人类学意义上实现人的先验观念,即人内蕴的先验逻辑的实在化。对于这个问题,康德关于道德原则的阐述更加清楚地予以了阐明。

三、儿童自我成长与实践人类学的目标

为人类的行为探究普遍性原则,实际上涉及原则究竟应该奠立在什么基础之上。进而,这样的原则如何真正为人类所遵循,或者说,原则的普遍性如何得到认同和执行。这两个问题直接关系到儿童的自我成长究竟如何获得价值观和情感的塑造,由此实现从儿童到"人"的成人化。孔子主张"学以成人",通过学习礼的规范性,进而领会到礼之合法性根据之"义"的内涵,而这个过程,又是以人有仁心来实现的。康德则基于善良意志来

阐明我们应该首先去获得客观的实践法则。他说："在一种实践哲学中，我们关心的并不是去得知发生的某事的根据，而是得知即使从未发生也应当发生的某事的法则。"①对于这一道德法则的探求，康德认为，基于经验所得的，都是假言命令式的根据，因为它们是个人化的特殊欲求能力相关的相对性的目的。所以，康德认为，这些原则应该在基于人的实践理性自身而导出这个客观原则。这个原则被确立起来之后，要对人类的实践进行切实的指导。我们认为这是道德原则的下降之路。但同时，既然道德原则来自先验的观念，那其现实性如何得到呈示，则需要基于实践人类学的经验性来予以确证。这是道德原则的上升之路。道德原则这两个相向而行的自我确证，实际上伴随着的就是儿童自身成长的内在逻辑与实在性状的有机统一。如果说，哲学彰显了人对自我与他者所进行的形而上追思体现为一种爱智慧，那么对于儿童自身成长而言，真正的智慧在于他们在不断获得并深化领会与运用道德法则的过程中，展现了自我助推自我成长的能力。

首先，儿童对道德原则的理解与运用体现为一种真正的智慧，这种智慧是自我启蒙的实现，也是自我成长的可能性前提。倘若如康德所言，人如果要实现完全运用自己的智慧得等到 60 岁，那么，这种运用智慧的能力显然是奢侈而难以实现的，但对于不可逆转的人类的脆弱生命而言，这又是必须去实现的一种能力。那么，从儿童期开始，掌握并习得智慧就成了人类的毕生事业。康德提供了一套通往智慧之路的永恒不变的准则："自己思维；（在与人们的交流中）站在他人的地位上思维；任何时候都与自身一致地思维。"②"自己思维"是"争取自由思维"的原则，所以是否定的；"站在每个他人的地位上思维"则是积极的，也就是"考虑和尊重"是作为人的原则；"任何时候都与自身一致地思维"是一种"合乎自身逻辑"的统一的思维方式的原则。这虽然与传统的"用别人来替代自己思维"是背道而驰的，但却重新定义了作为人之存在的否定性价值：一种不为复制他人思维而存在的存在者③。这种存在的价值体现了自我成长的必然性，并且指出了惟有智慧才能给人们自我成长和塑造指明方向。在康德看来，对于"可教"的部分，儿童是可以通过自身努力学习来实现的。作为勇敢地使用自己的理智（理性）就是一种启蒙的观点的秉持者，康德主张人们"对其理性的公开运用必须在任何时候都是自由的，而且惟有这种使用能够在人

① 康德：《道德形而上学的奠基》，李秋零主编：《康德著作全集：第 4 卷》，北京：中国人民大学出版社，2010 年，第 434 页。
② 康德：《实用人类学》，李秋零主编：《康德著作全集：第 7 卷》，北京：中国人民大学出版社，2010 年，第 194 页。
③ 梁瑞祥，傅皓政，叶荣福，邱武科，徐昀霖：《儿童哲学：基础理论，教学方法之思辨与实证》，台中：五南图书出版股份有限公司，2012 年，第 3 页。引文稍有改动。

们中间实现启蒙"①,在这个意义,对于"可教"的部分,我们完全可以基于一般意义上的理性来获得,毕竟,这里所谓启蒙的目标,是让人们重新认知自我所拥有的自由与权利,是普遍意义的大众道德启蒙,是历史意义上的人类精神独立性的启蒙。所以,如果说这里的启蒙是针对人类及其历史而言,那么康德在对道德的形而上学根据的讨论中,通过强调普遍立法的意志是每一个理性存在者的意志来强化了我们对于自我所拥有的理性的认识和确信,则可以看作每个人都应该实现的自我启蒙。因此,认识到并且在道德实践中体现自我的实践理性及其立法意志,才能真正实现自我启蒙,这是康德留给我们关于自我如何"成人"的精神指示。当然,这也是导向儿童自我成长的实践人类学为之订立的基本原则。

其次,儿童的自我成长还需要养成熟练地使用判断力的素养,这是实践人类学所揭示的儿童自我成长的密钥。康德认为,对于那些"不可教"的东西,即一种理智能力,是"区分某种东西是不是规则的一个事例的能力"②。这种能力才是帮助儿童真正实现自我成长的关键,即"造就其成其所是",这是人实现自身的消极目的。在这个自我实现的过程中,理智能力的运用就表现为一种判断力,而普遍原则就是判断力的基础。现代科学(狭义)意义上的知识性判断力我们并不难获得,只要掌握了真理性知识,即可通过对真理的确信来表现理性的科学素养,即科学判断力,这是可教的。但对于道德科学意义上的判断力,却并不容易获得,其关节点就在于人的自由和任意是两个紧密关联的东西。所以,让人知道如何正确地运用自由,这是教育的目标。"应当让幼童习惯于忍受对其自由的一种约束,并且应当同时引导幼童自己去正确地运用自己的自由。否则,一切都是纯然的机械作用,离开了教育的人就不知道如何运用自己的自由。"③运用自己的自由和运用自己的理性是一回事,真正的自由实际上就是实践理性,所以,相对于动物使用本能,人却"使用自己的理性"④。对于人如何才能真正使用自己的理性,康德认为是通过教育,所以他强调"人惟有通过教育才能成为人"⑤。这里的所谓的教育,实际上主要还是指道德教育,是让儿童逐渐实现人格化的教育,这既需要外在引导,更需要内在努力,毕竟"人类应当通过

---

① 康德:《回答这个问题:什么是启蒙》,李秋零主编:《康德著作全集:第 8 卷》,北京:中国人民大学出版社,2010 年,第 41 页。
② 康德:《实用人类学》,李秋零主编:《康德著作全集:第 7 卷》,北京:中国人民大学出版社,2010 年,第 192 页。
③ Kant: *Kant on Education*, Online Library of Liberty, p.20.
④ 康德:《教育学》,李秋零主编:《康德著作全集:第 9 卷》,北京:中国人民大学出版社,2010 年,第 441 页。
⑤ 同上书,第 443 页。

自己的努力,把人性的全部自然禀赋逐渐地从自身中发挥出来"①。克服本能和任意,实现自由和理性的生活,才是儿童自我成长的最终归宿,这在人类史意义上体现为文明的真正进展和实现。所以,在实践人类学意义上,儿童的自我成长的终极旨归实际上指向了人类自身的价值塑造和人性的自我实现,所以,对于实践教育的整体目标应该是:"让幼童行事好乃是出自准则,而不是出自习惯,他不仅做好事,而且是因为好才那样做。因为行动的全部道德价值就在于善的准则"②。

实践人类学所要揭示的,就是儿童自我成长必须要导向的目标,也是实践(道德)教育的目标。回顾历史,人类社会的每一次自我超越,实际上都是自我道德价值的塑造所引发的超越,当苏格拉底将人类的视线拉回到人自身,当欧洲社会从中世纪的黑暗中走向启蒙与人性的独立,当摒弃种族主义、彰显人类尊严成为世界共识,我们发现实践人类学真正引导着人类社会走向的是自我超越的精神之路。而这个征程的每一次进展和实现,都是以社会历史中的每一个人的自我成长为前提的。儿童的自我成长必然走向道德人格的建构和价值观的确立,是实践人类学为其所作的理念性规划,但也从具体实践原则到操作程序给予了清晰的说明。或者说,这本身就是实践人类学的目标和任务。

Practical Anthropology for Children's Self-growth

ZHANG Ya

【Abstract】 Children's self-growth has its internal logic on the one hand, and its external education and regulation on the other. The former as an idea is derived from priori anthropology, and the latter constitutes practical anthropology based on experience. What practical anthropology wants to reveal is how children overcome their arbitrariness to achieve self-development. This shows a kind of paradigm of priori anthropology to practical anthropology, and priori ideas have been confirmed in the self-growth of children shown by practical anthropology. Therefore, highlighting the secret of children's self-growth constitutes the basic goal and task of practical anthropology.

【Keywords】 Practical Anthropology, Priori Anthropology, Children's Self-growth

---

① 康德:《教育学》,李秋零主编:《康德著作全集:第9卷》,北京:中国人民大学出版社,2010年,第441页。
② 同上书,第475页。

【美德伦理研究】

人类中心主义的消解与道德偏倚论的证成：
王阳明的环境美德伦理学①

黄　勇②

【摘要】随着美德伦理学的复兴,环境美德伦理学也开始崭露头角。但环境美德伦理学也有它自身的问题,即它将人类对环境的关心(即使是为环境而不是为人类而对环境的关心)看作人的繁荣生活的必要条件,因此具有人类中心主义的倾向。明儒王阳明的万物一体观不仅关心人类,而且关心鸟兽、草木甚至瓦石,因此可以看作一种环境伦理学;他认为只有仁者才能以万物为一体,而仁在他看来又是把人与其他存在物区分开来的根本的美德,因此这是一种环境美德伦理学。王阳明的环境美德伦理学可以避免人类中心主义,不是因为它是自然中心主义,而是因为它的万物一体观把人类与人类之外的所有其他存在物看作一个连续体,而对这个连续体的关心就既不可能是人类中心主义的,也不可能是自然中心主义的,因为这两者都假定了人与自然的分离。虽然王阳明主张仁者以万物为一体,这样的仁者对万物,从父母到路人、到鸟兽、到草木、到瓦石,并非一视同仁,而是厚薄有别的。换言之,王阳明持一种道德偏倚论,即儒家传统里的爱有差等。虽然作为一个心理学事实,大家都承认,我们对亲近的人的爱甚于对路人的爱,对路人的爱甚于对鸟兽的爱,对鸟兽的爱甚于对草木的爱,对草木的爱甚于对瓦石的爱,但如何在道德上证成这种偏倚性则是一件不容易的事。

【关键词】美德伦理,环境伦理,王阳明,万物一体,人类中心主义,道德偏倚论

---

① 作者曾为 *Routledge Handbook of Religion and Ecology*（Willis J. Jenkins, Mary Evelyn Tucker and John Grim eds., London and New York: Routledge, 2018)撰写第六章"Confucianism",因篇幅所限,内容有所删节。完整的论文由崔雅文翻译成中文,以"儒家环境美德伦理"为题先行发表于《华东师范大学学报》2016 年第 3 期。在此发表的是该中文版的扩充版,篇幅增加了一倍。

② 作者简介:黄勇,香港中文大学哲学系教授、系主任,研究方向为中国哲学、伦理学和中西比较哲学。

一、引言

环境伦理学可以看作一种应用伦理学,它把某种一般的伦理学理论应用到具体的环境问题。换个角度,环境伦理学也可以看成传统伦理学的扩展形态:传统伦理学的道德对象仅限于人,而环境伦理学的道德对象还包括人之外的存在者。不管怎么说,环境伦理学和一般(传统)伦理学密切相关。因此,环境伦理学自 20 世纪以来的发展与一般伦理学相似:在初始阶段,在环境伦理学中居主导地位的是后果论和道义论,而现在则是美德论开始出头。究其原因有两点:一是因为美德伦理学的吸引力,既包括它自身作为一种规范伦理学的吸引力,也包括它在应用(扩展)到环境问题时的吸引力;二是因为道义论和后果论各自的缺陷,既包括这些理论自身的缺陷,也包括它们应用(扩展)到环境问题时所表现的缺陷。然而,环境美德伦理学也有自身的问题,特别是因为迄今我们所看到的环境美德伦理学基本上沿袭了亚里士多德的幸福(eudaimonia)主义路线,从人类的福祉(human flourishing)出发关注环境问题,故而本质上是人类中心主义的,即使不能说是利己主义的(第二部分)。通过考察明儒王阳明的著作,我们可以提出一种儒家的环境美德伦理学,而它的核心在于有德之人以万物为一体。作为一种美德伦理学,它也关注有德之人的福祉;不过,既然有德之人与万物一体,有德之人的福祉也就意味着宇宙万物的福祉,或者反过来,万物的福祉也就是有德之人的福祉。因此,儒家环境美德伦理学可以不必像其他形态的环境美德伦理学那样受人类中心论的困扰,但又并不因此而成为一种自然中心主义(第三部分)。但是,有德之人与万物一体并不意味着他无差别地对待万物,仿佛当一个人的利益与(比如)一棵草的利益发生冲突时他就要抛硬币决定采取什么行动。这与儒家的"爱有差等"这种道德偏倚论(moral partialism)观念有关。传统上"爱有差等"处理人与人之间的关系,但阳明把它扩展到处理与人之外的存在者之间的关系。但要证成道德偏倚论,并反对道德无偏倚论(moral impartialism),这不是一个简单的任务(第四部分)。

二、环境美德伦理学

在过去几十年,一般意义上的美德伦理学经历了令人印象深刻的复兴;与之相应,环境美德伦理学如今也已发展成为道义论环境伦理学和后果论环境伦理学的强劲对手。

作为一种规范伦理学,顾名思义,后果论就是根据一个行动的后果来确定一个行动的对错。根据最具代表性的后果论理论,即功利主义看一个行动的后果,也就是看这个行动是增加还是减少宇宙中的幸福总量,而这里的幸福又是通过快乐和痛苦来规定的。因此,如果一个行动增加了宇宙中的快乐总量或者减少了宇宙中的痛苦总量,这个行动就是道德的,反之就是不道德的。很显然,即使这种理论作为规范人与人之间的关系没有问题,将这样一种理论运用到或者扩展到环境就有一个严重的局限。因为,这样一种理论是建立在对快乐和痛苦的衡量基础上的,但在宇宙中,只有人和动物才能有快乐和痛苦的感觉,而环境伦理学涉及的不只是人和动物,还包括不能感知快乐和痛苦的植物甚至非生物。此外,以功利主义为代表的后果论本身也有许多问题,而这些问题在这个理论被运用、扩展到环境问题时依然存在。这里我只提一下其中的两个问题:第一个是公正问题。在评判一个行动或一个社会政策的道德价值时,功利主义只讲幸福的总量,而不讲这个总量的分配。如果这个理论所要考虑的宇宙只包括人类,这种伦理学至少在理论上容许伤害甚至杀害一部分无辜的人,只要这个宇宙中的其他人因这一部分人的被伤害甚至杀害所获得的快乐高于这几个被伤害、杀害的人所因其被伤害(杀害)而有的痛苦,那么这显然对这些被伤害、被杀害的无辜的人是不公的。这种不公的现象在功利主义被运用到、扩展到环境问题时不仅存在,而且可能还会加剧。功利主义的第二个问题最早由帕菲特(Derek Parfit)提出,后来由茨沃林斯基(Matt Zwolinski)和施密茨(David Schimdtz)发展的所谓功利主义必然会导致令人厌恶(repugnant)的结论。我们刚才说,在讲一个行动或者一个社会政策的后果时,功利主义要看其对宇宙中的幸福总量的增减。但这种总量可以是这个宇宙中所有成员各自幸福量加起来而得的总值,也可以是指这个宇宙中每个成员幸福量的平均值,即把所有成员的幸福量加起来再除以成员的数量。如果我们要比较同一个社会在不同时期的道德进步或者退步,如果这个社会的成员数量保持不变,我们无论是根据不同时期的幸福的总值还是平均值,结果是一样的。同样,如果我们要比较两个社会,看哪一个社会更道德,只要这两个社会的成员数量一样,我们无论是看这两个社会各自的幸福总值还是看这两个社会各自的幸福的平均值,结果也是一样的。可是,如果一个社会在不同时期的人员数量发生了变化,或者我们要比较的两个社会的成员数量不同,那么用总值还是用平均值就有不同的结果。假如一个社会采取了一种社会政策使这个社会的幸福总值增加百分之五十,同时使其成员数量增加了百分之一百。那么这个社会政策是否道德呢? 如果我们根据幸福的总值看,回答是肯定的,因为这个总值因这个社会政策的实施而增加了,但如果我们根据平均值,那么回答是否定的,因为幸福的平均值因这个社会政策的实施而降低了。同样,如果要比较两个社会哪个更道德,如果一个社会的幸福总值比另一个社会高百分之五十,但成员数量比后者多一倍。这时如果我们用幸福的总值来衡量,那么是前一个社会更道德,而如果我们用平均值来衡量,则后一个社会更道德。

在上述两个情形中,不难看出,平均值比总值更能反映真实的情况。但帕菲特所要指出的是,无论我们是用总值来衡量还是用平均值来衡量,都会引出令人厌恶的结论。如果考虑一个社会的幸福总值,令人不快的结论在于:即便这个社会采取了一个社会政策使得这个社会的幸福的平均值下降,也就是说每一个体成员的幸福变糟,只要这个政策使得人口增长到一定程度,让这个社会的幸福总值超过以前,那么这个社会就是一个更好的社会,而使这个社会变得更好的社会政策就是道德的政策。如果考虑平均效用,令人不快的结论在于:一个社会只要减少人口就是一个更好的社会,哪怕为了提升平均效用而杀掉一些人①。

道义论并没有好到哪儿去。康德可谓最具影响力的道义论伦理学家了,但从康德的道义论那里没办法发展出一种合适的环境伦理,这是因为根据他的道义论,只有理性存在物才可以成为我们道德行动的对象。例如,他认为:"我们对动物不负有直接义务;我们对它们的义务乃是对于人类的间接义务。"②这是说,我们虐待动物的行为本身不构成道德上的错误,但是,它可能诱发我们残忍地对待其他人,即如果我们习惯地虐待动物,我们可能会把这种对待动物的态度不自觉中变成我们对待人的态度,而这就构成了道德上的错误,因为我们对人类有直接的义务。换言之,如果我们对动物的残忍不会导致我们对人的残忍,那么我们对动物的残忍也没有什么问题。即使我们对动物的残忍必然会导致我们对人的残忍,而且由于我们对人有义务因而不能对人残忍,所以我们也不应当对动物残忍,但我们对动物的不残忍只有工具的价值。康德举例明之:"某人由于自家的狗不再能帮他讨生活便用枪杀了它。倘若如此,他并没有违反任何对狗的义务,因为狗没有判断能力。但是,他这样做却损害了自身良善仁爱的品性,而他本应践行这些品性,因为他对人类所负义务的缘故。"③ 如果我们没有对于动物本身的义务,自然也就不会有对于植物本身的义务。

诚然,道义论不必是康德主义的。道义论的要义在于强调某些明确的道德义务,践履这些道德义务所构成的内在之善。道德主体的义务相应于道德客体的权利,因为后者有其内在价值。因此,像里根(Tom Reagan)这样的道义论环境伦理学者便主张,动物有内在价值从而拥有权利。泰勒(Paul Taylor)甚至进一步认为,举凡生命体,包括植物和微生物都有其内在价值以及随之而来的权利。然而,说一个存在物有其内在价值并不必然意味

① Zwolinski, Matt, David Schmidtz. "Environmental Virtue Ethics: What It Is and What It Needs To Be". in Daniel C. Russell ed., *Cambridge Companion to Virtue Ethics*, Cambridge: Cambridge University Press, 2013.
② Kant, Immanuel. *Lectures on Ethics*, Cambridge: Cambridge University Press, 1997, p.212.
③ Ibid.

着它有权利,从而产生道德主体对它的义务。不妨以奥尼尔(John O'Neill)的观点为例。他不否认人之外的存在者可以有其内在价值,但他认为它们有其内在价值或非工具价值并不意味着它们需要得到我们的道德关怀:"我们可以在客观的意义上讲何者构成实体之善,同时不一定要主张这些善应当实现。我们可以知道何者'对于 X 来说是善的',以及与之相应何者构成'X 的发展',与此同时却认为 X 乃不应存在之物,故而我们应当抑制 X 的发展。"①奥尼尔举例说,病毒也有其内在之善,就是说有使病毒成为病毒的东西,但我们"根本没有理由认为这些善应当算作目的本身(当然,我们也许会有充分的工具意义上的原因主张某些病毒应当得以繁殖,例如它们对于所处的生态系统来说是不可或缺的部分)"②。桑德勒(Ronald Sandler)同样主张:"自然物具有固有价值(inherent worth)或内在价值(intrinsic value),这一光溜溜的事实并没有蕴含任何东西,尤其没有蕴含主体应当如何回应这一价值。因此,自然物具有内在价值这一事实并没有作出任何特定的规范性要求。"③

正是在这样的情境中,许多哲学家在探究环境问题时转向了美德伦理学。特别有意思的是希尔(Thomas E. Hill),他本身是一位康德主义哲学家,却成了环境美德伦理学的先驱。他的名文《人类卓越的理想和自然环境保护》讲了一位富有的怪人,他在自己的院子里铲除了所有的花草树木,包括一棵古老高大的牛油果树,然后将整个前院铺满沥青。我们一般都会认为他这样做是不对的。但他错在什么地方呢? 很显然,我们无法用后果论特别是功利主义来批评这个人的行为,特别是如果我们考虑到这个人之所以这样做的主要理由是这样他可以省下不少维护这个院子所需的时间和开支。当然,我们可以采取道义论的观点说他的行为侵犯了某些生物的权利,但如我们上面所说的,动物有其内在价值没有问题,但它们是否有权利还有待证明。所以,在希尔看来,我们更加妥帖的思路是从这个行为转向行为者并追问:"何种人会如此行事?"④希尔对这一问题的回答是,会如此行事的人缺乏谦逊的美德,因为谦逊的美德会要求他"认识到无知觉的自然自身的重要性"⑤,就是说,不管自然对我们人类来说是否重要,自然有它自身的价值;会如此行事的

---

① O'Neill, John Francis. *Ecology, Policy and Politics: Human Well-being and the Natural World*, London: Routledge, 1993, p.22.
② Ibid., p.24.
③ Sandler, Ronald. *Character and Environment: A Virtue-Oriented Approach to Virtue Ethics*. New York: Columbia University Press, 2007, p.113.
④ Hill, Thomas E., Jr. "Ideals of Human Excellence and Preserving Natural Environments". *Environmental Ethics* 5, 1983, p.211.
⑤ Ibid., p.220.

人也缺乏审美感,因为他只看到这样做会让他节省时间和金钱,但看不到一个绿叶葱葱的院子与一片沥青地之间的差别。因此,希尔认为做这样的事的人是我们自己经过反思以后不想成为的人。

除了谦逊和审美感之外,许多环境美德伦理学家还强调了其他与对待自然的态度相关的品性。据温斯维恩(Louke van Wensveen)所说,人们讨论环境问题已经使用了189种美德和174种恶德①。例如,梭罗(David Thoreau)在著名的《瓦尔登湖》一书中言曰,自愿简朴的美德有益于人类的幸福,因为"大部分的奢侈品,许多所谓生活的舒适,非但没有必要,而且对人类进步大有妨碍"②。由于导致我们破坏自然的原因(至少一部分)在于我们追求奢华的生活,简朴便是一种与保护生态环境相关的美德。卡逊(Rachel Carson)主张,对自然之美的好奇是一种与环保相关的美德,因为"它永远是一剂良药,帮助我们对抗无趣和乏味……避免要命地执迷于人造物,避免疏离我们的力量之源"③。一个人如果因自然之美而好奇,那就不太可能毁坏它。巴德斯利(Karen Bardsley)认为,感激(包括对自然之美与恩赐的感激)将促进知足和积极的生活态度,从而提高人类的福祉④。

不过,从美德伦理学的进路研究环境问题也有一个困境,那就是把我们的注意力从自然转向了人自身。我们需要获得美德,包括关心环境的美德,因为它们对于人类的福祉来说是有益的甚至是不可或缺的。例如,奥尼尔认为:"像其他存在者一样,人类有一些对于人类的福祉来说具有构成意义的善;与此相应,另外还有一些对人类的福祉来说具有工具意义的善。我们应当促进许多其他生物的繁荣,因为它们对于我们自身的福祉来说具有工具意义。"⑤这显然是人类中心主义,因为我们只是出于人类福祉之故才心系自然。正是因为这一点,罗尔斯顿(Holmes Rolston)认为环境美德伦理学只有"片面真理,但总的说来是危险的"⑥。它是危险的,因为我们的环境美德伦理学家"似乎使爱自然从属于自爱。但是,如果用自然如何有益于我们的美德这样的框架理解自然,我们就把自然置于错误的参照框架之内"⑦。奥尼尔曾用亚里士多德的友谊概念作了一个类比。友谊对于生机勃

---

① Wensveen, Louk van, *Dirty Virtues*: *The Emergence of Ecological Virtue Ethics*. Amherst, NY: Prometheus, 2000.

② Thoreau, Henry David. *Walden*. New York: Bramhall House, 1951, p.19.

③ Carson, Rachel. *The Sense of Wonder*. New York: Harper & Row, 1956, p.43.

④ Bardsley, Karen. "Mother Nature and the Mother of All Virtues: On the Rationality of Feeling Gratitude toward Nature". *Environmental Ethics* 35: 27 – 40, 2013.

⑤ O'Neill, John Francis. *Ecology*, *Policy and Politics*, p.23.

⑥ Rolston, Holmes, III. "Environmental Virtue Ethics: Half the Truth but Dangerous as a Whole". in Ronald Sandier and Philip Cafaro eds., *Environmental Virtue Ethics*.Lanham. MD: Rowman and Littlefield Publishers, 2005, p.61.

⑦ Ibid., p.76.

勃的人类生活来说是一个具有构成意义的成分,而因朋友自身之故(而不是为我自己之故)关心朋友对于真正的友谊来说具有构成意义。同样,我们应当把大量的(即便不是全部)人之外的存在者自身的繁荣作为目的本身加以促进,因为这对于人类的福祉来说具有构成意义①。在罗尔斯顿看来,即使我们像奥尼尔那样主张美德之人因自然自身之故而不是因我们人类之故关心自然,我们仍只是在较低层次上避免了人类中心主义,但这种人类中心主义在一个较高的层次上又回来了。为什么?我们需要因人之外的存在者自身之故而促进它们的繁荣,归根结底却是为了人类:除非我们因人之外的存在者自身之故而促进它们的繁荣,否则我们就无法实现人类自身的福祉。所以,实际上我们在做的是因我们自己之故才因自然之故去关怀自然。这里我们在环境美德伦理学中看到了两个层次的人类中心主义。在较低层次的人类中心主义中,我们关心自然是因我们人类之故,例如,使我们人类有一个宜居的环境。这里的环境没有任何自身的价值,而只有对我们人类的工具价值。环境美德伦理学克服了这样一种低层次的人类中心主义,因为具有美德的人关心自然是为自然本身之故,而不只是为我们人类之故(关心了自然,我们当然也会有一个宜居的环境,但我们之所以关心自然不是为了使人类有一个宜居的环境,而是为了自然)。这就是说,具有美德的人认为自然有其内在的价值,而不只有对人类的工具价值。但具有美德的人之所以因自然自身之故而关心自然,是因为他要过一个作为人的繁荣的生活,而要过作为人的繁荣生活,他就需要具有人作为人应该有的美德,而其中的一个美德要求他因自然之故去关心自然。这就是我这里说的高层次的人类中心主义。这两个层次的人类中心主义之间的关系类似于我在拙著《美德伦理学:从宋明儒的观点看》第四章(以下简称《美德伦理学》)中②讨论的以人类为范围的美德伦理学所具有的前两种自我中心主义(低层次的自我中心)与第三种自我中心主义(高层次的自我中心)之间的关系。

有些学者试图回应从美德伦理学角度研究环境问题所带来的这种人类中心主义倾向。这些回应,基本上可以分为两类:一是"吃子弹"的方式,即承认环境美德伦理学具有人类中心主义,并为这种人类中心主义辩护;二是承认人类中心主义有问题,但否认环境美德伦理学具有这种人类中心主义倾向。我认为这两种回应都是不成功的。我们先看第一种回应。维尔西门(Jennifer Welchman)对环境美德伦理学的辩护是先承认它确实具有人类中心主义倾向,然后再论证这样的人类中心主义倾向是不可避免的。她的主要论证是采取元伦理学领域中的道德理由内在论,即休谟主义的立场。根据这种立场,"离开了

---

① O'Neill, John Francis. *Ecology, Policy and Politics*, p.24.
② 拙著《美德伦理学:从宋明儒的观点看》即将由商务印书馆出版。

内在于行动主体的性格的利益、欲望、需求,理论上的证明无法给这个行动者提供行动的动机"①。她据此批评各种非人类中心的环境理论,如生态中心的、生命中心的和深度生态的理论,认为它们都持道德理由的外在论立场。维尔西门认为,这样的理论确实可以提供很多非人类中心的理论上的理由去关怀环境,但它们无法内在于我们的性格的利益、欲望和需求,因而无法为我们提供去关怀环境的动机。就是说,即使他们很好地证明了自然有其内在价值,我们应该为自然本身之故去关心自然,但由于我作为行动主体没有关心自然的欲望,或者说我们因自然而关心自然的行动不能使我有的任何欲望得到满足,我就没有动力去做这样的关心自然的行动。但我认为维尔西门的论证是不成功的。这倒不是她用来论证其人类中心主义立场的道德理由的内在论不对。事实上,我自己也是一个道德理由内在论者。问题是,道德理由内在论并不必然在环境问题上导致人类中心主义。道德理由内在论只是说,仅当与内在于行动者的利益、欲望和需求等相关时(即能让这样的利益、欲望和需求等得到实现时),一个理论上的论证才能成为我们行动的理由,即才能使我们有动力去行动。因此,用道德理由内在论的首倡者威廉斯(Bernard Williams)的话说,我们行动的理由一定是内在于我们的、并以欲望为其主要成员的"主观的动机集"(subjective motivational set)。换言之,我们的行动的理由必须内在于我们自己的欲望,但从这里却无法推出我们的欲望一定是自我中心的欲望。例如,如果我去帮助一个人,那必定不只是因为我相信我应该帮助别人,而是因为我有帮助别人的欲望,但我帮助别人的欲望并不表明我是为了自己的利益而帮助别人,因为很可能我本身就有利他的欲望。简言之,维尔西门混淆了人类关心自然的欲望与人类为自身的利益而关心自然的欲望。道德理由内在论要求我们持前一种立场,但并不要求我们持后一种立场。

我们现在看第二种回应。与上述这种"吃子弹"的方式来回应并认为环境美德伦理学具有人类中心主义倾向的批评不同,还有一些环境美德伦理学家则否认它具有人类中心主义的倾向,而其方法就是论证人类的繁荣与非人类的繁荣是分不开的。例如,卡法汝(Philip Cafaro)就认为:"同样的行动、同样的人格特征使我们同时成为好的邻居、好的公民和好的环境主义者,这并不是偶然的。在很多情形下,同样的生态系统同时导致人类和非人类的繁荣;污染和生态健康的退化对人和其他有机物都会造成伤害。"②但在我看来,这样的回应是完全不成功的。它不仅没有证明环境美德伦理学没有人类中心倾向,实际

---

① Welshman, Jennifer. "The Virtue of Stewardship". *Environmental Ethics* 21 ,1999, p.412.
② Cafaro, Philip. "Environment Virtue Ethics". in Routledge Companion to Virtue Ethics. Lorraine Besser-Jones and Michael Slote ed. , 2015, p.432.

上它比被批判的那种环境美德伦理学具有更严重的人类中心倾向。为什么这样说呢？因为被批评为有人类中心倾向的环境美德伦理学也认为，与环境有关的人类美德不仅要关心非人类存在物的繁荣，而且要为这些非人类存在物本身而不是为了我们人类的理由去关心这些非人类存在物的繁荣。如我们上面提到的奥尼尔就认为，具有环境美德的人会因自然自身之故而不是为人类之故去关心自然。我们也看到，批评环境美德伦理学有人类中心倾向的人，如罗尔斯顿，也并不否认这一点。他们之所以认为这样的环境美德伦理学还具有人类中心倾向，是因为根据这样的伦理学，人类要繁荣，就必须要有美德，而美德要求人类做的事情之一就是要关心自然，而且不是为了自己才关心自然，而是为了自然而关心自然。而这就是说，美德要求人类为自然之故而关怀自然的目的还是为人类的繁荣之故，因为如果为了自身之故而去关怀自然的话，人类就不会有繁荣。我们可以看到，这种批评与我在《美德伦理学》第四章结论前的最后一节讨论的霍卡认为美德伦理学是根本上的自我中心主义的批评是一致的。霍卡承认，具有美德的人会关心他人，而且是为他人之故而不是为自己之故去关心他人，但他之所以这样关心他人最终是为了他自己的繁荣，因为他如果是为自己之故而不是为他人之故去关心他人的话，他自己的生活就不会繁荣。面对这样的批评，卡法汝说，人类的繁荣与自然的繁荣是分不开的，人类要实现自己的繁荣，就必须关心自然的繁荣。这就是说，人类关心自然的繁荣的目的是为了人自己的繁荣，只是由于人类的繁荣与自然的繁荣分不开，人类才去关心自然。可见，这种观点比被批评的环境美德伦理学甚至倒退了一步，因为它甚至不承认人类是为自然之故而不是为人类之故去关心自然的繁荣。

我认为环境美德伦理学的人类中心主义确实是个问题，但是我们所能看到的针对这种批评所提出的各种对环境美德伦理学的辩护都并不成功。然而，这并不意味着环境美德伦理学注定会失败。如果我们转向儒学，特别是王阳明的新儒学，我们将会看到环境美德伦理学可以避免这种人类中心主义的危险。

三、王阳明的万物一体：人类中心主义的消解

儒家伦理学首先是一种美德伦理学。作为一种美德伦理学，它就必须提供一个标准，确定人的哪些性格特征是美德（virtue），而哪些性格特征是恶德（vice）。在儒家看来，美德是规定人之为人的性格特征。正是在这个意义上，儒家认为"仁"是人类最基本的美德。《孟子·尽心下》就说"仁也者，人也"，《中庸》第二十二章也说"仁者人也"，都说明仁这种性格特征是人之为人的特征，是把人与别的存在物区分开来的东西。王阳明也承

袭这种观点。他说:"人者,心之德,人而不仁,不可以为人。"①这里,他一方面将仁看作人心的一种性格特征,另一方面又将这种性格特征看作将人规定为人的东西,因此在他看来仁就是人的最根本的美德。那么,什么是仁呢?儒者对仁的界定不尽相同,阳明对它的理解直接来自宋儒程颢。在他著名的《识仁篇》一开始,程颢就说道:"学者须先识仁。仁者,浑然与物同体。"②就是说,有仁的人与天地万物无分己物内外,而变成了一体。这里的一体是什么意思呢?它又怎么与传统儒家的仁这个伦理美德联系起来了呢?程颢借用医学意义上的"仁",特别是"不仁"即仁之缺乏来解释:"医书言手足痿痹为不仁,此言最善名状。"③ 手如果麻木,就感觉不到痛痒,而感觉不到痛痒,一个人也就不会有将痛痒去除的动机,这就是我们日常说的麻木不仁。因此,反过来说,如果一个人没有麻木,他就可以感觉到身上的痛痒,而能感觉到自己的痛痒,这就是有仁。程颢由此进而解释作为伦理美德的仁:"仁者,以天地万物为一体,莫非己也。"④ 医书讲的一体之仁指的是自己的身体,仁者全身没有任何一处有麻木,因而任何一次有痛痒都会感觉到,而且一旦感觉到,就会自然地试图去解除这种痛痒。伦理学上的仁是医书上讲的这种仁的扩充。如果一个人不仅能感到自己的痛痒并有解除这种痛痒的自然倾向,而且能够感到父母、子女、兄弟、姐妹身上的痛痒并有帮助他们解除这种痛痒的自然倾向,那就说明他以他的家人为一体,即他的仁扩展到了全家。而如果他家里有人有痛痒,他却感觉不到他们的痛苦(虽然也许知道他们有痛痒),从而没有帮助他们解除这种痛痒的自然倾向,这个人就麻木了,就不仁了。这样一个过程不断向外扩展到邻居、到陌生人、到所有人、到所有动物、到所有生物,一直到所有存在物,以致以万物为一体。到这个时候,世上任何一物有什么不幸,一个仁者都会感觉到,并试图对不幸者加以关怀。与之相反,如果我感觉不到,那就说明我麻木了、我不仁了、我没有以万物为一体。

王阳明继承并发展了程颢对仁的这种解释。他说:"仁者以天地万物为一体,使有一物失所,便是吾仁有未尽处。"⑤这里他明确地也将仁定义为与万物感通的能力,因此仁者能与天地万物为一体,即能够将万物作为自己的身体并感知万物的痛痒和不幸。由于王阳明认为仁是将仁与动物区分开来的东西,因此他认为事实上每一个人都有仁,都能以天地万物为一体。一旦人有私欲,这个人的仁心就会被这样的私欲所遮蔽,就像乌云遮挡了

---

① 王阳明:《王阳明全集》,上海:上海古籍出版社,1992 年,第 811 页。
② 程颢,程颐:《二程集》,北京:中华书局,1998 年,第 16 页。
③ 同上书,第 15 页。
④ 同上。
⑤ 王阳明:《王阳明全集》,上海:上海古籍出版社,1992 年,第 25 页。

阳光一样。而其结果就是这个人变得麻木不仁,不能以天地万物为一体,而把他们看作与自己的身体无关的、在自己的身体之外的东西,因而也就不能感觉他们的痛痒。所以,在上引的这段话中,王阳明说:"使有一物失所,便是吾仁有未尽处。"天地万物中只要有一物之痛痒为我感觉不到,就表明我的身体的某个部位麻木了、不仁了,我的仁这种美德还没有充分培养出来。王阳明称这样的人为小人,而其仁心没有被私欲遮蔽,因而能以天地万物为一体的人为大人。所以,他对大人与小人作了这样的区分:"大人者,以天地万物为一体者也,其视天下犹一家,中国犹一人焉。若夫间形骸而分尔我者,小人矣。大人之能以天地万物为一体也,非意之也,其心之仁本若是,其与天地万物而为一也。岂惟大人,虽小人之心亦莫不然,彼顾自小之耳。"①这里王阳明特别指出,小人的问题在于要区分你我,你的身体是你的,我的身体是我的,而不以你的身体为我的身体的一部分,因此你的痛痒是你的痛痒,而不是我的痛痒,这就是小人的私欲将其本有的心之仁德遮蔽了,因而不仁了。

王阳明这种仁者是以天地万物为一体的思想很显然对环境伦理具有重要的意义。这里需要说明的是,在古代汉语中,万物可以只是指众人,而不包括人之外的其他存在物。在上引的这段话中,王阳明说,以天地万物为一体者"天下犹一家,中国犹一人",可能更使我们以为王阳明的万物一体之仁只限于人类。如果这样,那它对环境伦理没有直接的意义。但紧接着上面所引的话,王阳明又说:"是故见孺子之入井,而必有怵惕恻隐之心焉。是其仁之与孺子而为一体也;孺子犹同类者也,见鸟兽之哀鸣觳觫而必有不忍之心焉,是其仁之与鸟兽而为一体也;鸟兽犹有知觉者也,见草木之摧折而必有悯恤之心焉,是其仁之与草木而为一体也;草木犹有生意者也,见瓦石之毁坏而必有顾惜之心焉,是其仁之与瓦石而为一体也。"②在这段话中,王阳明描述了大人从以他人(孺子)为一体到以鸟兽为一体,再到以草木为一体,一直到以瓦石为一体的过程。很显然,王阳明讲的万物是指世界上的所有存在物。而且王阳明在此一再强调,大人之所以能与所有这些存在物为一体,感到他们的不幸,不是因为这些存在物是他的同类,而是因为他有仁,即对其他存在者之不幸的感受能力。

在这个意义上,王阳明的万物一体观是一种环境伦理学思想,而由于这种万物一体观实际上是对在儒家传统中最重要的美德即仁的体现,王阳明的万物一体观是一种环境美德伦理学。不过,与我们在上一节中讨论的当代西方环境美德伦理学大都追随亚里士多

① 王阳明:《王阳明全集》,上海:上海古籍出版社,1992 年,第 968 页。
② 同上。

德的理性主义路线不同,王阳明的环境美德伦理学走的是情感主义道路,它的核心概念之万物一体感本质上是我在别的地方讨论的同感(empathy)。当代道德心理学把同感理解为一种情感或情感生成机制。一个具有同感的人对他人的苦痛感同身受,因此,具有同感的人自然会去帮助他人摆脱苦痛,就像我们如果感到后背发痒自然会伸手去抓挠。我们已经看到,程颢和王阳明所描述的与万物一体之仁正是如此。当然,如我在别处指出的,王阳明的万物一体感超出了同感所能含括的内容。具有同感的人能够感到其对象所感受到的东西,这就表明同感的对象一定是有感觉的存在物,如人和动物。植物和无生命物没有感觉,因此在受到伤害时自己不会感到痛苦。既然它们自己不能感到痛苦,那么能够感受痛苦的存在物如人当然也就不可能感受到它们的感受(因为它们根本就没有感受),也就是说不能对它们有同感。在这个意义上,虽然王阳明讲的仁者见孺子之入井时有的一体感即怵惕恻隐之心和见鸟兽之哀鸣觳觫时而有的一体感即不忍之心可以说是同感,但他说的仁者在见草木之摧折时而有的一体感即悯恤之心和见瓦石之毁坏时而有的一体感即顾惜之心则不能算是同感。但即使如此,这种怜悯之心和顾惜之心还是一种道德情感。因此,我们还是可以恰当地称王阳明的环境美德伦理学为情感主义的环境美德伦理学。

我们在上一节看到,在当代西方发展出来的,并主要以亚里士多德伦理学为基础的理性主义环境美德伦理学的一个重大问题是其不能克服的人类中心主义。那么,王阳明的情感主义的环境美德伦理学能否避免这个问题呢?表面上看,它不仅不能,而且可能使这个问题加重。为什么这样说呢?因为,情感主义的美德伦理学,包括情感主义的环境美德伦理学对一个人的利他行为的解释是当他人、他物受到伤害时,一个以万物为一体的人感觉到好像自己受到了伤害,因而产生了一些负面的情感,怵惕恻隐、不忍、悯恤、顾惜等。我们之所以称它们为负面的情感,是因为这是一些我们一旦感到就想加以消除的情感。就像当我们背上觉得痒时,这是一种不好受的感觉,所以我们就想要去除这样的感觉,而要去除这样的感觉,我们就会去抓痒。当我与一个他人为一体时,如果这个他人身上有痒,我也感觉到痒,而这也是不好的感觉,所以我要去除这样的感觉,但要去除这样的感觉,我不能抓自己的背,因为我的痒的感觉源于他人的背上的痒,所以我要帮助他人去掉他背上的痒。正如霍夫曼说:"同感的痛苦是不爽的,而帮助受难者通常是去除这种不爽的同感的痛苦之根源的最好办法。"[1]这就是说,一个具有同感的人的助人行为实际上具有利己主义倾向。具有同感的人,因为对他人所受之苦感同身受,自然想摆脱自己的苦

---

① Hoffman, Martin, "The Development of Empathy". in *Altruism and Helping Behavior*: *Social*, *Personal*, *and Developmental Perspectives*, J.P. Rushton and R.M. Sorrentino. Hillsdale eds., NJ: Erlbaum, 1981, p.51.

痛,但是,除非他人所受之苦被解除,这个具有同感的人无法解除自己感到的痛苦。因此,他自然也会去帮助他者摆脱苦痛。如果这种对他人的同感确实是利己主义的,那么王阳明讨论的对非人类存在物的一体感也就变成人类中心主义了。对鸟兽有仁心的人看到鸟兽哀鸣觳觫而有不忍之心,所谓不忍就是不能忍受,是一种负面的、每个人都想去除的情感,但由于这种情感的源头是鸟兽的哀鸣觳觫,因此为了去除自己的不能忍受的情感,这个人就必须帮助鸟兽脱离其痛苦的境地。这似乎是说,有仁心的人帮助鸟兽原来是为了帮助自己。同样的,具有同感的人见草木之摧折而有悯恤之心,这里的怜悯也是一种负面的并且是一个人不想有的情感,但由于这种情感的源头是草木之摧折,因此为了去除自己的怜悯(这种负面情感),他就要去关心草木。这似乎是说,有仁心的人之所以关心草木原来也是为了自己。最后,有仁心的人见瓦石之毁坏而有顾惜之心,这里的顾惜还是一种负面的(每个人都想要去除的)情感,但由于这种情感的源头是瓦石之毁坏,因此为了去除顾惜(这种负面情感),他就要去保护瓦石。这似乎是说,有仁心的人之所以关心瓦石原来还是为了自己。

正是在此意义上说,王阳明的情感主义的环境美德伦理学也具有人类中心主义倾向:有仁心的人看到环境被破坏就产生了一些不爽的感觉,于是他们就设法保护环境,从而使自己的这种不爽的感觉消失,因为这种不爽的感觉的源头是环境之被破坏。所以,他们保护环境只是为了使自己不爽的感觉消失。我们本来是想用王阳明的情感主义环境美德伦理学来解决当代西方理性主义的环境美德伦理学所存在的人类中心主义倾向,但这种倾向还没有解决,我们倒在前者身上发现了在后者身上不存在的人类中心主义。但值得庆幸的是,这种对情感主义环境美德伦理学的人类中心倾向的指责是建立在对这种现象的误解基础上的。当代研究同感现象的心理学家白森(Daniel Batson)作了大量心理学实验证明,由同感导致的帮助他人的动机是利他主义的而非利己主义的。例如,具有同感的人在看到他人受难时会去帮助这个人。我们上面说,这是因为这个人在看到他人受难时自己也感到痛苦,而他之所以帮助这个处于痛苦中的人就是为了解除自己的痛苦,因为他自己的痛苦的源头是看到了他人的痛苦,因而由同感造成的帮助行为本质上是利己主义的。但实际上,这只是对这种帮助行动的一种有待验证的假设,即利己主义的假设。事实上,我们也可以有一种利他主义的假设,即这个人在帮助他人时完全没有考虑到他自己的痛苦感,而只是为了帮助对象解除痛苦(虽然在解除了帮助对象的痛苦以后,他自己原来因见到这个帮助对象的痛苦而有的同感痛苦也消失了,但这不是他帮助他人的动机)。那么,这两种假设中到底哪一种是正确的呢? 如果这个人帮助人的动机真的是利己主义的,只是为了去除自己在看到他人受难时的不舒服感,那么除了去帮助这个受难的人解除其痛苦外,还有一个办法就是避免对他人的苦难的经历,所谓眼不见为净或君子远庖厨。所以,白森设计了一系列实验,以确定到底哪一种假设是正确的。这些实验比较复杂,我们这里只能简单地说明一下。在白森的这些实验中,他设计了两个变项:一个是被实验的人的同感程度的高低,还有一个是避免经历到他人痛苦的难易。假如利己主义的假设是对的,那么即使是有较强的同感心的人也只会在很难避免对他人痛苦的经历的情况下才会去帮助这个有痛苦的人(也就是说帮助他人解除痛苦比避开对他人的痛苦的经历更容易消除自己的不爽的同感经验)。但这些实验的结果是,在有较高程度的同感的实验者中,即使是在很容易避免对他人的痛苦的经历而要做出很大努力才能帮助人的情况下,还是有百分之九十一的人选择去帮助人。这表明利己主义的假设是错的,而利他主义的假设是对的。因为,如果一个有同感的人只是想避免因看到他人的痛苦而引起的不适感,我们刚才提到,他有两个办法,一个是帮助其同感对象脱离痛苦状态,二是避免对这个同感对象的经验。现在假设第一个办法比较费力,而第二个办法非常容易,那他就没有理由选择第一个办法,但事实上绝大部分具有同感的人选择去帮助人,这就说明他们帮助人的动机不只是为了解除自己的痛苦,虽然事实上由于他们帮助了别人,使这些人的痛苦得以解除,他们因感到他人的痛苦而自己有的痛苦感也得到了解除①。

虽然白森对同感之利他主义性质的研究限于对人的同感,但很显然,他由此得出的结论可以类推到人对其他存在物的同感和类似的感情上,因为在王阳明那里,人对其他存在物的同感和类似的感情,如我们在上面看到的,都是从人对其他人的同感外推出来的,因而我们也可以说,在这个意义上,王阳明的环境美德伦理学不是人类中心主义的。但王阳明的环境伦理学是否也面临我们在上节讨论的当代西方环境美德伦理学所面临的那种意义上的人类中心主义呢?表面上看也是的。我们知道这种意义上的人类中心主义指的是,虽然一个具有美德的人会关心自然,而且是为自然之故而关心自然,而不是为了自己之故(这样自然可以为人类提供一个优质的生活空间等)而关心自然,但他之所以为自然之故而关心自然,最后还是为了自己生命的繁荣,因为这种繁荣要求他为自然之故而关心自然。王阳明好像也持这个观点。在他那里,仁是将人与其他存在物区分开来的东西,因此要成为一个完整的、真实的、没有缺陷的人,就不能让人的仁心被任何私欲遮蔽,而如果这个仁心不被私欲遮蔽,他就会自然地不仅去关心其他人,而且也会去关心鸟兽、草木、瓦

---

① Batson, C. Daniel, *Altruism in Humans*. Oxford and New York: Oxford University Press, 2011, pp.111-114.

石,而且是为他们或它们之故而不是为自己之故而关心他(它)们。也许是在这个意义上,在《书王嘉秀请益卷》一共两段话的文字中,王阳明在每一段的开头就分别提到"己"的问题。在第一段的开头,王阳明说:"仁者以天地万物为一体,莫非己也,故曰:'己欲立而立人,己欲达而达人。'古之人所以能见人之善若己有之,见人之不善则恻然若己推而纳诸沟中者,亦仁而已矣。"①这里,王阳明明确地说仁者以天地万物为一体,莫非己也,又说,仁者之所以会去立人、达人,是因为这是立己、达己的自然要求。所以,归根到底还是为了己。在第二段的开头,王阳明又说:"君子之学,为己之学也。为己故必克己,克己则无己。"②这里说君子需要"克己""无己",最后还是"为己"。

但事实上,王阳明的环境美德伦理学可以独辟蹊径地避免当代西方环境美德伦理学所面临的人类中心主义。这倒不是说他是一种自然中心主义或者是自然、人类双中心主义,而是说,在王阳明的环境美德伦理学面前,问它是人类中心主义还是自然中心主义还是人类、自然双中心主义都失去了其意义。这是因为,就好像利己主义和利他主义,不管他们如何不同,都共同假定"己"和"他"是分离的,人类中心主义和自然中心主义也都假定了人类和自然的分离。但王阳明的仁者以万物为一体的思想恰恰否定了这样一种分离性。当仁者把万物都作为自己的身体一部分时,世界上的一切,如我们上面所引的王阳明的一段话中表明的,"莫非己也"。在另一个地方,王阳明还说:"全得仁体,则天下皆归于吾。"③在这种意义上,我们当然还可以说他是一种利己主义、是一种人类中心主义。但是,如果这个"己"已经包含了"他",这个世界上已经没有什么东西与"己"相对、在"己"之外,这样的利己主义还有什么问题吗? 如果这个世界上没有什么东西与人类相对并在人类之外,这样的人类中心主义还有什么问题吗? 反过来说,能够把世界上的一切看作自己的一部分,一个人就必须克服自我。这就是为什么在上文所引的一段话中,王阳明在说了君子之学是为己之学后,马上又说:"为己故必克己,克己则无己。"另外,我们上面所引的表面上看是一种利己主义的一句话("全得仁体,则天下皆归于吾")之前,王阳明则强调要无私:"仁者以万物为体,不能一体,只是己私未忘。"就其要求无己、克己和无私而言,王阳明的万物一体观也是一种利他主义。但是,如果这个"他"已经包含了"己",在这个世界上已经没有什么东西与"他"相对、在他之外,这样的利他主义还有什么特别值得称道的吗? 同样的道理,如果由于人类以万物为一体,自然已经成了人类的一部分,在这

---

① 王阳明:《王阳明全集》,上海:上海古籍出版社,1992 年,第 272 页。
② 同上。
③ 同上书,第 110 页。

个世界上已经没有什么东西与人类相对、在人类之外,那么说王阳明的万物一体观是一种人类中心主义还有什么问题吗? 反过来,如果同样由于人类以万物为一体,人类已经包含在自然中,在这个世界上已经没有什么东西与自然相对、在自然之外,说王阳明的万物一体观是一种自然中心主义,作为一种环境美德伦理学,还有什么特别值得称道的吗? 所以,王阳明的万物一体观作为一种美德伦理学思想,我们虽然既可以说它是一种利己主义,也可以说它是一种利他主义,但实际上它既不是利己主义,也不是利他主义,因为万物一体以后,已经没有"己"与"他"的区分了,而利己主义和利他主义都假设己与他的分离。同样,王阳明的万物一体观作为一种环境美德伦理学思想,我们虽然可以说它是一种人类中心主义,也可以说它是一种自然中心主义,但实际上它既不是人类中心主义,也不是自然中心主义,因为万物一体之后,已经没有人类与自然的区分了,而无论是人类中心主义还是自然中心主义都假定了人类与自然的分离。所以与其说王阳明的情感主义的环境主义美德伦理学克服了当代西方理性主义环境美德伦理学所面临的人类中心主义问题,不如说它从根本上消解了这个问题。事实上,它也同时消解了第一层意义上的利己主义和利他主义之争、人类中心主义与自然中心主义之争。

讲到这里,我们不能不提到当代心理学在讨论同感现象时,有些社会心理学家提出的至少在表明上与王阳明的万物一体说非常类似的自我—他者的融合(self-other merging)概念。虽然,先前也有不少心理学家提出过类似的思想,但在研究同感现象这个背景中提出这个概念的、最有影响的是心理学家西奥蒂尼(Robert B. Cialdini)和他的研究团队。在1997年发表的一个研究报告中,他们指出,在同感过程中发生了自我即具有同感的人与他者即同感的对象之间的至少是某种程度的融合。在同感发生时,当一个人(同感主体)采取了另一个人(同感对象)的视角(无论是通过他人的指示还是自身有的一种归属感)并能够感觉到另一个人正在感觉到的东西时,这个人就将他自己并入这个他者的范围内①。当然他们指出,这里所谓的将自己并入他人的范围内只是观念上的,而不是身体上的。在他们看来,这种自我与他者的融合的结果就是一体性(oneness)。所以,人们之所以有帮助行为"不是因为他们对亲近的他者有一种同感的关怀,而是因为他们感到了与他者的同一性,就是说因为他们在他们的他者那里看到了自己"②。所以,这种一体性的

---

① Cialdinii, Robert B., Stephanie L. Brown, Brian P. Lewis, Carol Luce, and Steven L. Neubert. "Reinterpreting the Empathy-Altruism Relationship: When One Into One Equals Oneness." *Journal of Personality and Social Psychology* 75 (1997) 3, p.482.

② Ibid., p.483.

感觉也就具有同感的人感到了他和同感对象共享的、融合在一起的或者相互联系起来的人格同一性(personal identities)。这种自我与他者融合而成的一体性似乎与王阳明讲的万物一体非常相似。更重要的是,我们上面看到,王阳明的这个概念既不是利己主义的,也不是利他主义的,而西奥蒂尼和他的团队也明确指出了这一点。确实,他们之所以提出自我与他人的融合和同一性概念,一开始主要是为了反对白森及其团队的"同感—利他主义假设","因为如果人们在他们对之有亲密归属感的他者中发现了更多的自己,那么他们对这些人的帮助行为就可能不是无私的"。不是利他的,因为在这种情况下,他们在帮助他者时实际上发生的是在帮助他在他者中看到的自己。但是,他们也"避免将一体性看作帮助行为的利己主义动机,而只是说它是非利他主义的。这个'非利他主义的'用法体现了我们的论证的一个重要特征:当自我与他人之间的区分被削弱了,在自私与无私之间的传统区分也失去了其意义。因此,在一体性的条件下,我们不一定要将帮助行为看作利己主义的,但我们可以将其看作非利他主义的,以把它与无私概念相区别"①。

但在一个重要的方面,王阳明的万物一体观与西奥蒂尼的自我与他者融合而得的一体性存在着差别,而恰恰是在存在这个差别的地方,我们会发觉王阳明的万物一体观要比西奥蒂尼的一体性更可取。说明这个差别的一个简单办法就是这样一个类比:在西奥蒂尼那里,自我与他者的融合就好像两个原来不同的、不在一起的存在物逐渐地相互靠拢并最后重叠在一起,如果不是完全重叠,至少是相当大程度的重叠。所以,有两个关键词经常出现在他们的文献中。一个就是重叠(overlap)。事实上,他们说的自我与他者的融合(merging)就是自我与他者的重叠。这一点在他们这篇研究报告的摘要中就可以体现出来,因为在这里他们用的就是自我和他者的重叠:"导致同感关怀的条件也会导致一种更强的自我—他者的重叠感,从而表明在这些条件下的帮助行为有可能不是无私的,而是指向自我的。"②在正文中,这个字也数次出现。为了证明我们关于自我部分地存在于自身之外,即存在于他者之中这个概念并非异想天开,他们说:"采取一种泛文化观的理论家和研究者都已经注意到,自我—他者的重叠在非西方社会中是一个主导的观念。"③另外一个经常出现的关键词则是同一性(identity)。例如,在解释同感现象时,他们说:"在一个人受伤时,另一个跟他分享某种同一性的人很可能有一种情感上的伤痛。"④在另一个地

---

① Cialdini, Robert B., Stephanie L. Brown, Brian P. Lewis, Carol Luce, and Steven L. Neubert. "Reinterpreting the Empathy-Altruism Relationship: When One Into One Equals Oneness." *Journal of Personality and Social Psychology* 75 (1997) 3, pp.490 – 491.

② Ibid., p.481.

③ Ibid., p.492.

④ Ibid., p.482.

方,他们又说,关系越紧密,与他人的一体感(融合起来的同一性)就越强。在一个注释中,他们还把这种共享的同一性与我们性(we-ness)相联系。这就是说,通过同感,同感的主体与同感的客体获得了同一性。当然,这种同一性到底是什么意思也可以作不同的解释。他们说这不是身体意义上的同一性(好像两个不同的身体合在一起,成了一个身体),不是字面意义的同一性(好像两个人的欲望、情感与思想等变成了一个人的欲望、情感与思想),更不是如白森所指责的那样是一种神秘性的同一性,而是一种隐喻意义上的同一。但这种隐喻意义上的同一性到底是什么意思,他们还是说不清楚。在这一点上,哲学家斯洛特给他们提供了帮助,他说这不是数目上的同一性(numerical identity/oneness),而是性质上的同一性(qualitative identity/oneness)。就好像当我们说我跟你拥有相同的汽车时,我们并不是说我们共同拥有一辆车,而只是说我拥有的车与你拥有的车是相同的。同样,当我说,我跟你一心一意时,我并不是说,我跟你共同拥有一个心、一个意,而只是说我的心、意跟你的心、意是相同的①。

与此形成对照,表现王阳明的万物一体观的形象是两个或更多的东西连接了起来、贯通了起来。在这里,一方面,连接起来的东西并没有重叠在一起,变成同一个东西。例如,我的两个脚都与我形成一体,但不仅这两个脚并不相互重叠,而且它们与我身体的其他部分也并不重叠。同样,当我与他人形成一体时,我也并不是与这个他人重叠在一起,形成了一个人,而是说我跟他连接、贯通在一起,从而好像通电了一样,我可以感觉到他所感觉到的。另一方面,我的手和脚形成了一体,不是因为手和脚之间有什么同一性,而是由于他们连接在一起。同样,形成一体的我和他人之间并不具有同一性,或者更确切地说,我之所以与他人为一体,不是因为我和他有同一性,而是我与他人连接起来了。当一个人能够以鸟兽、草木甚至瓦石为一体并在它们有不幸时也能感受到它们的不幸时,王阳明当然也不是说这个人与这些存在物重叠了、同一了,而只是说,这个人与这些存在物连成了一体。在当代西方环境伦理学中也有人,特别是道义论者持类似王阳明的观点,认为人类与自然形成了一个连续体。但奥尼尔认为,这种观点不能成立。他提出了两个理由:第一个理由是,"生态科学和量子力学都没有表明,在一个人类个体和其环境之间没有重要的区分"②。但我们看到,当王阳明说人以万物为一体时,他也并不否认形成一体的各个部分之间的区分,就好像他不会否认连成一体的手与脚之间的区分一样。所以人与自然形成一个连续体并不表示人与自然没有分别。奥尼尔的第二个理由是,"这样的论证为对他者的

---

① Slote, Michael, *A Sentimentalist Theory of Mind*. New York and Oxford: Oxford University Press, 2014, pp.109 – 111.
② O'Neill, John Francis. *Ecology*, *Policy and Politics*, p.144.

义务提供了一种错误的论证。看上去它为我们对'非人类'世界的义务提供了一条捷径，但他所提供的义务太弱了。对自身的义务比对他者的义务要弱得多"①。奥尼尔的意思是，由于在这里人与万物形成了一体，人对自然的义务便变成了人对自己的义务。他之所以说这种义务太弱，是因为当尽义务的人和这个人对之尽义务的人是不同的人时，除非后者豁免前者的义务，前者就必须向后者尽义务。例如，当我向他人借了钱以后，我就有义务将钱还给这个人。这样的义务是比较强的义务。但如果这个人跟我说钱不用还了，我还钱的义务就被豁免了。但假如我对自己有义务，就好像我向自己借了钱一样。这里欠债的人和债主是同一个人，那他自己就可以而且倾向于对自己豁免这个债。所以，如果尽义务的人和被尽义务的人是同一个人，他也就可以很容易而且很倾向于将自己的义务消除。正是因为这样，很多哲学家甚至认为，对自己的义务是个矛盾的概念。当然康德是例外，他坚持认为对自己的义务是一个合理的概念。关于对自己的义务我在别的地方已经讨论过②，但我们在这里对此没有必要深究，因为奥尼尔在这里的批评是针对道义论的环境伦理学的，而王阳明持的是一种美德论的环境伦理思想。在这里，义务不是一个主要的概念。当我身上有痒时，我不会去问我有没有义务去除瘙痒，而会很自然地去除瘙痒。同样，一旦万物一体感得到培养，当我看到孺子入井而有恻隐之心时，我不会问我有没有义务去救这个小孩，而就会很自然地去救；当我听到鸟兽哀鸣觳觫而有不忍之心时，我不会问自己有没有义务去救鸟兽，而就会很自然地去救；当我看见草木之摧折而有悯恤之心时，我不会问我有没有义务去关心草木，而就会很自然地去关心；当我看见瓦石之毁坏而有顾惜之心时，我同样不会问我有没有义务去保护瓦石，而就会很自然地去保护。

王阳明的万物一体观与西奥蒂尼团队因同一性而形成的自我—他者的融合概念的上述差别有个重要的后果。由于西奥蒂尼及其团体的自我与他者的融合强调的是自我与他者之间的同一性，自我的帮助行为就往往是针对与其分享同一性的他者，也就是说，他们倾向于帮助与他们相同的人，而不太倾向于帮助那些与他们不同的人。在他们的研究报告中，一方面，他们说："一个人的困境的深度会影响我们对这个人的同情（sympathy）感，但不会影响我们的一体感（perception of oneness）。"③就是说，即使一个人身历极度的痛

---

① O'Neill, John Francis. *Ecology, Policy and Politics*, p.144.

② Huang, Yong, "A Copple Rule Versus the Golden Rule: A Daoist-Confucian Proposals for Global Ethics". *Philosophy East and West* 55 (2005), pp.4111–4113.

③ Cialdini, Robert B., Stephanie L. Brown, Brian P. Lewis, Carol Luce, and Steven L. Neubert. "Reinterpreting the Empathy-Altruism Relationship: When One Into One Equals Oneness." *Journal of Personality and Social Psychology* 75 (1997) 3, p.491.

苦,如果我们在他身上没有看到我们自己,我们就不会与他产生那种自我与他者的融合而获得的一体感。而由于他们认为我们的帮助行为是由我们的一体感造成的,一个人的困境的深度在这种情况下似乎就不会影响我们对这个人的帮助行为。另一方面,他们又说:"导致我们的帮助行为的是(自我与他者之间的)共同性,而不是共情(compassion)。我们认为,这是因为,同感关怀的首要功能就是作为一体性的情感信号。"①对此,麦(Joshua May)就提出了责问:根据这样一种自我与他者的融合论,我们就无法解释"具有同感的人也会去帮助那些与他们自己很不相同的人"②。实际上,西奥蒂尼他们也意识到了这个问题,因此在他们的研究报告的最后一段话里,他们说由于他们这种自我—他者融合论为"基于自我与他者的重叠面的帮助行动提供了一个理由",在面对那些亲近的他者(家庭成员、朋友、邻居和同事)以外的人时,我们也应该"强调人与人之间的共同性而不是他们之间的差别"③。与此形成对照,在王阳明那里,一个人之所以能以他者为一体,不是因为这个人在他者那里看到了自己,不是因为这个人与他者至少在某些方面是同一的,而是由于这个人具有的以万物为一体的仁心,即对他者的不幸的感受性。这就使这个人不仅可以与他有共同性的人为一体并产生对他们的帮助行为,也可以与他很不相同的人(包括我在别处讨论的恶人)形成一体并产生对他们的帮助行为。这一点在我们上文所引的那段关于万物一体的经典段落中已表达得非常清楚。在那段话中,王阳明说我们之所以见孺子入井而有怵惕恻隐之心,不是因为我们与孺子是同类,而是因为我们的仁心使我们以孺子为一体;我们之所以见鸟兽之哀鸣觳觫而有不忍之心,不是因为我们和鸟兽都有知觉,而是因为我们的仁使我们以鸟兽为一体;我们之所以见草木之摧折而有悯恤之心,不是因为我们与草木都有生命,而是因为我们的仁使我们以草木而为一体;而这也说明,我们为什么见瓦石之毁坏而有顾惜之心,因为即使我们与瓦石没有什么共同性,我们的仁还是使我们与瓦石而为一体。因此,王阳明的万物一体观既可以说明仁者对与他相同或相似的他者有帮助行动,也能说明仁者对与他不同的他者有帮助行动,而西奥蒂尼的自我—他者的融合论只能说明前者而不能说明后者。正是在这种意义上,我认为王阳明的万物一体观比西奥蒂尼的自我—他者的融合说更有说明力。

---

① Cialdini, Robert B., Stephanie L. Brown, Brian P. Lewis, Carol Luce, and Steven L. Neubert. "Reinterpreting the Empathy-Altruism Relationship: When One Into One Equals Oneness." *Journal of Personality and Social Psychology* 75 (1997) 3, p.491.

② May, Joshua, Egoism, Empathy, and Self-Other Merging, *The Southern Journal of Philosophy* 49 (2011), p.34.

③ Cialdini, Robert B., Stephanie L. Brown, Brian P. Lewis, Carol Luce, and Steven L. Neubert. "Reinterpreting the Empathy-Altruism Relationship: When One Into One Equals Oneness." *Journal of Personality and Social Psychology* 75 (1997) 3, p.492.

四、爱有差等：道德偏倚论的证成

我们已经看到，王阳明认为具有同感的仁者可以感受到万物的不幸，而且自然地倾向于帮助万物走出这种不幸，因为他以万物为一体。然而，王阳明是否因此就认为，具有同感的仁者会或应当无差别地关爱万物呢？回答当然是否定的。在王阳明看来，虽然万物都是仁者身体的不同部分，但这并不表示我们就应该对他们一视同仁。特别是在我的身体的这些不同的部分之间发生冲突时，我们就必须作出某种牺牲。

在与其弟子的一次对话中，王阳明非常清楚地表达了上述观点。儒家经典之一的《大学》在提出修身、齐家、治国、平天下之后，紧接着说道："自天子以至于庶人，壹是皆以修身为本。其本乱而末治者，否矣。其所厚者薄，而其所薄者厚，未之有也！"这里关键的是，《大学》提出了表面上与万物一体观有冲突的厚薄观念。朱熹是最有影响力的理学家之一，他解释说，修身是"本"，齐家、治国、平天下是"末"；"厚"针对家庭成员，而"薄"针对国人和天下之人。有位弟子问王阳明："大人与物同体，如何《大学》又说个厚薄？"下面这一段著名的文字便是王阳明的回答，它和我们关心的环境问题直接相关：

> 惟是道理，自有厚薄。比如身是一体，把手足捍头目，岂是偏要薄手足，其道理合如此。禽兽与草木同是爱的，把草木去养禽兽，又忍得。人与禽兽同是爱的，宰禽兽以养亲，与供祭祀，燕宾客，心又忍得。至亲与路人同是爱的，如箪食豆羹，得则生，不得则死，不能两全，宁救至亲，不救路人，心又忍得。这是道理合该如此。……大学所谓厚薄，是良知上自然的条理，不可逾越。[1]

实际上，王阳明这里讲的就是儒家的爱有差等说。虽然万物一体，仁者爱世界上的一切，但这也不是一视同仁的爱。能以万物为一体的仁者对父母的爱甚于其对他人的爱、对人类的爱甚于对鸟兽的爱、对鸟兽的爱甚于对草木的爱、对草木的爱甚于对瓦石的爱。

王阳明的这种对万物的差等之爱与当代关于同感的心理学研究的发现是一致的。例如，研究同感现象最有影响的当代心理学家霍夫曼（Martin Hoffman）就说："对于自己家庭和种族团体的成员，简言之，对自己所属的团体的成员，人们更可能有同感和帮助行为。而且如果我们考虑到自己所属团体的成员，包括自己，都比较相似，并分享亲近感、爱慕感，那么

---

[1] 王阳明：《王阳明全集》，上海：上海古籍出版社，1992年，第108页。重点号为引者所加。

我们就会一点也不奇怪地发现,人们对朋友比对陌生人、对与他们类似的人比对与他们不同的人,更容易产生同感。"①霍夫曼认为容易使人产生同感的所有这些人,即家庭成员、同一团体成员、朋友和与自己相似的人,都有一个共同点,就是他们对于同感者的熟悉性。所以,霍夫曼称之为同感的熟悉性偏见。由于当代心理学对同感的研究基本上限于对人的同感,而没有考虑对人以外的其他存在物,至少是动物的同感,所以,他们没有指出人相互之间比人对其他存在物更容易产生同感,但如果我们作出这样的引申,应该是没有问题的。

虽然像霍夫曼这样的当代心理学家与王阳明观察到了同样的现象,这个现象在前者那里叫作同感的熟悉性偏见,而在王阳明那里称作万物一体的厚薄差异。但对这个他们共同观察到的现象的评价,他们却发生了重大的分歧。从霍夫曼用"偏见"这个词来描述这种现象我们已经可以知道,在霍夫曼看来,虽然可以作为连接社会的胶水,同感这种现象不是没有问题的。同感的问题就是它不能公平地对待不同的人,对熟悉的人有偏爱,因而无法满足道德哲学的无偏倚(impartiality)标准。当然霍夫曼注意到,在某些情况下,这种偏见有自我纠错功能。例如,知道了同感具有熟悉性偏见以后,在面临一个不熟悉的陌生人时,我们可以努力将这个陌生人想象为我们家里的一个成员,使我们对这个人产生的同感类似于、甚至等同于我们对我们熟悉的人产生的同感,从而消除这种熟悉性偏见所带来的不平等、不公正后果②。但霍夫曼又认为,在有些情况下,熟悉性偏见的自我纠错功能就不能发挥作用。在我只看到一个陌生人需要帮助时,我确实可以通过将其想象成我家里的一员从而产生对他的同感和对他的帮助行为。但是如果我面对的是两个人,一个是我的家庭成员,另一个是陌生人,两个人都需要我的帮助,而我只能帮助其中之一,这个时候,熟悉性的偏见就不可避免地会使我对这两个人有不公平的对待:偏爱前者,而忽略后者。在这种情况下,霍夫曼就认为同感必须要受到某些无偏倚的道德原则的制约,或者说同感必须镶嵌于这样的道德原则中。

我们这里没有必要去详细考察霍夫曼在其书的最后一部分的三章中关于这个问题的论证,因为我们这里的目的只是要说明,在霍夫曼那里,同感的这种对不同对象的厚此薄彼的熟悉性偏见是一种负面的、需要克服的东西。如果我们认为这不是偏见,是不需要克服的问题,也就是说,如果我们觉得道德偏倚论是可以得到合理论证的,而道德的不偏倚性反而是有问题的,那我们就没必要去考察霍夫曼是如何用无偏倚的原则矫正有偏倚性

---

① Hoffman, Martin L., *Empathy and Moral Development: Implications for Caring and Justice*. Cambridge: Cambridge University Press, 2000, p.206.
② Ibid., p.213.

的同感的。正是在这一点上，我们看到，王阳明与霍夫曼的观点形成了对照。虽然他的万物一体观本身，如我们将看到的，被他的学生认为有墨家的爱无差等观的嫌疑，如我们在上面看到的，王阳明不认为这种万物一体观会使我们一视同仁地、不偏不倚地对待世界上包括我们人类在内的一切存在者；而且他还认为，这种对万物的有厚有薄、有偏有倚的对待方式是值得提倡的。事实上，虽然我们从理性上有时也觉得应该一碗水端平地对待不同的人、不同的物，但从直觉上来说，王阳明关于对万物的差别对待的看法，除了关于动物的一些具体看法（如可以宰杀动物以养父母、供祭祀、燕宾客）在我们中的有些主张动物权利的人看来有问题，即便是当代最激进的反人类中心主义的生态主义者也会接受。显然，如果某树甚至某种动物包含着唯一可以治愈许多癌症患者的成分，那么再激进的环境主义者也不会反对我们砍伐此树或杀害这个动物以治病救人。问题在于，王阳明爱有差等说是否只有直觉的根据而没有理性的根据？在我们上文所引的那段话中，我用加点标出了王阳明反复使用的"道理""条理"这样的词。他说："惟是道理，自有厚薄。"这就说明我们对不同的事物有厚薄的对待是有道理的；又说，我们用手足保护头目，不是偏要薄手足，而是"其道理合如此"，等等。这都表明，在王阳明看来，万物一体的人对万物厚此薄彼的态度是有道理的、有条理的。

那么，这是什么道理、条理呢？首先，我们可以排除这样的看法，即我们之所以对万物厚此薄彼，是因为虽然万物都有各自的内在价值，但这些价值的高低不同。我们在前文已经说明，王阳明的万物一体观没有预设万物具有同等的内在价值，同样他的爱有差等说也没有预设万物具有不同的内在价值。不过，看到王阳明用我们以手足来保护头和目的类比来赞同用草木喂养鸟畜、赞同宰杀动物供人使用，我们可能会认为阳明把不同存在者的内在价值置于一个等级序列之中，就好像头和眼睛的内在价值高于手足的内在价值，人类的内在价值高于动物的内在价值，动物的内在价值又高于植物的内在价值，植物的内在价值高于无生命物的内在价值。然而，我们必须放弃这样的看法，因为王阳明也认为，在不能两全的情况下，我们应该优先照顾父母而非路人。如果王阳明认为我们应该有厚有薄地对待不同的事物的根据是这些不同的事物有高低不同的内在价值，那我们就势必要说父母的内在价值要高于外人的内在价值。很显然，这不仅是一种荒谬的看法，而且也不可能是王阳明的意思。

倘若如此，王阳明反复论及的爱有差等中的"道理"或"条理"究竟应作何理解？也许理解这种"道理"或"条理"的第二种可能的方式是，我们对万物的同感和出于同感的对万物的照顾是一个从我们亲近的人开始并逐渐向外扩展的自然而然的过程。王阳明和弟子的另一段对话跟这一点有关。弟子问曰："程子云'仁者以天地万物为一体',何墨氏'兼爱'反不得谓之仁?"从弟子的角度看,与万物一体意味着不偏不倚地爱它们,倘若如此,墨家提倡无差等的兼爱就是对的。但所有儒者包括王阳明都不同意墨家的这个观点。王阳明在回答中用了一个譬喻,以此凸显我们对物的同感具有渐进的特点:

> 譬之木,其始抽芽,便是木之生意发端处;抽芽然后发干,发干然后生枝生叶,然后是生生不息。若无芽,何以有干有枝叶? 能抽芽,必是下面有个根在。有根方生,无根便死。无根何从抽芽? 父子兄弟之爱,便是人心生意发端处,如木之抽芽。自此而仁民,而爱物,便是发干生枝生叶。墨氏兼爱无差等,得自家父子兄弟与途人一般看,便自没了发端处。不抽芽便知得他无根,便不是生生不息,安得谓之仁? 孝弟为仁之本 ,却是仁理从里面发生出来。①

根据王阳明这里的说法,我们对万物的同感和出于同感的照顾之所以表现出差等,其中的一个道理或条理在于,就像植物必先有根,然后才有芽,然后才有干,然后才有枝叶。同样,我们的爱必从亲近之人开始,然后逐步拓展到对他者(路人、鸟兽、草木、瓦石)的爱。然而,即使我们承认这个比喻的正当性(即爱从家始确实如树从根始),这本身并不必然意味着我们要优待跟我们亲近的人。它只规定了一个时间顺序:我们先爱家人,然后爱他人。墨家反对儒家爱有差等,但对"先己后人"这个过程实际上并无异议。例如,《孟子》中的墨者夷子便主张"爱无差等,施由亲始"(《孟子·滕文公上》)。换言之,我们大可先爱亲近的人,只要我们以后把这种爱同等地施之于他人。然而,这显然不是王明阳本人及一般儒家所讲的爱有差等的意思。在上述引文中,王阳明主张的不是我们应该先爱亲近的人,然后以同等的程度爱别人、别的物,而是我们应当厚爱我们亲近的人而非其他人、物,特别是当我们对二者的爱发生冲突的时候。例如,"至亲与路人同是爱的,如箪食豆羹,得则生,不得则死,不能两全,宁救至亲,不救路人"。在王阳明看来,这种厚此薄彼而不仅仅是先此后彼的做法也是有"道理"和"条理"的。只是他可能认为这个道理不言自明,所以没有加以充分的解释。

所以,我们要尝试理解王阳明所说的爱有差等的"道理""条理"的第三种方式:把这里的道理、条理看作非道德的(当然不是不道德的)道理、条理,而不是道德的道理、条理。

---

① 王阳明:《王阳明全集》,上海:上海古籍出版社,1992年,第25-26页。

在解释为何我们应当厚爱我们亲近的人而薄陌生人时,我们可能就会碰到当代哲学家威廉斯(Bernard Williams)所讲的"一个想法便太多"(one thought too many)的问题:假如我的妻子和一位陌生人同处于危险之中,而我只能救其中一人,在这样的情形之下我不用多想,自然就会救我的妻子;如果说我当初的动机充分阐述出来乃是(除了她是我的妻子之外)在这种情形下道德允许我救我的妻子,那么,就是"一个想法便太多"了①。威廉斯想象的情形与王阳明的设想差不多:箪食豆羹,得则生,不得则死,自然忍心救至亲而不救路人。根据这样一种解释,假设我们问这个人,你有什么理由去救至亲而不是路人,而如果这个人说,除了他是我的至亲外,还因为……那么,不管这个另外的理由是什么,在威廉斯看来,都是"一个想法便太多"的情形。换言之,威廉斯认为,在这种情况下,他是你的至亲就是你救他而不救路人的足够理由或者(用王阳明的话说)道理、条理。关于这一点,我们前面看到,霍夫曼就指出:"如果受害者是家属、首属群体(primary group)的成员、密友,或者其个人需求与关切和自己相近的人,那么,大多数人的同感会达到更高的程度(可以让他们产生同感的苦痛的情景要求就较低)。"②因此,根据这样一种解释,王阳明所讲的"道理"或"条理"就是指,我们自然倾向于对我们亲近的人产生更强烈的同感。然而,这依然不够。我们很自然去做或倾向去做的事未必是我们应当做的,而我们没有自然倾向去做的事情则不一定是我们不应该做的,否则我们就犯了直接从事实推出应该的自然主义谬误。与上述丈夫救妻子的情形相关,威廉斯指出:"某些情形超出了(道德上的)正当性辩护。"③这是说[至少依沃尔夫(Susan Wolf)对威廉斯的解释]丈夫所做的是一种非道德的善,这种善与道德的善同样重要,因此不能以后者压制前者④。这里很显然,虽然威廉斯和沃尔夫认为这个人救自己的妻子而不是路人是对的,但他们也没有说这个人的行动在道德上对的。他们只是说,这个人有这样做的非道德理由,而且在这种情况下,让非道德的理由压倒道德的理由也是对的。这就是说,他们还是把道德与无偏倚主义(impartialism)联系在一起了。在这一点上,他们持与霍夫曼一样的观点。所不同的只是,他们认为,我们的生活很复杂,我们不能让道德决定一切,有些事情(如在上述情形下救妻子而不救路人)即使不是道德的,我们还是有压倒道德理由的非道德理由去做。而霍夫曼

---

① Williams, Bernard. *Moral Luck*. Cambridge:Cambridge University Press, 1981, p.18.

② Hoffman, Martin, *Empathy and Moral Development*:*Implications for Caring and Justice*. Cambridge:Cambridge University Press, 2000, p.197.

③ Williams, Bernard. *Moral Luck*. Cambridge:Cambridge University Press, 1981, p.18.

④ Wolf, Susan, "One Thought Too Many:Love, Morality, and the Ordering of Commitment". in *Luck*, *Value*, *and Commitment*:*Themes from the Ethics of Bernard Williams*. Oxford University Press, 2012.

则认为,同感在这方面与道德哲学的不偏不倚的标准发生了冲突,因而应该得到校准。在他看来,"基于同感的道德,至少仅有基于同感的道德可能是不够的"①,因此重要的是,用正义的道德原则补充同感,或者将同感嵌入正义的道德原则。我们已经看到,王阳明不同意霍夫曼的看法,认为他所描述的救至亲而不救路人的行为不仅是我们有自然倾向去做的,而且我们有这样做的道理、条理,就是说,我们应该这样做。我们的问题是这是什么样的道理、条理。如果我们接受威廉斯或沃尔夫的看法,那么王阳明讲的救至亲而不救路人的道理、条理就不是道德的道理、条理,而是非道德的道理、条理,或者说是在当道德的道理、条理与非道德的道理、条理发生冲突时,我们有时可以让后者压倒前者的道理、条理。

但这种解释还是有问题,因为在我看来,王阳明在这里讲的道理、条理本身就是道德的道理、条理,也就是说,在上述情形下救至亲而不救路人的情形不仅可能有非道德的(当然不是不道德的)证明,而且也有道德的证明。换言之,王阳明那里用来证明对万物的厚此薄彼的道理、条理是道德的道理、条理,而不是非道德的道理、条理。所以,我们需要寻找理解王阳明的道理、条理的另一种,即第四种方式。为什么我们要优待我们亲近的人呢?根据我们现在要考虑的第四种理解方式,爱或同感本质上会厚待那些我们亲近的人,而对待生疏或陌生的人要淡薄一些。就是说,我们要么没有爱,有爱的话就一定是有厚薄的。假定这是爱或同感的一种缺陷,那么我们不妨想象两个世界,一个世界有这种同感或爱,另一个世界则没有。在其他方面相同的情况下,我们更喜欢生活在哪个世界?答案显而易见:我们愿意生活在一个有这种同感或爱的世界上,即使我们知道它是有差等的。这一思路与当代道德情感主义哲学家斯洛特(Michael Slote)关于在他看来本质上就有偏倚性的爱或关爱(care)的观点一脉相承。斯洛特说道:"我们赋予爱很高道德地位的观点不同于以普遍的仁慈为道德的看法,在我看来,这一点强有力地支持我们偏好关爱而不是普遍的仁慈。"②

但这样一种合理性证明可能仍然不充分,因为仿佛我们只是作了一个两恶相权取其轻的迫不得已的选择,而在王阳明那里这是一个比较正面的事情。所以,让我们尝试另一种,即第五种方式来理解王阳明的爱有差等的道理、条理。中国古代哲学家墨子提供了一种思想实验:想象两个世界,一个世界推行儒家的有差等之爱,另一个世界推行墨家的无差等之爱。看我们想生活在哪一个世界。儒家可能会说,在推行墨家无差等之爱的世界里,父母所得到的爱要少于他们在推行儒家有差等之爱的世界里所得到的爱,因为他们的

---

① Hoffman, Martin, *Empathy and Moral Development*. Cambridge: Cambridge University Press, 2000, p.206.
② Slote, Michael. *Morals from Motive*. Oxford: Oxford University Press, 2001, p.137.

子女现在不允许爱他们胜过爱其他人。因此,他们认为实行儒家的爱有差等的世界更好。针对这一可能的反驳意见,墨子说这是一个误解。在爱无差等的世界里,父母从子女那里获得的爱的确要少一些,因为子女需要像照顾父母那样照顾他人,但父母将从子女之外的其他人那里获得更多的爱,因为其他人也会像对待他们自己的父母那样对待他们,或者说像他们自己的子女对待他们那样对待他们。这样,父母在墨家的爱无差等的世界里得到的总体的爱不会少,虽然他们在自己的子女那里得到的爱少了①。然而,在儒家看来,墨子此说同样是一个误解。为了以恰当的方式照顾(更不必说爱)一个人,我们需要了解他,也就是说,知道他需要、喜欢、偏好什么,如此等等。显然,比起疏远陌生的人,我们更了解因而更能照顾好我们亲近的人;比起动物,我们更了解因而更能照顾好同类的人;比起植物,我们更了解因而更能照顾好动物;而比起非生物,我们更了解因而更能照顾好植物。虽然并不是要论证我们在这里的观点,但沃尔夫(Susan Wolf)说:“道德不只是要求我平等地、公平地对待人,而是要求我们好好地对待人。”②由于我了解我的父母,但我不了解一个陌生人,我可以很好地关心我的父母,但我们不能同样好地对待陌生人。罗西克(Jörg Löschke)称这是一种认识论的解释:紧密的“关系帮助我们确定相关的理由——关于什么东西符合我们的朋友和孩子的利益,我们通常比什么东西符合陌生人的利益知道得更多”③。在我看来,虽然王阳明没有明确地说,他讲的爱有差等的道理、条理就是这个意思,但这与王阳明的总体思想是一致的。因为,王阳明是一个道德特殊主义者(moral particularist),认为没有什么普遍的道德原则可以运用到所有场合,因为不同的场合都不一样,这需要我们对具体的场合有充分的了解以后才能知道做什么对、做什么不对。例如,当有学生就孟子言“执中无权犹执一”时,王阳明说:“中只是天理,只是易,随时变易,如何执得? 须是因时制宜,难预先定一个规矩在。如后世儒者要将道理一一说得无罅漏,立定个格式,此正是执一。”④而我们所要知道的一个重要方面正是我们要帮助的人的特殊性。

但王阳明的爱有差等这种道德偏倚论还有两个重要特征:一方面,说我们爱父母甚于爱路人,爱人类甚于爱鸟兽,爱鸟兽甚于爱草木,爱草木甚于爱瓦石,但这并不等于说我们

① 《墨子闲诂:兼爱下》,孙诒让撰,孙启治点校,北京:中华书局,2001 年,第 114 - 115 页。
② Wolf, Susan. “Morality and Partiality”. in *Variety of Values*:*Essays on Morality*,*Meaning*,*and Love*. Oxford:Oxford University Press, 2015, p.35.
③ Löschke, Jörg. “Relationship as Indirect Intensifiers:Solving the Puzzle of Partiality.” *European Journal of Philosophy* 26 (2017) 1:399.
④ 王阳明:《王阳明全集》,上海:上海古籍出版社,1992 年,第 19 页。

只爱前者不爱后者。事实上，当我们对前者的爱与对后者的爱不发生冲突时，我们对后者的爱也不一定逊于对前者的爱，虽然我们对后者的爱可能没有对前者的爱那么恰当，因为我们对后者的了解没有我们对前者的了解那么多、那么精确。另一方面，即使在我们对前者的爱与对后者的爱发生冲突而陷入爱前者要牺牲后者的窘境时，阳明使用了"忍"这一非常形象的词。忍着做某事，这意味着我们要忍受做这件事带来的某种不快，意味着如果可以的话，我们并不想去做这样的事。因此，王阳明说"禽兽与草木同是爱的，把草木去养禽兽，又忍得"，便意味着我们仍然对草木有同感，因为我们也爱它们，否则我们就没有理由要"忍"着用它们喂养动物。同样，"人与禽兽同是爱的，宰禽兽以养亲，与供祭祀，燕宾客，心又忍得。至亲与路人同是爱的，如箪食豆羹，得则生，不得则死，不能两全，宁救至亲，不救路人，心又忍得"。当所有这些事情发生时我们都需要做出"忍"的努力，这表明，即使我们允许或者甚至促使这些事情发生，如有可能我们还是愿意防止它们发生；如果无法防止，若可能的话，我们会在事后对受到伤害或者至少没有得到帮助的一方做出补偿；如果无法做出这样的补偿，则至少内心会感到某种不安或懊悔或伤心。王阳明的这一看法，相当于当代美德伦理学家荷斯特豪斯（Rosalind Hursthouse）所讲的"道德剩余物"（moral residue）或"道德余量"（moral remainder）。如果人们面对类似于王阳明所讲的困境，荷斯特豪斯指出："他们不管怎么做都要违反道德要求，我们希望他们（特别是当我们想到真实的事例）以某种方式把这一点记下来——通过悲痛、遗憾、懊悔或罪责感，或者在某些情况下，通过承认需要道歉、赔偿或补偿。这——懊悔或罪责、道歉的新要求或其他——叫作（道德）'剩余物'或'余量'。"①

五、结语

本文援引阳明学说，以说明儒家环境美德伦理学可以避免以道义论和后果论进路以及其他环境美德伦理学，特别是亚里士多德主义美德伦理学在探讨环境问题时所遇到的某些困境。这种儒家环境美德伦理学的核心是万物一体观。有德之人由于与万物一体，所以他能感受到万物的痛痒，如同他能感受到自己身上的痛痒；或者反过来说，他感受到与万物一体，因为他感受到了万物的痛痒。这种感受到万物痛痒或者与万物一体的能力就是仁。在儒家看来，仁是标识着人之为人的基本美德。仁不仅是认知的，同时也是情感驱动的。感受到后背痛痒的人不仅知道后背的痛痒，同时还想去摆脱这种痛痒。同样，感

---

① Hursthouse, Rosalind. *On Virtue Ethics*. Oxford：Oxford University Press，2001，p.44.

受到动物痛痒的人不仅知道动物的痛痒,同时还想去帮助它摆脱这种痛痒。因此,一位具有关爱环境之美德的儒者之所以关爱万物,不是因为它们具有内在价值,而是因为它们是他身体的一部分。初看起来,这样的人似乎以自我为中心,但事实上并非如此,因为一切都在他之内,易言之,万物都是他的一部分,而利己主义就同利他主义一样,都要假定自己和他人之分离。由于这种利己主义和利他主义的区分在王阳明的美德伦理学中失去了意义,人类中心主义与自然中心主义的区分在王阳明的环境美德伦理学中也就失去了意义。

Wang Yangming's Environmental Virtue Ethics: Against Anthropocentrism and for Moral Partialism

HUANG Yong

【Abstract】 As virtue ethics is experiencing an impressive revival, environmental virtue ethics has become a viable rival to its consequentialist and deontological cousins. However, the type of environmental virtue ethics developed in the Western philosophical tradition faces the problem of anthropocentrism, as it regards humans' care for nature, even for the sake of the nature itself, as required by our virtue, which is constitutive of our eudaimonia. Wang Yangming, with his idea of a humane person being in one body with myriad things, also has an environmental virtue ethics, which, however, is not anthropocentric, not because it is nature-centric, but because, with everything in one body, there is no separation between humans and nature, while both anthropocentrism and nature-centralism assumes the separate between the two. While Wang Yangming's idea of being in body with myriad things implies that a humane person feels misfortune of every part of this one single body and is inclined to help them, it is not impartialist. Instead, it argues that there are moral reasons for us to love our parents more than strangers, humans more than animals, animals more than plants, and plants more than non-living things.

【Keywords】 Virtue Ethics, Environmental Ethics, Wang Yangming, One Body with Myriad Things, Anthropocentrism, Moral Partialism

德与 Virtue
——跨语际、跨文化的伦理学范式比较研究

郑 开①

【摘要】 德与 Virtue 的对译关系曾为中西方伦理学比较会通奠定了基础。然而,进一步的分析研究表明,德与 Virtue 这两个语词或概念本身即包含了丰富的语源学与思想史之跌宕起伏;更重要的是,它们各自的特色与价值以及其间的异同都需要从中西方哲学(含伦理学)理论范式的层面予以理解和把握。苏格拉底以来的古希腊伦理学以知识论、逻辑学为基础,围绕德性与正义等主题展开;而中国战国中期以来,儒道两家伦理学则以心性论——实践智慧和境界理论为归宿,趋向于人性的实现与精神的提升。

【关键词】 德,Virtue,αρετή/Aretē,理论范式,比较哲学

一、引言

德性、美德(Virtue)是古希腊以来西方伦理学的核心概念之一,恰与早期中国的哲学思考相映成趣:毕竟儒道两家的伦理学都堪称严格意义上的"德性伦理学"②。以往的研究者除了将"德"与 Virtue 及其前身 Aretē 对译而外,还把 Dikeaiosunē/Justice 译为"正义"、Eudaimomia/Happiness 译作"幸福"、Phronēsis 翻作"实践智慧""明智""节制"等,以此拓宽了比较伦理的视野,使得多元化、多样性的深入探究成为可能。本文试图围绕着人性(德性/Aretē)与伦理(德行/Ethos)及其间的张力,进一步梳理德与 Virtue 的语源与思想,进而致力于将比较伦理学从表面相似性的样态提升到真正具有整体结构性意义的比较会通,亦即理论范式层面的分析与理解。

为此,追溯一下中西方哲人关于人性和美德的观念殊有必要。古代中国思想世界中的人性概念源远流深。要之,宋明以来盛论的性命之理,以早期思想史中的"命""德"

---

① 作者简介:郑开,北京大学哲学系教授,研究方向为中国哲学与比较哲学。
② 儒家伦理学是具有典范意义的"德性伦理学",这一点自不待言;而道家伦理学亦是某种"德性伦理学",只不过其所谓"德"基于"玄德"概念及其理论而已。详见郑开:《道家政治哲学发微》,北京:北京大学出版社,2019 年,第 85－147 页。

"生""情"诸语词或概念为渊薮。如何有效地梳理与重建古代哲学思想资源？葛瑞汉（A. C. Graham）曾指出，"性"这个术语的词源和古希腊的 Physis 以及拉丁文的 Natura（英文 Nature）词源之间存在着惊人的相似性①。同样地，西方哲学术语 Aretē 及其拉丁语转写 Virtus、英文形式 Virtue，颇近乎早期中国思想史语境中的"德"。西方人撰写的思想史论著中常把汉语语词"性"译为 Nature，西方哲学译本通常也将 Nature 译为人性、本质，似乎忽略了人性和本质概念背后影影绰绰的深刻背景，比如说 Physis（自然）与 Nature（人性）、Aretē（德性）与 Virtue（美德）之间复杂纠葛。也就是说，我们应该进一步追溯探寻德与 Aretē 内蕴的多元意涵，细致辨析德与 Aretē 在穿越"哲学突破"这条思想史分界线时的意义增殖，进而继续探讨德与忠孝仁义、Aretē 与 Virtue（美德）、Justice（正义）间的微妙差异。更耐人寻味的是，西方哲学著作中人性和美德概念，恐怕很难与古代中国哲学著作的"性"与"德"完全同调合辙，其间的差异不容小觑。换言之，我们若不能以翻译家约定俗成的译词为满足，那么就应该更进一步跨越中西方语言—文化之鸿沟，以比较会通的视野及理论发掘的旨趣，深入探讨德与 Virtue／Aretē 之间的异同。

既然本文的研究旨趣在于比较会通，那么可比性就是一个不容回避的严肃问题。笔者认为以下两点足以阐明"可比性"：第一，如果以"哲学突破"作为观察视角和衡量尺度，那么古代中国前诸子时期与古希腊前苏格拉底时期的思想史具有真正的可比性，正如老子、孔子以来的哲学思考足以匹配苏格拉底以来的古希腊哲学一样。因此，我们不妨以诸子百家"哲学突破"和苏格拉底塑造古希腊哲学形态为分界线，分别梳理"哲学突破"前后两个时期的思想史、哲学史线索，以此分析阐释古希腊与先秦伦理学的不同取径、不同趣向。第二，比较哲学研究最令人困扰的问题就是进路与方法。任何两个不同的思想系统和文化体系都可以进行比较分析，因为其间的表面相似性和反差度比比皆是。然而，基于表明相似性和反差度的比较容易劳而无功——难以发掘规律性的认识。为了避免重蹈覆辙，本文将尝试从古希腊和先秦时期奠定的哲学理论范式层面予以分析，俾使我们的讨论更具建设性。

二、前哲学时期的语源学与思想史线索

这里所说的"前哲学时期"含义是明确的：即前诸子时期（老子、孔子以前）和前苏格拉底时期。从思想文化史角度看，轴心时期的哲学突破是一个极其重要的分水岭。前哲

---

① 葛瑞汉：《论道者：中国古代哲学论辩》，张海晏译，北京：中国社会科学出版社，2003 年，第 145－148 页；[美]本杰明·史华兹：《古代中国的思想世界》，程钢译，刘东校，南京：江苏人民出版社，2004 年，第 181－182 页。

学时期的语词"德"含义复杂深刻,古希腊语词 Aretē 也是如此;而"德"与 Aretē 这两个语词或概念之于早期中国与古代希腊哲学(特别是伦理学)的重要意义亦可以相提并论。

早期中国思想史中的"德"经历了由德行向德性的内向转折,这是早期儒道两家伦理学的历史背景和思想基础;同样我们也可以在古希腊思想略见伦理学意义上的 Aretē 脱胎于政治美德(Politikē Aretē)的端倪。试论其详:

(1) 早期儒家和道家哲学文献中的"德"含义相当复杂,概而言之,它兼具"美德"和"德性"两种含义:前者是伦理性的,常用来概括各种德目;后者则逸出了道德伦理范围,主要是指人(也包括物)的本质属性。哲学时代以降,诸子百家的价值观念与人性概念皆源于前哲学时期(前诸子时期)悠远深厚的思想传统,而这个思想传统最显著、最重要的特点就是聚焦于"德"、围绕着"德"展开的。我们甚至有足够的理由把前诸子时期的思想史视为"德的时代"。笔者曾试图从"德礼之间"的交互关系把握前诸子时期思想史的主题和特征,比较充分阐释了伦理意义上的"德"(价值和美德)脱胎于政治层面之"德",进而揭示了前诸子时期思想史中的"德"经由德行趋近德性的内向转折。① 无独有偶,古希腊哲人思考的伦理学意义上的美德(Aretē)同样也脱胎于政治美德(Politikē Aretē)。陈来曾指出:

> 早期文献中肯定的德及具体德目,大都体现于政治领域,或者说,早期的"德"大都与政治道德有关。……中国文化早期价值理性的建立,首先是通过三代政治对政治道德的强调而开始实现的,是这样一种与政治密切相关的方式在政治文化领域里滋养起一种精神气质(ethos),而逐步建立起来的。②

前哲学时期乃不折不扣的"德的时代",因为"德"的观念即话语笼罩一切,涵盖了从神学政治论到宇宙图景、伦理规范、人文价值和精神气质的方方面面。更值得注意的是,"德"还是诸子哲学思考人性和伦理(德目)的历史背景。比如说《老子》里面虽然出现"性",但老子却以"德"及其相关词(例如,素、朴、婴儿、赤子、生等)表达人性及本质属性。《老子》第 28 章:"常德不离,复归于婴儿""常德乃足,复归于朴"。其中的"常德""朴"可以理解为"性"。同时,道家著作中的"德"还兼具了"好""善"的意味,被广泛运用于价值判断③。比如说,老子尝言"报怨以德"(《老子》第 63 章),这里的"德",儒、墨所说略同,

---

① 郑开:《德礼之间:前诸子时期的思想史》,北京:生活・读书・新知三联书店,2009 年。
② 陈来:《古代宗教与伦理》,北京:生活・读书・新知三联书店,1996 年,第 296 – 298 页。
③ 郑开:《试论老庄哲学中的"德":几个问题的新思考》,《湖南大学学报》(社科版),2016 年第 4 期。

其含义几乎没有什么区别①。再如老子说:"修之于身,其德乃真;修之于家,其德乃余"(《老子》第54章)云云,展示了"德"的概念从个人(人性概念)到社会(伦理概念)的拓展结构和复杂含义。儒家著作出现的"德"大多源于各种各样的"德目",例如,"恭宽信敏惠""温良恭俭让"等,主要属于伦理规范;同时也有指称"性"(本性、本质)的用例,比如《论语》所谓"骥不称其力,称其德也"(《宪问》)。再比如《易传》所谓"与天地合其德",《中庸》"性之德",确切含义就是指本质属性,倘若望文生义解释为"道德",未免方凿圆枘,扞格不入。《庄子》所谓"鸡德""狸德",恰与"骥德"如出一辙。孟子说:"求也为季氏宰,无能改于其德。"(《孟子·离娄上》)这个例子中的"德"字,与其说"美德",不如说"行为""本性"②。

"德"与"性"(包括"生")之间的联系尤其耐人寻味,它是理解和把握人性观念起源的钥匙。阮元和傅斯年都注意到"性""命"两个语词之间的内在关联,然而他们都忽视了"德"介乎其中的关键作用。现在我们已经知道,虽然西周以来的天命论延续了殷商思想传统,但更重要的是推陈出新,即以"德"重新诠释了殷商的"命",而那种经过了"德"淬炼、点化而升华了的"天命"才是自春秋战国以降哲学家们思考人性概念及其理论的真正基础③。《左传》成公十三年载刘康公曰:

> 民受天地之中以生,所谓命也。是以有动作威仪之则,以定命也。

徐复观认为这段话触及了"真正人性论的边缘"。④ 然而,"天地之中"不容易理解。从语文学和文献学角度分析,"天地之中"或即"天地之性"(语出《左传》襄公十四年)⑤。而"天地之性"的"性",钱锺书认为应读作"生",恰与《易传·系辞》"天地之大德曰生"吻合⑥。

毋庸置疑的是,西周创发的"德"深刻镶嵌于社会—政治语境之中,具体而微地呈现了西周政治控驭的格局。首先,"德"是宗法封建制度的关键词。具体说就是它是表征身

---

① 《论语·宪问》载:"或问:以德报怨,何如? 子曰:何以报德? 以直报怨,以德报德。"也许,孔子的答语针对老子"报怨以德"而发。无独有偶,《墨子》亦曰:"姑尝本原之先王之所书,《大雅》之所道曰:'无言而不雠,无德而不报。投我以桃,报之以李。'即此言爱人者必见爱也,而恶人者必见恶也。"(《兼爱·下》)这里面的"德",无论是哪一家的"德",都可归诸"道德之德"(good,vritue),足证道家所谓"德",亦有"道德之德"的意味。
② 杨伯峻:《孟子译注》,北京:中华书局,1960年。
③ 郑开:《道家政治哲学发微》,北京:北京大学出版社,2019年,第110-111页。
④ 徐复观:《中国人性论史》,台北:联经出版事业公司,1990年,第60页。
⑤ 郑开:《德礼之间:前诸子时期的思想史》,北京:生活·读书·新知三联书店,2009年,第373-374页;《道家政治哲学发微》,北京:北京大学出版社,2019年,第105-106页。
⑥ 钱锺书:《管锥编:第一册》,北京:中华书局,1979年,第213页。

份的符号:包括族群认同和政治权利两个方面。《诗》《书》和青铜铭文屡见不鲜的"丕显祖德",《左传》《国语》等史册记载的"世官世禄""保姓受氏"①。

章太炎说,生字孳乳为性、姓两字,性复孳乳为情。《文始·四》指出了"生""性""姓"诸语词之间的联系,颇有见地。实际上,下面两条材料就很能说明此问题:

> 天子建德,因生以赐姓,胙之土而命之氏。诸侯以字为谥,因以为族。官有世功,则有官族,邑亦如之。(《左传·隐公八年》)②

> 昔少典娶于有蟜氏,生黄帝、炎帝。黄帝以姬水成,炎帝以姜水成。成而异德,故黄帝为姬,炎帝为姜,二帝用师以相济也,异德之故也。异姓则异德,异德则异类。异类虽近,男女相及,以生民也。同姓则同德,同德则同心……是故娶妻避其同姓,畏乱灾也。故异德合姓,同德合义,义以导利,利以阜姓。(《国语·晋语四》)

这两段表明了宗法封建制度的基本结构,也是表达"德"的政治社会意味的范本。《史记集解》引虞翻曰:"以德为氏姓。"《潜夫论》亦曰:"以族举德。"傅斯年曾说,早期的人性观念酝酿于族类人性论,堪称洞见,值得注意。③ 进入哲学时代后,儒家特别焦灼于"德"与"位"之间的张力问题④。自殷周之际迄于春秋战国之交,伦理和人性层面上的"德"都应该首先从贵族礼制角度予以审视,因为这个时期的思想史料呈现出了这样的规律:最初的"德""明德"都是王侯"独享的专利",庶民休想染指;其后,随着社会政治的不断变动,卿大夫、士和庶民才有可能被渐次称为"有德者"⑤。简言之,早期(前哲学时期)文献中常见的"有德""有德者",还不能仅仅简单地理解为"有道德""有道德的人"。实际上,"有德""德"首先主要表示血统尊贵的意思,其次表示道德高尚的意思;可以认为,后者依附于前者。换言之,"有德者"就是"有位、有禄"的代名词,因为这里所说的

---

① 例如,《左传》襄公廿四年载:"豹闻之:'大上有立德,其次有立功,其次有立言。'虽久不废,此之谓不朽。若夫保姓受氏,以守宗祊,世不绝祀,无国无之。禄之大者,不可谓不朽。"可见所谓"立德"首先意味着子孙绵延不辍。

② 刘师培分析说:"《左传》隐八年云:'胙之土,而命之氏。'是氏即所居之土,无土则无氏。《国语·周语》言:'禹平水土,皇天嘉之,祚以天下,赐姓曰姒氏,曰有夏;胙四岳国,命为侯伯,赐姓曰姜,氏有吕。'所云赐氏姓犹《禹贡》所言'锡土姓'。氏族以所居之土为名,犹言国以夏名,国以吕名也。吕即春秋申、吕之吕。《中语》下文言'亡其氏姓',《左传》襄十一年言'坠姓亡氏',盖土失则氏亡。惟有土者,斯有氏。由是而推则古帝所标之氏,若盘古、燧人、大庭、有巢、祝融、女娲、伏羲、神农、金天、高阳、高辛之属,氏即国号。"详见刘师培:《刘申叔遗书》,上海:上海古籍出版社,1997 年,第 1220 页。另详见郑开:《德礼之间:前诸子时期的思想史》,北京:生活·读书·新知三联书店,2009 年,第 214-217 页。

③ 傅斯年:《性命古训辨证》,《傅斯年全集·第二册》,台北:联经出版事业公司,1980 年,第 312-314 页。

④ 尤其是在评价孔子"素王"时,往往涉及"德""位"矛盾等问题。

⑤ 姜昆武:《诗书成词考释》,济南:齐鲁书社,1989 年,第 175 页。

"德"必须从"世官世禄"的世族政治社会模式中予以理解与阐释。例如,《楚辞·天问》曰:"该秉季德""恒秉季德",按"恒""该"都是季(上甲微)的儿子,那么"季德"表示血胤(父子)关系,表示"位"(王位)以及相应的贵族权力的关系;换言之,它(德)用以表示血缘关系、政治权力、社会地位、文化权利和经济利益的身份标识。《穀梁传·僖公十五年》曰:"德厚者流光,德薄者流卑。"据分析,"德"即"位","德厚"即"位高","德薄"即"位卑"①。无独有偶,古希腊前哲学时期的语词 Aretē 同样包含有"生之谓性"的含义,兼具政治社会地位的"位"(Status)的含义。

(2)古希腊语词ἀρετή/Aretē 在拉丁文中被译为 Virtus,近代西方语文都遵循拉丁文,如英文译为 Virtue 和 Good,中文据此译为"善""好""美德"。但是这几种译词,都不能完全囊括ἀρετή/Aretē 的意蕴,只不过反映出这个语词的部分含义罢了②。Aretē 本来是指事物(不限于人)的特性、特长、优点、功能,颇近似"性能之固特者",例如,马的 Aretē 就是其奔驰的脚力,飞鸟的 Aretē 就是翱翔,土壤的 Aretē 就是能够丰产,妇女的 Aretē 就是做个好妻子(符合女德或遵守妇道),奴隶的 Aretē 就对主人尽忠,战士的 Aretē 就是勇敢,等等。请看:

> 这位懦劣的父亲(科普柔斯),却生了一个好儿子(裴里菲忒斯),一个在一切方面(aretē)都较人出色的人杰,无论是奔跑的速度,战场上的表现,还是就智力而言,都在慕凯奈人中无人能及。③

> τοῦ γένετ' ἐκ πατρὸς πολὺ Χείρονος υἱὸς ἀμείνων
>
> παντοίας ἀρετάς, ἠμὲν πόδας ἠδὲ μάχεσθαι,
>
> καὶ νόον ἐν πρώτοισι Μυκηναίων ἐτέτυκτο: (Hom. Il. 15.641 - 3)

历史学家希罗多德写道:

> 那里(印度)还有一种长在野生树上的毛(棉花),这种毛比羊身上的毛还要美

---

① 瞿同祖:《中国封建社会》,上海:上海人民出版社,2005 年,第 153 页。

② M. Finkelberg 引述了 Ebeling 对ἀρετή(Aretē)的梳理和分析,包括五个方面:(1)优秀卓越(praestantia)、统治王位(principatus);(2)勇敢、力量(fortitude);(3)优先、第一(primae);(4)成功、成就(successus)、健康福利(salus)等;(5)德行、刚强有力(virtus)、诚实(probita)等。据此,Finkelberg 指出《奥德赛》(Od. 17.322 - 3)出现的 Aretē,显然不同于 Virtue。参见 Cf. M. Finkelberg:Timē and Aretē in Homer, Classical Quarterly 48(i) 14 - 28, 1998。

③ 荷马:《伊利亚特》,陈中梅译,南京:译林出版社,2000 年,第 367 页。

丽,质量还要好。①

$$\tau \grave{\alpha} \delta \grave{\epsilon} \, \delta \acute{\epsilon} \nu \delta \rho \epsilon \alpha \, \tau \grave{\alpha} \, \grave{\alpha} \gamma \rho \iota \alpha \, \alpha \grave{\upsilon} \tau \acute{o} \theta \iota \, \phi \acute{\epsilon} \rho \epsilon \iota \, \kappa \alpha \rho \pi \grave{o} \nu \, \epsilon \ddot{\iota} \rho \iota \alpha \, \kappa \alpha \lambda \lambda o \nu \widehat{\eta} \, \tau \epsilon \, \pi \rho o \phi \acute{\epsilon} \rho o \nu \tau \alpha$$
$$\kappa \alpha \grave{\iota} \grave{\alpha} \rho \epsilon \tau \widehat{\eta} \, \tau \widehat{\omega} \nu \, \grave{\alpha} \pi \grave{o} \, \tau \widehat{\omega} \nu \, \acute{o} \acute{\iota} \omega \nu. (\text{Hdt. } 3.106.3)$$

荷马史诗在描写飞毛腿时说的"脚的 Aretē",意思就是性能优长之特性。《历史》中译本把棉花的 Aretē 译作"质量",实际上,出现在这里的 Aretē 指"更好","质量"的意思是翻译时添加的,"质量"的意思本身在希腊文中是暗含的,并没有单独的词语表述。更多的例子文繁不举②。同时,我们在《奥德赛》(Odyssey)中看到,对我们称之为其魅力的东西,佩涅洛佩却称之为其 Aretē。Etymologicum Magnum 编纂者分析解释说,ἀρετή/Aretē 源于"使人爱欲""使人想要获取""可爱的""美丽的东西"的意思③,这也能有助于我们理解《奥德赛》里的那句话。另外,有的学者还说,它(ἀρετή)也许源于战神 Aries 之名,表示战斗才能④;有意思的是,古希腊语词 Aretē 对应的 Virtus(拉丁文)、Virtue(英文)、Vertu(法文),皆含有"能力"甚至"勇力"的意思⑤。荷马史诗《伊利亚特》(Iliad)《奥德赛》所使用的 ἀρετή 往往包含"勇武(之士)""丰饶"的含义⑥。实际上,ἀρετή/ Aretē 作为特长和优能(excellence)的基本语义,在哲学时期依然沿用。然而,经苏格拉底之手点铁成金,使之成为重要的哲学概念,这是非常重要的一步。比如说在《国家篇》中,苏格拉底说:你知道眼睛的功能是看,视力强就是功能好,就是眼睛的 Aretē;耳朵的功能是听,听力强就是耳朵的功能完善,尽到耳朵的功能达到它的目的,就是耳朵的 Aretē;失去这种功能就是失去了 Aretē。一切东西都有特殊的 Aretē,有各自特殊的功能。因而,Aretē 意味着事自性具足而没有缺失。柏拉图亦曾论及马和剪枝刀的 Aretē(《国家篇》1.352D - 353E)。显然,古希腊人把事物的性能、特长称之为 Aretē,囊括了"本质"和"善"的意思。柏拉图也将人的器官的完善功能叫作 Aretē。

实际上,ἀρετή/Aretē 隐含了"好"和"善"的涵义;反之,"坏"和"恶"就是 Aretē 的缺失。这就是 ἀρετή/ Aretē 语词的语源意义。这种语源意义,与 Virtue 的含义落差较大,表

---

① 希罗多德:《历史》,王以铸译,北京:商务印书馆,1997 年,第 242 页。
② 详见 Il.15.624,22.268, Od. 18.204,5.725,5.815。
③ Thomas Gaisford ed., *Etymologicum Magnum*, Oxford: Typographo Academic, 1848, pp. 138,25 - 33.
④ 同上。
⑤ 实际上,Aretē 和 Virtue 所包含的"古谊"在晚近的时候,还偶见使用,例如,牛顿所说的"粒子的属性"(virtue of particles)。
⑥ Robert Beekes: *Etymological Dictionary of Greek*, Vol. 1, Brill, 2010, pp.128 - 129.

明自古希腊以来伦理思想经过一个长期发展过程而不断嬗变①。比如说,前哲学时期的古希腊认为,"勇敢"就是"英雄时代最高的 Aretē";前苏格拉底时期的哲学家赫拉克里特曾说:"深思熟虑(Sophronein)是最大的 Aretē。"(《残篇》112)当他们这样表述的时候,实际上"勇敢"这个语词尚未出现(或者还没有广泛使用)。正如聚沙成塔、集腋成裘,当人展现于社会活动方面的优点、品性和特长逐渐归之于 Aretē 并被不断地赋予价值之时,Aretē 拓展伦理意义于自身也就水到渠成了。无独有偶,前诸子时期的"德"同样经历了一个价值层面的不断赋义过程,由此层层叠叠了恩惠、良善、好处、合理等意味,我们称之为"德"的"内面化"与"合道德性"②。

现代汉语仍然使用"缺德"表示对某人的人格和道德上的控诉与谴责,而这种说法颇合古谊,例如,前诸子时期屡见不鲜的"失德""凶德"以及庄子所说的"支离其德";而古希腊人认为,人如果失去了其 Aretē 就会偏离人性的正轨,甚至不能成其为人。

现在,让我们分析一个例子,且作进一步的讨论。阿喀琉斯(Achilles)是荷马史诗《伊利亚特》中熠熠生辉的英雄。更值得玩味的是,荷马笔下的阿喀琉斯集中体现了荷马时期关于αρετὴ/ Aretē 的一般观念。如所周知,《伊利亚特》前面一部分的主题之一围绕阿喀琉斯与阿伽门农的激烈争吵展开,阿喀琉斯出离"愤怒"是这一部分的重要看点,荷马甚至在开篇时就坦言他要"吟诵阿喀琉斯的愤怒";随后部分展开的他与赫克托耳的对决则体现了他的勇力——这是阿喀琉斯的αρετὴ/ Aretē 的集中体现,也是其最彻底的本质。有的论者以为,阿基利斯因愤怒而疯狂,就是αρετὴ/ Aretē 的缺失,正如疾病意味着αρετὴ/ Aretē 的缺失一样;后来的哲学家们大都同意这样的观点:最好的生活不仅出于财富、荣誉和政治权力,亦伴随着人的品行不断完满③。然而,笔者斗胆以为,这种看法是那种典型的进入哲学时代之后出现的,是否与前哲学时期的观念(比如说荷马关于英雄的αρετὴ / Aretē)合拍,还是个需要进一步澄清的问题。愤怒和勇武(含杀死赫克托耳的能力)都体现了阿喀琉斯的英雄气概,而对英雄时代美德(Aretē)的理解,都不能脱离其在此社会结构中的语境,正如对英雄时代的社会结构的任何充分的说明,都不可能不包括对英雄美德(Aretē)的说明一样。这促使我们从前哲学时期(荷马史诗时期)的社会语境理解

---

① 麦金太尔注意到 Virtue 与 Aretē 之间的不一致,他说:"这种美德或优秀的概念比我们最初接触它时更使我们感到生疏。"详见麦金太尔:《追寻美德:伦理理论研究》,宋继杰译,南京:译林出版社,2003 年,第 155 页。

② 郑开:《德礼之间:前诸子时期的思想史》,北京:生活・读书・新知三联书店,2009 年,第 183 - 185,326 - 329,341 - 342 页。

③ Nicholas D. Smith: *Some Thought About The Origins of "Greek Ethics"*, *The Journal of Ethics* 5: 3 - 20, Nerthland: Klawer Academic Publisher, 2001.

阿喀琉斯这样的英雄,同时又提示说在那个英雄时代,"道德作为某种独特的东西尚未出现"。① 实际上,荷马史诗中出现的诸神和英雄,曾有倾国倾城的爱情,亦曾有寡廉鲜耻的背叛,至于诱拐、通奸、欺骗和失信等更比比皆是。可见,诸神和英雄的品行(ἀρετή/Aretē)并不受人间的道德观念和伦理规范的束缚与限制。那么,荷马史诗吟诵的英雄时代的ἀρετή/ Aretē 观念究竟意味着什么呢? 我们还是通过阿喀琉斯的ἀρετή/ Aretē 予以阐明。

实际上,阿喀琉斯被引发的愤怒与被激发的勇气,之所以被荷马所关注并试图引人瞩目,正因为阿喀琉斯代表了那种英雄—史诗时代的荣耀(Timē/Honour)与德性(Aretē/Virtue)②。换言之,阿喀琉斯在特洛伊城下的纠结与矛盾,在荷马看来,可以归结为 Timē 与 Aretē,这是不是有点儿像早期中国的"德"与"位"? 也许可以这样认为,阿喀琉斯身上折射出英雄时代个人性的 Aretē 和更强意味的社会性的 Aretē 之间的矛盾张力,而 Timē 显然具有更多、更强的社会政治意味。总之,Timē 与 Aretē 反映了个人成就与城邦价值之间的复杂矛盾。《伊利亚特》记载的下面一段话,显然反映了荷马心目中的阿喀琉斯:

阿喀琉斯只能只身一人地享受他的英勇(Aretē)所带来的好处。
αὐτὰρ Ἀχιλλεὺς οἶος τῆς ἀρετῆς ἀπονήσεται.(Hom. Il. 762 – 3)

荷马透露了他如何看待英雄阿喀琉斯的 Aretē。出现于这句话中的 Aretē 通常被翻译为非凡的技能(prowess)、英勇(valour)和勇敢(courage)。然而,Aretē 的意味远超"勇敢"这个词的含义,Margalit Finkelberg 引用了《伊利亚特》诗篇中的内证(见 Il. 16.29 – 32),指出上文中的 Aretē 已经具有了 Virtue 的意味③。经过分析,比较合理的结论是:受命运支配的阿喀琉斯不能不按照其固有的 Aretē 行事,以免自甘堕落、行尸走肉或生不如死④,我认为阿喀琉斯的 Aretē 既包括勇武的意思也包括道德的意味。而上文(Il. 11)以及(Il. 16,18)则显示出阿喀琉斯的 Aretē 危机达到了顶点,德行(Virtue)上的纠结和冲突被认为

---

① 麦金太尔:《追寻美德:伦理理论研究》,宋继杰译,南京:译林出版社,2003 年,第 155 页。
② 其实,虽然 Honour 通常是 Timē 的英文译词,但它们之间却不是严格对应的,因为古希腊语 Timē 的准确含义是地位(status)。请参考 M. Finkelberg:*Timē and Aretē in Homer*,*Classical Quarterly* 48(i) 14 – 28, 1998。
③ M. Finkelberg:*Timē and Aretē in Homer*,*Classical Quarterly* 48(i) 14 – 28, 1998.
④ M. Finkelberg 论述说,形容词 kakos 出现于词语"行尸走肉"(τὸ ξῆν κακὸς ὤν/living as an unworthy man),代表了价值缺失,它的规则同义词就是 agathos,而 agathos 被解释为被剥夺了的 aretē。在这个意义上,倘若阿喀琉斯不重返战场,那么他的 aretē 就被误用或者被湮灭。详见前引文 *Timē and Aretē in Homer*。

是重要原因。柏拉图的对话录和亚里士多德的《尼各马可伦理学》反复阐述了这一点①。无论如何,荷马的《伊利亚特》花了许多笔墨记叙了阿喀琉斯和阿伽门农之间的争吵以及阿基利斯的愤怒、羞耻和勇气,但其思想史的意义却在于:它是围绕着阐述前哲学时期的 $\alpha\rho\epsilon\tau\dot{\eta}$ / Aretē——以及相关词如 Timē——展开的。前哲学时期的 $\alpha\rho\epsilon\tau\dot{\eta}$ / Aretē 的观念并不必然包含道德意义(Virtue),却酝酿了"合道德性"之端倪。阿喀琉斯需要诉诸 $\alpha\rho\epsilon\tau\dot{\eta}$ / Aretē 成其为英雄,也展现了 Aretē 与 Timē 交涉互动之间的意义的不断增殖,从而使 Aretē 与 Timē 的语境深刻镶嵌于城邦生活,并开启了哲学时代哲人们的进一步沉思。

正如前诸子时期的"德"匹配于"位"一样,古希腊语文 Aretē 也应从城邦政治和贵族传统方面进行分析与理解,这个特点几乎贯穿了前哲学时期和哲学时期。"贵族"一词的希腊文 Aristocratia 由 Aretē 的最高级形容词 Aristos 与 Cratos(力量)复合而成。"按照希腊古老的观念,各人和每个家族的 Aretē 有程度高低的差别。拥有最高最强有力的 Aretē 的人叫 Aristocratia,原义就是最高尚的人。……他们的好才能和好品德是祖宗世代传下来的,类似中国古代的'好门风'。"②那么,所谓"贵族"就是指"神的后裔",他们生来就具有高贵的血统、尊荣的地位、杰出的才能、得体的仪态,亦即 Aretē 之出类拔萃。这样的贵族岂非"有德之人"哉?

(3) 前哲学时期的"德"与 Aretē 似曾相识,具有毋庸置疑的相似性和可比性。而前苏格拉底时期的 Aretē 和前诸子时期的德,对于苏格拉底以来的古希腊哲学和古代中国哲学来说,犹如"源"之于"水","本"之于"木"。

前诸子时期的"德"一方面用以表述各种正面价值的"德目",早期著作常见"三德""五德""九德"等;另一方面也与早期的"命"交织在一起,构成了"性情"概念脱颖而出的深刻背景,例如,《论语》里的"骥德"、《庄子》中的"狸德""鸡德"等。后者的出现或许更早,甚至不见得晚于前者。实际上,"命—德—性—情"几个语词或概念具有紧密的内在联系,而且逸出了道德伦理的范围,尤其饶有兴味。考老庄诸书和早期儒家典籍,"德"这个语词或概念含义隽永,似乎具有"性之性"的意味,比一般意义上的"性"更进一境。比如说,《老子》常说的"常德"与"玄德",庄子曾说的"支离其德"(《人间世》《德充符》);再比如说《礼记·乐记》所谓"德者性之端",《中庸》所谓"性之德"。冯友兰说:"老子认为,道生万物。在这个生的过程中,每个个别事物都从普遍的道获得一些东西,这就是'德'。

---

① Cf. Ap. 28c-d, 37c-38a, Symp.179e, Crito.53b-54b, Eth.Nic.1.8 1098b30-1099a7.
② 汪子嵩等:《希腊哲学史:第 2 卷》,北京:人民出版社,1993 年,第 172 页。

'德'意指 Power(力)或 Virtue(德)。'德'可以是道德的,也可以是非道德的。一切自然地是什么,就是它的德。"①张岱年亦曾指出,道家所谓"德"具有"万物生长的内在基础"的意味②。李约瑟认为,"德"这个字的本义可能与神性与美德(Virtus)的意义非常相似。"德"后来演变为药石的"性"或"道"的"性"③。进一步推敲表明,这样一种作为"性之性"而设的"德",其理论意义未可小觑,儒道两家的伦理学皆蕴含了某深邃的"道德形而上学",就是奠基于此④。

仿佛"骥德""鸡德"和"狸德"之"德",前哲学时期的古希腊语词 Aretē(复数 Aretai)指事物(包括人物和生物)固有的天性、属性、特性或功用,也常常扩展为人的才能与品德。

前哲学时期,古希腊文献中出现的 Aretē 被用以表示任何事物所固有的特性、用处和功能,当然也包括人的才能和品德。语词 Aretē 通常指生而具有、不可改变的属性,这层意思比较普遍而且强烈。我们有理由认为,前苏格拉底时期的 Aretē 首先应该从 Physis(自然)思想传统中予以理解和把握,因为按照古希腊的传统观念来说,才能和品德是人的本性(Physis)所固有的⑤。倘若从 Aretē 与 Physis 交互关系中予以审视,那么前哲学时期的人性观念几乎没有涉及善恶之分,或者说那个时候的人性观念无所谓性善还是性恶⑥。尤其耐人寻味的是,苏格拉底增殖了 Aretē 的意义,也就是说他不再强调从 Physis(自然)角度理解 Aretē,而更倾向于从城邦生活的反思角度予以探讨,恰如自苏格拉底开始的哲学思考试图摈弃前苏格拉底哲学的 Physis(自然)一样⑦。

然而,伴随着历史发展,城邦生活扮演越来越重要的角色,个人地位、权力和荣辱逐渐诉诸城邦秩序得以实现,Aretē 语词也经历了一个意义不断增殖的过程,从而将兼容伦理意义于自身之中,Virtus/Virtue 的含义于是乎踵事增华。当然,在前哲学时期,"合道德性"的端倪已然显现,比如说,Aretē 的形容词形式ἀγαθοι/Agathoi,可以理解为"好"

---

① 冯友兰:《中国哲学简史》,北京:北京大学出版社,1985 年,第 121 页。
② 张岱年:《中国古典哲学范畴要论》,北京:中国社会科学出版社,1989 年,第 154 页。
③ 李约瑟(J. Needam):《中国科学技术史:第 2 卷》,北京:科学出版社,上海:上海古籍出版社,1990 年,第 251 - 252 页。
④ 现代新儒家牟宗三阐发的"道德形而上学"的确有功于儒家哲学;拙著《道家形而上学研究》也试图阐扬道家基于"道德之意"的"道德形而上学"。
⑤ 这一点需要进一步论述阐明,希望今后能有机会继续探讨之。
⑥ "从这个意义上说,古代希腊人是认为人性本善的,在他们那时候没有人性恶问题。"详见汪子嵩:《希腊哲学史:第 2 卷》,北京:人民出版社,1993 年,第 168 页。
⑦ 郑开:《自然与 Physis:比较哲学的视野》,《人文杂志》,2019 年第 8 期。

(Good)，用以表达价值判断①；苏格拉底在《申辩》（38a）中说：对人来说"最大的好"（megiston agathon），就是探讨德性（Aretē）②。如前所述，即便是在荷马时代，Aretē 的含义也表现出不断丰富复杂的趋势，Aretē 的意义也由天然本性转向了社会本性：Aretē 不仅指人的生理方面的特长和功能，也指人在社会生活中的品德和优点，这就接近伦理含义的美德了③。如此看来，前哲学时期的德与 Aretē 似曾相识，它们在思想史中的命运也如出一辙。那么人们多所主张用"德性"来翻译 Aretē④，自然是水到渠成、理所当然的了。

总之，前哲学时期的"德"与αρετη/Aretē 不约而同，都兼具了正面价值（美德）和本质属性（性）双重意味，同时也在具体社会政治和伦理语境中呈现出多样化意义。倘若进一步辨析它们之间的不同，或许可以说，古希腊语词αρετη/Aretē 主要指的是个人的能力、才干、技艺和品质，虽与英雄和贵族有关，但主要是基于个人的；而前诸子时期的"德"却具有深刻的群体意味，因为只有通过族类关系、社会政治语境才能界定、理解和把握之。

三、哲学时期的理论范式：心性论 vs. 知识论

肇端于春秋战国之交的"哲学突破"是前哲学时期与哲学时代之间的分界线。这条分界线几乎就是思想史上的一道鸿沟，划开了前哲学时期与哲学时代。笔者以为，"道"的概念及其理论的创构和"德"的概念化及其转折深化是古代中国"哲学突破"的重要标尺；而古希腊哲人围绕"自然"（Physis）与德性（Aretē）概念展开的哲学思考，乃是古希腊哲学突破的重要标尺，从思想史视野分析，它们是前哲学时期语词不断增殖和反复赋义的产物。

（1）老子首次将"道"明确为一个哲学概念，同时还提出"玄德"，创造性地转化了前哲学时期的"德"；其所谓"道德之意"不仅是道家哲学的核心内容，也是"哲学突破"的重要标尺。目前的研究表明，老子诉诸"无"阐释"道"，赋予了"道"以深刻的哲学意义，使得作为日常语词的"道"（比如说道路、原则、规律等）转化为哲学概念；他所说的"玄德"针对西周以来流行不替的"明德"思想传统而发，是进入哲学时代的推陈出新，因为"玄德"的

---

① M. Finkelberg：*Timē and Aretē in Homer*，*Classical Quarterly* 48（i）14-28，1998.

② 苏格拉底在《高尔吉亚》（527e1-3）中说："什么样的生活是最好的生活。"（ho tropos aristos tou biou.）（Aristos 就是 Aretē 的形容词最高级。）其实就是最为重要的德性（Aretē）问题。详见维斯（Roslyn Weiss）：《洞穴中的德性》，郭振华译，上海：华东师范大学出版社，2014 年，第 8 页。

③ 汪子嵩：《希腊哲学史·第 2 卷》，北京：人民出版社，1993 年，第 166-177 页。

④ 郑开：《道家形而上学研究》（增订版），北京：中国人民大学出版社，2018 年，第 215-221 页。

含义几乎与"明德"相反①。大体上说,整个道家学派(包括黄老学派)皆以"道德之意"为核心内容和理论基础。

儒家秉承了西周以来"明德"的传统思想并予以阐扬。如果说孔子时代热衷谈论的"三达德"(仁智勇)迥然不同于传统德目②,已经渐露哲学思考的端倪,那么孔子念兹在兹的"仁"则更充分体现了哲学思考的力度,实际上它(仁的概念)也是儒家哲学突破的重要标尺,因为它迥然不同于前诸子时期的"仁"。黑格尔贬低《论语》只是记载了普通而平淡无奇的"道德教训"③,反映出了他的傲慢与偏见,不足为训。《论语》记载孔夫子谈论"仁"的地方约105处,却没有给出"仁"的明确定义,那么孔子并没有致力于追问"仁"的定义,像苏格拉底那样,那么孔子思想就比苏格拉底逊色而不能称之为"哲学"吗? 实际上,孔子力图避免直接谈论"仁",而是诉诸"仁"与其他德行、德目的关系予以间接启示。可见孔子所谓"仁"是很抽象的,"仁者"高不可及,他也不轻易以此(仁者)许人;其言"刚毅木讷""温良恭俭让""恭宽信敏惠"不过是"仁"在地方性的伦理关系中的显现而已,并不能把具体德目直接视为"仁"。换言之,精细梳理和分析《论语》105处讨论"仁"的例子,也无法使我们获取"仁的定义",即便把"仁"于日常伦理生活中呈现的例证增加到一万例,终究也是竹篮打水一场空。"仁"的概念之所以不可定义,唯一合理的解释就是它过于复杂深邃,而无由诉诸有限的语言框限之。除了把"仁"淬炼为哲学概念,孔子还开启了"性与天道"的形上思考之路④。孔孟之间的儒家开始谈论人性、天道和"五常"("五行"),致力于探究其间的关系。孟子开始合称"仁义"⑤,终于秦汉时期将"五常"(仁义礼智信)观念趋于系统化与稳定化,从而奠定了儒家伦理学的重要基础。其实,原始儒家(借用方东美的说法)的哲学贡献可以说就是将传统的"德"创造性地转化为以"仁义"为核心的思想体系,并于仁义思想体系使"德"所固有的人文精神得以延续和高扬。

如果说春秋战国之交以老子、孔子为代表的"哲学突破"开创了思想史新格局、新时代,那么战国中期以孟子和庄子为代表的"哲学进一步突破",则催生了古代中国哲学的理论范式:儒道两家不约而同,创造了心性论、实践智慧和境界形而上学为理论内核的哲

---

① 郑开:《道家形而上学研究》(增订版),北京:中国人民大学出版社,2018 年,第 1-27 页。
② 总的来说,传统德目呈现出无系统、无条理、没有必然性的紊乱状态,详见郑开:《德礼之间:前诸子时期的思想史》,北京:生活·读书·新知三联书店,2009 年,第 327-365 页。
③ 黑格尔:《哲学史讲演录·第一卷》,北京:商务印书馆,1959 年,第 119-120 页。
④ 《论语》对"性与天道"的确语焉不详,然而晚近出土的马王堆帛书《易传》证明了孔子与《周易》的关系;而简帛《五行篇》等文献也确认了孔孟之间的儒家致力于理论探寻的努力。
⑤ 应该说,孟子着重谈论了"四德"(仁义礼智),介乎子思《五行篇》与秦汉五常体系之间。概言之,孟子以降,心性论理论范式始以成熟,而"仁包四德(义礼智信)"命题的酝酿出现才具有必然性。

学体系①，既融摄了以前的理论探索成果，且奠基了长达两千余年的中国哲学思考传统②。围绕着人性概念及其理论展开讨论，最能体现也最适宜于剖析心性论之思想内容和理论特征。究其原因，心性论是在人性论深入开展的基础上酝酿产生的。因此，我们把心性论看作人性论的深化与转折亦未尝不可。无论是儒家还是道家，其心性论都具有比较复杂的内容结构。

（2）首先，心性哲学主要围绕着"心""性"两个核心概念展开的。实际上，传世文献和出土简帛都证明了：春秋时期的老子和孔子都不约而同地酝酿了"心""性"概念的雏形，而"心""性"概念及其理论的持续思考和不断成熟也是孔孟之间或老庄之间的哲学史发展的重要脉络和思想张力。然而，只有到了战国中期的孟子和庄子才具有了真正成熟的心性论思考。作出这样判断的理由是，战国中期的"性""心"诸概念具有了思想上的丰富性、复杂性和深刻性，比如说"性"的双重性和"心"的两元性。例如，孟子所讨论的人性，其实具有两个不同层面的意义：食色之性和仁义礼智之性，前者与告子主张的"生之谓性"并没有什么本质的不同，后者则是力求把人文价值和道德理性与人性概念结合起来，这一点当然是前所未有的思想创造。换言之，孟子并没有否定食色之性，而是强调决不能把人性归结为食色，进而指出人之为人、人之异于禽兽的本质属性在于"四端"。这就是孟子性善论的真谛。同样，孟子所谓"心"，也具有"本心"和"放心"之别，就是说"心"的概念需通过某种理论结构予以呈现或者阐明。无独有偶，庄子哲学语境里面的"心"亦具有这种两元结构的特点："机心""成心"是"心"的表层结构，而"常心""无心"则是其深层结构；这当然是对老子思想的进一步发挥。道家哲学"性"的概念比较复杂一点儿，因为老庄既从"自然"角度阐述人性，认为人生而具有的就是人性；同时也从"无"（比如"无为""无欲"）的角度阐明人性，从而制衡了从"自然"角度单向度理解人性的进路；也就是说，我们必须从两者之间的张力中找到把握人性问题的均衡感。这是不是很深刻？总而言之，心性论哲学所由以产生的基础就是"心""性"语词的充分概念化，使之足以容纳更丰富的思想内容、建构更复杂的理论结构；当然，诉诸"即心言性"，把"心""性"概念匹配起来，使之相摩相荡，也是拓展、深化心性理论的重要前提。

（3）由此，古代哲人发展了深邃恢弘的精神哲学、实践哲学和境界形而上学，以哲学

---

① 需要说明的是，这里所说的"实践智慧"主要适用于中国哲学理论语境，与亚里士多德的实践智慧（Phronēsis）既有联系亦有区别。

② 郑开：《中国哲学史上的"战国中期"》《作为中国古代哲学范式的心性论》，分别刊载于《中国社会科学报》，2018年3月6日和4月24日。

的方式给出了生命意义、生活价值和宇宙真理的几乎全部答案。正因为如此,人生寄托、家庭幸福、社会愿景和政治期望以及天人之际,似乎都可以通过身心之间复杂的精神交互作用得以阐明。比如,《大学》所说的"修齐治平"的基础在于"修身"。也正因为如此,古代中国哲学家热衷谈论的圣人气象、精神境界、历史世界、文化意识及天人合一等问题才具有了真正深刻的理论根基。这也是与西方哲学传统迥乎不同的地方。总之,儒道两家的伦理学皆以德性为核心,都属德性伦理学;而且,儒道两家的德性伦理学之不同于亚里士多德传统的美德伦理学(Aristotelian Virtue Ethics),关键在于心性论形态的伦理学有别于知识论传统的伦理学。

从"德"的来龙去脉角度审视,诸子蜂起以来的"德"已淬炼为哲学概念,其含义亦经历了显著的分化:儒家继承了"德"固有的伦理意义,且使之聚焦于"仁义"两端,因为孔孟之道的核心就是仁义忠孝,特别是儒家哲学几乎已经将"仁"等同于最高意义的"德"了,《汉志》谓(儒家宗旨在于)"留心于仁义之际"是也;道家思想的特质亦称"道德之意",然其所谓"德"围绕"玄德"而展开,自然、无为乃是"玄德"的两翼,"仁义""礼法"皆非"道德之意"的核心,而是"玄德"的堕落形式。儒道两家所推陈出新的"德"的概念及其理论,不仅体现出深沉的价值关切,也呈现了深刻的理论意义;比如说孟子曰:"万物皆备于我"(《尽心上》),庄子谓"游心乎德之和"(《德充符》),都需要依从其固有的思想逻辑和理论结构予以理解、把握,舍此(心性论、实践哲学与境界形而上学)而外,别无他途;换言之,借鉴近代以来西方哲学的理论与方法审视传统中国哲学,容易陷于方凿圆枘、扞格不通的困境,原因是儒道两家为代表的传统中国哲学的思维特质、精神气质和理论范式殊不同于西方哲学。

要之,以儒道两家为代表的中国哲学传统,无论是从思想形态还是理论思维上说,都迥然不同于古希腊以来的西方哲学。倘若西方哲学可以说是柏拉图哲学的一系列注脚(怀德海语),那么中国哲学传统万变不离其宗的核心就是战国中期以来的心性论、实践智慧和境界形而上学。这是因为,哲学突破以来的哲学思考趋向于心性论,而心性论则又是战国中期之后哲学沉思的轴心。比如说,在先秦时期至汉唐时期,即便是儒家内部,孟子哲学都算不上主流,影响力有限,然而北宋新儒学推动了回到孟子的精神运动,确立了其在儒家传统中的地位,究其缘故,还是因为孟子哲学是北宋儒学心性论复兴的前驱。尽管"即心言性"是心性论的重要理论特征,然而,并不是任何盛谈性、奢言心的理论都能称之为心性论。简单说,先秦孟子和庄子、唐代慧能和宋明的程朱陆王,都是心性论哲学的典范与代表。由此可见,中国哲学最为核心、最具特色的部分就是心性论而已。心性论可谓中国哲学的理论范式(paradigm),与西方哲学的知识论、逻辑学与本体论相映成趣。实际上,诸如"天人合一""知行合一""内圣外王""理一分殊"等命题,抑或中国哲学文献中屡见不鲜的神秘主义论述,都只能从心性论理论范式角度予以理解和把握,才能真正鞭辟入里;相反,若从知识论、逻辑学角度审视之,则未免疑窦丛生、扞格难入。① 稍后,笔者希望进一步对比讨论儒道两家的德性伦理学与亚里士多德以来的美德(Virtue)伦理学,毕竟两者差异较大,难以融通,但我们的宗旨是在从哲学理论范式层面予以整体意义上的分析,而不只是注重表面相似。

(4)古希腊哲人苏格拉底堪称划时代的思想家:他之前的哲人被称之为"前苏格拉底时期的哲学家",而从他开始的哲学思考又被认为是"苏格拉底式"的哲学思考。那么,西方哲学"如何成为苏格拉底式的"呢?这个问题容或可以展开多方讨论②,然而《理想国》第一卷篇末已经隐约给出了答案:围绕"正义"(Dikeaiosunē/Justice)的讨论众说纷纭,歧义多而无定是,那么苏格拉底的智慧就体现于他把各种各样的意见引导到一个思考讨论的范式中来,即促使人们聚焦于 Aretē(德性)思考伦理政治问题,苏格拉底的哲学之路就是寻找 Aretē 的真谛,事实上,在"苏格拉底的对话"中,他希望"每天都能谈论美德"。(《申辨篇》38A)看来,Aretē 正是苏格拉底哲学思考的中心。这一点很接近诸子特别是儒家哲学的旨趣。"苏格拉底的对话"中的中心概念就是"德性"(Aretē),犹如《论语》中的中心概念是"仁"。Aretē(德性)和"仁"之间有着原则上的相似性③。既然"每一种事物,凡有一种功能,必有一种特定的德性",那么"正义之为人的德性"也就成为古希腊哲学家默认的信条④。这是古希腊伦理学(含政治哲学)重要出发点之一。应该说,儒道两家的德性论及其政治哲学的某些特点比较接近西方古典政治哲学,毕竟他们都属于古代哲学,而且都曾以德性概念为其理论基础。

(5)实际上,古希腊哲学濡染于前哲学时期思想观念(比如荷马),同时也应该看到,荷马史诗载记的英雄时代到哲人活跃的城邦时代,社会结构和思想世界已斗转星移,其中

---

① 郑开:《中国哲学语境中的本体论与形而上学》,《哲学研究》,2018 年第 1 期;《中国古代哲学中的神秘主义》,《中国社会科学报》,2018 年 3 月 27 日。

② Varro 说:苏格拉底是第一位把哲学从神秘中召唤出来的人,而这些神秘事物是被自然本身隐藏于幽暗之中的;虽然在他之前的所有的哲学家都在从事哲学,但只有他才把哲学引向日常生活的主题,以便探索德性和恶行,以及普遍的善与恶。[英]泰勒主编:《劳特利奇哲学史:从开端到柏拉图(第一卷)》,韩东晖等译,北京:中国人民大学出版社,2017 年,第 368 页;朗佩特(Laurence Lampert):《哲学如何成为苏格拉底式的:柏拉图〈普罗塔戈拉〉〈卡尔米德〉以及〈王制〉绎读》,戴晓光,彭磊等译,北京:华夏出版社,2015 年。

③ 赵敦华:《人性和伦理的跨文化研究》,哈尔滨:黑龙江人民出版社,2003 年,第 190 - 198 页。

④ 柏拉图:《理想国》,北京:商务印书馆,1986 年,第 13 - 14,40 - 41 页。

最耐人寻味的似乎可以从 Aretē/Virtue 与 Dikeaiosunē/Justice 之间的关系之中见出端倪。①

从语源学上说，Aretē 的原意就是一个人拥有了财富、荣耀和政治权力，因为在最为古远的希腊，最初的价值观念是由财富、荣耀和政治权力奠定的。比如前文提到的阿喀琉斯的言行，体现了诸神和英雄时代的价值观念，那就是基于 Aretē 与 Timē 观念的个人英雄主义；当然，问题的复杂性在于，荷马笔下的阿喀琉斯之所以是一个悲剧性英雄，部分原因乃在于他的个人英雄主义与城邦政治—社会生活之间的疏离与冲突。这也许正是荷马史诗所隐含的意图。前哲学时期（荷马史诗中）的 Aretē 与 Dikaiosunē/Justice 似乎针锋相对，至少可以说支配阿喀琉斯的是 Aretē 而不是 Dikaiosunē/Justice②。诸神之一的阿波罗曾说，阿喀琉斯毫无正义、慈悲和羞耻之心（Iliad 24:39 - 45）。然而，城邦生活中正义以及维系政治社会秩序的诉求必然要强调公民责任而不是个人实现，就必然触及重置和调整 Aretē 观念，使之黏附更加丰富的意义从而推陈出新，逐渐趋向于"道德化"（Moralized）③。

英雄时代与城邦时期是古希腊不同历史阶段。哲学时代的人们围绕城邦生活展开哲学伦理和政治等方面的深切反思；然而，人们早已开始酝酿这种意识了。麦金太尔指出，当柏拉图在《理想国》中提出他自己对美德的完整和谐、前后一致的解说时，其部分策略就是要把荷马的遗产从城邦生活中消除掉④。柏拉图的努力其实反映的是一个长时段的历史趋势，就是围绕城邦生活讨论秩序与正义，反思 Aretē，并对其进行新的赋义。悲剧作家索福克勒斯曾说，失去了城邦的人，不过"只是一具无伴无友、孤独寂寥的行尸走肉"。然而，如所周知，柏拉图早期对话中的苏格拉底曾不惮辞费地讨论"正义"等美德，破斥那些似是而非的常识观念，并把正义（Dikeaiosunē/Justice）与德性（Aretē/Virtue）结合起来，"正义"成了"四主德"之一。

一言以蔽之，从前哲学时期到哲学时期，古希腊的社会与思想都发生了较深刻的变化，英雄传奇也被历史所取代；同时，Aretē 容纳了更多的 Virtue 的含义，Dikeaiosunē 越来越趋近于 Justice；而最初，Aretē 并不能直接理解为 Virtue，Dikeaiosunē 不能直接翻译为 Justice，甚至阿喀琉斯的 Mēnis（狂怒）也不宜直接译作 Anger（愤怒）。

（6）哲学时代几个比较重要的德目包括：节制（Phronēsis）、勇敢、智慧（Episteme）与正义（Dikaiosunē），所谓"四主（枢）德"。也就是说，节制、勇敢、智慧和正义都是属于德性

① Nicholas D. Smith: Some Thought about the Origins of "Greek Ethics", *The Journal of Ethics* 5, 2001: 3 - 20.
② Ibid.
③ Ibid.
④ 麦金太尔:《追寻美德:伦理理论研究》,宋继杰译,南京:译林出版社,2003 年,第 165 - 166 页.

（Aretē／Virtue），都是德性之一种。这一点显然有别于荷马史诗。柏拉图的哲学对话展开了对诸德目（包括"四德"）及其关系的丰富讨论，然而令人沮丧的是，我们很难找到某个一以贯之的说法。比如说，《美诺篇》更重视"智能"或"知识"，而其他篇章更强调正义的基础地位。

Dikaiosunē／Justice（正义）概念比较有意思。Dikē 的本义是宇宙秩序；而 Dikaios 则指崇敬并且不侵犯宇宙秩序的人。那么用公正、正义（Justice）翻译 Dikaiosunē，未免棘手。但在苏格拉底活跃的哲学时代，Dikaiosunē 这个语词中的宇宙秩序的含义比起荷马时期冲淡了，而关系到城邦生活的政治、法律和道德秩序方面的含义加强了。苏格拉底讨论了 Aretē 和正义之间的冲突。（《理想国》《高尔吉亚》等）苏格拉底认为，正义就是内在于人的德性（Aretē）之一。Aretē 也由个人属性扩展到社会属性，苏格拉底进一步论证了正义、德性和善之间的联系，从而发展了 Aretē 观念。苏格拉底、柏拉图和亚里士多德都把正义当作一种德性（Aretē），但亚里士多德更进一步，认为正义不仅是德性之一，而且还是一切伦理美德的核心。

古希腊"四德"与儒家"三达德"（仁智勇）"五常"（仁义礼智信）、道家"玄德"的对比亦饶有兴味。首先，"四德""五常"都镶嵌且高度匹配于它们出现于其中的社会政治结构，仁义与正义尤其如此。与儒家强调"仁义"相比，古希腊哲人更重视"正义"（Dikaiosunē／Justice）及其实现。古希腊哲人的一般看法是，"公正"是正人君子和好公民们的 Aretē；这表明哲学时代的人们更多地从城邦生活秩序角度看待德性（Aretē）；政治学意义上的"政治美德"（Politikē Aretē）因而具有了"伦理"的意义与特征。而"政治"这个语词源于城邦。显然，西周春秋以来的"德行"近乎城邦时期的"政治美德"（Politikē Aretē），因为前诸子时期的"德"也主要呈现于政治社会语境之中，礼乐文明才是德依附其上的外壳。道家提出的"玄德"比较特殊，其中涵盖了守雌、处下、柔弱、不争以及绝圣弃智、绝仁弃义等含义，实质上是对礼乐文明的反思与反动，从本质上说乃是某种"反伦理学"；然而，"反伦理学"亦是某种特殊形态的伦理学。

其次，"智""勇"两个德目是早期思想史关注的焦点，具有某种程度的普遍性，试想哪一个社会不需要、不推崇勇敢和智慧呢？一方面，柏拉图将"勇敢"与"智慧"（Phronēsis）列入"德目"，与"自制""公正"并列为四大美德，（《会饮篇》196D；《斐多篇》69B－C；《国家篇》4.427E，433B；《法律篇》1.631D）并非出乎偶然。另一方面，"智"和"勇"这两种德目是城邦伦理所必须的吗？这个问题讨论起来比较棘手，我们先讨论"勇"。荷马说，勇敢是勇士的 Aretē；然而阿喀琉斯英勇无匹的 Aretē 以及狂怒却导致他走向毁灭的命运。苏格拉底反复指出,不正义和恶都是灵魂的疾病。(《高尔吉亚》480b1;《理想国》IV,444e1)正如疾病意味着 Aretē 的缺失一样,社会失序与失和,也是由于正义德性(Aretē of Justice)的缺失。阿基利斯由于狂怒而失疯,被认为是 Aretē 之缺失。哲学家们大都同意这样的观点:最好的生活不仅出于财富、荣誉和政治权力,亦伴随着人的品行不断完满。早期中国思想史也经常触及"勇"这个德目,当孔子把"勇"列为"德行"("三德")之一的时候,已经默认了"勇"内在于人性与人伦。孔子所说"勇"绝不是逞性使气的匹夫之勇,理解他所说的"勇",还得诉诸"礼"的行为准则,以及"仁义"的道德观念。他既说:"知者不惑,仁者不忧,勇者不惧。"(《论语·子罕》)又说:"仁者必有勇,勇者不必有仁。"(《论语·宪问》)还说:"勇而无礼则乱。"(《论语·述而》)"君子义以为上。君子有勇而无义为乱,小人有勇而无义为盗。"(《论语·阳货》)老子善于从事物的反面进行逆向思考,其所谓"不敢为天下先"(《老子》第 67 章)也是如此。

有意思的是,中西哲学思想史研究都证明了,德与 Aretē 皆兼具优异性能和具有价值两方面的意味。孟子性善论之所以合乎哲学史的思想逻辑,正在于他把两者(本性和善好)结合了起来。

(7) 下面我们由"知识即美德"命题入手进行一点儿讨论,以揭示知识、智慧如何成为苏格拉底、柏拉图时代的核心德性(Aretē)的。更重要的是,我们希望由此进一步探讨古希腊伦理学的理论范式。

《普罗泰戈拉篇》的结尾处,苏格拉底提出了"美德即知识"("德性皆智慧")命题,《美诺篇》继续畅论了"美德"与"知识",详细讨论了美德是否可教、德性是否智慧的整体诸问题。然而,至少在《美诺篇》里,苏格拉底不加区分地使用"智能"(Epistēmē)、"理智"(Nous)、"节制"(Phronēsis,即实践智慧),多少有点儿含混且令人困惑。《斐多篇》清楚地表明,"真正的德性"并非纯粹理智的,倒不如说包含了"与智慧同行"的实践德性(《斐多》69b3),《会饮篇》中出现的是对"相"(Eidos)的领会。《法律篇》中,与神圣德性的交流而产生的效果是使自身成为极富德性的人(《法律》X904c6 - e3)。① 但有一点是明确的:苏格拉底和柏拉图非常重视知识与智慧,认为德性即知识。因为,知识与智慧乃是理性的体现,这对于希望过一种最好的、经过省察的人生的苏格拉底来说,是可以理解的;另外,我们还需要进一步深刻理解苏格拉底诉诸辩难、论证、分析和定义把握德性(Aretē/Virtue)的努力,就是自觉运用哲学的方法阐明德性(Aretē)。

---

① [英]泰勒主编:《劳特利奇哲学史:从开端到柏拉图(第一卷)》,韩东晖等译,北京:中国人民大学出版社,2017年,第 474 页。

苏格拉底以来的哲学家们重视思考与智慧,如何通过理性方式促进认识和把握德性(Aretē)便成为古希腊以来西方哲学传统的主流。柏拉图笔下的苏格拉底极度关切并努力论证的主题就是"所有的德性(Aretē)都是知识(Epistēmē)"(《普罗泰戈拉》361B)。苏格拉底说,真正的美德(Aretē)是一种净化(Katharsis),而实践智能(Phronēsis)则是净化的工具(《斐多》69B8 – 13)。《美诺篇》也对德性(Aretē)与知识(Epistēmē)及其相互关系予以了多方讨论。根据亚里士多德记述,苏格拉底曾认为,所有的美德(aretai)都是表现实践智慧(phronēsis)的形式(《尼各马克伦理学》6.1144b19 – 25)。亚里士多德还认为,德性(Aretē/Virtue)就是理性的形式。

沿着苏格拉底开辟的、通过知识论(Epistemology)追寻美德(Aretē/Virtue),奠定了西方哲学、伦理学的思想基础,确立了西方哲学、伦理学的理论范式。更具体地说,苏格拉底式的哲学思考的特点就是智慧与德性结合起来,以阐扬知识和智能(Epistēmē)的方式——也是遵从逻各斯的方式——乐此不疲地揭示"德性—美德—善"(Aretē/Virtue/Good)的本质与真理。苏格拉底说:

> 每天谈论美德以及那些你们听到我谈论过的其他事情,审视自己和他人,对人来说是最大的好处。(《申辩》38a)
>
> ἐάντ' αὖ λέγωὅτι καὶ τυγχάνει μέγιστον ἀγαθὸν ὂν ἀνθρώπω τοῦτο, ἐκάστης ἡμέρας περὶἀρετῆς τοὺς λόγους ποιεῖσθαι καὶ τῶν ἄλλων περὶὧνὑμεῖς ἐμοῦἀκούετε διαλεγομένου καὶἐμαυτὸν καὶἄλλους ἐξετάζοντος. (Plat. Apol. 38a)
>
> 我们当下争论的问题,即"什么样的生活方式是最好的?",即便是对于理智低下的人来说,也是最为严肃的一个问题。(《高尔吉亚》)
>
> αὖ τὰπαρ'ἐμοῦ οὕτως ἀποδέχουὡς παίζοντος· ὁρᾷς γὰρὅτι περὶ τούτουἡμῖν εἰσιν οἱ λόγοι, οὗ τίἂν μᾶλλον σπουδάσειέ τις καὶ σμικρὸν νοῦνἔχων ἄνθρωπος. (Plat. Gorg. 500c)

苏格拉底认为最值得探讨的、至关重要的问题就是"什么样的生活是最好的生活?",所谓"最好"就是"最大的好"(megiston agathon)。《美诺篇》开篇就直截了当提出:人如何拥有德性? 这直接引发了一个前提性的问题:"什么是德性?"由此进入了苏格拉底讨论问题的套路:追问德性的定义。我们知道,苏格拉底、柏拉图师徒在讨论"什么是 X"的时候,一定会打开本体论—形而上学的界面,诉诸相(Eidos)和存在(To On/Being)展开更进一步的论述。也就是说,苏格拉底确立起来的知识论探究真理的道路,既是赫拉克利特、巴门尼德逻各斯(Logos)之路的延续,又更进一境——开拓了本体论—形而上学的广阔思想空间,本体论—形而上学就是围绕 Being 概念建构起来的"追究存在之为存在根据"的哲学理论。当苏格拉底提出"德性即知识"命题时,同时也确立了探究德性的新理论范式,那就是逻辑学、知识论和本体论交织匹配在一起的理论范式及其方法,可以简称为知识论理论范式(Epistemological Paradigm)。

(8) 接下来,我们不妨通过"善的定义"和"灵魂学说"两个方面继续讨论古希腊的知识论理论范式。

"善的定义"被苏格拉底、柏拉图转化为如何认识"善的相"(Eidos)。无论从哪种意义、哪个方面看,这都是个令人兴奋而倍感迷惑的问题。比如说,苏格拉底试图于多样性的德性(Aretē/Virtue)中寻求独一的德性(《美诺篇》)。苏格拉底提问的形式是:"X 是什么?"他是在探求陈述 X 是什么的普遍定义,而不只是 X 像是什么样子的东西。X 的正确定义不仅应当与 X 共存,而且应当阐明 X 的本性,即 X 的所是(Being)、实在(Reality)或本质(Essence/Ousia)。柏拉图继续探讨的是:"德性是关于善恶的知识吗?"探讨德性的"相"(Eidos)是柏拉图关注的焦点。他说:"如果一个人注意到这些及其他类似的困难,便否认事物的相(Form),不辨认出每件事情的单一'相'(Form),那么他的思想就无处落脚,因为他不承认每个事物总是具有永远同一的理念(Idea),他将彻底取消进行论辩的可能性。"(《巴曼尼德斯》135b - c)柏拉图坚信,举凡一切存在,它的对象必须只是所是的东西,是实在。存在的所有方面结合为一个整体:真、本质、永恒、不变、稳定和内在的可理解性。在此基础上,柏拉图进而追随乃师苏格拉底的脚步,踏入伦理学领域,进一步探究德性与幸福的关系。亚里士多德则认为,人类德性乃是人性实现自身完满的产物。更重要的是,德性是理性的形式。而且,德性不在正义之下,或更在正义之上。对于人类而言,幸福(Eudaimonia)则是最高的善。总而言之,苏格拉底、柏拉图确立了一种以"是"(to be)为基础探讨"应该"(should to be)的哲学进路,亦即诉诸知识论、本体论阐明伦理学的理论范式①。这是西方伦理学的重要津梁。

---

① 《劳特利奇哲学史》里的几段话有助于我们进一步思考,兹抄录如下:(1)对"相"(eidos)的把握会使我们理解它们的世界和我们的世界中的"是"与"应当",但苏格拉底并未阐明如何把握。(2)我们尤其感到困难的是:我们的"应当"部分是道德的"应当",但道德既涉及人与人之间的关系,则如何与非人格性的相世界相联系?被苏格拉底等同于一种基本道德的正义,是关于一种更暧昧不清的实在的人类面孔。我们是通过人类的角度熟悉关于正义之"相"的专门讨论的。如果在这种视角之外看一下,则非正义的对立面正是理性的秩序(根据逻各斯的秩序,kosmos according to logos,《理想国》c4 - 5)。(3)四主德,以及一切德性,都是理性的秩序通过心灵与物质的棱镜折射出来的产物(这是德性之统一性的形而上学基础)。在根据"相"老仿造自身及其社会的时候,哲学家"在人力许可的范围内使自己变得有秩序和神圣的"(《理想国》,c9 - d1)。他们的目标是使人的活动更忠实地反映可用理智理解的实在。[英]泰勒主编:《劳特利奇哲学史:从开端到柏拉图(第一卷)》,韩东晖等译,北京:中国人民大学出版社,2017 年,第 477 - 478 页。

《美诺篇》出现的灵魂学说可谓直探人性深度的理论尝试。按照苏格拉底的设想,灵魂的每一部分均应履行其特定的功能。每一特定功能的行使就是一种特殊的美德(Aretē/Virtue)。因此,肉体的贪欲应该接受理性所施加的约束,以这种方式被展示的美德就是节制(Sophrosune)。那对危险的挑战作出反应的勇敢,当其按理性的命令作出反应时就将自身展示为勇敢(Andreia/Courage)。惟有当理性按照逻各斯的方式洞见了高于一切的"善的相(Eidos)",方能焕发自身独特的美德——智慧(Sophia)①。灵魂学说的要点是:一切美德(Aretē/Virtue)都将受制于努斯(Nous,近乎中国哲学所谓精神)的支配。(《法律篇》12.963A;《美诺篇》88C)实际上,灵魂阶次与城邦生活的对应(类比)关系也是很有趣的理论。总的来说,苏格拉底对于"善的定义"的执着追寻,展现了诉诸知识论、逻辑学和本体论(形而上学)的进路涤除"意见"、蹑近"知识",过一种哲学般的生活,即省察自己和他人。

然而,问题的复杂性在于:苏格拉底直言对美德(Aretē)无所知晓(《美诺篇》80C－D)。苏格拉底从来都不认为,拥有德性预示着获得知识。在他看来,道德知识是一种高于人的智慧。《美诺篇》为道德探究所作的辩护,为的是接近真实意见,而非知识。苏格拉底认为,对普通人而言,道德知识(而非一切知识)是不可能的东西。普通人拥有的那种知识,至多是属人的智慧,但道德智慧高于人,道德智慧是诸神才会拥有的东西②。进一步分析表明,苏格拉底上述观点隐含非常深远的哲思,值得重视(下详)。

(9) 苏格拉底既言自己对美德(Aretē/Virtue)一无所知(《美诺篇》80C－D),又说真正的美德(Aretē/Virtue)是一种净化(Katharsis),而实践智能(Phronēsis)则是净化的工具(《斐多》69B8－13)。我认为这两句话应该相提并论,就是说美德(Aretē/Virtue)不能不诉诸理性与知识(Epistēmē),以此就能实现自觉省察人生的目的——这也是苏格拉底的最大希望;苏格拉底同时洞见到,道德问题或道德知识还不仅仅诉诸静观默察所能致,还需要付诸实践,他所说的"智慧"含义似乎较理论知识(Epistēmē)更加深广,包括实践智慧(Phronēsis)在内③,亚里士多德继续发展了这一点。

---

① 麦金太尔进一步分析说,只有当作为美德的正义(Dikaiosunē)被展示出来时,其他美德(如节制、智能和勇敢)才能够被展示出来;因为 Dikaiosunē——按照柏拉图的解释,非常不同于我们现在的正义(justice)概念,尽管几乎所有的柏拉图译者都用 justice 来译它——恰恰就是给所有的灵魂的每一部分分配其特殊功能的美德。详见麦金太尔:《追寻美德:伦理理论研究》,宋继杰译,南京:译林出版社,2003 年,第 178 页。

② 维斯:《洞穴中的德性》,郭振华译,上海:华东师范大学出版社,2014 年,第 2,8 页。

③ 例如,《斐多篇》清楚地表明,"真正的德性"并非纯粹理智的,倒不如说包含了"与智慧同行"的实践德性(《斐多》69b3),而现在《会饮篇》中出现的是对"相"(Eidos)的领会。《法律篇》则指出,与神圣德性的交流而产生的效果是使自身成为极富德性的人(《法律篇》X904c6－e3)。详见[英]泰勒主编:《劳特利奇哲学史:从开端到柏拉图(第一卷)》,韩东晖等译,北京:中国人民大学出版社,2017 年,第 474 页。

苏格拉底经常从技艺与疾病的角度分析德性(Aretē)。他认为,德性作为一种知识或专门技艺,与其他任何一门专门技艺一样,既可实践,亦可学习。而将它与其他具体知识或专门技艺区别开来的是它的对象——善。这是苏格拉底哲学的核心要旨。柏拉图和苏格拉底反复强调"美德"与"能力"的关系,认为 Aretē 就是"获取好东西的能力"(《美诺篇》78C)。然而,亚里士多德倾向于区分"Aretai"和"能力"(Dunameis,即动能),区分道德美德和智慧美德。从能力、特长、特质的角度看,技艺是一种能力(Aretē),内在于人性的能力。可见苏格拉底、柏拉图所思考的德性(Aretē)含义丰富,层次分明。如果说 retē 隐含了"美德"(Virtue)的含义的话,那么它仍要诉诸"能力"。儒道两家哲人何尝不是如此?孔子曰:"我欲载之空言,不如见之于行事之深切着明也。"(《史记·太史公自序》)孟子既曰"万物皆备于我",又说:"反身而诚,乐莫大焉。强恕而行,求仁莫近焉。"(《尽心上》)可见"万物皆备于我""诚身求仁"的精神境界亦需通过怵惕不懈、百折不挠的实践方能办此。庄子曾说:"道行之而成"(《齐物论》),又说:"德不形。"(《德充符》)正是庄子笔下的惊世骇俗的隐逸人物及其行止的写照,而那些"惊犹鬼神"的技艺又出乎"性命之情"(《养生主》《达生》);今语"何德何能"仍残存此种意味。

当人们追问"正义或不正义是什么"的时候,就会发现善行和恶行无不具有那个"是"。这是不是有点儿尴尬?不过也好,它至少能促使人们正视历史上和生活中无所不在的"罪"与"恶"。苏格拉底反复指出,"恶"是灵魂的疾病(《理想国》IV. 444c1)。《高尔吉亚篇》把"不正义"视为灵魂的"疾病"(《高尔吉亚》480b1)。这样的说法不仅仅是某种隐喻而已①。《会饮篇》也提到,医学的任务是在对立者之间(如冷热、干湿)产生"爱与和谐",而这些对立者恰恰是身体的各个部分(器官)(《会饮篇》186d6 - c3)。亚里士多德曾用疏泄(Katharsis)来解释悲剧(《诗学》第6章)。有论者指出,"疏泄"语词具有深刻的古希腊医学背景,而亚里士多德很可能通晓某种医学知识②。《斐多篇》曾指出,Katharsis 是心灵挣脱肉体之骚乱的一种途径;而在苏格拉底那里,德性(Aretē)是对恐惧的 Katharsis。恰如希腊人普遍信仰精神健康是心灵的宁静。这种从医学角度审视问题同样体现了希腊人的某种共识③。"恶"的来源和本质是什么,亦曾困扰着早期哲人,根据思想史文献资料的分析来看,战国中期以前关于善恶的说法比较分歧而且含混不清,儒家从思孟学派开

---

① [英]泰勒主编:《劳特利奇哲学史:从开端到柏拉图(第一卷)》,韩东晖等译,北京:中国人民大学出版社,2017年,第456页。
② 亚里士多德:《诗学》,陈中梅译,北京:商务印书馆,1996年,第226 - 233页(附录第六则)。
③ [英]泰勒主编:《劳特利奇哲学史:从开端到柏拉图(第一卷)》,韩东晖等译,北京:中国人民大学出版社,2017年,第461页。

始,道家自庄子以降逐渐清晰起来,简言之就是:把恶的本质和来源认定为"欲""情"和"气"等导致的;当然"欲""情""气"还有"物""利"都是无所不在的客观事实,不容否认,反馈到理论层面,就体现为心性论语境中的"性情分离"。战国秦汉以来的医学及养生术亦曾深刻涉及了性命或性情诸问题,构成了哲学思考的某种思想氛围和知识背景。①

四、比较会通诸问题

经由以上讨论,我们发现中西两个伦理学系统虽思维方式大相径庭,思想内容旨趣迥异,精神气质南辕北辙,却不约而同地呈现出深邃恢弘之致,致广大而尽精微;其原因当然是多方面的,但最重要、最不容忽视的原因则不能不归诸哲学理论范式! 也就是说,比起前哲学时期的那些引人瞩目的异同,进入哲学时代后的差别和相似,更加耐人寻味,也更加重要。这对于我们从整体上、更进一步深入理解和把握中西方两种不同类型的哲学、伦理学来说,至关重要。实际上,前贤早已留意于中西哲学、伦理学之间的比较会通,积累的研究文献汗牛充栋。那么,本文能为既往的学术研究传统增添一点点儿微薄谈资吗? 笔者特别想强调以下几点:

第一,我们曾经耳熟能详的论点是:中国哲学思想特别是儒家思想本质上是某种伦理学,中国文化的特征乃伦理本位,等等。比较会通的视野与严谨科学的方法必将改变那些似是而非的成见,促进那种以世界哲学史的眼光思考多元哲学、伦理学的可能性,探寻其发展规律,破除"哲学只是一个单数"的陋见。

第二,最重要的是,真正意义上的跨语际、跨文化的比较会通,应该提升到中西哲学、伦理学的理论范式层面予以把握,而仅仅只关注某些表面相似或差异,则缺乏理论探讨的建设性和方法论的自觉性。因为立足于表面相似或差异的所谓比较研究,往往流于穿凿附会,只能与融会贯通的目标渐行渐远。

第三,前文的分析讨论表明:中西哲学、伦理学之间的显著差异,主要是哲学时代塑造的。前面的讨论已经揭示出,前哲学时期的"德"与 Aretē 的涵义比较接近,主要差异就是前者更多群体意味而后者更多个人因素。其他方面的异同似乎没那么重要了。这是很耐人寻味的。

以上几点想法是笔者在困惑中思考的点滴心得,同时也促使笔者更多地从理论范式维度上推拓比较哲学研究。然而任重道远,谈何容易。接下来笔者就目前思考所及,简单

---

① 郑开:《黄帝学之生命——精神哲学》,《云南大学学报》(社科版),2015 年第 4 期。

讨论几个理论问题,目的是通过这几个立足于理论范式比较之例证,推进若干具体问题的深入讨论。

(1) 托马斯·库恩说,范式(Paradigm)之间是不可通约的。既然中国哲学、伦理学的理论范式是心性论,而古希腊以来的西方哲学的理论范式是知识论,那么心性论、精神哲学和境界形而上学是否与逻辑学、知识论和本体论——形而上学完全绝缘? 毋庸置疑的是,早期中国哲学从来都重视追寻智慧和真理,虽然他们的致思方式不同于古希腊哲人们的"爱智慧"。比如说,孔子所说的"生知"("生而知之")、孟子所说的"良知",究竟是怎样一种"知"(或者"智")呢? 再如,老子所说的"知常曰明";庄子所说的"莫若以明",是否隐含某种深刻玄思? 实际上,创构心性论的孟子和庄子都没有忽视"心"的作用与意义——包括理性功能和认识论意义①,只不过他们取舍不同:孟子诉诸"本心""良知"概念及其理论阐扬人性的光辉与道德理性的价值;庄子则继承了老子以来的"无知""无心"概念及其理论,提出"真知"概念以及理论,更加系统地论证超理性意义上的明觉或洞见——称之为"智的知觉"(牟宗三)亦无可无不可,然而我认为理解为"精神知觉性"(徐梵澄)也许更恰当②。既有的研究表明,诸子时期对于智与知的哲学阐明,深化了相关讨论,乃思想史推陈出新、创造性转化的重要标志之一。问题在于,倘若心性论与知识论之间仍具有某种交涉关系而非完全绝缘的话,心性论如何融摄知识论?

另一方面,"智"或"知"虽然也是早期思想史中的重要德目,然而伴随着哲学突破以及进一步的突破的干坤挪移,它尴尬地被边缘化了,甚至消融于其他"德目"之中了。老子说:"智慧出有大伪。"(《老子》第 18 章)又说:"民之难治,以其智多。"(《老子》第 65 章)表面看,儒家哲学更重视"智",但其重要性无论如何也不能比拟仁义忠孝。宋明新儒家热衷讨论的"仁包四德(义礼智信)"(朱熹《仁说》)几乎就是儒家哲学的必然命题,而戴东原的说法也很有代表性:"举仁义礼可以赅智,智者,知此者也。""语德之盛者,全乎智仁而已矣。"(《孟子字义疏证》卷下"仁义礼智"条)也就是说,"五常"(仁义礼智信)之间有主次、轻重之分,"仁"作为德性概念是"五常"的核心,支配着其他四种"德目"甚至一切"德目"。有趣的是,苏格拉底经常讨论的问题包括:Aretē/Virtue(德性/美德)要么是智慧的整体,要么是智慧的部分;Aretē/Virtue(德性/美德)作为一种智慧和技艺,是否可教

---

① "心"既具有理性认识的功能,且内蕴了某种深层结构,逸出了理性认识层面。例如,儒道两家哲学思考中的"无心""常心""本心""良心"就包含但不限于理性认识或一般意义上的智慧,因为它们被诠释为"虚极静笃""虚灵不昧""照之于天""通于神明"等,那么它们属于何种意义上的"心"就很值得玩味了。

② 郑开:《道家形而上学研究》(增订版),北京:中国人民大学出版社,2018 年,第 195 – 208,338 – 344 页;《试论徐梵澄先生的精神哲学》,《宗教哲学》第 9 辑,北京:社会科学文献出版社,2020 年。

（《美诺篇》89a6－7,89c2－4）。亚里士多德也花了不少笔墨谈论 Aretē/Virtue（德性/美德）与 Dikeaiosunē/Justice（正义）之间的关系。值得玩味的是,宋明新儒家所阐发的"仁包四德",朱熹特别强调"一个包便得数个"的原因就是"只为是一个"（《朱子语类》卷九五）。如若从"理一分殊"角度看,"仁包四德"就像"月印万川"一样容易理解;如果自逻辑学、知识论和本体论理论范式审视之,则难以理解。就是把"仁包四德"置于"理一分殊"的理论视野和思想脉络予以分析,可能更好地阐扬儒家哲学的深邃复杂,一点儿也不逊色于西方哲学、伦理学。另一个有意思的问题是,苏格拉底决绝地否认了 Aretē/Virtue 出乎自然而然,生而具有,似乎旨在切断 Aretē 与 Physis（自然）之间的纽带,排除了从个性、自然角度理解 Aretē/Virtue 的可能（《美诺篇》89a6－7）。这当然有他的道理。然而,无论是儒家哲学还是道家哲学均认为人的本质属性和本源性价值是先天的,出乎自然;实际上,先天和自然是我们理解古代儒道两家人性论与伦理学的重要基础。可见,中国哲学、伦理学所讨论的人性（基于哲命、德、气、先天、自然等）,无论是形式还是内容,都和古希腊以来的人性概念（Nature,源于 Aretē 与 Physis）不可同日而语。

"聪""明"和"圣"（原义是耳聪,与特殊智能有关）都是《诗》《书》时代很重要的"德目"[1],所提到的"德目"早已包括了。《史记》提到古史传说时代的帝王之"圣德","聪明""能自言其名"是常见的德性。"智"很早就包含于"德目"之中,经过孔孟及其后学的阐发,跻身于"五常"之列,被认为是形而上的"仁"的、不可或缺的具体体现。然而,古希腊哲学所说的"智慧"包括理论智慧（epistēmē）和实践智慧（phronēsis）:前者（epistēmē）是以数学为范式的科学知识,亦是古希腊哲学以来盛行不衰的知识理论（epistemology）的词源与来源;后者（phronēsis）则是人文科学的策源地,因为它诉诸政治、伦理等实践科学,近代以来它承受了科学理性的重重围剿与多方打击。中国哲学,例如儒家和道家,不约而同地强调实践智慧的重要意义,同时相对忽视了基于主客二分、强调名相分析、以逻辑学为中心的理论智慧（epistēmē）;他们始终面向并且关注生命、生活的价值与意义,由于他们殊途同归,都以心性、精神、境界之超越为最高旨趣,因而具有实践智慧、精神哲学与境界形而上学的特征。

更重要的是,中国哲学语境中的良知等概念,还不能径直翻译为 Conscience 吧? 相对而言,陈荣捷译作 Innateknowledge 比较近是[2]。孟子以来的"良知"概念往往是用以表示

---

① 《尚书·洪范》:"一曰貌,二曰言,三曰视,四曰听,五曰思。貌曰恭,言曰从,视曰明,听曰聪,思曰睿。恭作肃,从作义,明作哲,聪作谋,睿作圣。"《太甲中》亦曰:"视远惟明,听德惟聪。"《国语·楚语》:"听德以为聪,致远以为明。"

② Chan Wing-tsit（陈荣捷）: *Instructions for Practical Living and Other Neo-Confucian Writings by Wang Yang-ming*, Translated, with Notes, New York: Columbia University Press, 1963。

觉性。朱熹认为心的作用是"知觉灵明",王阳明更进一步说:"良知是天理之昭明灵觉处。"试举王阳明的几句话表明其致良知理论的深刻复杂:

> 良知是造化的精灵。(《传习录·下》)
>
> 问:"人有虚灵,方有良知。若草木瓦石之类,亦有良知否?"先生曰:"人的良知,就是草木瓦石的良知。若草木瓦石无人的良知,不可以为草木瓦石矣。岂惟草木瓦石为然,天地无人的良知,亦不可为天地矣。盖天地万物与人原是一体,其发窍之最精处,是人心一点灵明。"(《传习录·下》)
>
> 此心光明,亦复何言?(黄宗羲:《文成王阳明先生守仁传》)

第一条"良知是造化的精灵",折射了"心外无物"的宗旨,又与《中庸》"诚者与物终始""成己成物"何尝有异?第二条以虚灵为良知,更是一种能够和万物相互感通的精神知觉性,弥漫宇宙,无所不在。徐梵澄解释孟子、王阳明所谓"良知"曰:"知觉性之形况'良',即今所言'神圣',即常语之灵明知觉性。""所谓人与万物一体者,非在形而在性,即宇宙知觉性之为一。"①"此心光明,亦复何言?"乃王守仁临终遗言,其中"光明"亦出现于其《中秋》诗句:"吾心自有光明月,千古团圆永无缺。"(《中秋》)王阳明所谓"光明",近乎《中庸》所谓"诚明",亦与道家哲学语境中的"神明"相映成趣、相得益彰,指向某种内在的深邃幽眇的精神经验②。

可见,儒家所谓"生知"(生而知之)"良知",道家所谓"无知""真知",都内在于其心性论和境界哲学的理论脉络,体现了中国哲学的深邃洞见,独具特色。有意思的是,以西方知识论范式衡量,"无知""良知"诸概念及其理论几乎就是神秘主义和不可理喻的代名词。

(2)反过来说,印欧语系思想文化中比较发达的知识论、心理学、心灵哲学和现象学是否是心性论、实践哲学和境界形而上学的另一种类型,或能否拓展为心性论?也值得探讨。

儒家哲学思想样态丰富、内容复杂,然而心性论却是其毋庸置疑的核心部分。倘若我们不否认孔孟之道是儒家思想基本宗旨的话,那么孟子集大成的心性论哲学奠定了整个儒家哲学思想的基础。宋明理学特别是北宋道学之所以被称为新儒家

---

① 徐梵澄:《徐梵澄文集·卷一》,上海:三联书店,2006年,第494页。
② 道教经卷中屡见不鲜的"身入光明"也有类似的韵味,详见《无上秘要》《灵宝无量度人上经大法》等。

（Neo-Confucianism），从学术思想史的来龙去脉角度观察，早期儒家奉为经典的"五经"代之以"四书"表明了人们重新认识到了孟子思想遗产的重要性；思想特征方面推敲，宋明理学则呈现为心性论的不断展开，其中包含了对孟子心性哲学思想的追本溯源和深度开掘。北宋以来绵延了数百年围绕性理的讨论表明了，心性问题不仅是宋明诸儒思考的核心，而且也是那个时代理论思考的范式。这样来看，心性论乃是儒家哲学的重要理论范式，而儒家所谓"天人合一""万物一体""理一分殊""知行合一"等命题只能通过心性论哲学脉络和特征予以了解和把握，舍此别无他途；因为从西方哲学范式角度分析，它们含混不清甚至矛盾悖谬。

佛教发祥于古印度，欧洲汉学家许理和的名作《佛教征服中国》早已被移译为中文，他所讨论的佛教播散于中国的历史进程也已经被人们所熟知。然而笔者却认为，持续数百年的佛教中国化过程所催生、塑造的中国化佛教，并非"佛教征服中国"这一说法所能涵盖；换言之，"佛教征服中国"这个命题并不那么恰如其分，因为它过于强调佛教思想和文化之传播的单向度影响了。反过来看，佛教中国化进程、中国化佛教的出现更是中外文化交流史上的重大因缘，具有无可估量的世界文化史意义。佛教之所以能发展为世界宗教，不仅仅是因为古印度创立了它，还因为古代中国发展了它；可以说，世界佛教史、世界文化史上的中国佛教举足轻重、当仁不让。那么，重要的是，中国佛教区别于印度佛教的地方何在？或者说中国化佛教推陈出新的创造是什么呢？举个例子，中国佛教唯一称为"经"的《六祖坛经》，无论是从形式上还是内容上都和印度陆续传来的佛教经论很不一样，而《坛经》"明心见性"之思想旨趣则可以归结为心性论。就是说，心性论也是中国化佛教内核。另一个例子是围绕《大乘起信论》的争论聚讼不已，多少反映了中国佛教和印度佛教的差异。笔者的看法是，心性论趣向乃中国化佛教的明确特征，古印度佛教也分析讲论"识"和"性"，却终究属于心理学抑或属于"意识论"范畴[1]，与心性论风马牛不相及。换言之，保留较多原汁原味的佛性论、唯识学等印度古学难以归属于心性论形态，因为其具有较为浓厚的心理学（Psychology）意味[2]。

古希腊哲人苏格拉底、柏拉图从来也没有忽视"心"的意义和作用，甚至还发展出了不可思议的灵魂说，以深度阐述"四主德"的功能与作用，以及城邦政治。柏拉图主义和

---

[1] 张广保：《佛道心性论比较研究》，《道家文化研究》第 30 辑，北京：中华书局，2016 年。

[2] 比如说，北魏瞿昙般若流支译《正法念处经》中的"心性境"很大程度上只是心理学意义的"心"（意识）和"性"（人格），窥基撰《成唯识论述记》（《大正藏：第 43 册》）、玄奘译《摄大乘论释》（《大正藏：第 31 册》）等文献出现的"心性"亦大率如此。智顗的用法有点复杂，需要深入探讨。

中世纪的基督教神学进一步发展了它。近代以来的心灵哲学、语言哲学和现象学又予以了推陈出新。然而，无可讳言的是，西方哲学无论怎样花样翻新，仍属杂糅了心理学的心灵哲学。心性论关于心的概念的深入阐发和深刻掘进，决不能还原为心理学和意识论。唯识学与现象学似乎可以深度对话，并且有所创获，作为中国化佛教的典型之一的禅宗来说，其明心见性、洞彻言外的理论特色，能够以意识分析的方法予以阐释吗？

排遣名相、超绝言意乃心性哲学的内在要求，所谓精神境界需诉诸内在的默契与证会，而不能还原为唯识学、心理学以及所谓的"内在意识的现象学"。柏拉图的苏格拉底乃哲学英雄，魅力无穷，他的奇思妙想至今仍在现代思想世界回响。然而，设若以古代中国哲学家的视角观之，苏格拉底的舌粲生花似有玩弄词藻、诡辞数万、"专决于名而失人情"（《汉志》对名家的评价）之嫌，柏拉图和亚里士多德也免不了被当作辩者公孙龙之流予以蔑视。这是由于思想冲突、文化冲突所致，更是哲学理论范式的不可通约所造成的①。陆王对朱熹的批评，支离、过于繁琐精详，以至于淹没了主要目的（大本）。

仅仅从哲学理论层面考虑，设若"美德""善"有那种"相""形式"或"本体"的话，那它们究竟是怎样的"相—形式—本体"呢？苏格拉底、柏拉图的哲学思考引发了绵延数千年的争讼，坦率地说，其中不少议论事倍功半、庸人自扰，甚无谓也。实际上，Aretē/Virtue 究竟是什么意义上的 Being（本体抑或存在）？恐怕就是起苏格拉底、柏拉图于地下也说不清道不明。自摩尔以来的伦理学思潮强烈质疑美德（Virtue），认为伦理学的真正问题在于情感；麦金太尔试图为美德伦理学进行辩护，罗尔斯则重新发掘并拓展了正义理论。无论如何，自古希腊以来的西方伦理学（含政治哲学）从来就是逻辑学、知识论和形而上学—本体论的附庸，有人称之为"第一哲学"，显然别有用心。实际上，诉诸知识论分析与心理学还原的方法探求道德理性和人文价值，不免捉襟见肘，甚至竹篮打水一场空。古代中国哲学家从来不认为"电车难题"有什么实际意义，也不会被"老妈和老婆掉到水里应该先救哪个"这样的伪问题所困扰，因为自儒家哲学角度看，"允执厥中"的实践智慧足以随机而发、恰如其分地解决诸如此类的问题。这对于伦理学而言是不是具有重要的启示、重大的价值？

近代以来，中国哲学研究者大多以西方哲学为参照系梳理与重建中国哲学，也热衷于借鉴宇宙论、本体论、知识论等理论方法加深中国哲学有关问题的讨论，比如说本末体用等。然而，中国哲学尤其是宋明理学语境里的"本""体"，并非古希腊本体论意义上的"本

---

① 托马斯·库恩：《科学革命的结构》，金吾伦，胡新和译，北京：北京大学出版社，2012 年；《必要的张力——科学的传统和变革论文选》，范岱年，纪树立等译，北京：北京大学出版社，2004 年。

体"（Being/Ousia）；牟宗三诉诸"Ontological Being"理解的中国哲学之"本""体"①，实际上这种诉诸知识论—本体论的研究进路（Epistemological and Ontological Approach）毋宁说是某种"本体论的误置"②。也就是说，古代中国哲学语境中的"本""体"最好通过心性论—境界哲学的内在脉络予以理解和把握，而套用古希腊以来的知识论—本体论理论范式进行分析则未免削足适履。

从近现代伦理学角度看，儒家伦理学显然混沌不清，因为它很难区分事实与价值③。可是，儒家坚持不懈地试图从自然理解实然，进而论证当然，如程朱理学那样，又应该如何评判呢？孟旦（Donald J. Munro）使用了"心灵簇"（clustering）概念讨论中国思想史语境下的"人的观念"④，试图推进中国哲学思想关于仁义礼智信、天人合一、事实—价值等道德哲学问题，显示了"心"的概念的复杂性和叠置现象。然而，其所谓"心灵簇"（clustering）属于心性学范畴吗？举例来说，北宋以来的新儒家不断深入阐释"心无内外""性无内外"⑤，比如说张载"大其心"而后的"心"究竟是什么意义上的"心"呢？实际上，这种层面的"心"难以由孟旦发明的"心灵簇"（clustering）概念予以阐明，因为"心灵簇"或"意识束"（clustering）概念渗透了较为浓厚的斯金纳行为心理学的意味，并不适用于分析和阐释心性学意义上的"心"的概念。同样地，爱莲心（Robert Elliott Allinson）依据西方哲学对心的概念的分析，试图以内在的心灵转化解释庄子思想主旨⑥，却未能深切把握心性理论的内涵与精髓，终究是雾里看花而已。实际上，作为理论范式的心性论与境界说的复杂深刻，且具有高远视野以及致力于开拓高维度思想空间的特点，通过西方哲学的分析方法予以理解和把握并非轻而易举。

（3）前文的讨论表明，中西哲学、伦理学之间既有殊途同归的相似内容，也存在整体上的差异，这种整体上的差异，恰是理论范式间不可通约性所致。前面我们从理论范式的不可通约角度审视比较了若干问题，接下来我们尝试讨论中西哲学、伦理学的一个不约而同的理论旨趣，属于"不可通约"之外，即：哲学、伦理学的思考如何超越伦理地方性的？

---

① 详见牟宗三：《心体与性体》，上海：上海古籍出版社，1999 年。

② 郑开：《中国哲学语境中的本体论与形而上学》，《哲学研究》，2018 年第 1 期。

③ 孟旦（Donald J. Munro）：《事实与价值的混淆：儒家伦理学的一个缺点》，《哲学研究》，1990 年第 3 期。

④ Donald J. Munro, *The Concept of Man in Contemporary China*. Ann Arbor：University of Michigan, 1977.

⑤ 张栻在诠释"未与物接时仁如之何？"时说："心无内外。心而有内外，是私心也，非天理也。"（台湾商务印书馆影印文渊阁《四库全书》本《南轩集：卷三十》）王阳明曰："夫理无内外，性无内外，故学无内外。"（《阳明先生集要：理学编：卷四》）

⑥ 爱莲心：《向往心灵转化的庄子》（*Chuang-Tzu for spiritual transformation*），周炽成译，南京：江苏人民出版社，2004 年。周炽成指出，爱莲心以西方哲学的概念心与直觉心二分为基础诠释庄子思想。详见周炽成：《从爱莲心的庄学研究看以西评中》，《华南师范大学学报》（社科版），2006 年第 1 期。

更具体说就是,古代中国哲人如何在道德与礼俗之间的张力中思考,古希腊以来的西方哲学家如何在质料伦理学与形式伦理学之间的张力中取舍?

第一,表面上看,苏格拉底、柏拉图和亚里士多德的伦理学(含政治哲学)莫不围绕城邦秩序而展开,其分析讨论虽然抽象繁复,却具有明确的针对性。诸子百家蜂起的时代,"救时之蔽"似乎是他们共同的理论抱负。然而我们不难发现,真正深刻且流传久远的思想遗产却不是那些具体谈论如何富国强兵、如何维系政治秩序,而是抽象讨论那个虚无缥缈的"天下"。讨论"天下"是中国古典政治哲学的重要特质,展现了某种深邃开阔的理论视野。我想强调的是,古代中国的古典政治哲学自有其价值与意义,我们愿意推进比较会通的视野,却不必仰人鼻息。实际上,城邦政治时期活跃的哲人们,亦颇具深远的考虑,并没有拘泥于现实的城邦政治。笔者以为有必要将理论性的伦理学与那只以指导生活实践为目的的伦理学区别开来,正如将政治哲学与一般意义的政治思想、政治学区别一样。亚里士多德的存在论比较偏重质料,他所谓的实体(Ousia)无论如何也带有质料的意味,其伦理学比较重视礼俗规范(Ethos)。

柏拉图关于伦理与政治的思考,具有那种执着追求纯粹的理论旨趣。换言之,柏拉图以数学为范型,以几何学的明晰与精致为怀,试图将哲学比拟于几何学,晚近的斯宾诺莎似乎也有此癖好;这种思想取向使得他的伦理学(含政治哲学)颇具那种超出城邦生活秩序的向度。《理想国》的大部分内容都是想象的立法实践。柏拉图的道德观是一部情节剧,《法律篇》否认了这部戏的大团圆结局。他始终倾向于各种二元论:相与世界,灵魂与肉体,理性与非理性,统一与分裂,教化与腐败。社会的戏剧被每一个灵魂中的各种冲突映现出来。柏拉图写道:"奇异的、野性的和非法的欲望存在于每一个人当中,甚至那些道貌岸然的人也不例外。"(《理想国》IX. 572b4-6)柏拉图的理论将诸美德与一种理想的而非现实的城邦政治实践相联系,比如说,《理想国》试图阐明一个重要问题是:哲学家通过深思熟虑至真的真理而在头脑中形成了清晰的方案,"在这里制定出关于美的、正义的和善的事物的规范,并守护着这些被制定出来的规范"(《理想国》484d1-3)①。总之,柏拉图所说的 Eidos/Idea(相或理念、理型)乃玲珑剔透、金刚不灭的纯粹形式,任何现实的东西都是对它拙劣的、差强人意的模仿而已;正如出现于现象界的任何一个圆形的物体,都不及几何学意义上的"圆"那么"圆";同样,人类历史上的一切政体,包括希腊城邦,都是理想国的残缺而且扭曲的影子。笔者认为,理论的伦理学和政治哲学均是理想的、纯粹

① [英]泰勒主编:《劳特利奇哲学史:从开端到柏拉图(第一卷)》,韩东晖等译,北京:中国人民大学出版社,2017年,第474-479页。

253

的、形式主义的，因而是真正的伦理学、真正的政治哲学，例如，康德的《道德形而上学基础》《法的形而上学原理》。问题是，儒道两家的伦理学有没有那种纯粹的理论向度呢？这是一个很有趣且很值得探讨的问题。

第二，牟宗三区分了"道德底形上学"（Metaphysics of Morals）和"道德的形上学"（Moral Metaphysics）。所谓"道德底形上学"就是一种研究道德的方式，即思辨地、形而上地讨论道德的基本原理与存在原则等，研究对象是道德；所谓"道德的形上学"则是以形上学为研究对象，而以道德为其进路和方法，就是以道德规律之洞观与呈现反过来塑造形上学和本体论的理论。他还说，康德只有"道德底形上学"（Metaphysics of Morals）而没有"道德的形上学"（Moral Metaphysics），因为《道德形而上学基础》《实践理性批判》只论证了道德法则不能通过经验来建立。①

我们试从道家哲学的超善恶论或绝对性善论开始讨论。老子既言"绝仁弃义"（《老子》第 19 章）又说"上德不德"（《老子》第 38 章），已经显示出其超出日常观念和世俗伦理之端倪。进一步地推敲表明，道家伦理学乃特殊形态的伦理学（含政治哲学），堪称"反伦理学"。老庄不仅常有"搥提仁义，绝灭礼学"（扬雄《法言》）的惊人之语，还通过深切的反思揭示了具有深刻理论意义的人性论与伦理学：诉诸无为概念及其理论改造了比较朴茂的自然人性论，且深化为心性论，其典型形态就是《庄子》中蕴含的"纯粹真性论"②。徐梵澄认为道家哲学属"超道德论"③，刘笑敢认为庄子人性思想乃"绝对性善论"④，仿佛洞若观火。老子所谓"小国寡民"以及庄子所说的"至德之世""建德之国"都具有虚无缥缈、不切实际的特征，而老庄笔下的圣人、神人和真人亦体现了纯粹人性，而具有那种精神高于物外、虚静恬淡寂寞、不可方物、不可思议的特质，例如，《庄子·逍遥游》里面的姑射山神人。老庄认为，举凡一切现实的政治制度、社会秩序与伦理规范都是由"名"建构起来的，因而都具有这样或那样的局限性、地方性，并非天经地义，这就是他们为什么批判仁义，反对把"仁义之操"置于"道德之意"之上的根本原因。从道家伦理学与政治哲学的视角看，所谓"善""恶"也是由"名"规定的，具体说就是通过政治法律制度以及社会风俗等复杂机制建构起来的，随着社会政治的不断推移尤其是其结构性变动，善恶的观念及其判别标准也随之变动不居。那么，当道家哲人说"上善若水"（《老子》第 8 章）、"至善忘善"

---

① 牟宗三：《心体与性体》，上海：上海古籍出版社，1999 年。
② 郑开：《道家形而上学研究》（增订版），北京：中国人民大学出版社，2018 年，第 227－251 页。
③ 徐梵澄：《玄理参同》，《徐梵澄文集：第 1 卷》，上海：三联书店，2006 年，第 147－148 页。
④ 刘笑敢：《庄子哲学及其演变》，北京：中国社会科学出版社，1988 年，第 275－276 页。

（《庄子·养生主》）的时候，就包含了某种更加深刻的意味：最高的善不是"善"，超乎"善恶对立"之上，换言之，它不能按照一般意义的善恶观念予以规定和把握。由此可见，道家伦理学隐含了某种超越一般礼俗层面的 Ethos/Ethic 的深刻含义，从而赋予了道家关于人性与伦理的思考具有了某种道德形而上学的特点。①

第三，接下来，我们以王阳明四句教里面的"无善无恶"为例，进行一点儿简单讨论。一般认为，孔子所谓"仁"、孟子所谓"仁义"，以及宋明理学家详密讨论的"理"，其实质就是封建时代的道德准则和伦理规范，朱熹甚至说，如果"理"不存在、不真实，岂不是干坤颠倒了不成？然而，儒家哲学的深刻恰在于：它既高度匹配于古代社会政治结构，同时又试图超然于其上。的确，不少儒家学者执着于君子小人之别、严于义利之辨、拘泥于善恶之分而不敢越雷池一步，但仍有许多儒者运思深远，从更广阔的视野看待善之为善、恶之为恶的根据，比如王阳明。

如所周知，王阳明关于"无善无恶"的提法酝酿已久。他在启程征思、田的前夕，应高弟钱德洪（字洪甫，号绪山）、王畿（字汝中，号龙溪）之请，详细阐发了"四句教"的宗旨，史称"天泉证道"。《传习录》下载：

> 丁亥年九月，先生起复征思田，将命行时，德洪与汝中论学；汝中举先生教言："无善无恶是心之体，有善有恶是意之动，知善知恶是良知，为善去恶是格物。"德洪曰："此意如何？"汝中曰："此恐未是究竟话头：若说心体是无善、无恶，意亦是无善，无恶的意，知亦是无善、无恶的知，物亦是无善、无恶的物矣。若说意有善、恶，毕竟心体还有善、恶在。"德洪曰："心体是'天命之性'，原是无善、无恶的：但人有习心，意念上贝有善恶在，格、致、诚、正、修，此正是复那性体功夫，若原无善恶，功夫亦不消说矣。"
>
> 是夕侍坐天泉桥，各举请正。先生曰："我今将行，正要你们来讲破此意。二君之见，正好相资为用，不可各执一边：我这里接人，原有此二种。利根之人，直从本原上悟入，人心本体原是明莹无端的，原是个未发之中：利根之人一悟本体即是功夫，人己内外一齐俱透了。其次不免有习心在，本体受蔽，故且教在意念上实落为善、去恶，功夫熟后，渣滓去得尽时，本体亦明尽了。汝中之见是我这里接利根人的：德洪之见是我这里为其次立法的。二君相取为用，则中人上下皆可引入于道。若各执一边，跟前便有夫人，便于道体各有未尽。"

① 郑开：《道家形而上学研究》（增订版），北京：中国人民大学出版社，2018 年，第 209－211 页。

既而曰："已后与朋友讲学,切不可矢了我的宗旨。无善,无恶是心之礼,有善、有恶是意之动,知善、知恶是良知,为善、去恶是格物。只依我这话头随人指点,自没病痛,此原是彻上彻下功夫。利根之人,世亦难遇。本体功夫一悟尽透,此颜子、明道所不敢承当,岂可轻易望人。人有习心,不教他在良知上实用为善.去恶功夫,只去悬空想个本体,一切事为俱不着实,不过养成一个虚寂;此个病痛不是小小,不可不早说破。"是日德洪、汝中俱有省。

这段话内容丰富而且精深。关键在于,"在四句教中,最重要的,也最令人感到困惑的是,作为一个儒学思想家,阳明所谓'无善无恶心之体'究竟是什么意思?"[①]也就是说,对于传统的、有点儿呆板形象的儒者来说,阳明之说耸人听闻,似乎有遁入佛学之嫌。但实际上,佛学主要是从排遣心生分别角度讨论"无善无恶"的,与阳明不同。《传习录》另一段话是说:

侃去花问草。因曰:"天地间何善难培,恶难去?"先生曰,"未培未去耳。"少间曰,"此等看善恶,皆从躯壳起念。便会错。"侃未达。曰:"天地生意,花草一般。何曾有善恶之分? 子欲观花,则以花为善,以草为恶。如欲用草时,复以草为善矣。此等善恶,皆由汝心好恶所生。故知是错。"曰:"然则无善无恶乎?"曰:"无善无恶者理之静,有善有恶者气之动,不动于气即无善无恶,是谓至善。"曰:"佛氏亦无善无恶。何以异?"曰:"佛氏着在无善无恶上,便一切都不管。不可以治天下。圣人无善无恶。只是无有作好,无有作恶。不动于气。然遵王之道,会其有极。便自一循天理。"(《传习录:下》《阳明先生集要:理学编卷一》)

显而易见,我们应该把王阳明之"无善无恶心之体"置于儒家哲学的内在张力中予以分析和理解,比如说,两宋以来经常讨论的"(道)与物无对"[②];而德性与德行之间的张力尤能说明问题。宋明新儒家比较偏重德性伦理,同时也特别强调德行规范,朱熹那么重视"礼""家礼"多少能说明一点儿问题。然而,德性伦理学有它自身的思想逻辑,即诉诸德性自足自为自洽为第一原理,进而摆脱德行伦理原则的地方性与局限性——亦即不以匹配于社会政治结构的伦理规范、人文现象为第一原则。自哲学理论层面分析,王阳明提出

---

① 陈来:《有无之境》,北京:人民出版社,1991 年,第 203 页。
② 胡宏亦曾讨论"性无善恶",确切地说,他主张的是性为至善,"本然之善不遇恶对"。详见上书,第 204 页。

"无善无恶心之体"命题,旨在突破质料伦理学的束缚,以更形式主义的伦理学消解质料伦理(德行规范,如忠孝)。另外值得注意的是,王阳明试图诉诸"自然"阐述"无善无恶",折射了他仍在天(道)人(道)之际进行哲学沉思的特点;这何尝不是儒家一以贯之的思考风格呢?

黑格尔曾说,《论语》记载的孔子言教,不过只是"一种常识道德"而已,只是"任何地方都能找的""毫无出色之点的东西"。"孔子只是一个实际的世间智者,在他那里思辨的哲学是一点也没有的。只有一些善良的、老练的、道德的教训,从里面我们不会获得什么特殊的东西"①。然而,以上的分析讨论足以呈现出自孔子以来儒家哲学、伦理学思考的深邃力度,并不见得逊色于古代西方哲学、伦理学,更何况它还具有那种不可替代的独特价值。

总之,中西哲学伦理学迥然不同且各擅胜场,更重要的是它们都发展出了某种纯粹的、理想的、形式化的德性伦理学以及道德形而上学,尽管其背后的理论范式不可通约。

综上所述,德与 Virtue 分别交涉纠结于中西哲学、伦理学的各个方面。我们从早期思想史与古典语文学互动角度追溯德与 Arete 的初始意义时,发现其前哲学时期的含义比较接近,例如,它们最初并没有明显的道德(Morals)意味,更多表示人和事物的优长和卓越而已;然而,随着时间推移和社会变动,尤其是哲学突破的创造性思想,德与 Aretē 的意义增殖比较明显,Virtue(美德)的意义逐渐强化,而且作为中西哲学、伦理学的关键词,它们分别表现了其建构于其中的哲学思维方式和理论范式之中,而它们的核心含义却渐行渐远:儒家致力于将"仁""诚""理""中"确立为"德"的核心内涵,道家则以"玄德"发展了"德",其核心内涵诉诸自然、无为等概念予以阐发;古希腊哲学以来的 Aretē/Virtue 概念,濡染了多样性的思想元素,特别是深受基督宗教的影响,几乎脱胎换骨了②。但无论如何,美德伦理学仍在不断地讨论正义与智慧,这是西方思想万变不离其宗的地方。最为重要的是,轴心时代的哲学沉思和理论创造真正决定了中西方哲学、伦理学的差异,毕竟中西方哲学的形态与特征都是由哲学突破以来的理论精神遗产塑造的;而哲学突破以来最重要的理论精神遗产,无他,只是它们各自的哲学理论范式! 如果说"德"的归宿是心性论、实践智慧、精神哲学和境界形而上学,那么围绕着 Arete(Virtue)建构起来的伦理学(含政治哲学)则是以知识理论为核心向外推展的结果。从比较哲学、伦理学角度看,跨语际、

① 黑格尔:《哲学史讲演录:第 1 卷》,北京:三联书店,1956 年,第 119 - 120 页。
② 古希腊的 Aretē 概念却经受了基督教文化冲突的洗礼,因为《圣经》推崇的美德诸如信仰、谦卑、慈爱等,并非古希腊的 Aretē。详见赵敦华:《人性和伦理的跨文化研究》,哈尔滨:黑龙江人民出版社,2003 年,第 222 页。

跨文化的视野虽然重要,但最重要的还是发掘语言、思想、伦理、文化等因素的深层结构,也就是说,我们切勿忽视理论范式的功能与作用。

我们试图昭示哲学、伦理学理论范式间的比较会通,然而浅尝辄止,只是提示若干端倪而已,更多、更充分、更详密的讨论以俟来日;但有一点已经很清楚了:唯有诉诸理论范式的高维视野,方能推进比较会通,使比较会通的努力更具建设性。同时我们还发现,中西哲学、伦理学理论范式竟然在"不可通约之外"有殊途同归的可能,因为它们均内蕴了某种道德形而上学,超然于伦理地方性之上。倘若我们从世界哲学史角度讨论中国哲学与西方哲学的价值与意义,促进我们追寻真理与永恒,理解哲学学科的特征与意义,那么本文的尝试是否称得上"千里之行,始于足下"呢? 敬请高明方家有以教我。

De and Virtue: A Comparative Study on Cross-Linguistic & Cross-Cultural Ethic Paradigm

ZHENG Kai

【Abstract】 The received translational equivalence between de and virtue laid the foundation for comparative studies in ethics East and West. However, further analyses reveal rich and turbulent philological and intellectual histories behind the two terms / concepts. More importantly, their distinct characteristics and intellectual significances are to be grasped from a paradigmatic perspective in their respective philosophical (including ethical) tradition. Ancient Greek ethics since Socrates is based on epistemology and logic, and its development revolves around themes such as virtue and justice etc; whereas Daoist and Confucian ethics since mid-Warring-states period China are directed towards heart-mind-nature theory and practical wisdom, typically tending to express thoughts on the realization of human natural propensities and the elevation of mind and spirit.

【Keywords】 De, Virtue, ἀρετή/Aretē, Philosophical Paradigm, Comparative Philosophy

马丁·麦克多纳的《枕头人》，或为文学辩护①

[美]诺埃尔·卡罗尔②（著）

唐　瑞③（译）

倪　胜④（校）

【摘要】《枕头人》是马丁·麦克多纳最具有哲理性的作品。它围绕着作家卡图兰、他的大脑受损的哥哥迈克尔、警察图波斯基和警察埃里尔展开。迈克尔犯下了儿童杀戮罪行，再现了卡图兰的暴力故事。卡图兰却因此被关进监狱，接受两位警察的审讯，最后被枪决。该剧中间穿插着倒叙，讲述了卡图兰和迈克尔的童年，以及卡图兰所创作的诸如《河边小城的故事》《小绿猪》《小基督》和《枕头人》等故事。《枕头人》是一种元戏剧的实践，间接地解决了戏剧（以及由此延伸的文学）在它所讲的任何事情中是否能够被证明是正当的问题。通过运用他独特的风格逆转策略，麦克多纳对文学之美与邪恶之间的关系提出了互相矛盾的观点：一方面，以迈克尔为代表，文学之美被认为是一种可以容忍的并与邪恶的交换，在这种情况下，美使我们与邪恶和解，或者甚至激发了它；另一方面，以卡图兰为代表，通过希望他的故事被销毁，文学之美被认为不是邪恶的理由或补偿，甚至还认为审查（销毁）像他这样的故事是正当的。该剧并没有给出一个确定的结论，而是促使

---

① 本文译自诺埃尔·卡罗尔，《马丁·麦克多纳的〈枕头人〉，或为文学辩护》（Martin McDonagh's The Pillowman, or The Justification of Literature），《哲学与文学》（Philosophy and Literature）2011 年第 1 期，约翰·霍普金斯大学出版社出版。
② 作者简介：诺埃尔·卡罗尔（Noël Carroll），纽约城市大学杰出教授。美国美学和艺术理论界的知名学者、讲座教授，美国美学学会前会长，在国际学术界尤以他对电影哲学的开创性的贡献而被认可。
③ 译者简介：唐瑞，上海戏剧学院助理研究员，研究方向为外国戏剧。
④ 校者简介：倪胜，外国哲学博士，戏剧戏曲学博士后，上海戏剧学院副教授，研究方向为中西戏剧比较、美学和艺术理论、时尚哲学、印度戏剧、佛学。

观众从自己的哲学角度去思考这个问题。

【关键词】 马丁·麦克多纳,《枕头人》,文学的正当性问题

自 1996 年他的剧作《丽南山的美人》(*The Beauty Queen of Leenane*)首次公演以来,马丁·麦克多纳(Martin McDonagh)已经成为英语戏剧世界中最具有影响力的年轻人之一。《枕头人》(*Pillowman*)是他最具有哲理性的作品①。它是一种元戏剧的实践,间接地解决了戏剧(以及由此延伸的文学)在它所讲的任何事情中是否能够被证明是正当的问题。或者相反,有些事情是越界的,或许有时需要监管?

在《理想国》(*Republic*)第三卷,柏拉图以一系列论据开始了他对诗歌的攻击,我们可以不合时宜地将其称之为"坏榜样论据"。柏拉图担忧,如果诸神、半神和英雄们以某种方式被描绘出来,他们将会鼓励那些年轻的守护者们——苏格拉底谈论了有关他们的教育——去效仿他们。例如,有关诸神间的冲突的描绘,可能有利于促使国家未来的统治者们走向内战。英雄们的耶利米哀歌(lamentations),诸如地狱中(Hades)的阿喀琉斯哀叹自己的命运,可能会使战争卫士们倾向于自怜和恐惧死亡——而这与适合于共和国志愿军的军事美德格格不入,以及诸如此类。通过这些论据和其他论据,柏拉图最终提出将诗人驱逐出好城市。

虽然我们不再为使柏拉图焦虑的相同问题担忧——我们不在乎成年男性是否哭泣——但有关不同种类的坏榜样的争论依然存在。尽管柏拉图认为诗歌可能会使士兵变得心软甚至是胆怯,但时至今日有些人害怕,在书籍、舞台和屏幕中的坏榜样将会助长暴力行为和(或)性行为不检点。确实,许多人害怕各种传播媒介中的暴力将会助长模仿行为。因此,他们认为,即使不进行彻底地审查,也应该对此类传播媒介进行监管。即使我们当中不那么清教徒的人也会抱怨,大众传播媒介中的暴力和性拉低了文化的总体水平。

---

① 马丁·麦克多纳(Martin McDonagh),《枕头人》(*The Pillowman*),伦敦:费尔出版社,2003 年。有关该剧的另一篇评论性的讨论,参见理查德·兰金·拉塞尔(Richard Rankin Russell)编辑的《马丁·麦克多纳:案例集》(*Martin McDonagh: a Casebook*)中,布莱恩·克里夫(Brian Cliff)撰写的《枕头人:一个新的故事》(*The Pillowman: a New story to tell*),伦敦:劳特里奇,2007 年,第 138－148 页。

就他的作品可能相当残忍而言①,虚构地再现暴力一直是马丁·麦克多纳感兴趣的主题。在《枕头人》中,他探讨了它是否合理的问题,并且令人不安的是,他没有回答这个问题。

《枕头人》的主角是一个名叫卡图兰(Katurian)的作家。实际上,他的全名叫卡图兰·卡图兰·卡图兰(Katurian Katurian Katurian),居住在一个由虚构的极权政治统治下的卡梅尼斯(Kamenice)。当然,这里对 K 的强调,使我们想起卡夫卡(Kafka)的《审判》(The Trial)中的英雄 K②。和 K 一样,卡图兰最初也因为一项没有被警察认定的罪行而接受审讯。我们不知道他被指控的罪名。因为他被蒙住了眼睛,因为他被酷刑威胁,我们猜测他是在一个警察国家的手中受苦,这一假设后来得到了该剧的证实。我们很快就知道他是一个作家,虽然他靠在屠宰场工作来养活自己,而卡图兰是一个作家的事实鼓励我们去推测,卡图兰自己也是这么推测的,他因为写了一些政治上错误的东西而被关进监狱。因此,审查制度的问题几乎是立即提出的。并且,毫无疑问地,大多数自由主义的观众将会自然而然地同情卡图兰,这几乎是通过本能反应,因为无论何时艺术与国家发生冲突,自由主义者们倾向于支持作者。

最初,这些同情似乎是合理的。卡图兰似乎不是一个公开关心政治的作家。他写的故事非常短——简短的、暗示的童话故事,有点让人想起卡夫卡的寓言。卡图兰抗议说,他只关心讲故事,他没有更大的主题要传播。他说:"讲故事者的唯一责任就是讲一个故事……这就是我的准则,我只讲故事。没有企图,没有什么用意。没有任何社会目的。"也就是说,他声称只为艺术而存在——为艺术本身而艺术。因此,即使仅仅只是基于形式主义,观众也倾向于给卡图兰一个通行证。

---

① 《丽南山的美人》(The Beauty Queen of Leenane)中有弑母行为,《荒漠的西部》(The Lonesome West)中有弑兄行为和两次自杀行为,《康尼马拉的骷髅》(A Skull in Connemara)有谋杀未遂和可能的杀妻行为,《伊尼什曼岛的瘸子》(The Cripple of Inishmaan)中有杀婴未遂行为。《伊尼什莫尔岛的上尉》(The Lieutenant of Inishmore)的八个角色中,五个被杀,在剩下的三个角色和两只猫中,其中两个角色被第三个角色杀死了。此外,麦克多纳的电影也是一样的阴森。他荣获奥斯卡最佳短片奖的《六个枪手》(Six Shooter)中有弑母行为、自杀行为、自杀未遂行为和警察与狂妄的精神病患者间的致命的枪战,对兔子的刺杀行为,以及一个儿童和一个妻子的自然死亡。《在布鲁日》(In Bruges)中两个暗杀者被第三者杀死,随后第三者自杀;一位牧师也死了,还有一个儿童和被误认为是儿童的人。这些死亡人数可能不会让观看《2012》(2012)这类电影的观众感到震惊,但是人们需要记住的是,麦克多纳小说的角色阵容非常小,所以从比例上来讲,这些数字是个天文数字。

② 卡图兰居住在卡梅尼斯,也同样地暗示了位于中东欧的某个地方——与卡夫卡的另一个联系——因为"卡梅尼斯"是一个反复出现的斯拉夫地名。参见克里斯多夫·胡斯威奇(Christopher Houswitsch)编辑的《后柏林墙时代欧洲的文学观点》(Literary Views on Post-Wall Europe)中由沃纳·哈勃(Werner Hubner)撰写的《从丽南山到卡梅尼斯:马丁·麦克多纳的去爱尔兰化》(from Leenane to Kamenice: the Dehibernicising of Martin McDonagh),特里尔市:WVT,2005 年,第 283 - 293 页。以及,帕特里克·罗纳根(Patrick Lonergan)对《伊尼什莫尔岛的上尉》(The Lieutenant of Inishmore)的"评论",马丁·麦克多纳著,伦敦:麦修恩,2001 年,第 xxiii 页。

因此,一开始我们是支持卡图兰的。我们预料,警方的审问者图波斯基和埃里尔,将会对卡图兰的其中一个童话故事进行捏造、误解,以便把它描述成颠覆性的。但是,在许多的逆转中的第一个,我们意识到麦克多纳设计了我们。随着审问的继续,我们了解到卡图兰的故事里往往会有一个反复出现的、非常病态的主题——对儿童的暴力,包括杀婴——此外,其中一些故事恰恰反映了最近发生的、真实的、残酷的儿童杀戮事件。在一个案例中,一个小女孩因为被迫吞下含有剃刀片的苹果做成的小人而死。在另一个案例中,一个犹太小男孩因为被砍掉了五个脚趾流血而死。结果就是,卡图兰不是因为某些所谓的、意识形态的偏差而受到怀疑,而是因为他可能参与了针对儿童的、非常明显的犯罪。他的那些故事看起来,要么是这些暴行的蓝图,要么是在后来写的,它们是如此的详细,以至于似乎只能是犯罪从犯的作品,如果只是在事实发生之后。

卡图兰的故事,《河边小城的故事》(*The Story of The Riverside Town*)①讲述了这样一个故事,一位贫穷的小男孩把他的那块小小的三明治分享给了一位陌生人,这个陌生人驾着一辆装满小兽笼的二轮马车。作为"回报",这个车夫用一把切肉长刀砍掉了小男孩一只脚上的脚趾,接着离开了哈梅林(Hamelin)小城。既然我们推断这位神秘的车夫不是别人,正是哈梅林的花衣魔笛手(Pied Piper of Hamelin),那么他对小男孩的伤害,足够反常的,却也拯救了这孩子的生命。因为,一旦残疾了,小男孩就不能跟上哈梅林其他孩子的跳舞走向死亡的步伐。因此,人们甚至可以把卡图兰的故事理解为赞同小男孩的脚趾同他的身体分开。或者,至少,似乎有人这么做了。因此,即使卡图兰没有直接的责任,他也可能因为煽动某些易受影响的人去谋杀和蓄意伤害而有罪,这种前景应该让任何社会、极权主义或者其他什么主义感到担忧②。

尽管卡图兰抗议说他只是写故事,但是反对他的证据却越来越多。但是在第一幕的第一场的结尾,警察已经找到了隐藏在卡图兰和他明显弱智的哥哥迈克尔(Michal)共同居住的家中的小孩的脚趾。此外,卡图兰的审问者们进一步告诉他,迈克尔已经承认了罪

---

① 该处原文为"The Three Gibbets Crossroads",系笔误,应为《河边小城的故事》。——译注
② 把《枕头人》看作麦克多纳对自己实践的反思的一个原因就是,故事《河边小城的故事》是基于麦克多纳 16 岁时所写的某些内容。参见芬坦·奥图尔(Fintan O'Toole):《康尼马拉的心灵:马丁·麦克多纳的野蛮世界》(A Mind in Connemara: The Savage World of Martin McDonagh),《纽约人》(*New Yorker*),2006 年 3 月 6 日,第 40 - 47 页。事实上,卡图兰的所有故事都来自他为电影短片所作的处理,从而暗示了作为故事讲述者的卡图兰与麦克多纳之间的某种认同,他们的首字母,像卡图兰的首字母一样,是由连续的辅音组成的——KKK 和 MM。参见理查德·兰金·拉塞尔(Richard Rankin Russell)编辑的《马丁·麦克多纳:案例集》(*Martin McDonagh: A Casebook*)中,琼·菲茨帕特里克·迪恩(Joan FitzPatrick Dean)撰写的《马丁·麦克多纳的舞台艺术》(Martin McDonagh's Stagecraft),伦敦:劳特里奇,2007 年,第 35 页。

行,但他们不相信迈克尔能够独自承担,因为他们推测他不够聪明。在这一点上,观众不知道该相信什么,尽管大多数人可能已经暂停了他们最初的、本能反应的对卡图兰的同情。就目前而言,最紧要的不是某些含糊不清的政治问题,而是可以想象得到的、最令人发指的罪行——折磨和谋杀儿童。

第一幕的第二场是一段倒叙,由卡图兰叙述,同时由角色扮演母亲和父亲以及孩子们,当我们回顾时逐渐意识到这些孩子们是卡图兰和迈克尔。卡图兰叙述这段倒叙的方式,让人回想起他的童话故事——回到用公式开始倒叙:"从前……"卡图兰的著作和该戏剧本身开始融合成一种统一的风格①,这意味着无论卡图兰的寓言故事以何种方式负有责任,那么麦克多纳的剧本也是如此。并且,跟卡图兰的寓言故事一样,麦克多纳的戏剧也涉及虐待儿童。因此,如果说卡图兰正在受审,那么麦克多纳也是。

虽然倒叙中讲述的故事并没有立即被标记为是卡图兰自己的故事,但实际上,卡图兰所揭示的正是他那骇人的想象力的来源。父亲和母亲有两个男孩。他们决定培育其中一个男孩的文学天赋。他们给他颜料、书、笔和纸,并且鼓励他去写作。他创作了短篇故事、童话故事和短篇小说,有些还非常不错。但是让他写作只是他们计划的一半。对于他应该写些什么,他们有着非常明确的想法。

为了达到那个目的,他们设计了卡图兰所称为的"试验"。每天晚上,在卡图兰卧室的隔壁房间里,他们用电钻和电器折磨另一个孩子。每到夜晚,卡图兰就会听到隔壁房间里孩子被塞住嘴巴而发出的沉闷的哭声。其结果就是,这也正与他父母的目的相一致,卡图兰的故事"变得越来越恐怖。通常就是这样,在所有的爱和鼓励下,他的故事变得越来越精彩。但通常也是这样,在不变的折磨孩子的声音中,他的故事变得越来越恐怖"。因此,这就好像卡图兰的父母正在科学地检验一种古老的、经久不衰的"理论",即艺术源自苦难(或许,伟大的艺术源自巨大的苦难)。

在十四岁生日时,他收到了一张来自那个受折磨的孩子的纸条,解释了他们父母的"艺术"试验。纸条上署名"你的哥哥"。当卡图兰面对他的父母时,他们设法用一场骗局来把一切都解释清楚。后来,不管怎样,卡图兰冒险进入了隔壁房间,在那里他发现了一具看起来像是一位十四岁男孩的尸体,他的身体被打碎、被焚烧。讽刺性的是,卡图兰还发现了他死去哥哥所写的一篇故事,比他所写过的任何故事都要好。

接着,突然地,奇迹般地,那具尸体笔直地坐了起来;卡图兰的哥哥还活着,尽管他的

---

① 该剧与卡图兰的故事合并在一起。这种合并被这样一个事实加强了,即它不仅被大声朗读出来,而且还由演员在舞台上表演出来,从而使它具有与该剧所包含的相同的身体呈现程度。

大脑因为他所遭受的不断的折磨而严重损伤。作为报复,卡图兰用枕头闷死了他的父母。考虑到这个故事的细节,这对父母的被杀似乎是罪有应得的——以最冷酷无情的方式对迈克尔长达七年的无情的虐待。

第二幕的第一场将我们带回到了现在的卡图兰和迈克尔。迈克尔在监牢里。卡图兰被塞进了迈克尔的牢房,在那里迈克尔向卡图兰再三保证他是无辜的,尽管他承认他为了免受折磨而向审问者供认了他的罪行。卡图兰相信迈克尔,并且开始编造一个精心策划的阴谋论,解释了警察试图构陷他的方式。他甚至开始以他特有的寓言风格来创作,从而再次将麦克多纳的情节和卡图兰的散文融合在一起。但是,卡图兰中断了他的叙述,抱怨说他缺少一支笔来完成它。不久之后,迈克尔要求卡图兰给他讲一个故事。迈克尔所请求的故事是《枕头人》,这部戏的标题就源自这个故事。

与作品同名的枕头人身高九英尺,是用粉红色的枕头做成的,包括一个圆形的脑袋,有着一张笑脸和钮扣做的眼睛。枕头人看起来必须是温和的和没有威胁的,因为他与孩子们一起工作。基本上,枕头人会在自杀者生命的最后一刻去探望他们。他让他们回到自己的童年时代,刚好回到他们的生活开始恶化之前的那个时刻,(恶化之后的生活)将导致他们对死亡的渴望。枕头人解释了所有在他们的生活中等待着他们的可怕的事情,并且在他们还很幸福的时候,试图说服他们自杀,从而防止了不可避免的痛苦和苦难的生活。枕头人帮助他们筹划自杀,以便使他们看起来像是发生了意外事故——例如,告诉他们什么时候从停着的车中间冲出来,进入繁忙的车流。通过这种方式,自杀者的父母就不会因为他们孩子的死亡而责备自己。

基本上,这就是枕头人悲哀的任务:动摇孩子,让他们去结束自己的生命。最后,枕头人因为他的工作变得如此的沮丧,以至于他决定只做最后一次。但是,当他到达目的地时,他发现这次的客户不是别人,正是孩提时的自己。他忠实于自己的决定,然后劝说孩提时的自己自行浇上汽油,让自己燃烧。随着枕头孩燃烧起来,枕头人开始逐渐消失。但不久,他就听到了那些自杀者的惨叫声,因为他从未长大,那些自杀者遭受了失望和绝望,而这些正是他试图去拯救他们避免遭受的痛苦。也就是说,那些枕头人能够劝服去自杀的孩子,已经回归到他们悲惨的生活中。实际上,"枕头人"代表了杀害孩子——或者至少协助他们自杀——以一种安乐死的形式。

迈克尔喜爱这个故事,他说他认为枕头人,尽管实际上是个儿童杀手,会进入天堂。或许,迈克尔立刻告诉了卡图兰,他做了那些杀戮,他们也因此被监禁,这也没什么惊讶的。他说他认同那个枕头人。卡图兰问迈克尔,"你为什么要那样做?"迈克尔回答:"你知道的。因为你告诉我那样做。"卡图兰否认了这种事情。利用"告诉"这个词的模糊性，迈克尔争辩道："如果你没告诉我，我不会干的，所以你别装得那么无辜。你给我讲的每个故事中都有人遭受了可怕的事……我对所有的孩子干的所有的事，都是来自你写的和你给我读的故事。"

通过迈克尔和卡图兰的交流，麦克多纳提出了文学的因果效力问题，以及与之相关的作者罪责问题。如果，像卡图兰那样，一个人写下了恐怖暴力的作品，那么他要为这种暴力承担责任，哪怕只是间接责任吗？卡图兰认为，读者，尤其是像迈克尔这种智力有限的读者对他作品的解读，不是他的责任。但是，迈克尔认为作者的共谋是通过观察："你刚刚用二十分钟给我讲了一个家伙的故事，这家伙生活中的目标就是摆弄那一帮小孩子，最起码，把他们挑动起来……并且他是一个英雄！（着重强调）"也就是说，因为他把他的病态故事写得如此引人入胜和诱人，有着离奇的想象和整洁的情节转折，这些故事将会吸引一些观众的更加黑暗的本能，卡图兰对此不应感到惊讶。①

卡图兰和迈克尔继续争论，并且迈克尔认定某些故事具有"让人出去杀死孩子"的力量。这当然太过于不切实际。但是，麦克多纳确实对这样一种可能性持开放性态度，即一个人痴迷于描写暴力，并且使其充满了卡图兰的那种叙事优雅，这确实存在某些可疑之处。卡图兰给迈克尔讲述了《小绿猪》(*The Little Green Pig*)的故事，为了证明并非他所有的故事都涉及肉体上的疼痛和苦难（尽管这个故事确实涉及了对小猪的心理迫害——嘲笑这头绿色的小猪不是粉红色的）。这个故事让迈克尔睡着了。然后，卡图兰大概是为了让迈克尔免于遭受将来的折磨，用枕头把他给闷死了，就像他对父母做的那样。再一次地，谋杀被认为是一种安乐死②。

---

① 麦克多纳曾在一次报纸采访中说过："我认为马丁·斯科塞斯(Martin Scorsese)不应该为此负责，因为约翰·辛克利看过《出租车司机》(*Taxi Driver*)很多次，并且迷上了朱迪·福斯特(Jodie Foster)。"他因此次采访而出名。有人认为，《枕头人》重复了相同的感情——卡图兰不能为迈克尔的所作所为负责任，进一步说，麦克多纳不能为某些智力上有残疾的观众从麦克多纳的小说中可能发现的任何"灵感"负责任。但我认为，这种解释太过于草率。麦克多纳在《枕头人》中所使用的方法似乎比在那次采访中所使用的方法更加复杂和微妙。在叙述的层面，与斯科塞斯的小说与辛克利的案件的联系相比，卡图兰的小说与谋杀案的精确细节的联系更加紧密；然而从象征意义上讲，迈克尔被描述成卡图兰的哥哥，并且与卡图兰的独特的想象风格有着密切联系。因此，我猜想，与他在《洛杉矶时报》(*The Los Angeles Times*)中所承认的相比，麦克多纳在《枕头人》中更加辩证地考虑了这种可能性，即作者应该为他所制造的娱乐性暴力而承担更多的责任。参见帕特里克·帕切科(Patrick Pacheco)，《无关紧要的事》(Laughing Matters)，《洛杉矶时报》(*The Los Angeles Times*)，2005年5月22日。以及，由理查德·兰金·拉塞尔(Richard Rankin Russell)编辑的《马丁·麦克多纳：案例集》(*Martin McDonagh：A Casebook*)中，何塞·兰特斯(José Lanters)所撰写的《马丁·麦克多纳的身份政治》(The Identity Politics of Martin McDonagh)，伦敦：劳特里奇，2007年，第11页。
② 同样地，既然这是卡图兰第二次用枕头杀人，很难让人不联想到他也是某种"枕头人"。或许，他的信息——体现在他的故事中——就是生活太恐怖了，让人无法忍受。

卡图兰承认杀死了他的哥哥和父母，以及唆使迈克尔杀死了两名被谋杀的孩子。他还提醒警方，基于迈克尔对故事《小基督》(*The Little Jesus*)(在这个故事中，小女孩的养父母因为她认同耶稣，所以强迫她重演耶稣受难记)的迷恋，可能还有第三起谋杀案正在发生。卡图兰假装自己参与了迈克尔的罪行，以说服那两位透露自己孩提时受到袭击的警察，不要在他们处决他之后销毁他的手稿。对于卡图兰来讲，死亡是不可避免的，但他却坚持作者的希望，他的故事将使他不朽。

卡图兰带着头套，在只剩下十秒钟的生存时间里，想象着自己最后的故事。在迈克尔的父母开始他们残酷的试验之前，枕头人正好出现了。他向迈克尔描述了所有将降临到他身上的恐怖的事情，并且鼓励这个男孩去自杀。但是，迈克尔不愿这样做。他的理由是，如果他死了，卡图兰将永远也写不出那些他所钟爱的故事。他告诉枕头人："我想我们应该保持事情的原样，我被拷打而他听到了我惨叫的整个过程，因为我想我将会喜欢我弟弟的小说。我想我将会喜欢它们。"

在这里，像从故事中得到的快乐这样的事情被证明是正当的，至少对迈克尔来说，他所遭受的虐待是正当的。或许，在迈克尔看来，这种快乐也证明了他在他们的影响下杀死孩子也是正当的。尽管迈克尔可能有权忍受他自己的折磨，以换取他所期待的文学乐趣，他也无法基于他从卡图兰的故事中所获得的快乐而证明这些孩子的死亡是正当的①。也就是说，迈克尔最终从卡图兰的故事中所得到的任何有益的经验，都不能补偿那两个孩子的生命。迈克尔可能有权宽恕他孩提时所遭受的苦难，但是他无权强迫其他孩子遭受苦难和死亡。

在《枕头人》中，麦克多纳似乎在问，如果文学引发了伤害，那么它所提供的满足是否足以证明它是正当的——文学的乐趣能否抵消人们在追求潜在的文学快乐时所犯的错误？在这里，这种挑战与我们所有人相关，我们喜欢那些至少在我们的小说之外的世界里冒着黑暗后果的故事，如果不是特定行为，仅仅包括我们文化的普遍退化。

迈克尔似乎认为，暴力是一场为了故事的快乐而进行的公平交易。然而，卡图兰最终不这么认为。这在叙述中表示为他打算以警察销毁它们而结束他最后的故事。他认为，它们不值得它们所牵涉的恐惧。但是，在卡图兰想出那个结局之前，他被处决了。图波斯

---

① 在这里，人们可能会想起伊凡(Ivan)在《卡拉马佐夫兄弟》(*The Brothers Karamazov*)中的论证："听着！如果所有人都必须为永恒的和谐而付出代价，那么孩子们跟这又有什么关系呢；请告诉我。他们为什么要受苦，为什么要为和谐付出代价，这是无法理解的。"伊凡的观点是这样的，既然孩子们没有做错事情，那么他们的苦难就是不公平的，即使这么做是为了宇宙和谐的目的。同样的，迈克尔的那些受害者们也不能被公平地期待为文学之美付出代价。

基曾说过,卡图兰在死之前有十秒钟,但是,他在六秒钟之后就任意地射杀了卡图兰,从而使得卡图兰的故事在小说世界里没有完成。卡图兰的故事没有被焚毁,而且他的故事也没有像他所打算的那样完成,取而代之的是,在麦克多纳的戏的结尾,它们被归档在他的卷宗里,被含糊不清地命名为埃里尔(Ariel)①,某天它们可能会再次激发像迈克尔那样的人。

因此,就叙述中所发生的事情而言,从某种意义上讲,迈克尔说了算。世界上恐怖的事情可以通过与之相连的审美快乐来证明其是正当的。卡图兰通过试图想象他的故事被销毁,打算在叙述上否认这种观点。但是,麦克多纳在最后一刻拯救了这些故事。那么,麦克多纳是迈克尔那一派的吗?

在《枕头人》中,人们认为故事可能会引起针对孩子的暴力,也可能是上述暴力的产物。事实上,即使这些故事并没有可怕的结果,它们仍然是值得怀疑的,因为它们鼓励了我们偷窥的欲望,以享受虐待狂的故事,大木偶剧(grand guignols)②。那就是说,从伦理上来讲,故事可能会在几个方面进行妥协,通常是令人悲伤地妥协。反过来,这也提示我们去询问那些与邪恶相联系的故事,能否被证明是正当的。事实上,它们的存在应该被容忍吗?

迈克尔拒绝同意枕头人提出的关于他自杀的建议,是为了支持卡图兰故事的继续存在(并且引申到文学的继续存在),不管这些故事可能会以不同的方式与不道德有多么深的牵涉。他给予的理由是他将会喜欢这些故事。换句话说,它们将会给予他快乐,或者用18世纪的俗语来讲,它们是美丽的。并且,这种美使与它们相连的苦难和死亡是可以接受的。

当然,正如亚瑟·丹托(Arthur Danto)所指出的:"通过美,我们赋予死亡意义,就像葬礼上的鲜花、音乐和精美的仪式用语。"③并且,苦难也是如此,这在所有令人惊叹的基督教殉道者的宗教绘画中是显而易见的。从历史上来看,美被用来明确地强调一些预先被认为是有价值的东西——至爱之人生命的逝去或者圣人的苦难和死亡。但是迈克尔认为,美自身是有价值的,而不考虑它与其他事物的关系,包括邪恶,并且因此,也不考虑不

---

① 他是莎士比亚(Shakespeare)笔下的埃里尔(Ariel),或者米尔顿(Milton)笔下的埃里尔,鉴于这部戏中政治暴力的氛围,或者是埃里尔·莎伦(卡戎)[Ariel Sharon(Charon)]吗?参见由理查德·兰金·拉塞尔(Richard Rankin Russell)编辑的《马丁·麦克多纳:案例集》(Martin McDonagh: A Casebook)中,何塞·兰特斯(JoséLanters)所撰写的《马丁·麦克多纳的身份政治》(The Identity Politics of Martin McDonagh),伦敦:劳特里奇,2007年,第13页。
② 源自法语 Le Théâtre du Grand-Guignol,本义为大木偶剧院。它于1897年开张,1962年关门,期间上演了很多恐怖戏剧。该词后来专指非道德的恐怖表演。——译注
③ 亚瑟·丹托(Arthur Danto),《美的滥用》(The Abuse of Beauty),伊利诺伊州,拉萨尔:公开法庭,2003年,第137页。

值得的事物,比如他自身的苦难,以及他可能对至少两个无辜孩子所造成的苦难和死亡。① 并且,从某种意义上来讲,迈克尔似乎在该剧中对这件事有了字面意思上的最终决定权。因为卡图兰的精美故事在毁灭中幸存了下来,尽管在表面上他最后的愿望是将它们销毁,因为它们将会引发恐怖的事情,或者至少它们将会牵涉到恐怖的事情。因此,这样看来,麦克多纳似乎是站在迈克尔那边的。

但麦克多纳是一位擅长建立、接着推翻观众的期望的剧作家。回想一下,他是如何在《枕头人》的开头运用极权主义的比喻,结果却是将其复杂化。请记住,随后,他是如何先是让迈克尔信服地否认了这些杀戮,结果却是不久之后就承认了。在《丽南山的美人》中,麦克多纳引导我们去相信,玛丽 • 波兰(Mary Polan)已经跟随雷 • 杜利(Ray Dooley)离开了,但随后却揭示了这只是她自己的想象。在《伊尼什曼岛的瘸子》(*The Cripple of Inishmaan*)中,剧作家鼓励我们去相信,瘸子比利(Cripple Billy)将会在与海伦(Helen)的散步中得到些许的欢乐,这承诺了至少"不会有太多的亲吻和抚摸"。但是,只要他一个人站在舞台上,他就会咳血,我们知道他死定了。在《康尼马拉的骷髅》(*A Skull in Connemara*)中,我们确信麦尔廷 • 汉隆(Mairtin Hanlon)亵渎了多德太太(Mrs. Dowd)的坟墓,但接着事情发生了惊人的变化,我们知道了罪魁祸首却是他的哥哥,汤姆 • 汉隆(Tom Hanlon)。简而言之,产生期待,接着颠覆它们,是麦克多纳的招牌策略。在层层的逆转中,场景从温暖和敏感迅速转变为残酷。它们时而残忍,时而温柔,时而滑稽;接着又是悲剧和喜剧。麦克多纳就是这种突然彻底转变的大师。他的专长就是从观众脚下(或座位下)拉出地毯。看看琼 • 菲茨帕特里克 • 迪恩(Joan FitzPatrick Dean)在《伊尼什曼岛的瘸子》一书的结尾是怎么说的:

> 《瘸子》的结局或许是麦克多纳过山车式逆转的最好例证。在最后的两个场景中,观众和角色被给予不同的信念,即比利在好莱坞(Hollywood)死于肺结核;比利并没有死在好莱坞,他回来了,因为他爱伊尼什曼岛和这儿的人;比利在好莱坞失败了;比利得了肺结核;比利的父母为了支付他的医疗保险金而自杀;比利的父母试图淹死比尔(Bill),但是约翰尼 • 帕特尼克(Johnny Pateemike)救了他,并支付了他的医疗费用;比利要淹死自己;比利和海伦要去散步。尽管比利得了肺结核、命不久矣,但《瘸

---

① 迈克尔肯定认为,既然与卡图兰的故事有关的苦难是不值得的,那么文学之美本身是有价值的。事实上,正是因为相关事件是不值得的,所以用美的修辞来纪念它们是误用。

子》在此时结束了，这可能是该剧中最快乐的时刻。①

正是这种闪电般的情节突变标志了《枕头人》的结局。一方面，在卡图兰临死前最后几秒钟所想象的故事里，他意欲推翻迈克尔对枕头人寓言的反应；他打算想象自己的作品被销毁。然而就在他能够想到这种想法之前，一颗子弹突然摧毁了他的大脑。卡图兰通过这种他从来没有做过的叙述姿态想要说什么——至少从字面上，在他自己的声音中？或许这种美——或者从快乐的角度来解析的美的经验——永远无法证明它所产生的和/或者它所激励的苦难是正当的。

《枕头人》让人回想起一个关于邪恶的哲学问题。全能的上帝如何能允许世界上有邪恶呢？答案通常是从对邪恶的宽容将会得到什么的角度来回答的，否则可能无法得到。例如，邪恶可能是自由意志的代价——也可能是诸如自我牺牲等美好的道德姿态的代价。同样地，迈克尔认为，苦难和死亡，哪怕是孩子的苦难和死亡，可能是卡图兰近乎完美的故事存在的代价。② 通过拒绝枕头人提出的请求，迈克尔表明他愿意付出这种代价。

另一方面，卡图兰希望他的故事被销毁。推测起来，归根结底，他不认为以美丽的故事和/或它们灌输给观众的快乐的形式所取得的文学成就是重要的，重要到足以冒着鼓励邪恶的风险。或许卡图兰也担忧，如果美的一种功能是安慰，正如丹托所认为的那样，那么在他展示对孩子的暴力和虐待中，美被调动的方式可能是有问题的。在这种情况下，任何使我们与这种罪行和解的行动本身在道德上都是有问题的。也就是说，如果美具有修辞的功能，它就不应该是邪恶的共犯，或者通过煽动邪恶，或者仅仅只是通过使我们与之和解。③

然而，麦克多纳是否赞同卡图兰的观点是不清楚的，因为麦克多纳还有一个情节突变藏在他的袖子里。警察埃里尔没有把卡图兰的故事烧掉，而是令人难以理解地将其放入了卡图兰的档案里。这部戏的最后几句如下：评论了埃里尔的行为，是这样说的，"这一变故（将小说稿件放进档案箱）搅乱了作者原本时尚的悲凉结尾，但不管怎样……不管怎

---

① 理查德·兰金·拉塞尔（Richard Rankin Russell）编辑的《马丁·麦克多纳：案例集》（*Martin McDonagh: A Casebook*）中，琼·菲茨帕特里克·迪恩（Joan FitzPatrick Dean）所撰写的《马丁·麦克多纳的舞台艺术》（*Martin McDonagh's Stagecraft*），伦敦：劳特里奇，2007年，第37页。

② 顺便说一下，人们常说，如果一个人想要谈论一部文学作品中某个角色所创造的所谓的杰出的文学作品，那么最好永远不要把它呈现出来，因为你所呈现的任何东西都可能会让人失望。但是，卡图兰的故事却是一个例外。它们简直令人着迷。

③ 或许只是让我们适应它，因为大众传播媒介对暴力的不断再造使我们正常化或者麻木化。

样……它多少保存了这一事件的精神本质"。因此,即使卡图兰打算以一种方式结束他的故事,这种方式暗示了某些故事所挑逗的不道德的风险不能因为它们所维持的美而被证明是正当的,麦克多纳也结束了他的故事——前述的事情——以一种将会得到迈克尔的赞成的方式。

总之,在《枕头人》的结尾部分,麦克多纳对文学之美与邪恶之间的关系提出了相互矛盾的观点:一方面,文学之美被认为是一种可以容忍的,并与邪恶的交换,在这种情况下,美使我们与邪恶和解,或者甚至激发了它;另一方面,通过希望他的故事被销毁,作者卡图兰表明了美不是邪恶的理由或补偿,或者还表明了审查(销毁)像他这样的故事是正当的。然而,很难自信地说麦克多纳究竟支持哪种立场,因为他们如此迅速地紧跟着彼此,以乒乓球截击的速度相互抵消。

当然,这就迫使反思的观众疑惑麦克多纳究竟站在哪边,这又反过来需要我们的解释。但是,麦克多纳已经留下了他的意图的迹象,即争论的双方都有大致相同的分量。结果就是,如果有人支持一种立场胜过另一种立场,那么很可能是你自己在这件事情上的立场,而不是该剧的剧本引导你得出了你的结论①。因此,一旦这种情况发生,人们就会被促使去反思相关的辩论——实际上,把它们放在内心深处,在思想的法庭上排演双方的长处和短处。也就是说,麦克多纳相当巧妙地运用了他的情节突变,以激发深思熟虑的观众内心的哲学沉思。

换句话说,通过运用他独特的风格逆转策略,麦克多纳致力于引起他的观众的哲学。在《枕头人》的最后几分钟,麦克多纳在如此短的时间内堆砌了矛盾的(或者,至少是冲突的)论点——以令人眼花缭乱的速度把它们推给观众——据此,让人对作者的观点产生了一种困惑,而这种观点需要解释。在这种情况下,解释的方案激发了观众对哲学的兴趣。

因为,既然一种停留在对《枕头人》"细读"范围内的解释不能够解决麦克多纳使我们所面临的明显的"矛盾",所以我们就必须设法在我们思想的"剧院"中独自上演这场辩论。决定这些故事是否是正当的,变成了我们的责任。

《枕头人》是一部关于故事叙述和剧本写作的戏剧,就像阿莫多瓦(Almodovar)最近的《破碎的拥抱》(*Broken Embraces*)那样无情,后者是一部关于电影制作的戏剧。此外,麦克多纳通过一系列策略,包括令卡图兰的故事与麦克多纳的散文进行无缝融合的方式,将自己的实践与卡图兰的实践联系起来。因此,正如我们对卡图兰进行评断一样,我们也应该

---

① 这也许就是对所有主题解释的一种微妙的评论。这也许就是伽尔默达(Gadamer)所谓的应用。

对麦克多纳进行评断。跟卡图兰一样,麦克多纳擅长于心怀暴力,满足观众对返祖性的杀戮欲的喜好,这本身就是一个道德上有问题的事业,为出售杀戮的野蛮文化作贡献①,同时也甘愿冒着被易受影响的观众模仿的风险,要是只被像迈克尔这样"受过伤害"的人模仿就好了。

《枕头人》的故事发生在一个未知的地方而寓意深远。换句话说,它的寓意适用于任何地方。这是麦克多纳所追求的目标具有哲理性的一种方式。此外,他的主题可能是文学哲学中最古老的问题——文学的正当性问题。这个主题与麦克多纳有关,特别是因为他在戏剧中所使用的极端暴力以及他描绘它的方式。有时,它是如此的过分,以至于变成了喜剧;它产生的是笑声而不是反感,让人回想起塔伦蒂诺(Tarantino)的《低俗小说》(*Pulp Fiction*)中的闹剧情境。但是,这种对人类苦难的无情嘲笑真的能在道德上被接受吗?②

在其他时候,就像卡图兰在《枕头人》中那些看似天真而又无曲折变化的故事所例证的那样,麦克多纳对暴力的再现以其寓言式的结构达到了高度的文学之美——它们的叙事节奏就是如此,一切都恰到其处。但是,考虑到文学潜在的危险力量,以及它在多个层面上与邪恶的频繁联系,这种美是否足以证明它们的存在是正当的?

这些是迄今为止麦克多纳的所有作品中所提出的问题。《枕头人》不仅向我们呈现了麦克多纳到目前为止(所写的)最不正常的家庭,还向我们提供了他到目前为止对自己的实践的最新反思。这是一种总结——一种临时报告。

然而,它并没有直接给观众提供一个结论,而是吸引我们参与到讨论中。通过在该剧结尾处运用其中一种他特有的闪电般的逆转手法,他让深思熟虑的观众对作者以虚构暴力的正当性的观点感到困惑。这也反过来召唤我们去解读这部戏,以便挖掘出麦克多纳的立场。但是,这个文本低估了我们对麦克多纳在这些问题上的信念的感受。就像许多苏格拉底式的对话那样,这让我们只能靠自己从哲学的角度去思考这个问题,这似乎是特别合适的,因为我们在凝视一系列最邪恶的事件的再现的过程中,已经享受了大约两个小时的审美魅力。

---

① 参见由理查德·兰金·拉塞尔(Richard Rankin Russell)编辑的《马丁·麦克多纳:案例集》(*Martin McDonagh:A Casebook*)中,劳拉·埃尔德雷德(Laura Eldred)所撰写的《马丁·麦克多纳与当代哥特艺术》(Martin McDonagh and the Contemporary Gothic),伦敦:劳特里奇,2007 年,第 124 页。

② 论麦克多纳的喜剧,见由理查德·兰金·拉塞尔(Richard Rankin Russell)编辑的《马丁·麦克多纳:案例集》(*Martin McDonagh:A Casebook*)中,《打破身体:马丁·麦克多纳舞台上的暴力场面》(Breaking the Bodies:The Presence of Violence on Martin McDonagh's Stage),伦敦:劳特里奇,2007 年,第 92 – 110 页。

毕竟,没有我们,就将没有大木偶戏剧(Grand Guignol)。

Martin McDonagh's *The Pillowman*,
or the Justification of Literature

Noël Carroll

【Abstract】 *The Pillowman* is Martin McDonagh's most philosophical work. It revolves around a writer named Katurian, his brain-damaged brother Michael, police interrogator Tupolski and police interrogator Ariel. Michael has committed the crime of child-killings, reproducing the violent stories written by Katurian. But it is Katurian who is jailed, interrogated by two policemen and final executed by shooting. The play is interspersed with flashbacks, telling the childhood of Katurian and Michael, and the stories written by Katurian, such as *the Story of the Riverside Town*, *the Little Green Pig*, *the Little Christ* and *the Pillowman*. *The Pillowman* is a meta-theatrical exercise that obliquely addresses the question of whether theater(and, by extension, literature) can be justified in anything that it says. By deploying his characteristic stylistic strategy of reversal, McDonagh stakes out conflicting viewpoints on the relationship between literary beauty and evil. On the one hand, represented by Michael, literary beauty is regarded as a tolerable exchange for evil in cases where beauty conciliates us toward it or even inspires it. One the other hand, represented by Katurian, by willing that his stories be destroyed, literature beauty is regarded as no excuse or compensation for evil and, perhaps, that censoring(destroying) stories that function like his is warranted. Rather than straightforwardly offering a conclusion, the play leaves viewers to wrestle with matter philosophically on their own.

【Keywords】 Martin McDonagh, *The Pillowman*, The Issue of the Justification of Literature

友谊与雅斯米娜·雷扎的《艺术》①

［美］诺埃尔·卡罗尔(著)

唐　瑞　倪　胜(译)

【摘要】 雅斯米娜·雷扎是法国剧作家、小说家和演员,《艺术》是其代表剧本之一。该剧主要讲述了一个名叫塞尔吉的人购买了一幅画,以及他的朋友马克和伊万对这次购买的反应。作者以亚里士多德的性格友谊的概念为切入点,通过分析塞尔吉、马克和伊万之间因这幅画而造成的紧张关系的原因,强调了艺术对友谊的重要性。按照亚里士多德的观点,朋友的性格和价值观念将会反射你的性格和价值观念,朋友是你的"另一个自我"。而塞尔吉和马克对这幅画有不同的看法,也就是说他们对艺术的品味不同,没有相同的感受,这也就表明了他们之间不再是"另一个自我",从而威胁到了他们之间的友谊。与此同时,幽默感的同时断裂,也是造成他们之间紧张关系的另一个原因。

【关键词】 艺术,友谊,性格友谊,另一个自我,相同感受

雅斯米娜·雷扎的剧作《艺术》(Art)是关于一个叫塞尔吉(Serge)的人购买了一幅画,以及他的朋友们,马克(Marc)和伊万(Yvan),对他这次购买的反应。② 马克的反应是相当激烈的;对他来讲,塞尔吉购买了这幅画,可能会破坏他们的友谊。伊万试图调停塞尔吉和马克之间的不满,但往往以把他们的敌对情绪转移到自己身上为代价。

该剧一开始,马克直接面向观众讲话。他说:

> 我的朋友塞尔吉买了一幅画。那是一幅大约长五英尺、宽四英尺的画:白色。画的底色是白色的,要是你眯起眼睛仔细看的话,就会发现一些细细的白色对角线。
>
> 塞尔吉是我的一位老朋友。

---

① 本文译自诺埃尔·卡罗尔(Noël Carroll),《友谊与雅斯米娜·雷扎的艺术》(Friendship and Yasmina Reza's Art),《哲学与文学》(*Philosophy and Literature*),2002 年第 1 期,约翰·霍普金斯大学出版社出版。这篇文章是 2001 年 4 月在威斯康星州麦迪逊市的麦迪逊剧目剧院(Madison Repertory Theater)上映《艺术》(*Art*)之际首次发表的演讲。作者想要感谢艾略特·索伯(Elliott Sober)、诺玛·索伯(Norma Sober)、萝莉·摩尔(Lorrie Moore)和莎利·贝恩斯(Sally Banes)对早期剧本所提出的意见。

② 雅斯米娜·雷扎(Yasmina Reza),《艺术》(*Art*),由克里斯多夫·汉普顿翻译,伦敦:法贝尔和法贝尔,1996 年。

他自己干得不错,他是一位皮肤科医生,还喜欢艺术。

星期一,我去看了这幅画;塞尔吉在星期六买下了它,但他看上它已经有好几个月了。

这是一幅有着白色线条的白色的画。①

这段序幕明确地连接了这部戏的两大主题——艺术和友谊(塞尔吉是马克的老朋友之一),以及他们之间的关系。这段简短的阐述之后,是一个倒叙的场景,马克第一次看到了塞尔吉的画,一位著名的艺术家安特里奥斯(Antrios)所画的画。起初,马克的反应是谨慎的、试探性的,然而,在非常短的时间后,他谴责这幅画是狗屎,而不管它是白色的。马克试图把他的谩骂当作幽默,并且邀请塞尔吉和他一起笑。但是,塞尔吉觉得这种情境一点也不好笑,随着每个人的神经紧张和愤怒加剧,这种情境在整部戏中不断恶化。

这部戏的动作提出了一个直接的问题。为什么马克对安特里奥斯的画的反应如此的强烈、如此的暴力? 为何一幅画会危及友谊? 为什么马克和塞尔吉在 15 年后似乎愿意为了品味问题而分道扬镳? 为什么他们就不能同意各自保留不同意见并且到此为止?

但是至少马克不能。他说:"塞尔吉买了这幅画,这对我来说完全是个迷。这让我很不安,让我充满了一种无法解释的忧虑。"并且,这种无法解释的忧虑足以促使马克野蛮地攻击塞尔吉和伊万,到了他们之间的友谊似乎不再可能的程度。但是,这种无法解释的忧虑的本质是什么,并且在艺术与友谊的关系上面它的存在向我们说出了些什么东西?

马克和塞尔吉显然对这幅画有着不同的看法。马克一直提及这幅安特里奥斯的画是白色的,这促使塞尔吉纠正他的说法——指出这幅画具有对角线,并且还有一点点其他各种颜色。或许,这就是作者雅斯米娜·雷扎发出的信号,可以说,塞尔吉在画中看到了一些东西——看到了画中有些东西,而对马克来讲,它是一片空白,它是空的,它什么都没有,它毫无价值。马克继续惊讶于塞尔吉花了二十万法郎买了这幅画。可是,使马克烦恼的不是钱,而是钱所象征的:塞尔吉在马克认为一文不值的东西里看到了有价值的东西。并且,这一点威胁到了他们的友谊。为什么?

在西方思想中,最早关于友谊的概念之一就是亚里士多德所说的德性的友谊(the friendship of character)或者德性友谊(character friendship)。这并不是友谊的唯一类型——也有基于诸如权宜之计之类的事情的友谊——但是,对亚里士多德来讲,性格友谊

---

① 塞尔吉是一位皮肤科医生,这可能是一个笑话,因为他对表面有一种偏爱。

是最高的类型。这是一种平等的人之间所获得的友谊——人们具有平等的美德和优秀。

现在,你可能会认为那些德行高尚、优秀的人已经不需要朋友了。他们已经拥有了一切。① 但是亚里士多德认为,没有朋友——与我们平等的朋友——我们就没有客观地评价我们自己的品质的方法——没有客观地评价我们是否是德行高尚或者优秀的标准。真正的自我认知需要一种外部的观点来证实它。从内心来看,我们似乎都是德行高尚的。但是,我们怎么才能看到我们周围事情的真相呢?

亚里士多德的回答简单而又巧妙:看看你的朋友们,看他们是哪种人,他们将会反映你的性格。你的性格将会像他们的性格。他们是亚里士多德所称为的"另一个自我"(other selves),按照罗马人的说法叫作"第二自我"(alter egos)。这种第二自我的性格和价值观念将会反射你的性格和价值观念。如果他们没有反射,你将不会是相关类型的人的朋友。

因此,你通过观察他们是谁将会发现你是谁。这就是为什么我们的父母总是警告我们不要和坏孩子混在一起。我们的朋友是谁表明了我们是谁。他们向我们以及其他人,包括我们的父母在内,展示了我们的价值观念,不仅是从我们珍视我们的朋友的意义上,而且也从我们与他们是朋友的意义上,因为我们拥有着相同的价值观念。此外,我们的朋友是谁是我们是谁的一个重要组成部分,因为正如我们会照镜子来整理自己的头发或者领带的节扣,我们利用我们的朋友来塑造我们的行为。我们的朋友是"镜像自我",以及"另一个自我"。那么,根据亚里士多德的观点,最高类型的友谊对我们对自己的概念来讲至关重要——对我们性格的理解和建构来讲。

现在,如果我们假设马克和塞尔吉之间的友谊是这种类型,那么就更容易理解马克的激烈反应。在马克看来,塞尔吉对那幅画的不可思议的欣赏暗示了塞尔吉和马克不是第二自我,并且这当然会威胁到马克,接着是塞尔吉有关他们是谁的感知。

伊万,在整部戏中扮演了小丑或者莎士比亚似的小丑(Shakespearean buffoon)的角色,告诉了他的心理分析师芬克尔佐恩有关马克和塞尔吉之间的争执。这位心理分析师通过提出如下的难题,以一种自相矛盾的但又具有滑稽棱角的方式概括了这种困境:"如果……我之所以是我,是因为你是你,并且,如果你之所以是你,是因为我是我,那么,我不

---

① 这种观点,伊壁鸠鲁(Epicurus)认为是由史迪博(Stilbo)所提出的。参见迈克尔·帕卡鲁克(Michael Pakaluk)编辑的《另一个自我:论友谊的哲学家们》(Other Selves: Philosophers on Friendship)中,塞内卡(Seneca)所撰写的《论哲学与友谊:第九封书信》(On Philosophy and Friendship: Epistle IX),印第安纳波利斯:哈克特出版公司,1991年,第119页。

是我,而且你也不是你……"或者,通过亚里士多德的暗喻来构思这种思想,马克和塞尔吉之间的镜像关系被打碎了。此外,既然至少有一次,马克将这幅有争议的画称之为图片,并且既然图片和镜子之间的联系像柏拉图那样久远,或许我们应该将塞尔吉的画理解为一面镜子,这面马克和塞尔吉之间的镜子不再正常运作了。

马克试图理解塞尔吉所表达的对这幅画的喜爱。但是对塞尔吉的这种行为,他却只能想出愤世嫉俗的(犬儒式的)解释。马克抗议道,塞尔吉只是为了提升自己向上的社会流动性而假装欣赏这幅画。马克假设,塞尔吉购买这幅画,是作为在皮埃尔•布尔迪厄(Pierre Bourdieu)所称之为的社会资本方面的投资。马克进一步断言,因为塞尔吉想要进入一个具有更多精英的熟人圈子,这也就是为何塞尔吉会运用那个炫耀的、难以理解的词汇"解构"的原因。

这至少是马克可以理解的一种对塞尔吉行为的解释,即使这不能取悦于他。但是最终,我认为,我们将会看到马克他自己并不接受这种愤世嫉俗的合理化。裂缝越来越深。马克意识到塞尔吉被这幅画感动了——塞尔吉有些东西是马克所没有的——而这正是使他不安的地方。这就是威胁到了他的自我感觉的地方。

但是你可能会问,仅仅一幅画是如何做到所有这一切的?一幅画如何能够以这种方式离间朋友?这看起来几乎是不可想象的。人们可以理解价值观念上的严重分歧——对某些事情,比方说巴以冲突(Israeli-Palestinian conflict)——可以破坏友谊。但似乎难以想象的是,品味的差别会导致这种分道扬镳。但也许正是雅斯米娜•雷扎对这种可能性的演绎,才是她最伟大的哲学洞察,而且这种洞察揭示了被忽视的或者至少是未被理论化的艺术与友谊之间的关系。①

艺术哲学家们倾向于从两个方面来考虑我们与艺术之间的关系:从个人与艺术作品之间的关系角度或者从艺术与整个社会之间的关系角度。第一种关系是原子论的:艺术作品是如何影响处于静观隔离中的个体观众产生出与平常人不同的体验的。第二种关注的领域是关于艺术或者某些艺术类型对整个社会的影响。如果艺术太暴力,那么社会将会更加暴力吗?如果它太耸人听闻,那么它会缩短我们的注意力持续时间吗?等等。将原子论的方法称之为小范围聚焦,社会的方法称之为大范围的聚焦。这两种观点都很重要——确实,不可或缺。然而,还有一种中等范围的聚焦,它也是我们与艺术的日常交易

---

① 没有忽视艺术与友谊之间关系的一位哲学家是泰德•科恩(Ted Cohen)。《艺术》的这种演绎,除了其他方面,深深地得益于他对品味和幽默的深刻研究。如果没有泰德•科恩对这些问题的深刻见解,我怀疑这篇文章能否写出来。

中必需的部分,但却几乎从未被讨论。

通常,当我们去看戏、音乐会或者电影时,我们会与朋友一起。同样地,我们阅读小说,并且在吃晚餐或者喝咖啡或者喝饮料时,与他人交换意见。艺术并不仅仅是个人的事情,也不仅仅是一种显而易见的社会力量。它还是一种媒介,我们通过它来缔造与他人的小规模的、面对面的日常关系。基于面对面的与他人分享有关艺术的经验,是一种我们探索和发现彼此的方式——发现彼此的感受和情绪。

当然,艺术并不是我们这么做的唯一媒介。食物、运动、时尚、幽默和政治以相似的方式发挥作用。但是,尽管艺术可能不是我们用以探索彼此的唯一方式或者独特方式,开始这种对彼此的感受、情绪和品味的探索是艺术的主要功能之一,并且或许不仅仅是在我们的时代和我们的文化中。总之,艺术,除了其他方面之外,是一种我们用以发现和构建亲密团体的工具——通过它,我们培养了(这是一个意味深长的暗喻)一群朋友。对那些艺术——而不是,比如说,体育——是其社交主要来源的人来讲,这尤其如此。对他们来讲,艺术起着社交粘合剂的作用。

当然,当我们在亲密的朋友圈讨论艺术时,我们并不总是意见一致。我们可能会对某事是好的、坏的或者无关紧要有不同的看法。然而,我们必须拥有共同的价值观念,即使是为了继续进行有意义的争论。否则,沟通就会彻底地中断。如果我不欣赏弗兰克·辛纳特拉(Frank Sinatra),或许我们仍能和睦相处。但是,如果我将所有的歌唱看作狗屎,正如马克可能说的那样,而你开始相信我是认真的,那么你将会逐渐意识到,我和你在某些深层次方面非常不同,在某种程度上,我对你来说是陌生人。你可能会开始怀疑,我有点神经不正常。但是最起码,你不会继续把我当作你的"另一个自我"。

在培养与他人的友谊的过程中,与他人分享我们的艺术品位有时是一个条件,有时是一个原因,有时是两者的结合。这是一个平凡的事实,在每场戏的幕间休息时都很容易得到证实。只要环顾下大厅。尽管这种现象是平凡的、被忽视的,但它仍然是一个事实。雅斯米娜·雷扎在《艺术》中所做的,是把这个事实公之于众,让我们可以开始仔细检查它及其后果。

诚然,她所想象的案例是一个极端的案例。她的思想实验被夸大和简化了,以表明一种观点。但是,因为她所描绘的情境在心理上给我们一种似乎是真实的印象,它揭示了我们关于艺术交流的价值观念、动机和重要性的来源,尽管我们常常忽视这一点,就像鱼忽视水一样,但它建构了我们对艺术的日常体验。艺术是社会性的,不仅从它塑造了全社会的角度而言,而且经常是以一种神秘的方式;它是社会性的,还从它对友谊的形成和丰富起作用的角度而言；它是亲密的所在。分享品味和分享生活，我们这么做的程度通常是密切相关的。也就是说，对艺术的品味和对朋友的品味并不是随机相关的。

一方面，塞尔吉喜爱安特里奥斯的画，马克对此惊慌失措，因为马克感觉不到塞尔吉所感觉到的。那么，他们的感受就是截然不同的。马克只能对他的另一个自我的消失——他自然而然地体验到了它的存在的自我削弱——回应以敌意。另一方面，塞尔吉也陷入了同样的困境，因为马克的敌意向他表露了马克缺乏抽象艺术能够感动他的那种深刻地被感动的能力。这就好像塞尔吉刚刚发现，他视为第二自我的那个人对音乐毫无感觉。你会对这种人有多亲密呢？你能够成为他们的爱人吗？

塞尔吉与这幅画产生共鸣的部分是他内心深处；这是不假思索的、几乎没有认知的；这是他的感受。感受是朋友分享的最重要的东西之一——是基础，通常对所有的东西来讲都是如此。反过来，艺术是标准的东西，明确地设计用来吸引我们的感受。因此，当艺术把我们分开时，它表明了我们感受上存在的偏差，在雅斯米娜·雷扎所提出的那种极其罕见的情况下，它可以具有那种潜能，即在没有回报的友谊之后，能把朋友变成陌生人或者甚至是怨恨的敌人。并且，尽管她想象的这个案例毫无疑问有些夸张，可以说，它追踪了许多友谊的结合点，特别是那些相同感受是极其重要的地方。

在整部戏中，雷扎试图戏剧性地推进这一主题，即友谊和共同感受的同时破裂，而这实际上是艺术和幽默之间的一个连续的类比。注意角色之间经常互相指责对方失去了幽默感。人们是否能够因为正确的理由而一起大笑，变成了一场不断的测试，测试他们是否已经变得更糟和／或他们从一开始是否真的有过共同之处。角色从它是否是轻蔑的或者坦诚的和相互的角度，来质问彼此的笑声——例如，塞尔吉不能和马克一起笑安特里奥斯，因为马克的笑声是鄙视的、高傲的，然而，他会和伊万一起笑，共同惊讶于他自己的疯狂的爱(*l'amour fou*)，他会为了一件艺术品而付出如此高昂的代价。

当然，幽默需要共同的东西——经常被称之为幽默感——它在很多方面与品味相似。与朋友一起笑是一种快乐，并且友谊的快乐之一就是有机会分享笑声。与此同时，笑声揭示了我们是谁——我们的信念、态度和情感——并且，正因如此，我们通常只愿意在朋友面前敞开心扉。我们不跟教皇(the Pope)开玩笑，然而我们可能会跟朋友讲有关教皇的笑话——是跟朋友讲，而不是跟陌生人讲，因为我们通常不知道他们对宗教的态度。因为这些原因，幽默是朋友之间的一种特殊的仪式。而当友谊恶化时，那种共同的幽默感的感觉常常开始成比例消散。我们不再对相同的事情一起笑，或者以相同的方式笑。我们以前的朋友的幽默感开始显得更加粗俗，或者至少对我们来讲更加古怪。

雷扎描绘了马克、塞尔吉和伊万之间的紧张关系,不仅通过他们对安特里奥斯的画的态度,而且还通过他们幽默感的同时断裂。一度,甚至出现一个低级品味的小分歧——马克认为里昂餐馆的食物太油腻,而塞尔吉并不认为。并且,塞尔吉说他本能地、几乎是化学反应般地厌恶马克的爱人保拉。这就好像一旦他们迄今为止明显的共同感受因这幅画而解散,他们之间的整个友谊的结构就开始瓦解。

如果马克和塞尔吉想要维持他们的友谊,他们必须以某种方式重建相同的感受。马克必须看出塞尔吉画中的一些有价值的东西。当然,他看出了,尽管通过一系列非常奇怪的事件。

为了表明他在意友谊,塞尔吉鼓励马克用一只毡尖笔抹去它。马克画了一个人在白色雪地的斜坡上滑雪。过后,他们一起清理干净了这幅画,擦掉了滑雪者。现在,马克这位反现代主义者、反抽象主义者,可以看出画中的一些东西:一个人从一片雪白的雪景上滑下,消失在使人视线模糊的暴风雪中。正如阿瑟·丹托(Arthur Danto)所暗示的那样,当红海(the Red Sea)吞噬法老军团的那一刻,人们可能会看到一幅纯红色的画,马克将安特里奥斯的抽象转化成了再现。打个比方说,友谊促使马克用新的眼光来看待事物,发现了塞尔吉的价值所在,虽然这并不是塞尔吉的方式,①而这使他们之间的友谊有恢复的可能,强调艺术的潜能,不仅是为了证实友谊的存在,也是为了证实友谊扩大另一个自我的优秀的潜能——在这个关于感受的例子中。②

雅斯米娜·雷扎的《艺术》属于理念戏剧。确切地说,它是对哲学的贡献——是对友谊哲学、艺术哲学和它们的交叉领域的贡献。马克和塞尔吉之间的那场精心策划但却从心理上来看似乎合理的对峙,通过令人信服地展示在友谊解体的过程中以及促使我们去推断为什么会发生,提供了一个思考友谊的本质和动力的机会。与此同时,它刻画了艺术对友谊的重要性,这当然是通常情况下艺术对人类生活的重要性中最被忽视的一个方面。这部戏通过一个特殊案例,揭示了在日常生活中被忽视的关于艺术的价值的东西。这个特殊案例的可能性,使我们以一种新的、更深刻的理解去重新认识某些普通的经验。在这一点上,《艺术》提供了许多东西,供我们在观戏后去思考和谈论,让我们希望,与朋友一起(去思考和谈论)。

---

① 因为塞尔吉看到了现代主义的抽象,而马克则看到了模仿,尽管模仿在挑战极限。
② 该剧剧本中明确提及的一位哲学家是塞内卡(Seneca),跟亚里士多德一样,他发现友谊的部分价值在于它刺激人们去追求更加优秀的能力。我猜想,塞尔吉在该剧的最后部分所展示的正是这种转化。

Friendship and Yasmina Reza' *Art*

Noël Carroll

【Abstract】 Yasmina Reza is a French dramatist, novelist and actress. *Art* is one of her representative plays. The play is about one man named Serge, who buys a painting, and the reactions of his friends, Marc and Yvan, to his purchase. Taking Aristotle's concept of character friendship as a starting point, the author emphasizes the importance of art to friendship by analyzing the reasons for the tension between Serge, Marc and Yvan caused by the painting. According to Aristotle, a friend's character and values will reflect your character and values. A friend is your "other self". Serge and Marc have different views on the painting, that is to say, they have different tastes in art and do not have shared sensibility, which shows that they are no longer "other selves", thus threatening their friendship. At the same time, the parallel disconnects in their senses of humor is another reason for the tension between them.

【Keywords】 *Art*, Friendship, Character Friendship, Other selves, Shared Sensibility

灵魂的"病"如何产生?

——黑格尔论精神在解放之路上的"下沉"

梁毓文①

【摘要】 黑格尔认为在灵魂的发展与精神的解放过程中,已经发展为意识的灵魂会重新下降沉陷在直接性的感觉灵魂状态,而在这种状态中无中介的灵魂与有中介的意识之间会产生分裂而相互独立,灵魂的"病"由此产生。黑格尔对于灵魂疾病状态的分析伴随着种种不可思议的奇异现象,而他正是要通过对此种现象作出科学—哲学的说明以区别于知性精神观,从而建立起他的辩证精神观。而与现代心理学对于精神疾病状态的种种"肢解式"的分析相比,黑格尔对于灵魂的"病"的描述立足于他将精神视作"统一的"生命概念的规定之上,这也正是黑格尔精神观的意义所在。

【关键词】 感觉灵魂,病,精神

黑格尔在《精神哲学》中为我们呈现了一条精神的觉醒之路,精神经历了由沉睡状态到自由状态的上升,而在这个过程中精神自己认识自己、自己解放自己,最终上升到了自由的绝对精神。但是,这样一条通向自由的解放之路并不是一帆风顺的,会经历种种下沉而回复到精神的黑暗时期②,灵魂的"病"正是在精神上升过程这样一种下沉。灵魂是黑格尔在主观精神中着重刻画的一个阶段,和后一个阶段自在自为的意识不同,精神在灵魂阶段处于尚未苏醒的状态但同时也是即将苏醒的前夜,而灵魂中的感觉灵魂则是自然灵魂和现实灵魂的中间阶段,经历着从直接被动的感受上升到客观自由的意识的解放。但是在感觉灵魂中,灵魂在与自己本身分裂的立场上出现而产生出了种种不可思议的状

---

① 作者简介:梁毓文,复旦大学哲学学院硕士研究生,研究方向为黑格尔哲学。
② [德]黑格尔:《精神哲学:哲学全书(第三部分)》,杨祖陶译,北京:人民出版社,2006年,第125页。

态①,黑格尔将此种状态称之为灵魂的疾病状态。与黑格尔一般逻辑严密的论证风格不同,黑格尔对于灵魂的论述脉络似乎被掩藏在种种奇异的心理现象的例子之中,以至于我们很难把握或者直接忽视了黑格尔在此的思想内核。但是,这对于我们理解黑格尔的精神概念是必不可少的环节,也是黑格尔辩证的精神观区别于其他精神观的关键之处。因此,笔者试图梳理出黑格尔在这个阶段的论述脉络,探究精神在解放之路的进程之中,灵魂的"病"是如何产生的。

一、黑格尔思辨精神观的方法论原则

在这里,首先有必要对黑格尔精神哲学中特殊的写作方法进行说明。黑格尔在《精神哲学》的绪论中特别说明了他在此书中特有的方法论原则,他认为精神在较低级阶段中显露出较高级阶段的东西的存在,作为较高级阶段的环节、状态或规定。因此考察较低级阶段的本性,要预先处理较高级阶段②。这个方法论原则体现与黑格尔对精神概念的理解需要联系在一起,黑格尔把精神理解为"知着自己本身的、现实的理念",是"在自己本身内区别着和从其区别向自己到统一回复着的活生生的精神"③。也就是说,黑格尔认为真正的精神的本性正是在把自身的可能性现实化并区分自身不同形态之后最终能够回到自身,精神因而是一种有机的生命概念。尽管从整体上看,精神处于一个上升的过程,因为精神在种种区分之后最终能够回到自身,但是精神在上升的过程中也会出现下沉,因此精神的较高级阶段和较低级阶段并不是严格地按照先后顺序出现的,较高级的阶段会因为下沉出现在较低级的阶段之中。这对于我们对灵魂的疾病的理解是有帮助的,灵魂的"病"正是由于精神更为真实的形式存在于一种更为低级抽象的形式中而出现的不适宜性,已经被确定为意识的发展而重新下降沉陷进去的那种状态④。尽管灵魂在此还未发展到意识阶段,但是为了解释灵魂的疾病状态,黑格尔预先考察了"意识",这正是黑格尔辩证法的思想体现,对于我们把握黑格尔思想的脉络十分必要。

还有一点值得注意,精神哲学特别是主观精神部分难以理解的正是黑格尔列举的种种精神的奇异现象,诸如动物磁力学等不可思议的状态,黑格尔引用了大量历史上曾经流传的以及当时流行的事例以印证这种状态的事实性,黑格尔也对为何采取这种写作方式

---

① ［德］黑格尔:《精神哲学:哲学全书(第三部分)》,杨祖陶译,北京:人民出版社,2006 年,第 118 页。
② 同上书,第 10 页。
③ 同上书,第 6 页。
④ 同上书,第 125 页。

作了说明。与知性精神观对于灵魂不可思议的状态的排斥或忽视不同,黑格尔采取的方式是正视此种状态,对其作出生理学和哲学上的分析,并将其中的一部分确定为灵魂的疾病状态。尽管黑格尔对于灵魂的疾病状态给予了高度的重视,但是黑格尔并不认可将灵魂在此种状态下的认识视为能够超越理性认识的那些神秘主义观点。正如黑格尔在前文所说的,他的目的在于超出知性思维或范畴的束缚,对灵魂中种种不可思议的状态作出科学—哲学的说明,在此基础上建立起他自己的"思辨精神观"。①

二、感觉灵魂中两种"不可思议的关系"

黑格尔认为灵魂的"病"产生于直接性的感觉灵魂之中,在直接性中的感觉灵魂还未建立起真正的自身性和主体性,实际上表现为被动性,通过一种被动的方式达到对其总体,即特殊的个体世界的感觉。在这里,我们有必要区分黑格尔在论述自然灵魂向感觉灵魂过渡时,对感受(das Fühlen)和感觉(die Empfindung)的区分。感受有直接性和被动性,只是被动接受直接给予的东西,没有主体和客体之分②;而感觉是感受的简单的观念性,通过对实在东西的扬弃建立起了其自身的主体性,并且在自我内部产生了区别,自己与自己的实体性对立,在种种确定性的感受中达到对自身的感觉,因而具有自身性或个体性。因此,感觉灵魂正是灵魂总体实体性在自己内部的感受活动,把个别的多样的感受统一在一个总体性的个体灵魂之中。感觉灵魂在自己内部建立起原始分割,其主体就是其自身,而客体并非外部世界,而是为感受所充满的个体灵魂的内容,这个客体同时也构成了实体。在直接性中的感觉灵魂之所以还表现出被动性的一面,是因为它作为感觉灵魂的第一个环节,还保留了上一阶段自然灵魂中感受的特征。

在进入对灵魂的疾病状态的分析之前,黑格尔描述了灵魂非病态的层面:一方面,灵魂与自己本身具有简单的统一性,这是在自然地做梦中,灵魂被种种感受充满而达到其完整的个体总体性,即个体世界的表象;另一方面,由于此时的感觉灵魂具有被动性,其自身的个体性往往需要通过另外一个个体实现出来,黑格尔在此引入了个体和其守护神的关系,母腹中的胎儿和母亲就是处于这种关系之中。母亲作为主体(即主词)原始分割出客体,即胎儿这个实体(即谓词),但是胎儿作为非独立的谓词或者说感觉总体,总是被动地接受来自其母亲的主体性为其自身,母亲对于胎儿来说是一个"有自身的他者"③,因此胎

---

① 杨祖陶:《黑格尔〈精神哲学〉指要》,北京:人民出版社,2018年,第65页。
② [德]黑格尔:《精神哲学:哲学全书(第三部分)》,杨祖陶译,北京:人民出版社,2006年,第118页。
③ 同上书,第133页。

儿作为个体仅仅只有一种形式上的自为存在。这种形式上的主体性同灵魂与其本身具有的简单统一性一样,实际上是一个未分离的实体性灵魂的统一体。这种形式上的主体性本身构成客观生命的一个环节,因而不是"病态"的。

而这时感觉灵魂对其个体世界的关系是一种无中介的关系,这与灵魂发展到意识阶段后主体与世界的有中介的关系是不同的,这种无中介的关系也被黑格尔称为"不可思议的关系"。正如前文所述,黑格尔认为我们对这种"不可思议的现象"理解的基本条件正是摆脱知性思维的束缚,因为这种无中介的关系是在意识和理智发展之前出现的,而知性思维对此种现象只会在先地断定为错觉或欺骗,也就无法对此形成相对客观的认识。

而"不可思议的关系"的另一种形式则是以分裂的方式出现的,即无中介的灵魂和有中介的意识的分离,意识下降到灵魂的形式,灵魂独立于精神,二者产生分裂。这种分裂造成了健康的精神所具有的有中介的状态的消失,与之前考察的生命形式上的主体性相反,并不构成客观生命本身的任何环节,因此黑格尔把这种感觉灵魂实在的主体性称为灵魂的"病",黑格尔由此进入了对灵魂疾病状态的分析。

三、"病"的产生:灵魂同意识的分离

黑格尔将灵魂的"病"界定为"感觉生命作为有自我意识、受过教育的、深思熟虑的人的形式"①的一种状态。但是,意识并不是感觉灵魂阶段的产物,而黑格尔在此引入精神在更高级阶段才会出现的"意识",是为了更好地说明较低级阶段的感觉灵魂的本性。因为,灵魂的疾病正是这样一种状态,已经发展到意识又下沉到直接性的感觉灵魂里去,这与前文所论述的黑格尔在处理精神哲学问题的方法论原则是一致的。

回到黑格尔对于"病"的界定,首先要明确的是"感觉生命"概念。黑格尔在感觉灵魂阶段多次提及这个概念,这与"感觉总体""个体性的总体性"等概念是在同一意义上使用的,都表现为个体内在现实性的实体性总体,即具有实在主体性的感觉灵魂。之所以称这种主体性是实在的,是因为这时的感觉生命包含两个特殊的方面,第一个方面是感觉灵魂与其个体世界或实体性现实的无中介关系,而第二个方面则是灵魂与其有客观联系的世界的有中介的关系②。灵魂的"病"正产生于这两个方面的分离和破裂中,当灵魂变得不依赖于精神的意识的权力之时,灵魂就独立于精神,精神则失去了对灵魂的支配,灵魂产生了拥有精神的意识那种自在自为存在的假象,在这种情况下精神变得无法控制自身,而

---

① [德]黑格尔:《精神哲学:哲学全书(第三部分)》,杨祖陶译,北京:人民出版社,2006 年,第 134 页。
② 同上书,第 139 页。

是将自身下降到灵魂方面的形式,即精神的更为真实的形式实存把自身置入于一种更为低级抽象的形式之中,而失去了同现实世界的有中介的联系,这样就得到了一种不适宜性,这种不适宜性就是灵魂的疾病状态。

黑格尔在此区分了对待世界的两种知的方式,即以客观意识为主体的知的客观方式和以感觉灵魂为主体的知的主观方式,以便于我们进一步理解意识的这一"下沉"过程。当意识下降到直接性感觉灵魂的状态时,只保留了自身作为自为存在的形式上的东西①,即形式上的视和知。这与原本自为存在着的健康意识不同之处在于:健康的意识能进行判断,即通过理智的中介获得对外部客观性的视和知,表现出的是意识的深思熟虑。而当精神的意识放弃同外部世界的有中介的关系下降到灵魂的形式之中,即感觉生命的个体在内在性中,只能服从于偶然性的感觉幻想而获得直接性的视和知,这种无中介的视和知是未分离的实体性中的"知",不包含关于外部客观性的内容,主要表现为一种直接的知,也就是黑格尔在后文重点分析的占卜、梦游、千里视、心灵感应和催眠术等特异现象。为了说明这一种知的状态,黑格尔援引了柏拉图关于迷狂的认识,柏拉图把这种在睡眠或疾病中产生的迷狂状态下的"知"归为预言,属于灵魂的非理性部分,柏拉图并没有否认通过幻觉获得真理的可能性,但黑格尔认为,在柏拉图那里,这种状态是低于合理意识而作为一种从属性的东西。黑格尔对于这种精神的迷狂给予充分的重视,因为这种迷狂状态和他所说的灵魂的疾病状态十分相似。但是,黑格尔同时也明确地指出,通过这样一种状态是无法获得普遍的知识的。

四、"病"的形式:自发的和故意产生的奇异心理现象

上述就是黑格尔对于灵魂疾病产生的原因的分析,由于灵魂同精神的分离而出现的疾病状态十分多样的,黑格尔在后文的大量篇幅中是对种种特异现象进行论述。但是,他并不是为了考察各种疾病的特征,而是要从普遍性的方面区分不同病态的形式,实际上都是无中介的知的不同形式。黑格尔区分了自发产生的特异现象和故意引起的奇异的心理现象,自发产生的包括金属占卜者和水占卜者的特异功能、强直性昏厥中的梦游幻觉、千里视之类的预感或内观,对他人的千里视以及心灵附体。而故意引起的奇异的心理现象,主要指的是通过动物磁力而引起的催眠状态。

在自发产生的特异现象中,金属占卜者和水占卜者的无中介性体现为无需借助视觉

---

① [德]黑格尔:《精神哲学:哲学全书(第三部分)》,杨祖陶译,北京:人民出版社,2006 年,第 136 页。

中介就能察知地下水和金属,而梦游中产生的幻觉则是通过心窝或触觉代替了视觉中介,而能直接从内心看到某种事物。黑格尔着重分析的是以千里视为代表的预感或内观,表现为单纯主观的幻觉和有现实内容的幻觉,前者出现在如高烧时的身体疾病中,体现出了灵魂疾病和身体疾病的相关性。而有现实内容的幻觉的根源在于灵魂既是普遍的,也是个别的特殊化了的东西,所有个体化构成了我的现实性,构成活生生的生命的种种力量,而灵魂是以直接的、抽象的方式知道我的现实性即我的世界,因此世界和我在这种状态中还未分离,世界对我而言不是外部的。这种内观的知识表现为突然地回忆起某事,超越空间和时间中介的知,以及对自己身体状态的一种虚假的感知。超越时空中介的知属于外在于感觉主体事件的无中介的知,在这种千里视的状态中,灵魂的观念性使得空间对我们而言不是外部化的,主体不受空间的约束而不依赖于空间。而超越时间则表现为对未来的预知,但这只是对直接在场物的认识的一种有条件的超越,黑格尔特别强调要把这种直接的超越区别于绝对在场的绝对超越,那是精神发展到理性阶段通过概念认识永恒。而对他人心理状态和身体状态的千里视则表现为,被催眠主体和另一个主体的心灵感应关系,而心灵附体是心灵感应所到达的最高程度,把别的个体性的感受作为自己的感受包容在自身之内。

黑格尔区分的另一种由故意引起的奇异心理现象,是一种"动物磁力"①引起的催眠状态。催眠状态实际上也有自发和人为故意之分,而之前讨论的正是自发的催眠,人为的催眠开始于通过动物磁力获得的外部力量对我的干预,即通过催眠这个外部手段抓住我之内的破裂并将之实存化。这种催眠状态之所以可能发生,是因为在灵魂的疾病状态中,在灵魂方面的存在和清醒的存在之间产生了破裂,也就是感觉的自然活力和有中介的意识之间的破裂②。黑格尔对这一催眠的过程作了一番考察,通过催眠进入昏睡状态后,由于对外部力量的依赖性,灵魂开始独立于有中介的意识,在自己本身内注视其个体世界,也就是说所产生的特殊性分离于普遍性生命的有机体,而使得生命与外界的联系被中断,因此包含了由昏睡状态向千里视过渡的可能,这种千里视是被催眠者对他们的身体和精神状况产生直接的内观,这种由催眠引起的千里视和自然的千里视相类似。在这种状态下,催眠者与被催眠者实际上处在知的共同性之中,形成了一种精神上的联系。

但是黑格尔同时指出,动物磁力本身是一种治疗方法,其目的是通过进入催眠状态使得患者自身内分裂的有机体达到与自身的统一。然而现实是在很多情况中,催眠的方式

---

① ［德］黑格尔:《精神哲学:哲学全书(第三部分)》,杨祖陶译,北京:人民出版社,2006 年,第 152 页。
② 同上书,第 153 页。

不但没有达到治疗的目的，反而因为分裂的可能性而加剧病态，导致患者人格的双重化，产生与治疗目的相反的结果，因此治疗是需要谨慎和小心的。这又突出表现了黑格尔对于此种奇异现象保持尊重而又谨慎的态度，如同他在前文中一直强调的那样，也是我们要特别注意的。那就是黑格尔对于灵魂病态的基本立场始终是明确的，所有这些现象都是精神本身堕落下沉到意识之下的表现，他并不认为在这种状态下我们能够超越理性思维。

五、黑格尔灵魂的"病"与心理学视野下的精神疾病

以上是笔者对于黑格尔在《精神哲学》中灵魂疾病状态的论述的梳理，由此我们可以看到，在黑格尔旁征博引的种种奇异的、令人不可思议的事例之中，存在一条清晰的论证脉络，说明了灵魂如何进入疾病状态。对于种种精神的"疾病"，黑格尔一方面指出了它们的生理基础，更重要的一方面是黑格尔指出了它们与灵魂方面的东西的本质联系。这种灵魂的"病"不能脱离精神自我发展的过程而作为独立的精神现象而考察，尽管灵魂的疾病体现的正是精神的特殊性的分化，但是这种特殊性并不是被固定下来的，因为这只是在精神的上升之路过程中的一次下沉，最终会随着精神回复到自身而回到精神生命有机的普遍整体之中。

与黑格尔对于灵魂疾病的重视一样，精神疾病状态的考察也是心理学和病理学的重要内容。弗洛伊德作为精神分析学派的代表人物，对于精神疾病有大量研究，他认为精神疾病来源于无意识状态，而精神分析和治疗的目的在于使潜意识转变为意识。从形式上看，黑格尔分析灵魂疾病的产生也是在前意识阶段，与弗洛伊德有相似之处。但弗洛伊德采取的是回溯到人的儿童时代，追溯儿童与父母的关系来考察精神疾病的成因，这是一种用过去解释现在的做法。黑格尔的视角则显得更为宽广，精神在黑格尔那里是处在辩证的上升过程的，而处在较低级阶段的灵魂需要通过较高级阶段的意识来解释，正如灵魂的疾病是通过意识这个更高级的阶段的下沉来解释的，这是一种用未来解释现在的做法。尽管弗洛伊德的理论在黑格尔之后才提出，但是他的分析方法实际上很容易陷入黑格尔所批判的经验心理学的路径，精神在那里被看作一个已经完成了的东西，通过对于精神产生的经验分析，就能达到对于精神本质的认识。但是，黑格尔强调的是精神在其显现的过程中存在，不是一种已成的物，这与弗洛伊德对于精神的理解是不同的。

现代心理学不仅抛弃了弗洛伊德式的精神分析方法，更是拘泥于通过精密仪器测量、数据分析等途径获取研究结果，尽管心理学利用现代科学手段能够最大限度地获取关于人类心理现象的认识，并将不同的精神疾病类别化、体系化，但是这是一种对精神的"肢解

式"的分析,偏离了黑格尔所一直强调的精神的本质,黑格尔始终在克服把精神肢解为无内在联系从而"失去精神"①的种种认识精神的方式,而把精神确立为一种统一的生命概念,从而确立起了"精神哲学"的真正思辨方法,这与现代心理学将精神的疾病视作纯粹生理学或病理学现象的做法存在本质的差异。而在现代心理学普遍使用的科学化的分析方法占主导的今天,黑格尔为我们提供的是另一条容易被忽视的从精神的本质出发的分析路径,这正是黑格尔精神哲学的意义所在。而黑格尔精神哲学最独特的魅力也恰恰在于它对各种精神现象,尤其是最低等的、病态的、无意识的、非科学的精神活动的深刻把握力和理解力②。

How does the Disease of Soul Arise?:
Hegel on the "Sinking" in the Liberation Process of Mind

LIANG Yuwen

【Abstract】 In Hegel's view, the soul that has developed into consciousness will sink again into the state of immediate feeling soul in the liberation process of mind. In this state, there will be a split between the soul without an intermediary and the consciousness with it. In this way, the disease of soul will be produced. Significantly, Hegel's analysis of the disease state of soul includes various of magic phenomena. Based on making a scientific-philosophical explanation of those magic phenomena, Hegel proposes his speculative view of mind which is distinguished from the intellectual view of mind. Compared with the disassembly analysis of mental disease in modern psychology, Hegel's represent of the disease of soul is always consistent with the determinacy that the mind is regarded as a unified concept of life. In fact, it is the meaning of Hegel's view of mind.

【Keywords】 Feeling Soul, Disease, Mind

---

① ［德］黑格尔:《精神哲学:哲学全书(第三部分)》,杨祖陶译,北京:人民出版社,2006 年,绪论,第 5 页。
② 邓安庆:《黑格尔精神哲学的独特魅力》,《文景》,2007 年第 2 期。

从"自身同一物"与"自在物"谈起

——评黄裕生教授《摆渡在有—无之间的哲学
——第一哲学问题研究》

尚文华①

【摘要】 哲学是通过概念和逻辑追问存在的学问,于汉语学界而言,基本逻辑区分是最根本的。黄裕生教授对于"自身同一物"和"自在物"的区分对此作出重要贡献。本文在勾画这个区分的基础上,进一步讨论了自由问题和信仰问题,黄裕生的这些论证凸显了理性的基本原理及其界限所在。在这些基本的区分和论证之外,我们应该更加在历史和现实中经受自由和信仰。

【关键词】 自身同一物,自在物,自由,信仰

清晰记得,2006 年暑假过后,我第一次冒昧与黄裕生老师联系。之后,收到黄老师长长的一封邮件。从此,我们开启了真诚的交往。也是在那时前后,黄老师一系列的著述进入了笔者的思想视野,并在笔者的心中扎了根。恍惚间,十二三年过去了。近日收到黄老师的赠书,并嘱笔者写一份评论,感慨万千又诚惶诚恐!依稀之间,又回到过去的岁月,是这些作品伴随了笔者的成长和不断深入的思考。从发表顺序看,《摆渡在有—无之间的哲学——第一哲学问题研究》②(以下简称《第一哲学》)中有两篇文章发表于 1999 年,而最近的则发表于 2018 年,其中也有不少是 2019 年举办的学术会议的论文主题。这部跨度达 20 年的著述不只表达了黄老师自己的心血和思考历程,同样地,它也深深地进入笔者的生命之中,而成为笔者的精神历程的一个内在的参照。正是因着这份内在的参照,笔者

① 作者简介:尚文华,哲学博士,山东社会科学院哲学研究所副研究员,研究方向为西方哲学、基督教神学、中西哲学比较。
② 参阅黄裕生:《摆渡在有—无之间的哲学——第一哲学问题研究》,北京:清华大学出版社,2019 年。

的一系列写作和思考亦是有迹可循的。笔者想，这可能也是黄老师嘱笔者作些评述的原因吧。

在这部见证我们灵性交往与深厚友谊的作品面前，笔者既看到黄老师，更看到了笔者自己。在这里，笔者想秉承师生间"吾爱吾师，吾更爱真理"的传统，在思想和历史之间表达笔者对黄老师一些核心工作的概括，并在一些关键点上作出评述，以及笔者对相关问题的一些进一步思考。笔者相信，这既是对这部作品，甚至是这条道路的高度敬重，也是对黄老师对笔者的造就的最高礼赞。在接下来的篇幅中，笔者试着从黄老师最早提出的"自身同一物"与"自在物"的区分和勾画中呈现黄老师的核心工作，并从如何对"自在物"加以"言说"的角度阐释（主体性）自由与形而上学原则和信仰原则的微妙关系，后者会呈现出我们之间内在的心灵对话和不同的思想见证。

一、"自身同一物"与"自在物"的逻辑区分与纠缠

亚里士多德之后，哲学作为一门通过概念追问存在的科学开始建立起来。其核心意义有二：首先是严格的概念界定和逻辑推论；其次是通过概念和逻辑"通达"，更恰当地讲是"逼进"存在。在《范畴篇》中，这两方面的意义被表述在"第一实体"和"第二实体"的区分中。第二实体是普遍者，普遍者之谓普遍者就在于它是共相，是在概念界定中呈现出来的并可以联结于逻辑推论，而有对对象的"本质性"或"经验性"言说。第一实体则是个体的存在，它能够处于主位上被他者（第二实体）言说，却不能处于谓词的位置上言说他者。换言之，无论在它后面加多少谓词，都不能说这些谓词穷尽了它的意义，相反地，它永远在主位上向着其他谓词开放着，因而被保持在一种可能性的状态之中。从存在论的角度看，被概念和逻辑照亮的普遍者或第二实体乃是对象（对象，即意识前面的"一种持—立"）的一种存在者状态，那么永远无法被存在者状态穷尽的第一实体则是对象的存在状态。

无论后续思想史如何发展，亚里士多德的这个基本区分一直被保持着。尽管中国古典思想同样"经历"了存在的开放性和可能性状态——天命、道、佛等既是对其的言说，但由于更多地将之保持在各种情感状态中，而错失了严格的概念界定和逻辑推论的环节，这是中国的古典思想从未真正进入哲学的原因所在①。暂且不论是受制于思想传统，还是受制于语言，抑或其他什么，中国学人很难进入严格的但又有着思想性的哲学领域。这并

① 笔者有文《比较研究与中国哲学学科基础问题》（《社会科学》2019 年第 12 期）讨论了这个问题，并意图根据哲学的基本形态重新厘定"中国哲学"这一学科。

不是说我们无法在技术上学习逻辑,也不是说,我们无法对概念作个基本的规定,更不是说我们经历不到存在或天命,相反地,从哪个方面讲,我们可能都能做得很好。但一旦要通过严格的概念界定和逻辑推论追问存在问题,即清晰地表达思想,澄清思想的各个环节,就开始困难重重。甚至到现在,总体上看,依然如此。

在笔者相对"年轻"的体察和阅读经验中,黄裕生老师可能是第一位清晰地在概念和逻辑层面呈现哲学追问的中国学人。无论更早的"命名和属名的区分:亚里士多德的本体学说及其真理观",还是"思想的区分:从概念思想到本原思想"①,"自身同一物"或"第一陈述",与"命名"或"本原"的区分在逻辑上得到明确和严格的论说。而在"康德论证自由的'知识论进路'"②和《真理与自由》中③,如何根据近代自然科学的概念和逻辑结构"重建"对象的概念性存在,并在概念性之外追问存在问题,黄老师作出了更加严密和出色的工作。理解对象的关联性存在或经验性联结并不难,但对象何以能够被联结在经验之中,即如何追问其关联性的依据,则是更加重要的。在中国社会,"客体""客观""本质"等几乎成为我们的口头禅,甚至都沦为了"意识形态"词汇,但我们何尝反思过这些基本术语的真实意义呢?就此而言,这些追问不只是为汉语学界,或用汉语言说的"哲学"清理了根基,并垫上最稳固的一块基石,亦为清理日常的或意识形态的词汇,贡献了最重要的一份力量——这些都是以百年计的事情。

在逻辑上说明"命名"(或"自在物")、"自身同一物"和经验性联结的区分何以如此重要呢?在日常生活中,我们更多地处于经验联结的世界中,换言之,日常世界更多的是一个"角色"的世界。父慈子孝,兄友弟恭等,都是对种种角色,以及各种角色应该负起的位置的言说(至于它们是不是"天位"则是另一个问题),但是,这些经验联结或角色言说是不是就穷尽了生活世界的全部了呢?试想,在父、子、兄、弟等之外,我们还是什么呢?——是我们自己!甚至是我们自己应该是在先的,若我不选择成为这些角色,这些角色又怎么是可能的呢?若我选择退出这些角色,又有何不可呢?换言之,我们在打开一个角色或经验关联的世界之前,我们首先是我们自己,正是因为我们首先是自己,这个角色的世界才是可能的,也才可能是有"真实"意义的。同样地,在亚里士多德和康德等人的论证中,对象能够在经验世界中相互联结,亦以其能够作为自身,能够作为自身陈述自身

① 参阅黄裕生:《摆渡在有—无之间的哲学——第一哲学问题研究》,北京:清华大学出版社,2019年,第89-112,14-22页。
② 同上书,第215-224页。
③ 参阅黄裕生:《真理与自由——康德哲学的存在论阐释:第五章/第六章》,南京:江苏人民出版社,2002年。

为前提。即"A 是 X"本身以"A 是 A"为前提,"A 是 A"是第一陈述,是"自身同一物"。对于受制于角色性的传统中国社会来说,这一点尤其重要:"无父无母"可能并非是对个人的贬损,恰恰相反,"无父无母"之前(逻辑和生存起点)和"无父无母"之后(如何在选择上进入)才是真正有意义的追问。

从角色或经验关联退出而回到自身("我是我"或"A 是 A")乃是回到一个绝对的、有着生存真实意义的出发点,在这里,"我"可以从一切现实性中抽离出来,而回到纯然的可能性状态。换言之,尽管谓词上的"我"或者"A"在逻辑上是对主位上的"我"或者"A"的"界定"——也正是因着这种"界定",它们能够在经验上得到联结,但这种界定乃是一种逻辑和生存上的同一性和原始性"规定",在这种"规定"之外,主位上的"我"或"A"永远把差异性和新的可能性保持在自身之中——这也是黑格尔、马克思等人一再强调的"经验"所包含的一种辩证运动①。在笔者看来,这是理解作为形而上学的哲学的关键所在。亦即"自身同一物"与"自在物"(或"属名"与"命名")尽管在逻辑上可以作出清晰的区分,但在意识或思想中,它们之间构成一个辩证运动的系列,这个系列不单单是认识性的,也是实践性的。

纵观黄老师的《第一哲学》,无论在"思想现场"部分,还是在"历史现场"部分,对"自身同一物"与"自在物"的清晰区分和分辨,都是黄老师的核心工作。这份工作对于我们理解逻辑问题和思想的各个层次都是意义重大的。但对于"自身同一物"与"自在物"的深度耦合,对于它们何以能够在意识或思想中展示为一个辩证的运动,则重视不足,而在笔者看来,这恰恰是理解作为形而上学体系的哲学的关键所在。在或许大多是口号式的"形而上学终结"的时代里,谈"作为形而上学体系的哲学"似乎不太合宜,但至少作为思想传统的一部分(也或许就是思想本身),《第一哲学》没有处理黑格尔,甚至包括马克思的一些"真知灼见"则是稍显遗憾的。这一点也显现在黄老师一直以来都强调的"自由"和"信仰"问题上。

二、自由的崇高性与现实性

很难讲中国古典思想言说过人的自由身位,它更多地把现实的伦理结构论述为神圣的;即使在对天命的言说层面,我们也几乎看不到它把人的自由存在身位确立起来。而西学东渐以来,中国学人更多地从政治和权利角度接受人的自由身份,真正从存在论和生存

---

① 笔者有文专门讨论过这个问题。参阅尚文华:《差异意识:形而上学与实践哲学的分野之处——论从黑格尔到马克思的转变》,《求是学刊》,2019 年第 4 期。

论角度阐释人的自由身位或许只开始于 20 世纪 90 年代中后期。这其中,黄裕生老师作出了非常重大的贡献①。

让我们从"自身同一物"与"自在物"的区分开始黄老师对自由的追踪。能够对一切经验关联或角色性存在"说不",本身证明人可以摆脱一切外在经验物、内在的自然欲望的限制而回到自身,并守护自身,并从自身出发开启一种不同于外在经验物或内在欲望的因果链条。换言之,一切现实性都不能根本性地限制人的生存,相反地,它总是可以抽离于现实性,而回到作为自身的可能性状态,并从可能性中开启全新的现实性。这可以得到意识的见证和严格的逻辑论证。黄老师更多地从康德的道德哲学立场出发论述这一点,并沿着这条思路论证了权利、爱等的根基所在②。但从意识经验的辩证运动中,我们同样可以看到这一点。一方面,意识可以实现对对象的同一性界定,因而"自身同一物"和对象的经验关联是可能的;另一方面,意识在认识过程中对对象和知识(同一性建构)的"不同"所作出的比较,本身证明,不只是对象的同一性建构被保持在意识中,对象不同于同一性建构的"自身存在"亦得到意识的觉识——尽管是以一种"不同于……"的"差异性"或"尚未……"的方式。换言之,意识一开始就是一种"超越性"的意识,它先在地"拥有"对象③。这种"先在"的"拥有"或"占据"使得意识自由地超越于一切现成的并已经被建构起来的对象之上,因而意识本身证明人这种存在者的自由。

按照黄老师秉承的康德哲学传统,道德是自由的认识论条件,自由(意志)则是道德的存在论条件,若非人这种理性存在者是自由的,道德行为则是不可能的。但深入分析道德行为,它却是根本性地不能是任何认识、情感或道德心理学的对象,或得到它们的证明,换言之,道德(行为)由以可能乃是依赖于一种意识的深度自觉,并且这种深度自觉本身可能就是在思想史或人类生活史中被"促逼"出来的④。但一旦它被"促逼"出来,自由(意志)也就得到证明。而这种证明却也不是认识性的(无论理性的还是情感的)或心理

---

① 笔者为谢文郁老师的《自由与生存》写的书评中第一部分追踪了些相关内容。参阅尚文华:《谢文郁:〈自由与生存——西方思想史上的自由观追踪〉》,《哲学门》,2016 年第 31 辑,第 337 - 348 页。

② 有关"权利"方面,可参阅黄裕生老师结集的新书,黄裕生:《权利的形而上学》,北京:商务印书馆,2019 年;"爱"等问题参阅黄裕生:《摆渡在有—无之间的哲学——第一哲学问题研究》,北京:清华大学出版社,2019 年,第 64 - 77 页。

③ 在《黑格尔的经验概念》一文中,海德格尔把意识对对象的"先在……拥有"称为对象的"在场状态",以与被建构起来的"在场者状态"相对应,"在场状态"是意识能够设想,甚至建立"绝对知识",或意识(真理)有某种"绝对性"的前提。参阅海德格尔:《黑格尔的经验概念》,《林中路》,孙周兴译,北京:商务印书馆,2010 年,第 185 - 222 页。

④ 至于它是如何在思想史和人类生活中被"促逼"出来,则需要我们深入到从希腊,经基督教(尤其奥古斯丁)到启蒙的整个历程。黄裕生老师做了不少相关的工作,笔者也有文章《在崇高与虚无之间的自由意志》(《哲学动态》,2020 年第 1 期)讨论这个问题。

学意义上的。这就意味着,对于黄老师所秉承的这个思想传统来说,道德或自由意志的绝对性难以成为生活中或人的现实生存中的"实在对象"——并不是说它不真实,或不能成为生存的某种有着终极意义的指引,相反地,正是因着它的崇高性,它是生存的目的和动力,也是因着它的绝对的崇高性,它让我们的生存进入一种剧烈的波动、一种生存或许永远无法承受的"外在状态"———旦我们认为它实在了,或者内在地刻画了人的生存,那么,生存也就非常可能进入一种狂妄、迷狂,甚至完全丧失自身的状态①。

亦即,若秉承康德这个传统,黄老师或许需要进一步思考崇高的自由意志或道德如何真实性地穿透我们的具体生活,并与我们有着时间性和实践性的生存建立进一步的联系②。而若根据黑格尔或马克思等人对意识之差异或否定维度的体察,自由并非意味着它与生存的现实性那么遥远,相反地,根据意识的一般原理,自由与生存的现实性(或黑格尔意义上的必然性)本就是共同呈现的。这是一种生存与自由的"宿命般"的关系。它能够意识到自己"不是"已经获得的现实性,或者生存的现实性本身无法穷尽它的存在身位;但同时,它又不得不在生存的现实性中"经历"自己的存在身位,因而它乃是在对生存现实性的经受中"经验"或"经历"自己的自由身位。这或许在一定程度上抹杀了自由意志或道德性存在的崇高性,但却也在生存中"让"其意志或道德获得深度。换言之,自由并非高高在上的"理想"或"目标",相反地,它本就是历史和生活的现实:历史是自由的历史,生活也是自由的生活,正是在自由的历史和生活中,生存获得其自由的历史性——尽管哪怕迈出任何一步都很艰难,但这是生存的宿命所在。如此言说历史和生活,并非是说在黄老师对原理的体察中,它们不是这样的,而是说,单单停留在自由意志或道德的崇高形式中,可能是不够的,我们或许更应该在实实在在的生存中经受其独特的存在身位。

与这个基本理解相关,信仰问题或许更加确切地描述了笔者与黄老师理解的差异。

三、信仰:理性的边界,还是生存的现实?

在逻辑学和实践哲学这条主线之外,黄老师的系列作品也一直隐藏着一条宗教之线。从近二十年前的"不是额外问题的问题:如何理解上帝?"经对奥古斯丁之时间问题和自

---

① 在《致死的疾病》中,克尔凯郭尔深刻地描述并批评了这种可能的生存状态。参阅克尔凯郭尔:《致死的疾病:第一部分》,张祥龙、王建军译,北京:商务印书馆,2012 年。黑格尔对此也有清晰的自觉。
② 黄裕生老师近年来关于中国文化问题、一般的伦理学问题等或许是由这一点推动的。相关论述请参阅黄裕生:《摆渡在有—无之间的哲学——第一哲学问题研究》,北京:清华大学出版社,2019 年,第 237－258 页。

由意志等问题的系列论说,到对阿奎那的一系列阐释①,上帝问题、宗教问题都实实在在的是黄老师关心的核心议题。

与直接从信仰出发的基督教神学家的工作或言说方式不同,黄老师的这条上帝—宗教之路更多的是反思性的。这是因为,无论从对"自身同一物"和"自在物"的自觉的区分来说,还是在康德式的自由意志—道德哲学的思路中,上帝的存在问题,抑或宗教维度的打开都是不可避免的。从经验关联或角色性存在退出之后,我们不再以分辨者或判断者的身份出场,这是"自在物"或存在自身向我们的敞开。"自在物"的敞开可以,甚至必定"让"我们与一位绝对的存在者、一个完整的存在领域、一位在自身位置上的自由存在者"相遇"。在黄老师看来,这不是一种证明——能证明出来的只是理性相关物,而是一种在内心("心学")中的见证。而作为道德性的存在者,人总是要生活在时间之中,其意志的纯粹性和坚定性需要在时间和实践中操练,这是一个无尽的过程,只有一位知人心的至善者才能保障它的完成②。就此而言,道德存在者的真正实现需要依赖于上帝,其道德性或伦理性的生活需要在真正的教会中展开。

无论如何,从"心学"见证思路言说上帝也好,从道德之终极实在性(至善)方面言说上帝也好,上帝的存在,以至宗教的意义都指向了人之理性存在的边界。在理性边界之内,一切都是可以分辨和判断的,它是由意识完全照亮的相关物;而对于理性边界之外的存在者来说,理性仅仅指向了它的存在,理性也仅仅在于守护它的存在。正如上帝之绝对性,这条边界的存在亦有着绝对性。一旦试图模糊了这条边界,理性便会滥用,看似它占有了上帝,实则乃无限地压缩了它自身——一切都沦为智识的领域,神圣性也就消失不见了。于汉语学界和当下的中国社会,以及古典的中国文化来说,能够清晰地作出这种理性的论证是极其重要的;对于目前的宗教乱象来说,这种论证就显得更加可贵。但无论如何,只要这样的论证被作出,我们就是有希望的。

但是,我们需要看到,从理性及其边界意识方面言说上帝和宗教问题,是启蒙时代的产物:它更多地通过理性言说信仰。但从更具历史纵深和生存实际效应方面看,信仰不是理性的产物,也不单单是刻画出一个边界就终结了的事情,相反地,它本就在思想的历史和历史的思想中发挥着现实的效力,并一直会是主导生存的现实和可能性的重要力量。

---

① 《第一哲学》都有部分收录。分别参阅黄裕生:《摆渡在有—无之间的哲学——第一哲学问题研究》,北京:清华大学出版社,2019 年,第 225 - 236,189 - 199,113 - 145 页。

② 如何理解这种"保障",以及与之相关的"希望""相信"等情感,是另外一个难以回答的问题。目前,汉语学界更多地在理性理想方面处理这个问题,笔者则更多地在生存方式转变方面回答这个问题。请参阅尚文华:《希望与绝对——康德宗教哲学研究的思想史意义》,南京:江苏人民出版社,2018 年,作者的话,以及正文第 128 - 150 页。

通过理性及其边界意识,我们能够看到边界之内的事情可以不是信仰的对象,但它同样也可以是信仰的对象。这里的关键在于,如何在生存的现实性中经历信仰、经历理性与信仰之间深深的争辩;并在这种深度的争辩中,看到理性的根本局限性,看到边界之外、信仰之中上帝给予生存的荣耀。

如同上述对自由和道德的现实性和历史性的讨论,信仰和宗教问题同样既是历史的一部分,亦会是历史之未来的"事件"。换言之,只有人是一种时间性和历史性的存在,自由与信仰问题就会不断地纠缠着人之生存及其历时—历世,并在生存之现实性中开启着全新的可能性。这是生存的宿命,也是思想的宿命。能够在汉语世界清晰地阐释自由和理性的原理问题,并不断地在原理中追问它们的边界,是黄老师作出的最重大的贡献。但能够使这些基本原理穿透有生有死的生存之现实,则需要包括黄老师在内的"我们"的共同努力。

行文至此,愈发感受到黄老师对笔者的启发和造就。这种启发和造就愈深,我们之间的差异和争辩也就愈加明显。这些不算是严格书评的评论文字,既展示了笔者对黄老师工作的基本认知,也展示了笔者在黄老师思考基础上的一些进一步的思考。凡是严正的思考都是与思考对象的深刻对话,甚至质疑。笔者希望汉语学界能够有更多的这种对话和质疑,笔者相信,这也是笔者一直敬重的黄老师的希望。末了,向亦师亦友的黄老师致敬!

The Argument from "Thing-as-itself" and "Thing-in-itself": a Comment on Professor Huang Yusheng's *The Philosophy between Being-Nothing*: *The Study of the First Philosophy*

SHANG Wenhua

【Abstract】 Philosophy is the discipline to question Being through concept and logic. In the Chinese academic circle, the basic logical distinction is the most fundamental. Professor Huang Yusheng made an important contribution to the distinction between "Thing-as-itself" and "Thing-in-itself". On the basis of this distinction, this paper further discusses the issue of Freedom and Faith. These arguments of Huang Yusheng highlight the basic principles of Reason and its boundaries. Beyond these basic distinctions and arguments, we should experience Freedom and Faith further in history and reality.

【Keywords】 Thing-as-itself, Thing-in-itself, Freedom, Faith

情感与意识的出路

——评《质料先天与人格生成——对舍勒现象学的质料价值伦理学的重构》

杨　铮①

【摘要】 作为现象学运动的核心人物之一,马克斯·舍勒在现象学传承中长久以来遭受着与其思想深度不对等的冷遇,在国内尤甚。张伟的《质料先天与人格生成——对舍勒现象学的质料价值伦理学的重构》着眼于当代前沿的现象学议题中的舍勒维度,并在康德与胡塞尔的问题域中系统解析了舍勒思想的未尽之意,对于目前国内的舍勒研究而言具有突破性的影响。该书从苏格拉底之问和"质料"概念入手来说明质料先天何以成为舍勒现象学的理论根基,进而使情感先天在伦理学中获得相应的合法地位。也正是在情感问题上,舍勒与胡塞尔、康德的伦理学进路判然二分。最后,面对学界关于自身意识问题的争论,作者以舍勒为依据提出了三重自身感受的理论,力图对自身意识、人格的非对象性的行为实存以及价值伦理学的规范性等诸多问题给出一套整全的解释方案。

【关键词】 马克斯·舍勒,现象学,质料,情感,人格

自20世纪上半叶至今,现象学已经走过一个多世纪。从最初集中于对基础理论的阐发到现在同其他学科领域的交叉融通,现象学已然作为一种方法被载入哲学史册,也被诸多前沿学者所采纳。国内学界对现象学的研究虽然起步较晚,但如今也获得广泛而深入的推进。其中,胡塞尔、海德格尔、萨特甚至列维纳斯等无疑是最热门的现象学话题,相关文章、著作和翻译层出不穷。相比之下,英年早逝的"精神挥霍者"(伽达默尔语)马克斯·舍勒的思想资源却没有得到相应的重视。这不仅是由于他在哲学的高产期猝然离世,更因为他思想兴趣之庞杂已远远超出现象学,而延伸到人类学、社会学、政治学、神学等议题。当然,舍勒不拘小节的写作风格也使得他孑然独立于其他学院派现象学家。但纵然如此,舍勒的代表作《伦理学中的形式主义与质料的价值伦理学》仍奠定了其比肩于胡塞尔、海德格尔等现象学家的地位,尤其是其关于人格主义和价值意识的理论,丝毫不

---

① 作者简介:杨铮,中山大学哲学系博士生,研究方向为胡塞尔与舍勒现象学。

逊于胡塞尔对意识哲学,海德格尔对基础存在论所作的精深的现象学分析。因此,国内外相对沉寂的舍勒研究无疑就昭示着,无论是就哲学史还是就现象学的实事分析而言,如此展开的哲学研究都有巨大的理论空间。张伟的《质料先天与人格生成》①(后文简称《质料先天》)正是这方面的努力。

《质料先天》一书是近年来国内学人出版的对舍勒伦理学说进行系统研究的最新专著。本书前部分是作者在德国游学时完成,之后在提交给中山大学的博士论文的基础上修改出版,全书共五十万余字。除导论和总结外,全书分为上下两篇,分别讨论舍勒价值伦理学的元伦理学静态奠基和规范伦理学的动态奠基,行文结构井然有序。《质料先天》从苏格拉底"人应该如何生活"之问开始,对舍勒的价值现象学的源头和伦理学的奠基问题正本清源,同时旁征博引地对康德、胡塞尔以及当代现象学者的相关观点进行梳理和批判,澄清了各家在诸如形式与质料、理性先天与情感先天、自身意识与自身感受等问题上的分歧,以此文献为依据,勾勒出舍勒思想的另一幅相貌,即质料价值学说和自身意识理论对舍勒的元伦理学和规范伦理学的双重奠基。最后,作者对舍勒价值伦理的基本特征和规定进行总结,并回归到苏格拉底之问。因而本书标题中的两个关键概念——"质料先天"与"人格生成"分别对应着文章的两大结构,前者是舍勒的价值伦理学的核心概念,并在元伦理学层次为其思想奠基;后者强调通过对自身价值的感受而生成善的人格,引导出善的行动,因此是舍勒对人应该如何生活这一规范性问题的回应。由于篇幅所限,本文只能选择性地介绍书中的三个核心概念——质料先天、情感先天与自身感受——加以粗评,论证的细节部分和各家论争难免有所遗漏,还请读者自行研读。

一、质料先天:舍勒现象学伦理学的"根"

如现象学研究者所知,舍勒的价值伦理学强调情感在人格的道德行动中所起的关键作用,情感活动所具有的先天性使得任何人都无法回避其作为感性存在者所具有的价值;同时情感也是经验性的和质料性的,因此要论证情感何以可能是先天的,首先要回答质料何以可能是先天的。作者借用了西格瓦特(Chr. Von Sigwart)"前问题"这一说法来标示质料先天在舍勒伦理学中的位置,但这尚不能充分凸显质料先天的奠基作用,因为只有在阐明质料先天后才能讨论情感先天和情感价值,它本身即是舍勒伦理学乃至整个哲学的根基。

---

① 张任之:《质料先天与人格生成——对舍勒现象学的质料价值伦理学的重构》,北京:商务印书馆,2014 年。张任之为张伟的笔名。

按照哲学史的顺序,作者首先需要对康德和胡塞尔语境下的先天概念加以对比审视,从中自然地引出双方在形式与质料问题上的根本分歧。先天问题的澄清之所以重要且必要,是因为它为知识的来源提供了根本答案,否则人类的知识就不再具有一个牢固的基础。在休谟的启发下,康德以"先天综合判断何以可能"这一问题为思考的出发点,其中恰恰透露了他关于"先天"的基本信念:与后天相对的、具有普遍性和必然性的认识来源。换言之,只有不包含经验并对经验加以归置的形式才是先天的;如此,通过知性能力形成的概念和范畴正是这样的先天。相应地,后天就和感觉经验的质料性关联起来。形式先天和质料后天在康德这里成为一个自然而然的对立。作者紧接着总结出胡塞尔对康德界定的先天的三点异议:(1)康德混淆了心理学上的普遍必然性和认识论意义上的普遍必然性,后者不能从对诸如空间形式这类的主观性的归纳中得出;(2)"先天"并不意味着独立于经验,而是对"经验性经验"的纯粹化;(3)真正的先天指的是一种本质法则性,它既可以是形式的也可能是质料的①。通过把传统的感觉经验扩展为直观中被给予的经验,进而把"先天"界定为"本质",胡塞尔为现象学中先天概念定下了基调:"先天在真正现象学意义上是在直观中被给予之物,而且是在扩展了的直观——不同于感性直观的范畴直观——中明见地被给予的本质或埃多斯(eidos)。"②

结束了康德和胡塞尔两人的对垒后,作者引出舍勒对先天问题的看法。在舍勒这里,"先天"具有形容词和名词两种用法:"先天的"意指着奠基次序或被给予性次序上的在先;名词意义上的"先天"(Apriori)指的则是出现在现象学经验中的"本质性"或"何物性"(Washeit),它首先是作为质料内涵而出现,而后通过本质直观的功能化被把握为法则和形式,即形式先天。这里可以看出作者的态度:作为现象学经验的先天都可以看作质料先天,形式先天则是存在于非现象学经验中的"先天之物","先天无非意味着一种现象学事实(本质或本质联系)、现象学经验(本质直观)的质料或内涵,它'先于'一切非现象学的经验,同时还作为非现象学经验可能性的条件而在现象学经验中'先在的'被给予"③。

一方面,舍勒使用的"质料"一词与胡塞尔的质料概念有很大的不同,它在功能上对应的是胡塞尔那里的"材料"(Stoff),也就是亚里士多德和康德意义上"非形式"的东西,所以胡塞尔主张的感性直观为范畴直观的奠基,实际上意味着质料奠基,而非材料奠

---

① 张任之:《质料先天与人格生成——对舍勒现象学的质料价值伦理学的重构》,北京:商务印书馆,2014年,第75-77页。
② 同上书,第80页。
③ 同上书,第87页。

基①；另一方面，舍勒的"质料先天"中的质料指的是范畴直观的内涵或在范畴直观中的"自身被给予之物"，胡塞尔则是把这一意义上的质料同与对象之物的联系意义上的"质料"混同使用，由此引发了舍勒对胡塞尔"感性直观为范畴直观奠基"这一论断的批评和倒转②。舍勒认为这种奠基关系中隐藏某种实在设定：范畴直观不是漂浮无根的，而是依赖于感性直观中"已然被给予之物"，因而质料奠基是不完全的还原。反之，舍勒认为，通过范畴直观得到的质料内涵功能化为一种经验结构，先行于并规定着感性直观与对象之物的联系，以此就可以对胡塞尔的"质料"概念进行更彻底的还原。在此，我们不妨停下来考虑一下：作者认为舍勒这里的"质料"同胡塞尔的"材料"概念在功能上是对应的，即它们都作为"形式"的反面出现在各自理论中；同时作者又强调"质料"与"感觉或感性材料"在舍勒这里是分离的。所以，很难想象这种不同于感觉材料的质料是如何"在功能上"对应于胡塞尔的材料概念的。而且对于此一对应关系，文中只是简单带过，并没有给出更多的文本依据加以佐证，颇让读者费解。但无论如何，在质料问题上舍勒同胡塞尔的相似之处要多于分歧。两人都会承认，现象学的伦理学必须要在承认质料的本质被给予性之上才得以可能。

二、情感先天：舍勒现象学伦理学的"血液"

从质料先天到情感先天的过渡并非是突兀的。自柏拉图开始，传统西方形而上学就把形式与理性联结在一起，力求通过理性能力来把握抽象的形式；感性作为理性的天然敌人，因其杂乱且变化不定而被视为应被摒弃掉的东西。但随着作者的文本梳理，先天在胡塞尔和舍勒那里显示出了不同于传统形式先天的质料性，而情感作为得到扩展的质料概念中的一部分也就可以归置到先天的论题域中。作者把情感先天之澄清称为舍勒伦理学的"建基"问题，如果把质料先天比作舍勒伦理学的根，那么情感先天则毋宁说是贯穿整个价值伦理学体系并直接为之提供生命力的血液。

与上一部分的结构相似，作者依然是按照康德—胡塞尔—舍勒的思想史顺序来回顾有关情感问题的论争，尤其重在辨析后两人观点的异同，其中大量的插入讨论也反映出了作者在这一点上格外用力。首先，作者介绍了康德的理性先天学说，并列举了胡塞尔对他的三条重要批评：（1）康德以感觉主义的方式去理解感受，放弃了低级感受和高级感受的

---

① 张任之：《质料先天与人格生成——对舍勒现象学的质料价值伦理学的重构》，北京：商务印书馆，2014 年，第 109 页。
② 同上书，第 113 页。

区分;(2)理性与感性并非是截然对立的,存在着"理性的感受"或"意向的感受"为价值伦理学奠基;(3)康德的定言命令不仅是空洞无物的,而且缺少直观明见性,需要对最大善的选择(Wahl)①。舍勒在情感和理性问题上对康德的批判大致也是沿着胡塞尔思路推进的。康德之所以将理性与感性赋予不同的地位更多的是基于他如下信念:世界给予我们的经验最初都是无序的混乱,它有待我们用理性加以规整和统治②。舍勒看到,这不外是一种"对世界之恨"。进而作者引出了舍勒的"心的秩序"(ordre du coeur)学说:精神不仅包括理性还包括情感感受,情感感受并非杂乱无章的,而是有其天然的秩序,这秩序就是显现在人类偏好中的感官价值—实用价值—生命价值—精神价值—神圣价值的由低到高的排列。通过对康德的批判,舍勒确立了情感的先天主义,并发展出了一门建基于感受之上的伦理学。

再把目光转向胡塞尔。胡塞尔将意识行为划分为客体化行为(表象、判断)与非客体化行为(情感),前者构造对象,后者指向对象。但作者指出了这里存在的困难:如果一个不含有质料的价值化行为(非客体化行为)引发了价值作为其相关项,那么它实际上也无异于客体化行为。对此,克罗维尔(S. Crowell)否认价值会出现于情感行为中,胡塞尔只是为了保证行为概念的统一性而引入了这一悬设。对于克罗维尔的辩护作者并不认同,价值无疑可以在现象学直观中被给予。舍勒解决这个问题的方式是放弃胡塞尔意识行为二分的立场,将感受行为也纳入到客体化行为中——它的原初相关项就是价值。所以,在舍勒这里并没有客体化行为与非客体化行为的区分,只有客体化行为之间的差异。另外,胡塞尔对现象学纯粹性的追求使他最终又回到康德所推崇的逻辑理性和概念辨析的路径上,只不过使用的不是狭义的理性推理能力而是扩展后的理性,所以"胡塞尔的这种价值—感受现象学又必须以表象现象学为基础,准—理论科学(纯粹伦理学)始终还要以理论科学为基础"③。舍勒则对之作了一个颠倒:感受行为和表象行为之间不存在质料奠基关系,因为它们都有着各自不可还原的意向结构;同时"认之为有价"(Wertnehmung)要先于"认之为真"(Wahrnehmung),对任何一个理智对象的把握都以关于它的情感价值的体验为前提。当然,把情感放在非认知主义的立场上进行考察是舍勒情感学说的一大特色,但是跳出纯粹为舍勒辩护的意图而对这种理论加以评价和审视,尤其是结合当代诸种情

---

① 张任之:《质料先天与人格生成——对舍勒现象学的质料价值伦理学的重构》,北京:商务印书馆,2014 年,第 145 – 148 页。
② 同上书,第 161 页。
③ 同上书,第 185 页。

感理论的不同进路加以辨析,这不得不说仍是该部分有待深入的问题。

整体来看,作者在梳理舍勒的质料先天和情感先天概念的过程中,总是将舍勒的观点同康德和胡塞尔紧密结合起来,这恰恰也是作者"还原—筹划—批评性拆解"的写作方法所要着力达到的效果。《质料先天》整书的行文将舍勒不断置于康德和胡塞尔的理论背景之中,致使舍勒思想本身的样貌稍有依附于这两者而难自成一体之嫌。但以康德以及其他人为理论对手恰恰是舍勒展开自身思想的一个方便之门,其《形式主义》就以对康德的批判作为价值理论的切入点,而这终究是为阐发他自己的观点扫清障碍。如此而言,张伟将三人放在同一个问题域中进行对比阐明,也就更易于让读者把握隐蔽在舍勒"思想漫游"背后的主线,同时也彰显了作者深厚的文献功底。

三、自身感受:舍勒人格理论的再解释

在《质料先天》的下篇中,作者的主要工作是从"自身感受"出发为舍勒的人格学说提供一个新的理解模式,以此回应传统自身意识理论在海德堡学派、图根哈特等人的争论中所显露出的困境,同时也为人格的实在方式和道德价值的生成提供一整套解释方案。通过对自身意识、自身感受和人格概念史的梳理,作者从知识论、存在论和伦理学三个向度对自身感受进行界定,以此为框架重新审视了舍勒的人格理论。因此这一部分可以说是全书中最具创见性,因而也最可能遭遇质疑的部分,读者在参读《质料先天》文本的过程中须谨小慎微。

自身感受得以成为一个议题要追溯到传统自身意识理论。作者首先从以亨利希(D. Henrich)为代表的海德堡学派入手来引入关于自身意识理论的经典争论。亨利希借助对费希特的研究,指明了传统自我意识理论按照主体自我—客体自我的方式来解释对自身的认识:存在一个"认识着的我",同时也有一个"被认识的我"。亨利希将这种模式称为"反思模式"或"视觉隐喻"①。这一模式存在一个无限循环的根本缺陷:在确定有一个"认识着的我"的同时它就变成了"被认识的我",并预设了另一个更在前的认识着的我,如此往复。针对该问题,亨利希和其反对者图根哈特(E. Tugendhat)给出了不同的解决方案,前者引入了"自身亲熟"(Selbstvertrautheit)和"自身保存"(Selbsterhaltung)的观点,后者则用语言分析来消解问题。作者列出了与自身意识相关的概念群并逐一解释②,在此不再详述。总之,在双方的对峙中作者采取的是折衷的态度,将亨利希、图根哈特连

---

① 张任之:《质料先天与人格生成——对舍勒现象学的质料价值伦理学的重构》,北京:商务印书馆,2014年,第264页。
② 同上书,第274–285页。

带弗兰克的主要观点进行整合,分别纳入自身意识理论的三个不同方面,提出了新的"自身感受模式"并以此过渡到舍勒的人格学说。

作者的自身感受模式由三种自身感受组成。自身感受 1 对应着亨利希的"自身亲熟"理论,是知识论层面的"前概念的、前反思的、直接的、非对象化的和伴随性的自身感受",对舍勒的伦理学而言它解决了非对象的人格如何被给予的问题;自身感受 2 对应着图根哈特的"实践的自身对自身之行事"或海德格尔的"去—存在"(Zu-sein),是对自己本己状况的感受,在舍勒那里则是说明了作为"行为实体"的人格是如何进入自己的处境并遭遇绝对存在的;自身感受 3 对应着阿德隆(J. C. Adelung)和爱德华·封·哈特曼(Eduard von Hartmann)主张的对道德价值的自身感受,它通过人格的伦常行为——懊悔和救赎为道德人格的生成提供了实践动机。总而言之,在舍勒的人格学说中,三种自身感受分别对应着人格的"自身—体验""自身—理解"和"自身—生成"。

首先是自身感受 1。作者准确地把握到舍勒强调的人格不可对象化的特征必须要应对的一个基本问题:如果人格不可对象化,那么它如何被给予、如何被谈论? 作者用"体验"和"反思"来说明这种特别的被给予方式:作为行为进行的人格并不是被概念化地把握到,而是在体验或者亲历(er-lebt)中显示出自身,"而且这种前概念的、非对象化的'亲历'恰恰是原本的,它构成概念性的对象化行为的基础,后者只是对前者的一个'再造'地把握"①。同时,伴随着"自身—体验"的是将该行为"归化"给一个行为进行者的"自身认同化"行为,所以,反思时的我直接亲历着我的反思活动,并不存在无限倒退的矛盾。作者显然借用了亨利希、狄尔泰的表述来阐释舍勒,但问题在于,后两人所谈论的对象是自我的意识和反思,而舍勒讨论的则是人格。把论题域原封不动地从自我切换到人格是合法的吗? 或者说,人格与自我的关系是什么? 人格是把这种"自身亲熟"的自我囊括其中作为一个特征或表现形式,还是等同于这个自我,抑或两者根本不是同一物? 在《形式主义》中,舍勒曾说:"尽管如此,奴隶具有自我、心灵、自身意识——这证明了,这些都与人格没有关系。"(GWⅡ,473)作者似乎放过了这个问题,但舍勒在两者的关系上必定有更多的考虑。

自身感受 2 和自身感受 3 分别对应着舍勒理论中的"爱的秩序"和"羞感"与"懊悔",前者对人格如何能被看成"行为实体"给出了回答,即意欲之中包含着一种先天的爱的结构,它对应于价值的先天秩序,同时也成为个体行动的规范。在一个人形成了独特的爱的秩序后,他就生活在由之构成的命运之中②。人格通过自身之爱以及对自身之爱的理解

---

① 张任之:《质料先天与人格生成——对舍勒现象学的质料价值伦理学的重构》,北京:商务印书馆,2014 年,第 342 页。
② 同上书,第 361 - 362 页。

和"观看"而参与到世界中,并最终在对神之爱中发现了绝对存在。可以说,自身感受 2 一方面指人格伴随着爱的结构去在世界中生存,另一方面则是对自身之爱的理解并向着更高价值重建自身的爱的结构。按作者的理解,这是一种存在论意义上的人格实存样式,其描述性含义大于规范性含义,与之相对照的是道德处境下的促成人格心向(Gesinnung)转变的具体感受,即自身感受 3。

自身感受 3 也被称作"自身价值感受",除了广义上的羞感和懊悔外,还包括具体的敬畏、恭顺等,作者着重对前两者加以分析。这类感受的独特之处在于能够以不同的方式直接使人格心向发生转变,进而影响一个人实际的行动,例如,羞感是在意向"回返自身"的基础上对将来的更高价值的意指,进而与当下自身的较低价值形成张力;懊悔则是对过去之行为或人格自身的"欠罪"的审判,"它可使个体获得新的向善决心,进而有更为深刻的心向改变,以至一种个体人格的整体转化——'重生'"①。正是在此意义上,自身感受 3 全然是规范性的,并为真正的"爱的秩序"的生成提供了关键转机。我们不妨回过头重新考虑作者对自身感受 2 的两方面划定:生活在由爱的秩序建构起的命运中,并通过个体规定去重建真正的爱的秩序②。后者显然已超越作者规定的"生存论"层次而触及了规范领域,因为"重建"意味着人格朝着更高价值的生成,这恰恰与自身感受 3 在人格理论中的位置相重合——羞感和懊悔无疑可以促成人格转向真正的爱的秩序。一个可能的修正措施是将自身感受 2 的后半段,即"朝向'观念的爱的秩序'去—存在"纳入到自身感受 3 中,这就在一定程度上消除了自身感受 2 中潜在的"生存论—伦理学"的冲突,且不破坏自身感受 3 整体上的规范性内涵。

到此为止,三种自身感受在舍勒人格理论中已大致浮现出其轮廓,作者力图以此结构对自身意识、人格的非对象的行为实存以及价值伦理学的规范性等诸多问题给出一套整全的解释方案,其中涉及具体论点时,作者综合了多位权威学者的文本证据,论证清晰有力且不乏独创之见。回溯前文对质料先天和价值先天的论述更能体现出张伟踏实的治学风格。他从对"先天"概念的梳理入手,为舍勒的质料伦理学思想铺展出了"康德—胡塞尔"问题域,形式与质料的张力在此清晰呈现;之后又转入到该问题域的另一面——理性与情感,至此舍勒的现象学伦理学可以说根深蒂固且生机盎然。《质料先天》一书不仅代表了国内舍勒学界的最新研究进展,更可以被视为哲学学术写作的良好范本,值得舍勒、胡塞尔甚至康德研究者细细研读与辨析。

---

① 张任之:《质料先天与人格生成——对舍勒现象学的质料价值伦理学的重构》,北京:商务印书馆,2014 年,第 381 页。
② 同上书,第 362 页。

The Way out of Emotion and Consciousness:
Book Review of *The Material a Priori and the Becoming of Person*:
a Reconstruction of M. Scheler's Phenomenological
Material Ethics of Value

YANG Zheng

【Abstract】 As one of the key figures in phenomenological movement, Max Scheler has long suffered, especially in China, from a cold reception in phenomenological heritage that is not equal to the depth of his thoughts. Professor Zhang Wei's work, *The Material a priori and Person-becoming: The material a priori and the becoming of person — A reconstruction of M. Scheler's phenomenological material ethics of value* (*Materiales Apriori und Personwerden. Eine systematische Untersuchung der phänomenologischen materialen Wertethik Max Schelers*), focuses on the dimension of Scheler in contemporary leading-edge phenomenological issues and analyzes Scheler's thought systematically in the domain of Kant and Husserl, which has a breakthrough impact on the current chinses Scheler research. The book begins with the Socratic question and the concept of *material* to illustrate how the *material a priori* could become the theoretical foundation of Scheler's phenomenology, and correspondingly, the *emotion a priori* could obtain its legitimate status in ethics. It is also on the issue of emotion that Scheler's ethical approach distinguished from Husserlian and Kantian. Finally, in the face of debates about self-consciousness, the author puts forward a doctrine of triple self-feeling based on Scheler, trying to give a complete set of explanations which could solve problems such as self-consciousness, non-objective behavior-being of person and normativity of value ethics.

【Keywords】 Max Scheler, Phenomenology, Material, Emotion, Person

图书在版编目（CIP）数据

伦理学中的自然精神与自由德性 / 邓安庆主编.
— 上海：上海教育出版社，2020.12
（伦理学术）
ISBN 978-7-5720-0491-9

Ⅰ.①伦… Ⅱ.①邓… Ⅲ.①伦理学 – 研究
Ⅳ.①B82

中国版本图书馆CIP数据核字(2020)第260152号

策　　划　　王泓赓

封面题词　　陈社旻

责任编辑　　戴燕玲

助理编辑　　张　娅

封面设计　　周　亚

伦理学术
伦理学中的自然精神与自由德性
邓安庆　　主编

出版发行　　上海教育出版社有限公司
官　　网　　www.seph.com.cn
地　　址　　上海市永福路123号
邮　　编　　200031
印　　刷　　上海叶大印务发展有限公司
开　　本　　787×1092　1/16　印张 20　插页 1
字　　数　　365 千字
版　　次　　2020年12月第1版
印　　次　　2020年12月第1次印刷
书　　号　　ISBN 978-7-5720-0491-9/B·0018
定　　价　　68.00 元

如发现质量问题，读者可向本社调换　　电话：021-64377165